纪念集

杨海明先生七十华诞

钱锡生　薛玉坤　主编

江苏大学出版社
JIANGSU UNIVERSITY PRESS

图书在版编目(CIP)数据

杨海明先生七十华诞纪念集/钱锡生,薛玉坤主编
.—镇江:江苏大学出版社,2010.10
ISBN 978-7-81130-186-1

Ⅰ.①杨… Ⅱ.①钱…②薛… Ⅲ.①杨海明—纪念
文集 Ⅳ.①K825.6-53

中国版本图书馆 CIP 数据核字(2010)第 207765 号

杨海明先生七十华诞纪念集

主　　编/钱锡生　薛玉坤
责任编辑/张　平
出版发行/江苏大学出版社
地　　址/江苏省镇江市梦溪园巷 30 号(邮编:212003)
电　　话/0511-84440890
传　　真/0511-84446464
排　　版/镇江文苑制版印刷有限责任公司
印　　刷/扬中市印刷有限公司
经　　销/江苏省新华书店
开　　本/718 mm×1 000 mm　1/16
印　　张/25.25
字　　数/480 千字
版　　次/2010 年 11 月第 1 版　2010 年 11 月第 1 次印刷
书　　号/ISBN 978-7-81130-186-1
定　　价/68.00 元

如有印装质量问题请与本社发行部联系(电话:0511-84440882)

20世纪60年代,求学江苏师范学院时留影

1988年苏州东山启园留影

杨海明教授徜徉山中

杨海明教授
在电脑前写作

杨海明教授父母在寓所旁小桥边合影

与胞弟、行政法学者杨海坤教授合影

杨海明教授大家庭合影，前排左起：小妹、大妹、小弟、母亲、父亲、杨海明、大弟

与夫人刘文华合影

杨海明教授在张家界留影

1996年赵梅博士论文答辩会后留影

2006年与门下诸博士于南昌合影，前座左起：闵定庆、杨海明教授、邓红梅；后排左起：张再林、叶帮义、张幼良、曹辛华、王晓骊

2008年与毕业博士合影，左起：王慧敏、陈未鹏、钱锡生、杨海明教授、陈国安、周建梅

1999 年在哈尔滨参加学术会议

1985年与业师唐圭璋教授合影，左起：钟振振、王筱云、唐圭璋教授、杨海明

1994年，邓红梅博士论文答辩会后合影，前座左起：王元化教授、钱仲联教授、徐中玉教授；后排左起：王英志教授、王永健教授、顾易生教授、杨海明教授、邓红梅

与词学界同道在台湾参加学术讨论会合影，左起：钟振振、吴熊和、蒋哲伦、刘扬忠、严迪昌、王水照、马兴荣、杨海明、施议对

前　言

　　杨海明师生于 1942 壬午年秋,今年虚龄 69 岁,吴下习俗"做九不做十",所以今年深秋门下弟子将相聚昔日校园为海明师称觞祝寿。为共庆杨师七十华诞,特编《杨海明先生七十华诞纪念集》,与《杨海明词学文集》(共 8 册)一并刊行,以飨学界。

　　杨师自 1964 年江苏师范学院毕业从教至今已 46 年,其间在中学任教十多年,自 1981 年至今任教于苏州大学。从中学生、本科生、硕士生到博士生、博士后,杨师教过的学生数以千计。限于具体情况,本文集作者均为杨师门下硕士、博士及博士后。

　　本文集分为两部分。其一为及门弟子回忆杨门求学经历,计 11 篇。东吴求学,沐浴杨师学术春风的记忆是每一位学生学术生涯的宝贵财富,这将鼓励着远行的学生在学术征程中勇敢前行,而学生每收获学术的花朵亦均不会忘记师门报上佳讯,杨师灿烂的笑容在那时愈加的灿烂!其二为弟子们的学术论文。杨师门下弟子多治词学,所选文章词学论文居多,限于篇幅,对一些长文且可以节选者作了"瘦身",文不在长短,心意一样的醇澄!当然,杨师门下弟子毕业后从事其他工作或其他学术领域的研究者也不在少数,故弟子中也有选其原撰词学论文(学位毕业论文中一部分)或所从事工作(专业)的学术论文者,所选论文计 43 篇。

本文集附有"杨门弟子录",述各届弟子毕业时间与毕业论文题目,于此亦见杨师培育英才的功德一斑了。

　　一个学生的生命有两种:一种是身体的,那是父母给的;一种是学问的,那是老师给的。每一个生命都应该感恩,我们是深深懂得这个道理的。文章远不能表达我们对杨师的感恩之情,我们将用一生的努力来呼应杨师当年的教诲!今年深秋,我们将聚首姑苏——这座养育了杨师也将以杨师为骄傲的城市——为先生的七十寿辰而举杯祝嘏,愿先生安康!祝先生长寿!再过十年,再编一集,再来相聚;再过十年,再编一集,再来祝寿……我们总期待下一个十年更加精彩!

2010 年 8 月

目 录

1

术德兼备的良师

写在我的老师杨海明先生七十寿辰之前——

邓红梅　南京师范大学

时光荏苒,不知不觉中,离我跟随老师读博士的日子已经近20年了。在如霞似绮的秋色中,我们将要迎来老师的七十华诞。捧读文集,深感老师一生智田勤耕,文运长久,故其思想的果实何其丰硕。静追往事,细数老师在我的问学之路上点点滴滴的帮助,感佩于其精于择材与严于雕琢的教育态度,亦感动于其总能拨动心弦的有效启迪。纵我愚钝,亦有获焉;纵我自执,亦有服焉;纵我宽恕,亦知有惭兼有畏焉。在老师的人才园地中,无论是美玉如斯还是顽石如我,老师皆能因其材质,施以教化,使诸弟子皆能悟入学境,欣欣乐道。弟子愿以微薄的文字,点缀于老师的佳节良辰,使当下以及后世的读者,在欣赏、借鉴老师那具有独特理路与深邃人生理念的学术成果的同时,知道他在文字之外,在提携与教化弟子上,所曾布下的德泽。

尤记初识老师时。

那时,我是大学二年级的学生,接受着传统的中国古代文学知识和情操的熏陶。老师那时应是古代文学专业第一届毕业的研究生吧?他的到来,在校园里,曾引起了一阵好奇的骚动——毕竟是新中国培养的第一代的研究生啊。他的讲学,新意缕缕,也让我们对于中国古代文学的认知与情感,发生了奇妙的转换,让我们对古代文学作家作品由"隔膜的仰望"到"经验的了解"。如果说,以往的古代文学教育让我们懂得文学作品与作家的不朽与伟大,却不能让我们将被隐藏的自我能量释放进去,参与理解与重构,那么,老师对于唐宋词真、深、艳、婉、美的抒情品质与美感样态的精细分析与准确传达,配合着他对于作家作品的新鲜而深透的讲解,则让我们深深感受到文学海洋中情、智、美兼备的无限魅力。是老师为我们拉近了文学与人生的距离,让曾经单纯的我们理解,原来文学往哲的形象并不是被抽纯了的单一理想影像,而是在充满了坎坷与颠簸中逐渐丰满、充实起来的肌理纵横的真实形象。他们的追求与痛苦,失败与脆弱,犹豫与茫然,回味与反省,突破与创造,知机与退守……都带着那么多难以言传却美妙无比的复杂情味,像是一部部主调分明而细节精彩绝伦的人生交响曲的文字演绎。而他们在百味人生中所凝练出的无邪的智慧,更是深深锲入我们的心灵。像是一份提前给予的养料,将要为后来的行路人,在灵魂饥饿的时刻,提供适当的支持与滋养。

老师给予我们精彩讲解的地方,还有他对唐宋词中那些美的意境的随手点拨,对其中新颖独特语句的敏锐触觉。因为他的讲解,唐宋词遂成为承载着唐宋人丰富精神脉息与百端人生体验的生命体,成为花月情愁、身世之感与风云志意的凝结体,成为活色生香、文抽丽锦的文学花园。因为老师的启蒙与引领,我把灵魂的一部分,留在了这个花园中。

再次见到老师,是在跟随他读博士的日子里。

在这之前,我硕士毕业之后,曾因故在一所药科大学的分校里当老师,讲解奇异但却充满陌生知识点的医学古文。离开了自己喜爱的文学专业,不免有事与愿违的不甘。失路迷茫,我试着向老师求助。老师以他禀赋的慈悲与侠义,力所能及地给予了我最大的援助,使我能重回文学研究的轨道上来。活人之德,犹如再造。

在跟随老师攻读博士学位的日子里,有许多快乐的瞬间,也有许多怵惕反省的时刻。比如写出一篇令老师赏识的文章,上课时面对他的提问能够准确作答,那种被肯定的感觉十分自在。而每当我趁着老师拘管稍松的时候贪玩而浪费了时间,或者任性固执不听劝阻,试图去解决什么学术难题时,老师的严厉批评也足以令我怵惕反省,认识到自己天性里的不足。在三年读博的好时光里,让我受益良多的,是老师对于词学研究应该具备何种完整的知识结构的思考与落实在课程布局上的精思,以及他对于学生在学习与思考中所获得的一得之善见所具有的敏锐辨识与热情鼓励。作为老师首次带领的学生,我得到了比较严格、系统的训练与培养。老师为我开设的课程,包含了"词学要籍的通读与点评"——这是词学文献学的基础课程,"词论、词话的选读与观念辨析"——这是词学思想的再生资料库,"当代词学著名学者的著作选读"——这是起步研究词学的当代学者所应该了解的学术基点。这三门课程将丰富的词学文献材料、专精的词学理论观点清晰举要,给予我们一对强壮的翅膀,让我们能够站在当代词学研究者创造的基础上举翥翱翔。我认为,老师创造的培养词学博士生的课程体系,不仅当时是十分超前的,至今仍是相当完备的,是建筑在学生全面掌握古代文学研究的专业知识背景上的词学专门学问。我们后来的词学博士培养者,应该沿着这样的思路继续往前探索。

有趣的是老师给我们布置学习任务的方法。在课时阶段,他每学期要我们上交 10 道词学问题，并就其中自己认为最值得具体探讨的问题写一两篇论文。同样是上交 10 道题目，读书的多少、专业素养的深浅、识力与思力的厚薄，无所遁形。老师就是以这样聪明的办法，不露痕迹地考察我们每学期在学术之路上前进的进程，也考察我们是不是真正有所思考，有所获得。我们的毕业论文选题，就是在这样的题目意识、选题自觉意识上，自己探索、发现、受到老师肯定而着手进行具体研究的。这是治理学生偷懒和依赖的好方法，也是让学生获得自主学习的快乐、尽快寻找到学术创新点的好方法。

更深地感知老师，是在博士毕业后漫长的求知与生活的道路上。博士毕业后的一段时间里，我离开故乡到他乡任教。全新的工作岗位，期待着我饱满的精神投入；读博士时期投入许多精力而尚未完成的研究工作，期待着我思考上的突破以取得创新性的成果。我常常日思夜梦，经常是梦中恍惚写成满篇奇文，页页翻过，自赏精美，惊醒则茫然不记。在这种近于亢奋的状态下煎熬许久，未完成的研究才算告一段落。其后，有陆续到来的工作考验，当然，家累随身是不必多说的。其间，我有再见老师的机会，然而，每多匆忙。幸运的是，即使是在匆忙的相聚里，老师也许是感受到了我的疲惫与匆忙，也必告以养心养生之法。他以身体要健康、心态要安闲教我调适，以为一切的价值，对于个人来说，必是附着在这两者之上的。我想老师是一位智者，他总是有办法遵循自然的节律来调节他的或者贪玩不知进学、或者过于紧张而不能长久承担学术压力的学生。老师善于理解生命的哲学，懂得万物得中而能生生不息的道理。在我心里，和老师的交谈，就像读他的著作一样，才华、学问与智慧的感召，时时令人充满着愉快与自在的情感。这样的老师，实在是术德兼备的良师也！

往事历历，谁谓无痕？我在心里悄悄"回放"着老师当年教化我时的东吴岁月和我心里被激起的种种反应，感觉如此生动，仿佛触手可及。那些珍贵的记忆，我要珍藏一生……

七十岁是生命的秋季。回顾来路，老师的学术成果皆如秋实丰硕累累红酣；再瞻门墙，老师门下众弟子亦如九畹之兰含芳吐秀，枝叶欣荣。老师的平生功业，可谓治学与育人双双有益于世。学者能如此，平生可无憾矣！值此美景良辰，我愿与众弟子一起举觞称寿，祝愿老师颜如松，情似鹤，身长健，心自在！

2 寻美的旅人

1995 年,中国台湾丽文文化事业股份有限公司出版了一位大陆学者的三本专著:《宋词三百首鉴赏》、《唐宋词主题探索》、《唐宋词史》。一家出版社同时为一人出版多部专著,这在出版界是不多见的,表明人们对其作品的格外青睐。这位学者就是苏州大学文学院教授、博士生导师、词学研究专家杨海明先生。

一

1942 年,杨海明出生在山明水秀的苏州城,家乡的山水钟秀着他的心灵,使他从小就培养了一种对美的事物的向往和追求。读高中时,他接触了大量的文学名著,打开了文学眼界。而其中最能打动他、最令他流连忘返的是龙榆生编选的《唐宋名家词选》一书。唐宋词中特殊的艺术魅力深深地吸引着他,使他一卷在手,欲罢不能。1906 年,他进入江苏师范学院求学,4 年的大学生活给他以后的治学打下了扎实的基础。那时,国学专家钱仲联先生亲自为他们讲授中国古代文学,还有来代课的复旦大学教授刘季高、历史系教授纪庸,这些人的才情风度、渊博学识激发了他对古典诗词的浓厚兴趣。空闲时他就以背诵这些诗词为乐,并作了大量的读书札记,初步决定把自己努力的方向放到词学研究上。然而,接踵而来的"文革"却破灭了他的这个梦。

重新捡起古代诗词的书籍已是十多年后的事了。1978 年恢复高考时,他在一所中学担任高中毕业班语文老师,一边辅导学生考大学,一边准备报考词学泰斗唐圭璋先生的研究生。唐老较重视基础之学,他出卷时让考生分析五首古典诗词作品,其中有李贺的《金铜仙人辞汉歌》、李清照的《渔家傲》(天接云涛连晓雾)等。十年"文革"动乱,许多考生根本背不出这些诗词,更谈不上分析。杨海明先生却凭其古典诗词的扎实功底,不仅对原作进行了条缕细致的分析,而且还引用了许多古人的评价来佐证自己的观点。结果在 100 多名考生的初试中,他成绩名列第一,复试又是名列第一。

进入南京师范学院,年近不惑的他终于一偿夙愿,在唐圭璋、孙望、殷熙仲、吴调公等先生的悉心指点下,开始从事向往已久的词学研究。前辈学者的博洽多闻和扎实功底常使他自叹不及。怎么走出一条自己的道路,是他经常考虑的问题。他慢慢地认识到,每个时代的学者都有自己的特点,不能墨守成规,如果只是跟在前人的后面亦步亦趋,那在学术上肯定不能有所突破。那么突破的要点何在? 他认为一个人要扬长避短,每件事求全求通当然应是努力的方向,但事实上以一个人的精力是做不到的。只要发挥个人优势,涓涓小流就能汇成大海般壮观的局面。因此,他一面大量、系统地阅读各类词籍及研究专著,旁及与之相关的历史、哲学、美学等学科的专著,一面着重培养自己独立思考、不为他人思想所囿的能力,相信自己对艺术的敏锐性和感悟力。

研究生后期,唐老对他说:"张炎的家世许多学者都没有能搞清,你把这个问题考证出来就能毕业了。"唐老希望他能在考证词人生平方面填补这一空白。张炎是南宋末年的著名词人,家世扑朔迷离,前人的研究历来说法不一。为此问题,杨海明先生先后查阅了几百种书籍,还特地到北京请教了夏承焘先生。结果,短短两个星期,他把张炎的家世之谜彻底考查清楚了。文章拿到唐老手中,唐老简直不敢相信。面对引用各类资料上百种、言之凿凿、逻辑严密的此文,唐老当即写信,推荐到权威学刊《文学遗产》发表。通过这篇文章的写作,杨海明先生懂得了考证的重要性,明白了做学问必须从版本学、目录学、校勘学入手。中国文学研究首先就是知人论世,不然懵懵懂懂,如何去开展深入研究? 以后,他又对宋代词人蒋捷、王沂孙等人进行了细心考证,也有纠正前贤错误的重大创获,在词学界引起了较大反响,以至人们将他目为擅长考据之人。但他却不是把此作为学术研究的目标,他只是以考证来为他的研究服务,他要研究的是活生生的人物、活生生的作品,此后,他的学术研究兴趣转向更为宽广的天地。

二

杨海明先生南师毕业后回到了家乡,在苏州大学任教,此后十多年的时间里,他笔耕不辍、硕果累累,先后在全国各大刊物上发表论文 200 余篇,出版专著7 部,从一个普通的文学研究工作者成长为在海内外享有盛誉的词学研究专家。美国、日本等国家和台湾地区先后邀请他出席相关国际会议或进行专题讲学。

他之所以取得如此成果,与他在学术研究道路上的勇于开拓、不断超越是分不开的。他一开始就有意识地朝两个方向努力:一是对唐宋词中的许多重要作家逐一进行研究和"解剖",以求得微观的把握。用他的话,这就像造房子排墙脚一样,基础一定要排好。二是对唐宋词中若干带有普遍意义和规律性的现象与问题,进行宏观上的探索和"穿透"。这两种方向的努力,又往往是相互结合、反复进行的双向活动,即由"微观"不断上升到"宏观",又从"宏观"不断返视到"微观"。这样,他以作家研究为纲,以问题研究为纲,在唐宋词研究的领域内纵横捭阖,"振叶以寻根、观澜而索源",终于构筑起他词学研究的 4 个系统工程。

(一)《唐宋词风格论》

他把唐宋词苑比作美的大观园,对唐宋词的各种类型的风格作了一番系统的研究。他首先抓住了唐宋词的主体风格,认为其包蕴的感情主要是一种难以言状的伤感哀怨、迷离惝恍的愁绪,风格自然向着婉约一路发展。但也不是铁板一块,其中还存在"以诗为词"、"以文为词"等其他类型风格。除了大的区别外,即使同一类型内部也还存在个性的差异,所谓各师成心、其异如面,正是作者各不相同的艺术趣味,才形成了唐宋词中千差万别的个性风格。该书在大陆出版的消息不胫而走,台湾木铎出版社次年就盗印此书,还隐去了作者的名字。杨先生与之交涉后仍音信杳然,成为一桩至今未了的公案。

(二)《唐宋词史》

该书由江苏古籍出版社于 1987 年出版。杨先生在书中力图将词史的演进过程放到一个更宽广、更丰富的背景上,并以"爱情意识"和"忧患意识"这两股主思潮的运行流贯和相互碰撞来展开词史的历程。面对唐宋词作家林立、作品云布的繁盛局面,杨先生采取了"举其大端"的写法:一是抓重点作家,着眼于他们给词史所提供的新鲜东西;二是抓流派,加强史的群体意识;三是加强鸟瞰式的宏观性叙述,使词史呈现不断运动发展的轨迹性。为加强全书的理论深度,杨先生专辟章节论述其对唐宋词的整体性认识和反思。该书一经问世,即获得学术界和广大读者的好评,荣获夏承焘词学奖首届一等奖。

(三)《唐宋词美学》

该书即将由江苏教育出版社出版。唐宋词为何能成为古典词苑中的奇花秀蕊？这需要上升到美学层次来进行分析研究。杨先生指出,唐宋词给人提供的是一种风情独异的审美新感受。表现手法,一是"以富为美",二是"以艳为美",三是"以柔为美",四是"以悲为美"。杨先生还对词的新颖艺术包装和立体美感特色进行了分析,这就是声情并茂的音乐美、优化组合的声律美、雅俗共赏的语言美、情景交炼的意境美、柔媚婉丽的风格美等。

(四)《唐宋词和人生》

这是杨先生目前正在构思、撰写的一部书稿。杨先生指出,唐宋词作为两个朝代作家的心灵文献,倾注着他们对人生的满腔热情。唐宋词在"抒情性"的成熟程度方面,实是由其感情本身(人性)的成熟作为内核的。杨先生在已写就的几章里分析了唐宋词人对待人生的态度。首先是善待今生:以前文人要立德立言、言志载道,一为文人便无足道,而唐宋词人却玩味生命、珍惜生命,其作品充满生命的忧伤和人生百味。其次是享受人生:唐宋词带有更多的世俗和人情味,随着城市经济的发展和市民阶层的壮大,人们的物质生活与精神生活日趋丰富和复杂,其人性不可抑止地要冲破封建礼教的束缚而逐渐复苏。人的自我价值的"升值"使唐宋词人更加的关注自身的生活和感情。

杨海明先生构筑的以上4座系统工程,是他在词学研究方面的4个里程碑,呈现出不断发展、不断深入的阶段性和开创性,为新时期词学研究开拓了一个新天地。

三

杨海明先生在唐宋词研究的土壤里深耕细作,成就斐然,这与他重视妙悟、练就慧眼妙笔有关。

他认为读书也罢、研究也罢,关键在于领悟。书海茫茫,不一定非要把这些书读遍才能从事研究,主要要用心灵去领会、去体察。

他的"悟性",首先体现为微观的分析和宏观的综合。每读一首词,他都力求先背出来,不看任何人的评论,凭自己的直觉,通过词中的声调、语言、韵律,品赏其独得之味,然后抓住其中最有特色的一点加以发挥。如他在张孝祥的《念奴娇·过洞庭》一词中,读出了被"宇宙意识"升华过的人格美,认为它妙在物我交融、天人合一,创造了一个光风霁月、坦荡无涯的精神境界;读柳永的《雨霖铃》一词,读出了其在一般的离情别绪中注入了新的"时代信息",即平等相恋的色彩和表现"平常人"的"活生生"的感情等。

读了大量的作品后,他开始敏锐地捕捉其所蕴含的一些规律性问题。如词中偏多棹、帆、桥、岸之类有关"水"的意象。这些频繁出现的"水"的意象群使他豁然开朗:水是婉约词的灵魂,南国多水,说明了词的地域色彩是偏于"南方型"的,这规定了它在总体上的柔美感。又如北宋词描写较多的是花、酒、女人、繁华,而南宋后期词,却是夕阳、枯柳、落叶、西风,景色全是阴冷的。他从中意识到,这种审美嗜尚和艺术风格的不同与时代的巨大变易有关、与词人的不同命运有关。由此,他把词的发展轨迹总结为从少到老的演进过程、从春到冬的发展轨迹。

其次,他的感悟又调动了自己的全部人生阅历和知识,综合了自己的人生体察和经验,做到了"以古论今"、"以今证古"。他认为唐宋时代至今虽说隔了一千多年,但中国人的外貌未变,中国人的灵魂、心理结构更是一脉相承。如唐宋词中的名句凝聚着许多人生中的生命意识,对现代的男女青年还有强烈的吸引力,这可证之于台湾作家琼瑶的小说,其题目十之七八采用唐宋词中的成句。又如他认为随着经济发达、商业繁华、物质丰富,人们会产生"以艳为美"、"以柔为美"的审美心理。唐宋时代是这样,现代也是这样的,港台莺莺燕燕的歌曲风靡大陆即可为证。

杨海明先生在论述这些问题时,往往是用简单、通俗、深入浅出的语言来阐述复杂深奥、斑驳陆离的问题,一扫学术论文的经院式枯燥文风,显得轻松幽默、新鲜活泼。如他用"季节病"比拟词中的伤春和悲秋,用"早熟的儿童"来比拟晚唐五代词,用"男子汉风格"比拟辛派爱国词,用"伤痕文学"比拟姜夔和吴文英词等,不一而足。

杨海明先生以其独特的感悟力图沟通古代与现代、作者与读者的关系。他认为古典文学研究,关键的是要背靠遗产,面向现在和未来,使遗产变成"活的文学"释放出来。文学是人学,词学研究归根结底要与人生结合起来。胡适在五四时代提出的"活的文学"的口号即使到今天还是词学研究的方向。唐宋词的历史早已经远去,但是它所留下的魅力,却是如日常新地永存在人们心中,它是影响一代代中国人生活、心理的活文学。作为现代学者,就应站在现代人的角度,深入地探寻唐宋词所反映出的民族审美心理及多重心理面貌,弘扬民族的优秀文化,把词学研究推上新的境界。

(原载于台湾《国文天地》1997 年 3 月号"大陆焦点学人"专栏)

终于评上教授了！急忙向恩师杨海明先生汇报，先生说甚喜。自跟随杨老师攻读博士至今已 15 个年头，当年跟随杨师求学的一幕一幕，如电影一样不停地在心头放映。适有同门陈国安兄来电催写一篇庆祝杨师七秩华诞的文章，于是，坐下来，试将电影转换成如许文字，博杨师笑靥，添诸位逸兴。

一、初识杨师

知道杨师的大名是读硕士时。当时我的硕士生导师彭功智先生讲课时对杨师推崇有加。一天课上他说："唐宋词史这门课，我不讲了，杨海明的这本书里写得很精彩。你拿去，认真读读即可。"当时我也没有办法得到第二本《唐宋词史》，只好边看边摘抄，竟抄了厚厚的一本。本来我对唐宋词就比较喜好，曾识记不少篇章，且效颦填词，但那只是止于浅层。读了杨师的词史，才知唐宋词后竟有那样多原理、"玄机"。不仅如此，我还感到杨师的文笔与当时大多数学者的"学术腔"不同，更像是一篇篇美文，阅读感觉真可谓甘之若饴。读硕士期间，时时拜读到杨师其他论文，愈发喜欢。曾一度想以唐宋词为论文选题方向，由于导师建议才改研韩愈。然而，拜见杨师的渴望一直在心头跳动。于是当我毕业论文初稿写好后，彭老师问我访学方向，我说出这个渴望。导师同意我南下访学。访学的第一站是南京，访的是我后来做博上后的导师莫砺锋教授。第二站就是杨师。

见到杨师是 1996 年 3 月底的一个晚上。当时到苏州后，辗转到十梓街苏州大学西门，问明博士生宿舍，问到杨师的博士生祁光禄（后来成了我的二师兄，2008 年雪灾中遇难）。在他引领下，终于见到了杨海明先生。与想象中的风流倜傥、英俊潇洒不同，杨师个高人瘦、精干矍铄，说话吴音颇浓。

这次拜见时间虽然仅约 20 分钟，却改变了我的人生轨迹。因为我获得了一个博士生入学考试的补报机会。当时在交谈中，我表达了将来准备跟随杨师攻读博士学位的愿望。

3

没料到，杨师问我当年想读否。我说当然想早日投到他门下。杨师便让我到研究生部补报考试手续。第二天，赶到研究生部时，研究生秘书说杨师一大早打过电话了，就这样我赶上了当年苏大考博的末班车。入门后，从师姐曹志平老师处得知，这次拜见竟是"一见钟情"式的。那时的我自卑得近乎猥琐，浅薄得如同无知，而杨师竟法眼转青于我。这么大的知遇之恩，我不知倒还罢了，可是我知道了。因此，可以说三年的博士研究生时光，我好像背着一个沉重的十字架，一直怕愧对恩师的希望。即使到现在，我也有此感觉，以至于竟梦中渴望有一个为杨师掂行囊的机会。

二、再拜杨师

拜别杨师回到新乡后的一个月中，我拼尽全力学英语、学专业，怕得到的考博机会被自己的无能给浪费，怕最终无功而返。考前两星期，我提前到苏大，由于穷，住不起宾馆，只好住最便宜的旅馆。安顿好后，给杨师打电话。杨师问我在哪儿，我说在子实堂。杨师说他马上到。约一刻钟，只见杨师骑一辆二八式自行车，车把上挂一个黑色的皮革提包远远冲过来。见到杨师我将自己的硕士毕业论文（我的硕士导师请杨师评阅）奉上。杨师问了吃住情况，并嘱咐我要注意英语学习。

考试应当说是顺利的。那时苏大的考博英语对应届毕业的我来讲不算难，专业课也没有琐碎的知识题，词史卷与词论卷均是较灵活的小论文写作，重在考写功。词史题为任选唐宋词中的一个意象谈其妙用，我答的是唐宋词中"舟"意象；词论题为任选一词论家评论其词学观，我评论的是叶嘉莹的。

考试后面试的那天，又见到杨师。其间当他把评阅我论文的意见书交给我时，当时同考的同学说："杨老师对你的毕业论文评价那么高，肯定是要录取你了。"当时我不相信，说："哪能呢，我这么差。"现在想来，别人的感觉往往是对的，但人处于低贱之时，又怎懂得此点。说真的，自卑是我求学生涯中的影子。

面试的那天，曹林娣老师也参加了。她提问我一些文史问题，问我博士论文的设想。我说想做唐宋词接受美学方面的研究。她又问我看过哪些接受美学方面的书。我就列举了几种。等参加考试的我们7位一一回答过问题，杨师让我们花上一个小时左右将我们的毕业论文设想形成文字。这又是考我们的写作能力与分析问题能力。

苏州考博近一个月后，苏大研招办打电话问我是否愿意委培，我一急之下连夜赶到了苏州。原来当时报名为了加大保险系数，我在"非定向"、"定向"、"委培"等栏一古脑儿全打上了勾。到研究生部，得知自己成绩排在第一。我说我考了第一，不愿委培。研招办的说考第一不一定不委培，态度相当不友好。无奈我只好找到杨师求助。杨师告知他已跟他们讲过，我是应届，且成绩第一，应当走公费。杨师还说我不该莽撞跑过来的，只要打电话即可，说他正在为曹志平师姐争取名额。临行，杨师嘱咐我可利用假期补一下课。

当我回到新乡将考博成功的消息告诉导师彭功智先生时，他笑言："没想到你能蒙一个博士。"我回话说："老师，您应当说'我的学生真有本事'，这样才显出您指导弟子有方。"彭师大笑说："是啊，我的学生哪会差呢？"说真的，当时我哪有什么本事呢。若有，只能如我家大姑父算命时所讲，我命里有贵人。

三、杨门第一年

1996 年 9 月 30 日，我终于进入杨门。当时开学较晚，入门后，得知师姐曹志平也顺利入学。在蚕桑地杨师家，杨师给我们上了人生第一课，主要是三年博士生该如何学习与如何做人两个方面。犹记得杨师说："不许坑蒙拐骗，不管你学问做得好不好，人要做好。"还列举不少事例说明之。现如今我在教研究生时也总是引此相告。当时杨师还从如何读书、如何思考、如何写作等三个环节讲了学习方法。读书方面，如他强调作品阅读的广泛性，强调读原著，要求采用"开山煮铜"（顾炎武《日知录》）的方式，要从根底做起，"自己在原始材料中找东西、找课题，根底牢固"。思考方面，如杨师强调做笔记将"思想的火花"留住。杨师强调读古书与现代人书时结合研究方向想题目，"读一本书至少三个题目，读一篇文章至少一个题目"，"好的题目即论文成功的一半"；又强调"善于做老师不会做的题目"。写作方面，如杨师强调多读范文，多揣摩写作方式与技巧，多练习写作，要敢写。最近，杨师回母校南京师范大学给研究生讲学，讲的依然是此"三个环节"，我与师姐邓红梅得以相陪，当年之言得以重闻，只是那时杨师所教的不少心得、体会、经验我们不能一下全领悟。

杨门第一年，杨师为我们开了词学文献学、唐宋词史、词学理论三门课。一般两周一次，地点是杨师家里。

第一学期杨师主要开的是词学文献学课。在入门之前，一直以为杨师不搞词学考证，哪知第一堂课就说要讲词学文献学。我和师姐惊叫起来。杨师解释说："谁说我不搞考证，当年我跟唐老时做的就是张炎家世研究。而你们的硕士导师研究方向不是文献学，如果我不给你们补课，以后工作了就有欠缺。"就当年我所做的笔记来看，杨师先后引领我们学习了"词学基本典籍"、"宋人选唐宋词"、"宋代史料"、"考证的经验教训"等,课后还布置了与所授内容相应的作业任务。比如要我们摘抄《全宋词》引用书目以察唐老如何在前人基础上辑出,抄录各种词选中的序跋或小序,摘出夏承焘先生《唐宋词人年谱》中所征引文献名称,总结赵万里校辑宋金元词的方法等。记得每一次为完成任务我们又忙又紧张,紧赶慢赶地在上课见面时交到杨师手中,可杨师总是瞄上几眼就放到一边,便开始讲起新的内容。一学期中,当我们将大量的词学文献史料浏览过后,才觉出杨师是以此方式来限制我们的阅读速度、预防我们的偷懒与漫不经心。

现在看来,这些任务虽然简单而枯燥,但却有一种"诱敌深入"的味道。我在硕士阶段从未做过编撰年谱、文献考证之类的练习。杨师在引导我们熟悉了年谱、各种文献考证方法后,便让我们去编一下吴潜年谱。可是查找文献后发现宛敏灏先生已做过,发表在《合肥师范学院学报》上。我们忙打电话问杨师怎么办,杨师让我们自己再找一个宋代词人去编年谱。我选了毛滂。当时关于毛滂的生年已有人考定,我就直接以之为据并模仿夏老等人所编年谱,花了两星期就编出了一万多字的草稿。上课时奉给杨师,哪知他往桌子上一放没看一下。杨师表扬我做得好,然后突然问:"编年谱时有没有什么疑问?"我说好像有,一口气说了三四个感觉有问题的地方。杨师打断了我的细节描述,说:"回去把这些疑问写出来,来个毛滂几考。"当真正研究起来时,我发现已有的毛滂生年说法是靠不住的,自然我的快速年谱"杰作"就坍塌了。我把自己的发现告诉杨师后,他笑着说:"先把问题考出来,重做年谱。以后做学问不能想当然,要认真分析材料、读懂意思。"为考清问题,我花了三个月时间,终于写出了《毛滂新考三题》,并在此基础上又重新编撰了毛滂年谱。这次考证经历至今让我难忘:下工夫的同时,还要动脑筋,认真审慎方能定论。这就是杨师在指导过程中不动声色地为我们上的一堂课。杨师这种"步步为营"、"诱敌深入"的指导方式,如今我带研究生时便仿效着用之。

第一学期的12月份,杨师一方面让我们进行文献学实际训练,一方面开始了词学理论的教授。他先综述了词学理论发展的历史进程,然后分阶段进行一一点评。如对宋代词论的材料,杨师从专书出现的词论与词话,散见的序跋、书札和题记,散见于地方志、笔记、诗话中词的本事,唐宋人选唐宋词,词的目录、书目等5方面讲解。他指出,唐宋词论是词论的根本,搞熟基础是研究词人、词作与后世词学的关键;不仅如此,词论可以提供给我们启示,是灵感、激情的源泉,有时候词论中的一句话就可引出一个论文题目,要善于利用。他要求我们一个一个地对词论家的词论进行不同角度的研究,最好先找一个视角。要先自己来摸材料,然后再看已有的成文,作品与词论交替读,效果会好些。杨师在讲解现当代词学理论时,对梁启超、王国维、胡适、龙榆生、夏承焘、刘永济、詹安泰、缪钺、叶嘉莹等词学家的理论作了精辟的点评,并言现当代词学史值得深入探究。后来,我的博士论文题目之所以选定"20世纪词学研究史",某种程度上即得益于此。

第二学期,讲课的重点是唐宋词史与唐宋词研究方法。一开始,杨师就布置了三项任务:阅读唐宋词,了解词史;积累、感悟、思考;初步形成毕业论文的构思。杨师在分阶段讲词史时,总是在点评后给我们提出一些思考的问题,避免我们在学习词史时简单了事。如讲唐五代词时,要求考虑词最早是什么样子、敦煌词与文人词差异为何很大、民间词与文人词的联系等。又如讲北宋慢词长调时,要求抓住柳永、苏轼两个重点词人,考虑柳、苏在词史上提供了什么新的东西、新的思想和新的艺术信息。为让我们达到预期目标,杨师要求我们必须认真看作品,"读一首词就记体会和总的感想"。值得注意的是,杨师讲唐宋词史并不照搬自己的专著,而是有许多发挥,如果汇起来,则可视作一部词话。如论柳永词之弊病为"套式化",苏轼黜柳与其保守观念有关;秦观能结合小令、长调的长处,往前走了一步;而黄庭坚则学苏不似苏,贺铸词豪极由苏处来,婉极则由柳处来;诗中的爱国与词中的爱国不同,词中多悲愤、愤懑,诗中多正面表达杀敌慷慨,这是由诗体与词体的表达方式不同所致;遗民词是雅词的变态,是雅的本色加亡国之痛的反映。诸如此类的精到点评甚多,容我日后细细汇集。

关于唐宋词的研究方法,杨师不是专门讲授,而是贯串于词史讲解中。归结起来,读书法为:"不笔记不读书",要对阅读对象作评语;要会八面受敌法;读书——思考——读书循环往复;书读不完,关键是读通、读懂、读精、消化;重点词人要下工夫读其作品,最好按读白文——读注文——读评文这样的次序。学习法为:先浏览,后"带着问题学",于细微处见精神。思考法为:强调纵横思考;善于找别人未思的题目;善于更换视角;学会比附式思考、联系思考、升华思考与求异思考。研究法为:要中外比较、上下贯通、左右比较;论析要注意从小见大、以小见大、大处着眼、小处入手;要用现代意识反思观照唐宋词;要利用自己的优势;建议将人大复印资料的词学论文看一下、学一下以提高研究水平。除此之外,杨师还专门让我们对"五四"以来各个词学家的研究方法进行总结。论文写作方面,杨师建议找几篇大家的论文"解剖",一看选题的大小、新陈,二看其章节安排、起承转合、思路等,三看语言表达。写论文与写书不同,写书要有首有尾,而写论文则是精彩部分加总论,应先把好的写出;写作时如果材料少,就要采取"言水之左右"的方式;写论文资料要超出前人,深入下去方好。如此等等的方法,至今仍让我受益。

杨师一年的指导使得原本不曾学过词学、不谙学术门径的我有了一点学术感觉。记得当时，我把《毛滂新考三题》与《毛滂年谱》交给杨师后，他认真批阅后夸赞了我。当时我把毛滂生年考部分试着投到了《文学遗产》，竟很快收到了用稿通知。杨师鼓励我说："做得不错。继续努力。"钟振振老师到苏州参加博士论文答辩时，杨师也不时地为我美言。后来师叔王兆鹏先生至苏州，杨师又让我将拙作呈上，当时王师叔竟拍抚着我的肩膀说以后毕业到他那里（湖北大学）工作。前辈们的鼓励也使我对做文献考据有了一点信心。现在我在南京师范大学教授词学文献学课程的时候，总是将杨师当年的教诲与方式作为要点转述给研究生们，他们竟也有了一些新创见。那一刻，我感觉到了杨师的伟大，也庆幸自己有缘跟着杨师学徒。

四、杨门第二年

博士二年级是准备博士论文的阶段。早在一年级快结束时，杨师就要求我们定下毕业论文的题目。二年级开学，我的毕业论文基本确定下来。当时为了帮助我们想题目，杨师教给我们一些选题原则与方法。他曾指出，论文选题要有新角度，有一定的难度，有价值，并且要考虑个人优势与劣势。要学会交叉研究、比附联想。我读了杨师发表于《文学评论》上的《词学批评的现代化进程》一文后，发现谢桃坊先生所著《中国词学研究》于现当代词学研究部分比较简单，于是想了一个题目"现当代词学史"。又读杨迪昌先生《清词史》时，发现他所提到的"民国词史"的问题，于是就想了一个题目"现代词史"。我向杨师汇报后，杨师建议先做"现当代词学史"，不过最好改为"20世纪词学批评史"。其理由是，正逢世纪大回眸之时，总结过去的历史已提上日程。至于后一个题目，杨师说也可以，然而由于现代词的艺术价值不及唐宋词，可缓缓以后有时间再做。现在想来，杨师的学术眼光是极为超前的。博士毕业后联系博士后工作时，我的博士论文有幸被复旦大学著名教授黄霖先生纳入他所主持的国家社科基金重点项目"20世纪古代文学研究史"的子项目，并且还获得了科研经费和出版基金。这些我意想不到的收获，的确当归功于杨师的英明。

当初博士论文题目定为"20世纪词学批评史"后有很长一段时间，我一直处于惶恐不安的浮躁状态。一见到杨师就抱怨说："杨老师，这个题目太大，我做不了。"说真的，当时由于我的硕士论文研究的是韩愈，对词学不了解，好不容易对唐宋词有点印象，又突然转到了现当代词学上，不自信、胆怯是必然的。才开始抱怨时，杨师还好言相慰。后来，一次在学院办公室，他大声训斥我说："你不读书、不看书、不查资料，整天埋怨做不了，有什么用！这么好的题目你不做，你要做什么？让别人做去吧！"这是我第一次挨杨师批，吓得我大气不敢出。由于声音大，引得学院里其他人侧耳。批过之后，杨师又指明："这个选题是大，但是可分三个阶段。短期目标，完成毕业论文；中期目标，出一本书；长期目标，熟悉并占领一个新领域。不可太急躁。"杨师这种打一巴掌揉一下的方式，让我的惶恐有些释然。

也许是恶性连锁反应，有了一次挨批，接着就有了第二次。第二次挨批是因为列博士论文提纲。本来杨师曾就如何列提纲提过一些具体的建议，我也专门做过详细记录。出于对老师意见的重视，我基本上将这些意见照搬进了提纲中。杨师拿到手中，才浏览一会儿，就突然冲我训斥起来，声音比上一次更大，说："列的什么提纲！什么'解放派'、'保守派'，你不动脑筋！我只是给你打个比方，你就写进提纲中。太不认真了，重回去写！"吓得我大汗不敢出，只管低头听杨师的训导。回去真正体会了"冥思苦想"、"绞尽脑汁"的滋味后，才列出了让杨师稍稍认可的提纲。

第三次被批是因为我花了近一学期时间写了篇长文。那是二年级上学期，我一边白天到图书馆查阅词学资料，为毕业论文做准备，一边趁晚上空闲一点一点地写《论唐宋词与辞赋的关系》这篇文章。由于涉及唐宋词与律赋、小赋、古赋等问题，结果越写越长，竟有4万多字。学期快结束时，我到杨师家里汇报情况。杨师听后，又是一通训斥。幸亏有师母调和，杨师才住怒。放假前，我将其中一部分誊好交给了杨师，不敢多停，就回家过寒假了。假期中，我一直不高兴，觉得自己老是惹老师生气，不知如何是好。还好新学期开学一个多星期后，师弟师妹们就兴冲冲地告诉我杨师在课堂上夸赞我了。我哪里相信。等杨师召见我们时，他不仅表扬了我，还建议我考虑是否以之作为毕业论文题目。但由于当时我已在"20世纪词学批评史"方面投入了太多精力，并且已有了信心，所以仍旧不换。后来才知，杨师之所以有此建议，是因为怕我的写功不过关，而那篇长文的写作显示了我自己的一点儿能力。

记忆中二年级还有另外两次挨批的经历，但不是因为学业上的问题。一次，我和师姐、师弟、师妹们想在中秋节之际问候杨师。杨师在我们入门时，就说不让我们来什么请客送礼之类的客套，但是我们认为，节日问候是人之常情，因此我就打电话撒谎说，我们只是想拜贺一下，不带东西。实际上我们准备了一些月饼、瓜果之类的礼品。结果一到杨师家，就被杨师训了一通，说我带头撒谎，不好，让我们拎着东西回去分吃。另一次被批经过大致如下：因为我家境贫寒，杨师先求人帮我找了家庭教师的兼职，又到校党委支部帮我申请到了贫困资助，党支部将我作为扶贫对象，每学期资助1 000元人民币。这样持续了近两年。由于我虽然对党支部心存感念,却讷于言。一天,杨师在召见后就批评我不当如此。他说:"你可能找不到他们当面言谢,但你总该写封信来感谢吧。怎么能一封都不写呢? 人若不知感恩,怎么激励更多的人助人呢? 不懂得谢恩,就是不懂事!"如今我之所以将此事记下来,一方面,是为了说明当年的我多么的不明事理,现在我能真诚对人、乐于助人,与杨师的教诲不无关系;另一方面,也是为了说明杨师为人处世的态度和人格。

博士二年级中,我在杨师的批评与指导下逐渐建立起了研究信心。虽然屡次挨批,但每一次都是棒喝迷羊式的。当年师母曾对我说:"辛华呀,你们杨老师脾气像北方人,有啥说啥,他批评语重,是为了你好。"是呵,我又怎不懂此呢? 当时我惶恐不乐的一个重要原因是:我为啥老是让杨师生气呢?

五、杨门第三年

进入博士三年级,我对毕业论文的写作还是没有多大信心,这时杨师的一次鼓励让我有勇气开始了写作。当时博士研究生到三年级须写一篇资格考试论文,杨师要求我结合毕业论文来写。当时我花了三天时间写了篇《20 世纪词学批评流派论》作为应付。交给杨师后,我就时刻等着挨批。没料到,杨师召见时却称赞说:"写得不错,有思想,有条理。照这样写下去,你的博士论文完成就没有问题了。"当时我叫道:"老师,您搞错了吧,这篇文章是我信手写的,没花工夫。"杨师手一摆,说:"我说可以就可以。"我虽然将信将疑,但受到的鼓舞颇大。回到宿舍反复阅读此文,努力找出行文的技巧经验。由此,我像一只丑小鸭一样开始了毕业论文的"试飞"。

当年的写作是稚嫩的,也是艰辛的,杨师要求我们注意身体锻炼。杨师的生活习惯极有规律。每天一大早必跑步,有时听评弹。他不喜欢铺排喧闹,每天写作总有一定的量,以 3 000 字为限,人们戏称他为"杨三千"。平常杨师常说,一张一弛,文武之道,凡事不可太过,如果因为熬夜而累垮了身体,不划算。因此,我在写毕业论文时,努力按杨师所言行事,然而,终流于效颦。只是有一条,我对锻炼身体从不放松。

临近寒假时,我的毕业论文已有 10 多万字。杨师说:"写得不少了,停下来赶紧修改。"那时,我们博士论文的要求并不像现在非得篇幅完整不可。于是,在回家之前,我将初稿奉上。现在看来,当年的毕业论文写得的确不尽如人意,但杨师的这一决定也体现了"知足常乐"的精神。这样,我才能从容不迫地找工作。

那时博士毕业找工作比现在容易。记得当时尚在河南大学任教的孙克强先生到苏州大学来，曾有意让我回母校工作。然而早在二年级时，师叔王兆鹏就让我到他那里去。我只好婉言谢绝了孙先生的美意。后来，事有不测，王老师调任武汉大学，工作便没了着落。求问杨师，他说："南方不能去，去了就不做学问，可惜了，最好回家乡河南，郑州大学离你家近，研究词学的紧缺，可去。"这样，我选定了郑州大学作为自己的去向。

毕业论文答辩的日子来了。复旦大学的教授王水照先生是答辩委员会主席，委员有钟振振、严迪昌、王永健、王英志教授等前辈。各位前辈在对我的博士学位论文给予赞美之辞的同时，也提出了不少批评意见，有些问题至今想来还羞愧难当。答辩通过后，杨师要求我务必重视答辩委员们的意见，认真将论文中的不足予以修正；还指出，虽然答辩通过了，但不意味着论文就完成了，以后，要尽可能地提高，尽快地完成。然而，我的博士论文的出版却是10年后，实在有违师训。

该毕业了，我却满心忧郁。记得师妹王晓骊问我"云胡不乐"时，我苦笑着说："就这样竟毕业了，我脑袋空空的，好像什么收获都没有。'忧从中来，不可断绝'呀。"

辞别杨师的日子到了，正是梅雨时节。我携内子王婵到杨师家中。师母做了一桌丰盛的菜。席间，师母告知了不少关于我能入杨门的内幕。她说："你们杨老师当年能招你读博士，主要是看中你的实诚。你之前，有一个考生，是哪个文学院的小领导，曾拜访过你杨老师。他对你老师说：'杨老师，您若让我跟您读博士，您要啥给啥。'这不是把上学当成了交易嘛？"杨师又补充说："这还是次要的，当年我看了你硕士论文，觉得你还是有功底的。"席间，我还说起自己不才老是惹杨师生气，该毕业了，也没有学到杨师的一点"神韵"，感觉自己很差。杨师马上揚高了声音说："你最人的毛病，就是不自信，心直口快。其实三年中，你做得已蛮不错，头脑灵活，会想问题。以后坚持做，不要停，也不要浮躁。遇事学会含蓄。只要心中坦荡，不要怕这怕那。到新单位，要注意与同事相处当坦诚，切不可说三道四，要学会保护自己。"这些忠告如今还回响在耳畔，现在写出来，不知杨师看了还记得否。很多时候，老师可能忘掉了教导学生的话语，但学生却永远记得。别时有万语，却木讷难言。当时只好填《少年游·谢别杨海明师》词一阕。词云：

> 江村桥畔，莺花雨里，烟柳映曲池。叵奈别离，物情何似，初拜业师时。　　醍醐灌顶光阴去，叮嘱我心知。前路窈渺，扬眉何日？春酒敬恩师。

4

契心之师 吾生之幸

我与海明师的师生情缘——

张再林 广西师范学院

我是海明师门下 1999 级博士生。"流光容易把人抛",不知不觉间,我毕业离开苏大已将近 10 年了。10 年来,吴门求学的那段时光总是时常出现在我的记忆中,浮现于我的脑海里。适逢杨师 70 寿辰之际,平日深藏于内心的对吾师的感激和敬慕之情不禁如潮涌动,袭上心头。于是,我写下这篇文字,借以记录自己与海明师的这一份珍贵和永恒的师生情缘。

说起我的入门之路,还颇有一番曲折。1995 年至 1998 年,我在贵州大学跟随房开江老师攻读硕士学位,对唐诗宋词兴趣颇浓。一次偶然的机会,得知杨老师有一本名为《唐宋词史》的著作,很想借来一阅。但我在学校的图书馆没有找到这本书,便跟房师说起此事。房师说他手上正好有这本书,可以借给我阅读。一打开这本书,我便不禁为其恰如唐宋词般灵动优美的文笔和从容不迫、娓娓叙谈的大家风范所深深吸引了。当时那种犹如品尝精美饮食、舍不得一口气吃(读)完的感觉,至今依然还在心头。后来得知,杨老师是苏州大学的博士生导师,当时我便坚定了报考杨老师博士生的决心。1998 年春夏之交,草熏风暖,烟柳弄晴,我应届硕士毕业,满怀憧憬地报考了杨老师的博士生。成绩虽然合格,但排名第二,因杨老师当年只有一个招博名额,故而没能录取。由于没有考上博士,只好先找工作再说。贵州大学在向我索要了12 000元人民币的"出省费"之后,才同意放我的档案,让我离开贵州省工作。带着"少年不知愁滋味"的些许轻狂,我独自闯荡,来到位于南宁的广西师范学院工作了一年。在这一年里,我一面尽力适应新的工作和生活环境,争取做一名合格的新老师,一面尽力为考博作准备,心无旁骛,没有丝毫的松懈。第二年,在学院有关领导的关怀和支持下,我又报考了杨老师的博士,心里又担心考不上,便同时报考了中国社会科学院的博士。这一次还算顺利,两处我都考上了。也许在一般人眼里,中国社会科学院是国内社会科学界的最高学府,又地处首都北京,信息发达、机会较多,自然有更大的吸引力,但对我来说,成为杨老师的学生是我多年以来的夙愿,所以,我没有犹豫,选择了苏州大学,投入杨老师门下。

我生性内向,资质平庸,杨老师将我招入门下,或许只是看在我一心求学的诚意上。一个学期下来,除了按老师的要求作一些词学的考证之外(当时写了一篇《石孝友生卒年考》,这也是我至今发表的唯一一篇词学考证论文,实在汗颜),我只知粗浅机械地模仿杨老师细腻优美的文笔,似乎还没有找到用功和努力的方向。杨老师在看了我第一个学期的作业后,毫不客气地给予了严肃的批评。从那以后,我才慢慢领会到,在清晰流畅的文字表达背后,是对研究对象的全面深刻的把握,而这种把握是建立在对纷纭繁复的各种资料的深入挖掘和梳理的基础之上的。记得杨老师曾跟我说过,如果你要研究某个词人,一定要等到这位词人的音容笑貌可以在你的脑海中一一浮现时方能下笔。惟其如此,笔下才能无隐不显,无情不达,才能把研究对象写活,写得生动形象、可感可触。后来,我在杨老师的启发下,从苏轼对白居易仰慕的角度入手,探讨唐宋士风与词风的形成及嬗变过程。我按照杨老师的指导,认真梳理有关白居易和苏轼的每一则资料,尽力走进二人的内心世界,感触二人的心灵脉动和心有灵犀之处,逐渐对“东坡独敬爱乐天”这一文化现象有了一些独特的感受和体会。而有了这样的感受和体会,就觉得笔下有东西可写,不至于人云亦云、泛泛而谈了。在那一段时间里,我先后写成并发表了《宋词对白居易的受容及其文化解读》、《从白居易的性情看〈长恨歌〉的主旨——兼谈词体生成过程中的一个问题》、《温庭筠与柳永——孤寒才士“白衣卿相”迷梦幻灭的悲、喜剧》、《从白居易到苏轼——唐宋文人心路历程之一瞥》等一系列论文,并在此基础上比较顺利地完成了博士学位论文《中唐—北宋士风与词风研究——以白居易、苏轼为中心》,得到了较好的评价。在此过程中,我越发体会到杨老师的这番教诲实乃深得文学研究的甘苦和三昧之言。

杨老师不仅教我如何研究词学,如何做学问,而且教给了我人生的智慧。杨老师积极倡导以“人生”为切入点来读词论词,以此揭示唐宋词在现代社会中的“活性效应”。他认为,唐宋词之所以具有长盛不衰的生命力,之所以在千百年后仍能引发无数读者与它进行心灵的对话和感情的交流,基础就在于其贮存着能够贯通古今人心的丰厚人生意蕴,故而提出要“以人生意蕴来沟通古今两代人的心灵,使当代读者能从唐宋词中获取有益于现实人生的滋养”。这些看法,现在已是词学(古典文学)界的共识。我想,杨老师之所以能够提出这样的研究视野和独特理念,与他自己本身具有人生的大智慧是分不开的。生活中的杨老师,亲切、随和,丝毫没有大学者的架子。他倡导养生,每天早睡早起,适当锻炼,合理饮食,并保持旷达乐观的心态——这些在我们杨门弟子和一些学界师友中早已成为一种美谈。

每次在一些学术会议上遇见杨老师，总是觉得他健康硬朗依旧，精神矍铄依旧，与前些年相比没有什么变化。他曾跟我们说，两三年前他去西藏讲学，闲暇游览时，曾一口气爬上布达拉宫的顶层，丝毫没有缺氧的感觉。杨老师的生活智慧，尤为我所向往和钦羡。我从小便喜文轻理，每次考试，常常是语文 90 分、数学 40 分，平均下来，在班上排名总是比较靠后，为此挨过父母和老师的不少训斥，但秉性如此，难以改易。我之能够考上大学，也基本上可以说是一种偶然——1991 年的高考，全国在湖南等 4 个省份进行改革试点，文科不考数学、地理，只考语文、政治、英语及历史这 4 门科目。正是由于碰上了这次机遇，我才得以考上湖南师范大学中文系——这种改革只实行了一年，后来没有推行下去。

记得郑骞先生《宋人生卒考示例》一书的前言中说过，他从小看人物的介绍、传记或纪念文章，最关注的是人物的生卒年、籍贯、交游等情况，好像能从这些最基本的情况中看出有关人物的什么秘密来一样。我对此也是心有戚戚焉。后来读到丰子恺先生在《谈自己的画》一文中的一段话："欢喜读与人生根本问题有关的书，欢喜谈与人生根本问题有关的话，可说是我的一种习性。我从小不欢喜科学而欢喜文艺。为的是我所见的科学的书，所谈的大都是科学的枝节问题，离人生根本很远；而我所见的文艺书，即使最普通的《唐诗三百首》、《白香词谱》等，也处处含有接触人生根本而耐人回味的字句"，我更是兴奋异常，仿佛为自己喜文轻理的偏颇找到了充足的理论根据似的。所以，对于杨老师提倡的"文学创作固然是为人生，文学研究也同样应该为人生——尤其是为现实的人生"的学术理念，我深表赞同，特别怀有一种契合之感。我特别喜欢读杨老师的《人生难忘少年事——唐宋词中对少年的咏叹》、《对于"渐变"的感悟与描绘——谈晏殊的〈浣溪沙〉及其他》、《残菊飘零满地金——试论唐宋词中有益于今人的思想养料》、《"角色转换"与唐宋词之人生意蕴》、《论苏轼词的"思想深度"》、《苏轼：睿智文人的人生感悟与处世态度》以及收录在《唐宋词与人生》一书中的那些文章，每每深为其深刻透彻的分析和灵动飞扬的生花妙笔所叹服，感佩不已，大有一种"悠然心会，妙处难与君说"的意味。我曾模仿着写过一篇《白居易的"维摩人生"》，但觉得实在缺乏杨老师的那种风度和神韵，离老师的境界差得太远，后遂将其扩充为《白居易的"维摩人生"及文学史意义——以宋词对维摩诘的接受为例》，作为一篇所谓的"纯学术"的论文发表了。

古人说过，得天下英才而教之，乃人生一大乐事。我深知自己并非英才，恐怕没有让杨老师感到过这样的快乐（这是我要特别向杨老师表示歉意的）。学界师友曾有"杨门出女将"的戏言，我也常引以自嘲——但从另一方面来说，对于我这个学生而言，得遇契心之师而学之，不亦人生之一大乐事、幸事软？

第一次见到杨师是在一次学术会议上，放眼看去，清一色正襟危坐的学者中，竟有个老头儿在那儿打盹，可爱之极。过后再看他的书，也极对自己的路子。而后来，跟随杨先生在吴门学习，领略了一番词学的胜境和江南的美景后，更深觉，和先生的师生缘分，是我人生当中珍贵的际遇。三年只嫌太短，回忆韵味悠长。

杨师在课堂上极有魅力，双眼精光四射，讲得兴味盎然，让人觉得那些史料、文献有趣极了。至今还记得他给我们讲岳飞《满江红》真伪问题时的情景，旁征博引、反复辩难，像在听一场激烈、精彩的辩论赛，让听者的心悬在那里，不知该偏向哪边。讲述之中，文献功底、考据功夫、人品识见已寓于其中，过后品味，所获良多。杨师的教学方式看似无奇，读词背词、抄录古籍提要、做小考证、写小论文、读书、课堂汇报讨论点评……及至自己当了老师，回忆杨师对我们的教诲，才发现他把自己求学的轨迹融化提炼，金针度人，毫无保留，让我们少走许多弯路，便得到治学的训练和养成良好的习惯，多么难得！

我不是一个勤奋、全能的学生，书也读得懒散、任性，但杨师对我，常常赞誉有加，大有"到处逢人说项斯"的劲头。惭愧之余，暗暗地收敛坏脾性，好好读书。杨师曾说，一个优秀的学者或一篇优秀的论文，要学、识、才兼备。而审阅过我的论文后，杨师往往说，有文采！我心想，真是糟糕啊，其他方面一条没占，才也是歪才。他就是这样批评人，我很服气，于是努力。经过多次这样的"点化"之后，我越来越多地主动去反省自己的文章、思路，不待敲打。这兴许就是杨师的用意吧，呵呵。

相识日久，发现，杨师博学又谦逊，严谨又通脱，似乎已经化去了宋代文人的精髓，活得相当快乐自在又认真充实。每次在校园里看见杨师，总是兴致勃勃，快乐如孩童，见面寒暄也不多问学问长进，只管生活、家常，让人心里一暖。杨师骑着车子风风火火，走路也很快，只有和师母一起散步时才放慢速度。杨师的文字也"流淌着温热的生命暖流和保存着鲜活的人生百味"(杨师著作《唐宋词与人生》),一如他快乐又认真、严谨而豁达的生活态度,充满着人间情怀。杨师总是告诉我们,读书固然重要,生活也很重要。我喜欢他将唐宋词读出了温度和感情,我喜欢他传达给我们的这些爱与温暖,并告诉我,一些东西远比另一些东西珍贵。

我的博士论文《宋词与园林》正是受杨师这样的理念启发,在玩儿的时候产生的。我在苏州乍见园林,十分惊艳,此后每每流连园林,不忍离去,深感好的园林是自然和人工的情之所钟,而捧读宋词,发现,好的宋词也是能触动我心弦的和风与细雨,令我感受到一种优美、宁静、和谐、生机的统一境界,而这种境界,在园林中变成可以触碰、可以感受的实体与实境,这是一件多么神奇的事情!读园和读词交相穿插,使我萌生了很多念头,并有一一去追寻这些念头的意愿。于是,在杨师的鼓励下,我开始着手写作《宋词与园林》,对疏懒的我来说,这不是一件容易的事,拖沓、疲惫、迷茫时有发生。杨师在写作的过程中,在每个关键点上都给我以明确、有力的指导,让我的头脑得以从繁冗的材料和定势思维中解脱出来,豁然开朗;在我因没有进展而沮丧、迷茫的时候,每每鼓励我,提供资料、点拨思路,促我前行。先生总有许多睿智灵透的思想,曾对我说,要以建园的手段去取舍、组织材料,要以园的美来要求自己的文字,读后要有如入园中的审美感受。虽然先生的要求我并未能完全做到,常常觉得自己用了泥沙等粗糙的原料,建了房屋未及粉刷,做了花园未及播种,垃圾没有打扫,道路没有疏通,就因"财力"兼才力不够而仓皇打住。而此后的几年,又忙于工作,以至于依然未能真正将它修缮得尽如人意。尽管如此,先生对我悉心、高明的指导是我一生受用无穷的。

现在,当我已过着上有老、下有小的中年生活,陷入生活的泥淖不能自拔时,常常在可以喘息的间隙,会想起几句心爱的宋词,会沉下心来读读书,也会想起远方的恩师和那段求学时光。蓦然回首之际,竟已走过了7年,我敬爱的老师也已年近古稀,但他在我心中永远是兴致勃勃、充满活力的样子。许多相处的细节已湮没在记忆中,所能记起的也只如沧海中的一朵浪花。但巴山夜雨,吴门烟雨,距离隔不断想念与祝福,多少回梦里我都重回江南,再谒恩师。

我才力不逮,做不了词,而我的学生陈永洪下笔颇有姜吴之风,借花献佛,将她的词句献给先生,恭贺先生七十诞辰:

　　春早新燕衔泥,半亩方塘流水,育人润德三千圃,青丝成雪织日月。
　　深恩永志,桃李满神州。

唯愿先生的晚年岁月健康、快乐一如往昔!感谢和缅怀师母刘文华女士,吴门求学时,她和蔼的笑容和真诚的关心,也带给我许多温暖!至今难忘。

记得卡夫卡有一篇小小说《起程》,里面的主人,听到了远方的号角声,于是他跨起马,仆人问他骑马上何处去,他说:"我不知道,只想离开这儿。"这个故事,直接促成了我硕士毕业那年,决定离开待了7年之久的福州,报考苏州大学。正如卡夫卡所说:这的确是一次真正惊人的旅行。

去苏州考试的火车上,收到朋友的短信:莫愁前路无知己,天下谁人不识君。朋友懂得我,知道我的心里很慌张,所以不惜引经据典、不切实际地鼓励我。怎么能不慌张?一个冒冒失失、根基浅薄的年轻人,居然不自量力要去考大名鼎鼎的杨海明先生的博士!

接着就是紧张的笔试、面试。面试时,见到杨先生。想象中的大学者,气势轩昂、崖岸高峻。杨先生正好相反,非常地平易、亲切,专业问答之余,也关心我是怎么来的苏州以及住宿情况,还建议我逛逛苏州。考完之后心想,也许以后没有机会再来苏州了吧,趁机逛逛也好。江南三月,烟雨迷濛,光顾着移步看景,不一会儿就迷路了。正踟蹰间,迎面来了一位老者,便问他沧浪亭怎么走。老人家详细地跟我说了,看我还是不太懂,就说:"反正也不远,我就拐两步带你过去吧。"我如何敢当,又盛情难却。一路上,老人家为我热情讲解,突然发现,他的口音跟杨先生颇为相像。到了沧浪亭,老人家跟我挥手道别,又觉得老人家的身形跟杨先生也蛮像的。后来我想,杨先生跟那老人家,长相其实未必接近,只因一样的慈祥、平易与热情,让我顿生相似之感。

佛家言因果,基督说神启。而在我看来,对于生命中每一个奇迹的证成,只有心怀感念。蒙杨先生不弃,居然录取我为博士生。这对于杨先生,只是增加了一个再普通不过的学生;而对于我,则是一段奇遇的开始。

入学后开始上课。先生总是骑自行车,后座上夹着包,穿过东小桥弄、十梓街,穿过东吴校园的百年林荫,汇入来来往往的学生车流,到怡远楼给我们上课。记得有哲人说过:学校,是从一棵树下两个人的谈话开始的。先生的课,是这句话

陈未鹏　福州大学

最精彩的范例。先生给我们讲词、讲词史、讲词学方法，娓娓而谈，引人寻幽入胜，豁然开朗。先生讲课，从不引用高深莫测的理论，而往往信手拈来妙趣横生的譬喻来启愤发悱。比如先生说，十梓街有一家参茸店开业，他觉得生意肯定不会好。为什么？一是十梓街附近以学生居多，不会来买参茸；二是如果有人要买参茸，也不会到十梓街这样普通的地方来买。果然，参茸店不久就关门了。正当我听得津津有味，以为有鸿鹄将至，先生话锋一转：论文的选题也正如开店，选题选得不好，就如店开错了地，是要关门的。我蓦地一惊，"甘露入心、醍醐灌顶"，才晓得先生讲故事的良苦用心，也才明白，正因为先生处处留心，所以能从路边的参茸店看出学问的真谛。当然，先生讲授的精彩之处，我能记述的不及万一，只是当我写下这些文字时，忍不住又回想起怡远楼外的塔影桂香、怡远楼内的如沐春风。

有时候，幸福来得太丰厚，让人忍不住要怀疑起真实性来。一个普通的学子，居然有机会跟从一位良师，从游三年，这样的故事是否真的发生过？写毕业论文时，住在独墅湖畔。一次杨先生过来做讲座，讲座才结束，一出教室，即要跟我谈论文。仓促之间，又找不到椅子。先生指着一块大石头，说："来，我们坐这里谈。"我甚至还来不及擦一下那石头，先生就已坦然坐下，和我谈起论文。很久没有回苏州了，我有时想，不知道那块石头还在不在，要是被人移走了，我故地重游时，也许会疑惑先生是不是真的在那里跟我谈说论文过？好在一直保存着先生批阅过的论文，以备时时温习。

时时温习的，还有先生的著作。我接触到的先生的第一部著作是《唐宋词史》，这部著作，展现了一个绚丽多姿、丰富多彩的艺术世界，也激发了我进一步学习唐宋词的强烈愿望。《唐宋词与人生》更是将学术研究与生命的体验相结合，从而赋予原本枯燥的学问以生命的质感。而私心里，最喜欢的还是《唐宋词纵横谈》。这本薄薄的小书，装帧朴素，印刷也谈不上精美，然而"粗服乱头，不掩国色"，杨先生以专题的形式，分析、解读、品鉴唐宋词，如庖丁解牛，以无厚入有间，游刃有余；其文字，又随性舒展，触处生春，真可谓"表里俱澄澈"，只能悠然心会，而不可言说。

三年的光阴弹指之间。曾在毕业论文的后记中写道，求学的生涯是"一场最奢侈的梦"。我以为毕业即是梦醒，不曾想梦里的那些感动、那些温暖始终萦绕，相伴不去。毕业快两年时，有一次打电话给苏州的朋友，拨通之后，电话那头传来的竟是先生的声音。我还没反应过来，先生已听出了是我，即询问近况，不胜关怀。待挂了电话，这才想起，刚才拨号时，拨过 0512 之后，就下意识地拨了先生家的电话号码。

原来，苏州之于我，不过是先生的苏州。

宋秋敏　东莞理工学院

　　很早就想写一些文字，记录吴门求学的点滴，关于杨师，关于师母。然而每每脑海中浮现两位老人的音容笑貌，回味他们语重心长的叮咛，心中温暖，会心一笑而后，却往往失语，不知如何落笔来表达这种幸福和感动。

　　能够成为杨老师的学生是幸运的，更是幸福的，我一直这样想，也这样告诉我认识的人。本科毕业以后，我曾在苏州一所高中任教，升学的压力加上传统中学一成不变的教学模式让我感到压抑，始终埋藏于心底的对于古典文学的渴盼和热望又开始萌芽、生长，我决定辞职，重回校园圆我的古典诗词之梦。向苏大老师询问古代文学博士生导师招生情况时，提及杨师，那位招生的老师马上改用尊敬的口吻，我当时就对杨师肃然起敬，心向往之。及至反复研读杨师著述，心中的想法更加坚定：如果继续深造，就一定争取跟从杨师治学。

　　初见杨师是去听他的课，讲唐宋词的地域性。上课铃响之后，见一位清瘦矍铄的老人走上讲台，目光柔和纯净，语声不高，感觉非常亲切，全然没有我想象中鸿学巨儒的架子。于是跟随杨师做硕士论文，后又跟从杨师攻读博士。渐渐接触多了，发现生活中的杨老师恬淡随和、纯净澄澈，就像天真的孩子，与师母两个人生活得简单而满足。还记得某年春天到杨师家，师母留饭，杨老师开心地讲起他春天里的三个最爱：一为蚕豆，一为河虾，一为春茶，以至于后来的每年春天，常常忆起杨老师当时天真温暖的笑脸。师母烧得一手好菜，在吴门求学时常在杨师家蹭饭。最喜欢吃师母烧的蚕豆和油爆河虾，有时吃完还要再带走一包。杨师和师母热爱生活，他们生活得规律而充实，简单却精彩，常让我们这些自以为忙碌却不知享受生活的人汗颜。杨师习惯早睡早起，晚间从不写作，每天晨练，风雨无阻，这些多年来养成的好习惯让他受益匪浅，爬山走路，他的体力远远好于不常锻炼的年轻人。无论春夏秋冬，只要天气好，杨师和师母往往结伴出游，携一壶清茶、若干点心，去园林赏景或郊外闲游，倦则随处而歇，尽兴而归。又记得杨师和师母向我们介绍苏州不同季节该去哪里游玩，娓娓道来，如数家珍，神采飞扬处，让人欣羡不已。

杨师治学严谨，在学业上对我们的要求从不放松，所以如果功课没有准备好，见到他时心中便会紧张惶惑得像一个面对严师的小学生。初写硕士论文时，我对研究学问完全是门外汉，所作也内容贫乏，尽多华丽辞藻的堆砌。杨师不厌其烦，循循善诱，不但在研究方法路径方面加以引导，且逐字逐句修改，连标点也不放过。那些被杨师圈点得密密麻麻的论文原稿，我至今珍藏。现在自己也做了高校教师，指导本科生毕业论文时，偶尔会觉得学生基础很差，改得颇不耐烦，每每这时，脑海中便浮现出那许许多多被杨师修改的文字，我便会很快静下心来，认真细致地在学生的论文上圈圈点点。

杨师思路清晰缜密，思维敏捷，见解深邃独到，讲解诗词时语出新颖，一些绝妙的比喻信手拈来，令人惊叹不已。创作博士论文时，有时思路陷入深潭泥沼，有上天无路、入地无门之感，这时候，杨师往往几句话就能点醒梦中人，有拨云见日之效。"如沐春风"，是杨门弟子跟杨师谈话后的共同感受，对于我们这些有幸接受杨老师言传身教的学生而言，这种幸福的感觉终身难忘。

桃李不言，下自成蹊，用这句话形容杨师再恰当不过。杨师桃李满天下，让众多弟子感念不已的，不仅是他高深渊博的学问，更是他淡泊纯净的人格。做一个像杨师一样的老师，这是我的理想，也是我的人生目标，我会一直努力。

张翠爱　盐城高等师范学校

我们每个人的潜意识里都有着这种登云山观彩虹欲创就非凡人生的欲望,而我们每个人的人生轨迹又岂不与这登云山观彩虹的旅途相似?我谨以此篇文字庆祝我的老师杨海明先生七十华诞。

——题记

从苏大毕业工作以后,我反复做着同一个梦:梦见自己从苏大狭窄的北校门拐出去,然后去攀登很高很高的山,每次都在努力地向着有断崖的更高处攀登,而且登得愈高看到的彩虹愈美,美得我欲罢不能,欲看亦不能。我每次不是惊醒于攀登高入苍穹的险峻云山,而是被那美到极致的让我眩晕的幻化彩虹给折磨得醒来。每次醒来,我的心胸都在美的惊悸中阵痛,而醒来后的我又惊悸于梦中的层层曲折、险象环生的云山,想想便后怕不已,但由于梦中所见之美我此生从未见过,于是这梦中惊悸于彩虹、醒来惊悸于云山的梦缠绕我 10 多年。至于每次梦中都从北校门出去,可能是我宿舍的师妹们每次周末去双塔录像厅或偶尔去杭州等地都从那儿出去,然后回来讲无数的趣闻趣事;我自己也曾一两次独自从那儿顺着一条长长的竹林小道,欣赏着吴地翁媪闲话品茶,然后摸索着走到凤凰街与干将路交叉的桥口。因为那路走得少,它们远没有望星河与十梓街留给我的印象清晰深刻,但在我的心中那是一个美丽而神秘的去处。

毕业 10 多年后,我带着 10 岁的儿子和结婚时的床与办公桌以及那把旧藤椅再次来到苏大读书,租住在东小桥弄 4号,与导师杨海明先生一个小区。住下第二天我丈夫便赶回去上班了。师母利用两个上午陪我去双塔菜场和友谊菜场,她告诉我哪个摊位的肉好、茶干豆腐好,什么样的蔬菜新鲜……我们步行而去,步行而归。在租住的一年里,我们按照各自的规律生活,相互很少打扰,但在心里,总觉得老师、师母时刻在照应着我们,住在那儿我们全家人的心都感到踏实。

周末不用送儿子上学,早晨 6 点左右我便骑自行车去苏大操场跑步，而在十梓街上便可见到老师跑步去苏大校园晨练。老师慢跑得很特别，他每跑一步，似乎有一股看不见的瀑布自天空穿透他的周身，使他全身筋骨得到一次放松。我能体会到他的一呼一吸是怎样的舒缓有致，他吸气时两肩上耸，呼气时两肩下垂而且手臂、臂弯同时有向下的趋势。他跑得轻松、宁静。一次周末早晨，快8点了，我们一家三口决定去苏大校园散步，我们有说有笑地走在十梓街的右侧，不曾注意到已从苏大晨练回来的师母，她微笑着在街左侧的对面朝我们击掌两次，我们急忙欲与她打招呼，她立即摆摆手示意我们前行，说她去买菜了。老师、师母生活有序，他们每天晨练，风雨无阻，下午也定时出去（冬天3点左右，夏日6点左右），我会偶尔遇见他们在校园或街旁漫步。

儿子借读于平直小学，我早晨送他上学再回转到苏大上第一节课就有点匆忙。老师说："你路上不要急，如果赶不上，我们等你一会儿。"可我不能不急，即使我紧赶慢赶，也总避不掉沧浪小学的上学高峰，等我尽力奔到学校时，老师、同学早已端坐在课堂里，我偶尔还真的迟到了，但老师每次都等我到了才上课。听老师的课是一种享受，他的每一节课都能使我们有所得，每一节课都会教给我们研究某个方面学问的方式方法。老师上课思路清晰、富有逻辑性，而且善用比喻，他把高深的学问讲得通俗易懂，从不故弄玄虚、云里雾里。

一年的基础理论及专业课结束后，由于生活的困难，我不得不带着与我一样喜欢苏州的儿子回到苏北老家。对于我的离校做论文，老师最为我担忧的是资料问题。他说："你如果在北京读书现在回到苏州做论文，那也没关系，可你现在回到县城等于回到了闭塞的乡下。"我说我可以借书和买书。我离开时，老师借了很多我必读必用的书给我。师母背后与我说："杨老师说话严厉你别介意哦，以前师姐们都被他教训得哭了，他要求很严。"由于我硕士读的不是古代文学，所以我做古代文学的博士论文有很多课得补上去。我书读得慢，论文做得更慢，老师没有直接催促我，但我时刻记着师母的话。读苏轼诗词文我花了5个多月，又花20天才写出第一篇论文，我急急地送给老师看，老师说："不错，还亏你功底好。"我读了8个月《庄子》，又花一个多月写出第二篇论文，立即送给老师指导，老师说："这比上一篇进步多了，结构很好，而且做得深，你对庄子研究比我透多了。"我明知老师是鼓励我，但我还是高兴地回家去，按照老师的指点继续修改，更加有信心地读书做论文。到最后我把整个绪论及论文交给老师时，老师也许比我自己还高兴，因为我是当局者啊。师母说："杨老师一收到你的论文，很高兴地把绪论开头读给我听，说：'你看看，多大气。'杨老师说你有悟性。"这是对我这个愚笨学生的最高奖赏了，因为我的论文离老师的要求还很远，但得了师母的这句话，在以后的生涯中我怎能不自信地再继续前行呢？哪怕只是前进一小步也不辜负老师、师母的苦心。在培养我们的过程中,从始至终我也没见老师怎样地严厉,老师善指导、师母善诱导,他们配合得很好。

我回家做论文后,一学期只去老师那里一两次,因为我写出论文时才去请老师指导,顺便到图书馆借书还书。每次去苏州总是下午去,晚上6点左右才到老师家,把论文交给老师,第二天上午去面谈,然后我便赶中午的车回家,因为儿子要等我回家照应。老师知道我的困难,便抓紧时间修改我的论文,他的晨练时间一定受了影响。我每次把论文交给老师后,师母都要留我吃了晚饭再回宿舍。每次吃了饭后,洗刷锅碗的家务都是老师去做,我要做他们也不让。师母说老师每天晨练回来还帮她烧好几瓶热水,说时师母显得很幸福。一次吃完晚饭后,碗收到厨房,老师说:“今天我不洗碗,我要陪小张说话。”师母说:“我要陪小张说话,我还要陪她去校园走走。”师母对着老师说:“他呀,最希望你们来,你们一来他就可以不洗碗。”说完立即笑着对我说:“开玩笑,开玩笑!”老师也说开玩笑。他们也许想让我开心,我由于家务的繁琐、论文的压力以及大家庭的琐事而身心疲惫。师母在校园里与我谈了很多,一直把我送到天桥,我又把她送回西大门,然后我们相互回首道别的场景至今犹在眼前,师母带着吴地方言的“当心”仍然响在耳畔。

2009年第一个端午节我前往苏大参加毕业论文答辩时,师母身体好好的,而第二个端午节去参加毕业典礼时,师母已住院。我问哪里不舒服,她说没什么,只说在医院里温度适宜,而家里开空调她会不舒服。她回家吃饭,然后自己走到医院去。最后一次与师母见面时,她放心地说:“小张心境现在完全平静了,看得出来。为老公为儿子很辛苦,一定要注意自己的身体,心情一定要开朗。”她说时我们面对面地站在老师家的餐桌边。我是带着儿子一同去的,虽然刚好是周末,但也得立即赶回,因为儿子还要上学,我也没能多陪老师、师母。

得知师母病重的消息时,老师坚决制止我们前去探望。2009年8月23日凌晨6点15分师母平静清爽地离开了人世,离开她的亲人,离开很多被她关爱还未来得及对她说声谢谢的学子们。我们100多名同学前去为师母送行。那两天,老师清晨四五点钟便起来,骑自行车去给与他一起为师母守灵的师兄们买烧饼,而老师从得知师母的病情开始便靠安眠药休息了。老师爱生如子,师母亦然。在师母被推进那道与我们诀别的大门时,老师转身掩面挥泪,我们痛哭一片。我本想,老师、师母必能活到百余岁,他们白头偕老是毋庸置疑的。他们俩形影相随的漫步、老师指导我们论文师母在旁边给我们添加茶水的情景,更让我不忍目睹老师瘦瘦高高地独自站在那儿挥泪的情形,我泪水成线。

师母安葬于树木葱郁的灵岩山公墓。我们都努力地在想如何安慰老师,可老师安慰我们说:"入土为安。这儿的阳光好,我以后也在这儿。"我们知道老师是多么揪心地痛苦。

老师说他儿子、媳妇上班辛苦,要吃得好,所以现在每天他都亲自去买菜,然后让钟点工阿姨烧菜。

师母在时,老师接到电话,便立即用昂扬愉快的语气说:"哎呀,是小张啊!"现在每次通电话时,我还没来得及问候老师,老师便说:"噢,小张,身体好吗?"我们都希望老师身体安康。

从老师淡定、安然的生活中,我看到了那片我梦中的彩虹,而它们并不耀眼更不炫目。苏轼所谓绚烂之极,至于平淡。

　　习惯了工作生活的忙碌，适应了都市丛林的穿梭，学会了在梦想与现实的碰撞中诠释生活，殊不觉时间已如流水般淙淙流逝。若不是前些日子师兄们的提醒，真未察觉杨师七十华诞已近，而我离开苏大也已近4年时间。4年来，远离了绿树成荫的本部校园、古色古香的文科楼与木桌椅，远离了可敬可亲的杨师，还有杨师那幽默风趣的课堂讲说，可心里却始终有个温暖的角落，珍藏着温暖的记忆。4年里，也曾不止一次地设想，设想再有一次机会能重回苏大校园，重回杨师的课堂，重温杨师曾带给我们的鼓励与感动……

　　依稀记得第一次见杨师时的情景：和蔼可亲的笑容、儒雅的学者风范、轻松的话题、简单的言语、真诚的交流方式……所有的一切都让我真切感受到杨师的和善与平易近人。至今回想起来，都感激于杨师的亲和力，这种亲和力得以让我接下来几年的求学之路信心倍增，它让我对唐宋词的学习更为执著，让我在面临研究难题时可以不轻言放弃，让我在选择毕业出路时可以理性看待自己；这种亲和力也让我在工作后能始终要求自己真诚、友善地对待生活，对待他人，特别是自己的学生。常言"身正为师，德高为范"，我从杨师身上最先领悟到的是温暖与友善给予他人的无限力量。

　　从第一次大课上感受杨师深入浅出、旁征博引、幽默风趣的讲课风格，到两周一次的小课交流，再到毕业论文的选题、开题、完稿，其间杨师给予的支持和鼓励总是无声而有力。依然记得，总是期待着两周一次小课时的心情，期待在对两周学习成果总结交流的过程中杨师及时到位的指正与引导。喜欢经杨师指点后那种豁然开朗的感觉，更为重要的是它为下两周的继续学习确立了方向，增强了动力。杨师用心地引导着我们在学习中学会发现问题、思考问题、提炼问题，又在解决问题中推进学习、加强学习、学会学习，这是一种无形却非常有力的鼓励与支持，更是一种善意的促进与推动。它鼓励我们自主学习、自我探索，但又不会迷失方向、失去动力。

　　也还记得毕业论文初稿完成后的那个小插曲。因电脑操作不当，已完成的文稿丢失大半，当时的懊恼、焦虑无法形容。与杨师通电话时，已泣不成声。依然是杨师的宽容与鼓励让自己静下心来，可以在最短时间内顺利完成。其后一而再、再而三地修改，杨师也总是很耐心、尽心，没有严厉的言词、直接的批评，只有善意的鼓励与支持。

杨师的善意鼓励我始终铭记在心。4年里，每当我面对自己的学生，面对他们理想与现实的差距、偶尔的迷失方向、某些时候的小小任性，我始终会提醒自己要以友善的方式给予学生们提醒与鼓励。是杨师让我领悟到，善意的鼓励比直接的批评、繁复的说教更为有效与重要。

杨师的温暖与友善，是我三年里体会最深、也是最近一次感受最深的。去年10月份，从同门师弟那里获悉，师母因病过早地离开了我们。在得知消息的一刹那，震惊、心痛、担心、不安……师母的离开让我很意外，还记得她和杨师在苏大校园一起散步的情景，记得她热情地为我们沏茶、切水果时忙碌的身影……很怀念师母，更挂念杨师……怀着焦急的心情，和另一位同门急切地去苏州看望杨师，意外的是杨师却反过来安慰我们……曾在媒体上看到杨师在江苏讲坛上演讲时说过这样一段话："当一个人精神孤立无援时，可用唐宋词来慰藉心灵的创伤，得到精神伴侣。"我不知道杨师花了多少时间在唐宋词中慰藉自己，慢慢抚平师母远离的伤痛，但在面对我们的担忧与牵挂时，他给予我们的却是坚强与豁然。就像一位母亲宁愿自己受伤也要小心呵护孩子一样，杨师总是很用心地呵护着我们，即使是在自己最脆弱的时候，都不想让我们有任何的悲伤与牵挂……

杨师总是这么可敬可亲。每次想起杨师，都不禁会想起陈璀词作中所提及的"这一轮明月，本自无暇"，觉得杨师就如那皎洁的明月，洁净无瑕，给予弟子们的也永远是最真最美的温暖与感动。这种温暖与感动，弟子们会永远珍藏，也会受益一生。

能在杨师门下求学，是弟子的荣幸；不能有再次的机会，是弟子的憾事！
衷心感谢杨师！
衷心祝愿杨师：幸福、安康！

2005 年,在我个人的内心深处,一直是很不平凡的一年,我实现了考取苏州大学古代文学专业研究生的梦想,因我本科专业非中文类,这一梦想的实现用了两年时间,比之应届考取的同学,更显得珍贵和得之不易,堪称之梦想了。然而当那年 9 月,我从北方的城市来到婀娜的苏州,还有更让我想之不敢想的幸运:能够师从杨海明老师。我之前确有此期待,却未敢奢望成真。

那年同在杨师门下的有罗云芳、刘宝侠,还有博士生张翠爱、宋秋敏师姐,陈未鹏师兄,另有陶友珍、王惠梅、赵建华由王晓骊导师所带。杨老师和王老师每周一次为我们轮流上课,10 人齐坐一室,我们俨然是有两位导师,在同学中又招来多少艳羡。

犹记第一次上课,杨老师要我们每人谈谈对于唐宋词的感受,几位同门讲得都好,从个人的真实见解出发。轮到我时,却因提前自作聪明的有所准备,一张口便漫无边际,虚词滥文,被杨老师当场识破,严厉地批评了我的学习方法。批评过后,杨老师又一改严肃的口吻,安慰我说不要灰心。我因当时的羞愧和紧张,批评的原话已记不清,但其精神旨要却永久地铭记在了心上:做学问,一定要下工夫在读文本中自己去生发领会,别人的研究只可作参考,却不是学问的路径,万不可人云亦云。

这一次难忘的训诫,至今想来仍感面红,然而它却成了我此后学习时自觉地去践行的途径。这一点在后来的课堂和谈话中,也是杨老师经常向我们强调的。

杨老师理解如今研究生水平的实际情况,注重给我们打下扎实的基础,要我们从读龙榆生先生选编的《唐宋名家词选》开始,任有所得,下次课上来谈。

两个星期里我捧词细读,认真揣摩体味。第二次杨老师课上,当我小心翼翼地说出自己所得的一点看法时,杨老师竟大为表扬,当然并不是因为我的观点多么正确,而是因为看出了其中我自己的领悟和分析。

这些仅是我个人的深切体会，相信同门们亦都各有所感：杨老师把他的负责态度洒注在每个学生身上，失则有训，得亦有勉。对他自己而言，只是几句点到的话，在这样一个看似简单的过程中，却如此深刻地给我们指明了做学问应持的严谨态度，并形成了我们今后在学习上坚定不移地遵行的原则。

回忆杨老师讲课，从来不会给我们就某个观点去绕迷和灌输，他解析给我们的，是这观点如何得来，又如何层层深入，探骊得珠。每次课上，他会布置下相关书目，并在下一次上课时由每个学生任选一角度谈读书体会，学生便如同写了一篇小型学术论文。每个学生谈完后，他都加以点拨评析，这样的训练中使我们的研究水平得以长进。

匆匆一年时光，怡远楼一楼的小教室，虽仅十几平米大，坐10人还略显挤凑，却印象中每次上课都满室生辉，窗外正对着方塔立于一片绿树掩映中，更近处几株花树摇曳，室内所谈皆词章佳句，坐者如沐春风。

除开学、放假回家之际及毕业时讨教论文事宜，平日我们很少去杨老师家，总因心中敬畏，不敢打扰。而我又更觉在同门中所学最浅，功夫不深，每每心怀愧对之情。然而杨老师私下对我们却极和蔼极可亲，讲学问讲得鲜活，讲家常讲得有趣，常常手舞足蹈似的。每次去杨老师家都有种孩子到了宠爱他们的爷爷家里的感觉，师母亦不停地笑着倒茶。热闹亲切一阵，平日的敬畏此时已化成一团火热。但总的算来三年中我们去看望杨老师却并不多，杨老师更从不在这些上要求我们。哪怕只是一起凑钱买个花篮或果篮，杨老师也会严肃叮嘱"不要再花钱，你们都还没有挣钱"。他对我们尽了导师的所有义务，却没有一次利用导师的一点点权利，即使是让学生帮忙复印材料这样常见的事，他也从来不会。

研三刚刚开学，杨老师就开始召集我们为毕业论文讨论题目。初步定题后用一个月时间来写提纲，再作可行性修改，争取第一学期内完成，以便我们第二学期找工作。我的题目杨老师改了三次，从我最初大得无边的"隐逸词中的自然意象"缩到"隐逸词中的山意象"，最后拎出独具面目的"辛弃疾词中的山意象"。初稿完成后，杨老师逐一批改。我原以为只是结构、论点等方面的修改，当杨老师把我叫到家中讨论批改好的论文时，我看到上面连我因常年不注意"的、地、得"的习惯及草率行文的病句错字甚至标点符号等，杨老师竟也都一一改过。后来每每想到以杨老师的学识，却不吝为学生修改错字标点，我总感到一种无言的鞭策：如果我能本着认真的态度把事情做得更完善些呢？

杨老师用他的言传身教，不仅在教我们如何做学问，更教会了我们当如何做事做人。

三年光阴，在乱抛轻掷中流过。谢师宴上，当王老师因须赶回上海提前离席,我才突然意识到我的可爱可敬的导师们,今后将不易再见,竟一阵伤感,忍不住落泪。虽然三年中除却上课亦并非常聚,然而导师们的教导和品格,却都异常清晰地刻画在脑海中,成为一种注入的精神强流,我想这就是常说的人格的力量吧。

2009年10月,毕业一年多,准备出国前,只想再回一趟母校,于是和2006级的师弟焦佳朝一同去看望了杨老师。杨老师依然精神矍铄,刚刚经历过师母去世的伤痛,又回到了积极的人生态度上,还告诉我们他去四川等地借笔会机会游玩散心的事,使我们本来担忧的心得到不少安慰。知道我将出国后,他给我详细讲述了从前一位博士师姐在国外的打拼经历,又不断殷切叮嘱我要做好吃苦的准备。这是我毕业后又一次得到杨老师的勉励。他还风趣地说今后要把古代文学这一块全丢开,无须留恋,要好好学习外语,重新翻开一页。

这一次我没有听杨老师的话,来美国因为行李太多,只随身带了5本书,全都是古典文学,其中一本即杨老师的《唐宋词史》。

值杨老师七十华诞,欣闻几位同门师兄拟编《杨海明教授七十华诞纪念集》,于感慨万千中仓促成文,谨愿杨老师身体安康,老而弥坚。

另作《永遇乐》一首,追忆师从杨老师学词的美好经历:

> 怡远楼悄,晴岚波绿,一点疏笛。悴拟词心,幽寻美境,醉访前人籍。易安花瘦,东坡醉月,又柳七多情泣。坐春风,谆谆教化,才如雏鹰挥翼。　　流光轻掷,孔颜三载,今日怎生堪忆?启悟开蒙,披文删字,白首铿锵力。更抛心血,一生事业,著卷发文盈壁。成蹊处,襟怀却善,淡名守寂。

11

记杨海明师

罗云芳　河南大学附属中学

那是大学三年级的时候，刚刚决定报考苏州大学古代文学专业，我怀揣着一股"下江南"的热望以及对将要面临的未知的种种猜测整日惴惴着。有一天——一个有点儿寒冷的深秋的下午，一位姓裴的师兄找我聊天——我们报同一所学校，他无限仰慕苏大的戏曲专业，而我则钟情于唐诗宋词——他告诉我，苏州大学的杨海明教授是研究唐宋词的专家，如果我能拜在他的门下，那将是一件非常幸运的事情。这话似乎在我的心里开了一道天窗，我几乎雀跃起来，不过心里仍是惴惴的——鄙陋如我，不知能否有幸得名师垂青？

2005 年的 9 月，大学毕业，我以差强人意的成绩考进了梦寐以求的学校。拽着行李走进苏大校门的那一刻，怦的一声——只是一滴水珠从半空坠落湖面的瞬间，那烟柳画桥绣帘朱户便从书中跳到了我眼前。君家正在吴门里，为君且入江南去——嘴里哼着几百年前的老调，激动和喜悦如一阵飓风将我挟裹，只是，仍有期盼。我在心中兀自念叨着，那位研究唐宋词的杨教授该是怎样一位风度翩翩的白发先生？

不能不说，我真的是非常幸运。分专业的现场，在经过教师和学生的双向选择之后，看着别人向我投来的艳羡目光，我只感觉胸腔里似乎有一只鸟儿忽闪着翅膀要放开喉咙歌唱——我终于有幸被分到了杨老师的门下。环顾四周几位平易朴素的老先生，我猜测哪位该是我的恩师，可是，似乎都不像。后来才知道，那天，杨海明师并不在现场。

在我的记忆中，苏州大学的怡远楼前永远阳光明媚。春阳朗润，秋阳和暖，即使是冬天与夏天，阳光走到了怡远楼前也会暂时收敛了她的寒肃与炽烈，而变得雍容有度，只给人以轻轻的抚摸与温柔的呵护，一如那流淌在诗词里的江南小巷的水。还有那楼前成排的花树，时时刻刻都在宣泄着生之美丽，在繁华热烈的背后又时时透露着沉静与安详。那一天，我们几个都整整齐齐地坐在一楼的那个小小教室里，木色老旧的桌椅散发着时光的馨香，日光透过玻璃窗在上面徜徉，窗外花影摇曳。只听吱呀一声，门被推开，杨老师踱进了教室。这时我才发现，我梦中的老师，并不是一位白发先生。他的发是黑的，脸色清瘦，炯炯的目光中透露着平易与温和。

老师喜欢手提一深色挎包，一进教室，便将其顺手放于桌角，坐定，目光扫视一周之后，便用缓慢又略感顿挫的语调说：

"大家都谈谈自己的读书感受吧。"

很多时候，学生们似乎说得不着边际，但却从未遭到过严厉的批评。老师只是对每一个发言的人加以评点，声音永远都是那么平静温和。

差不多都发过言之后，老师喝上一口茶，然后开讲。他说普通话，但方言味很重，说话时声音厚重里稍显沙哑，音调绵长。讲到激动处有时会双手并舞，让人深觉率真可亲。

每次课毕，同门们结伴沿着怡远楼前的林荫道走到教工食堂吃饭，这时，我们就会看到杨老师骑着他那辆高粱的旧自行车从眼前飘过——那一车一人穿过一排排安然停放的汽车和一片片的花影，在日光下兀自前行。这时候我们往往会偷笑，心内却觉安稳平和。顺着他微向前探的背影望去，阳光正洒在每一座古雅的建筑上，就像时光的双手在抚摩着一张张布满皱纹的脸——浮华散尽，纯美方显，这古建筑是，这人，也是吧？

杨老师每天早上六七点钟到校园跑步，晚上早早就寝，杨门的人都知道他老人家早起早睡的作息规律。他似乎没有手机，甚至没有邮箱，或许，正是生活的纯粹简单才使得他让我如此强烈地感觉到一种游离于世俗之外的平静安和。临近毕业的时候，照毕业照，我们把杨老师也请了过去，大热天里，大概有大半个下午，他一直在我们身边敬业地做着"道具"。虽然我们所求的不过是与老师的那一张珍贵的合影，可是我们知道，这对于他是很累的，但他什么都没有说。倒是听说我们都找到了工作，他显得很高兴，一直说"好呀！好呀！"

他从不要求我们做事，总是告诉我们要多看书。毕业前夕到他家做客，只见小小的书房里堆的都是书，当然，还有我们的毕业论文。那段时间他每天都要熬到很晚看我们的论文，带着他那副老花眼镜。王晓骊老师曾嘱咐我们，论文字要大一点，这样可以让老人家少辛苦些。

不过顽劣如我终于没能如他老人家所愿，我只是一味地为着一些肤浅的东西忙碌着，很少读书。甚至，在老师所教授的有限而珍贵的唐宋词理论课中，有两节因了我的粗莽而终于无法弥补，或许我只能如此愧疚下去了。

离校一年后的某个夜里突然做了个梦，梦中杨老师终于训斥了我。梦醒时分,清晓的光照到床边的书桌上,那一排全宋词还井然地立着,最边上是一本薄薄的小书——1993 年版的《宋词三百首》,上面赫然印着:杨海明新注。它已跟了我有 15 年,多年之前,当那个懵懂的小女孩从姐姐的手中接到这样一本薄薄的小书的时候,谁能想得到,这会改变了她的一生呢?

12

重帘复幕下的唐宋词

——唐宋词中的『帘』意象及其道具功能

赵 梅 美国西东大学

晚清词论家况周颐先生曾这样描述其所历之词境:"人静帘垂灯昏香直,窗外芙蓉残叶飒飒做秋声,与砌虫相和答。据梧瞑坐,湛怀息机。每一念起,辄设理想排遣之。乃至万缘俱寂,吾心忽莹然开朗如满月,肌骨清凉,不知斯世何世也。期时若有无端哀怨,怅触于万不得已,即而察之,一切境象全失,唯有小窗虚幌、笔床砚匣,一一在吾目前。此词境也。"(《蕙风词话》卷一)看来,正是在帘垂灯昏、小窗虚幌的幽寂环境中,词论家才能够摒却杂念,瞑坐息机,体悟到难得一遇的"词境"。同样地,在词的创作过程中,词人们也往往会借助于"帘"、"帏"、"屏"、"幕"、"帐"、"幄"、"幌"……这一系列意象的巧妙运用来营造迷离曲折的词境,诉说"无端哀怨"、"万不得已"之心情。如此,则这个系列的意象便成了词人们手中极为有效的"道具"。而其中又以"帘"的运用最为频多,最显灵活,最具成效。故而选择"帘"意象为该系列代表加以剖析,即可收尝一脔而知全鼎之效。

"帘",即门帘,乃古人居室中习见之物。在日常生活中,人们用它来挡风、遮雨、避光……而在文人们的笔下,它的用途却远不止这些。像唐代孙逖的《帘赋》就曾这样来描述"帘"的作用:"若乃少妇重闺,王孙华馆,映锦屏以猗猗,增绣户之焕焕。琼钩上而齐女讴,珠影垂而楚妃叹……"而在刘禹锡的《陋室铭》中,"帘"更成了"苔痕上阶绿,草色入帘青"这样一种引人入胜的清雅环境之组成部分。另如罗隐的《咏帘》诗:"叠影重纹映画堂,玉钩银烛共荧煌。会应得见神仙在,休下真珠十二行",则寥寥数言就以烛光、帘影、美人"串联"起一幅令人着迷的温馨画面。显而易见,"帘"这一物象进入文学作品后,常常被用来烘托优美动人的气氛,构筑含蓄悠远的意境。而这一点,在唐宋词中表现得尤为突出。

我们知道,古代中国是一个等级秩序壁垒森严的封建国家,是以"帘"、"屏"、"帏"、"幕"等本身具有间隔作用的物件的出现正适应了这种状况的需求。以"屏"为例,"屏"本意是指国君宫门内挡门的小墙,后引申为板制的挡子,其作用是不让外面的人看见里面。"帘"也不例外,历史上太后垂帘听政、皇帝隔帘问事的情形不在少数。对于帝王权贵而言,一重薄薄的帘子实际上代表了其所在阶层跟其他阶层之间的分界,乃是距离和特权的象征。另一方面,我们的民族性格又一向是比较保守和内敛的,像"家丑不可外扬"、"男女授受不亲"等说法便是这种倾向的具体反映。因此"帘"在芸芸大众的意识中,不仅能遮挡来自自然界的风风雨雨,更重要的是,它能阻隔旁人窥探的视线。既然帘外人不能非常清晰地见到帘内之景,那么,帘内人的"隐私权"便得到了保障。古人很早就将物的"帘"同道德范畴中"廉耻"之"廉"连在了一起(《释名》:"帘,廉也。自障蔽为廉耻也",即是一个证明)。当然,"帘"不同于"门",不管是竹帘、珠帘、犀帘还是玳瑁帘,总还留出了丝丝隙缝,即使是布帘,也还有风吹帘开的瞬间,使得帘外人得以隐隐绰绰地瞥见帘内动静。欲见而不能十分真切,这种遗憾尤能启人遐思、发人联想,以之入词,便成为一种对朦胧美的追求。所以说,古典诗文里头那么多的珠帘、翠帘、画帘、绣帘……并非全都是实写。不少情况下,"帘"只是作为一种寓示了距离、隐秘、朦胧之美的意象符号出现,未必是实有之情境,这在唐宋词中亦不例外。

不难发现,任何意象的存在都离不开一定的时空形式,而把意象放置于何种时空坐标之上,通常体现着创造主体的特定心态,有时甚至还反映出整个时代的审美取向或者某个群体的审美情感、审美模式。在唐宋词中,"帘"意象常见的时空模式主要有以下几种。

一、淡月疏帘

"月"本身即是中国文学里的重要抒情意象,"举杯邀明月,对影成三人"(李白《月下独酌》),诗人们留下了无数月之赞歌,像春江花月、雁飞残月、故乡明月、松风山月,等等,都成为令人神驰的古典意象。而在这些意象中别具情韵的,似乎还得数隔帘所见的那一轮朦胧淡月。

李白有一首《玉阶怨》诗:"玉阶生白露,夜久侵罗袜。却下水精帘,玲珑望秋月。"诗人有意识地将"水精帘"置于幽闭的深宫和秋日月夜所组成的时空环境中,虽未直说怨情,怨情却分明已从帘外伫立、露湿罗袜以及下帘望月、犹不欲寝这样一个孤独的形象中流露出来了。

"帘"意象的这一典型时空模式在词里得到了进一步的发展。李清照的《小重山》抒写其对春天的喜爱、珍惜之情。其词下片云:"花影压重门。疏帘铺淡月,好黄昏。二年三度负东君。归来也,着意过今春。"女词人仅用了"疏帘"、

"淡月"这两个意象就组合出了一个恬静迷人的春日"好黄昏"来。《问蓬庐随笔》云:"荆公《桂枝香》作名世,张泽安用易安'疏帘淡月'语填一阕,即改《桂枝香》为《疏帘淡月》"(见况周颐《漱玉词笺引》),可见这"疏帘淡月"影响之大。

其余像温庭筠的"夜来皓月才当午,重帘悄悄无人语"(《菩萨蛮》)渲染洞房岑寂之气氛,晁端礼的"一枕春风,半帘残月,是闷人滋味"(《醉蓬莱》)寄寓乡关迢递之愁怨,姜夔的"人何在,一帘淡月,仿佛照颜色"(《霓裳中序第一》)倾吐怀念伊人之情愫,陈德武的"疏帘揭。云端仰见娟娟月。娟娟月。不应何恨,照人离别"(《忆秦娥》)摹写不忍离别之心曲,而党怀英的"开帘放入窥窗月,且尽新凉睡美休"(《鹧鸪天》)则抒发旷达高朗之情怀……凡此种种,亦都能各出新招,利用月的圆缺变化(皓月、淡月、残月、新月、斜月、碎月、凉月……)同"帘"意象的精巧组合,结构出一个个全新的审美境界来。

二、双燕重帘

燕—阁—帘的意象组合模式似乎是特为迎合词人的伤春惜春情绪而设置的。像晏殊的"小阁重帘有燕过,晚花红片落庭莎。曲栏杆影入凉波"(《浣溪沙》),写的是帘外景物,从词人的视觉所及落笔,"小阁"、"重帘"、"过燕"、"晚花"、"庭莎"、"曲栏"、"凉波"诸意象组成了一幅索寞冷清的画面,而匆匆一过的穿帘燕子,则给帘内人传递了春将归去的消息。晏元献有一次曾评说"帘幕中间燕子飞"这样的景致为有富贵气象(见吴处厚《青箱杂记》卷五),同样,词人在这里所要表达的,也是一种富贵者叹息春之将逝、盛筵不再、美景难留的淡淡闲愁。与此稍有所异的,乃是寂寞春闺之中伤春女子的愁怨:"豆蔻梢头春色浅。新试纱衣,拂袖东风软。红日三更帘幕卷,画楼影里双飞燕。"(谢逸《蝶恋花》)春天来了,换上新衣,慵懒地卷起帘幕,比翼双飞的春燕一下子映入了眼帘。春风中双燕对飞,而春闺中佳人独居,人不如燕,情何以堪!类似的意境和情感在欧阳炯的闺怨词中成了"恨不如双燕,飞舞帘栊"(《献衷心》)之悲;而在陈允平的笔下,则为"有约不来梁上燕,十二绣帘空卷"之痴盼。

在双燕重帘的抒情形式中,词人往往又以落花、微雨衬托其间,使思妇念远、客子伤春的心情更添几分审美的迷离婉约:

春满院,叠损罗衣金线。睡觉水晶帘未卷,帘前双语燕。　　斜掩金铺一扇,满地落花千片。早是相思肠欲断,忍教频梦见!(薛昭蕴《谒金门》)

春睡既觉，犹自垂帘不起，可见思妇之落寞无绪；帘前双燕，相依软语呢喃，反跌出思妇之单身孑立；落花满地，春事阑珊，又引发思妇青春易逝、郎君不归的相思悲感。本来，红颜少妇、伤春恨别这样的题材是诗词中屡见不鲜的老题目了。而此词之所以能在同类作品中不落下风，其高明之处即在于词人巧妙地运用了垂帘、双燕、落花等意象晕染出一种幽约深婉的"词气"以表现思妇内心隐秘的情感。我们再来看"细雨"意象的介入：

> 群芳过后西湖好，狼藉残红，飞絮蒙蒙，垂柳阑干尽日风。　　笙歌散尽游人去，始觉春空，垂下帘栊，双燕归来细雨中。（欧阳修《采桑子》）

"细雨"意象有一种空灵缥缈的韵致。此词上片安排了"残红"、"飞絮"，下片又着"垂帘"、"双燕"，最后以"细雨"收结，从而将"春空"二字写足写透，使全词呈现出一种清寂空蒙之美，且余情隽永，咀嚼有味。看来"落花"、"微雨"意象的加盟，使得"双燕重帘"的抒情形式更趋自然圆满，像"微雨小庭春寂寞，燕飞莺语隔帘栊，杏花凝恨倚东风"（张泌《浣溪沙》），"隔帘微雨双飞燕，砌花零落红深浅"（李珣《菩萨蛮》）及"多情帘燕独徘徊，依旧满身花雨又归来"（田为《南柯子》）……如此优美的意境，均有赖于"帘燕花雨"之助。

三、幽梦晓帘

晏小山有一首出名的《临江仙》，起二句"梦后楼台高锁，酒醒帘幕低垂"，康有为评曰"纯是华严境界"（《艺蘅馆词选》乙卷引）。所谓"华严境界"，是说它已进入佛家的空寂之境。这种空寂，正是词人内心世界"微痛纤悲"诸般感受的真切反映。此情此境，与其说是小山宿醉方醒、午夜梦回之际骤见之实景，不如说是他以往经历过的种种"悲欢离合之事"，暗寓于胸，而忽于此时炼就此12字。其中"梦后"与"酒醒"二语互文，词人充分利用了"梦"、"酒"意象的造境生幻功能，又借助"帘幕低垂"、"楼台高锁"增其迷离恍惚之致，从而给读者提供了一位华堂夜宴、梦残帘垂之际忧从中来的"古今伤心人"形象。

另一类"伤心人"当属兰闺秀阁中的多情女子，她们也时常在"红烛背，绣帘垂"的氛围中吐露"梦长君不知"（温庭筠《更漏子》）的情思，而在"斜月照帘帷"的无寐静夜，又生出"忆君和梦稀"的无穷幽怨（毛震熙《菩萨蛮》）。韦庄的《天仙子》词即勾勒了这样一位深情哀婉、相思愁绝的女性形象："梦觉云屏依旧空，杜鹃声咽隔帘栊，玉郎薄幸去无踪。一日日，恨重重，泪界莲腮两线红"——春梦醒来，依旧是屏空帘冷的孤寂景象，梦中的欢娱、团聚、甜蜜……竟成虚幻，唯一真实的，只有帘外杜鹃那一声声"不如归去"的呼唤。也许，正是这断断续续的鸟鸣声，惊破了伊人的幽梦，勾起她对远游不归、久绝音信的薄情郎既爱又恨的复杂情感。类似的意境在张泌的《南歌子》中亦有所见："岸柳拖烟绿，庭花照日红。数声蜀魄入帘栊，惊断碧窗残梦，画屏空。"二词均运用"梦"意象启发读者的美妙联想，又以帘内屏空、帘外幽禽鸣咽之黯淡景象说明现实世界的不遂人意。两相映照，女主人公愁恨不已、怅惘无极的心情便极其自然地流露出来了。此种写法，很是讨巧，而其关键就在于词人对"幽梦晓帘"这类时空模式的成功运用。

四、风雨秋帘

本来帘与季节的变化并无多大关联，帘幕不可能像植物那样春荣秋枯。然而，中国文学始终笼罩着浓浓的秋韵，文人悲秋乃古典诗文里头历久不移的审美节律，以至词人们甚至将"帘"也放置在萧瑟的秋天中去描绘："昨夜风兼雨，帘帏飒飒秋声"（李煜《乌夜啼》）、"秋光烛地。帘幕生秋意。露叶翻风惊鹊坠。暗落青林红子"（陈师道《清平乐》）、"小帘愁卷月笼明。一寸秋怀禁得、几蛩声"（吴文英《虞美人》）、"一帘秋雨蓦灯看。无限羁愁分付、玉箫寒"（张炎《虞美人》）。秋帘微拂，陪伴词人们度过一个个耿耿秋夜，使他们的悲秋意绪愈发显出深永幽渺之美。"秋"的季节氛围规定着"秋帘"特定的悲凉情味，反映出词人们内心深处的彷徨怅惘，张元干《点绛唇·呈洛滨、筠溪二老》中的秋帘即是一例：

　　清夜沉沉，暗蛩啼处檐花落。乍凉帘幕，香绕屏山角。　　堪恨归鸿，情似秋去薄。书难托尽交寂寞，忘了前时约。

此词上片写景，词人先以细雨檐花、暗蛩低唱拉开秋夜序幕，紧接着又用帘幕生凉、香绕屏山两意象将秋夜的清冷幽寂气氛渲染到十分，从而为下片的抒情张本。洛滨、筠溪二人均是因反对秦桧议和而被落职的忠直之士，故张元干这首跟他们交游唱和的词就非泛泛的悲秋伤感，而是以仕途险恶、中原未复之失意愁恨为具体内容的。妙就妙在这样一份蕴藏心中、难以直言的微茫意绪，词人在上片即已凭借"乍凉帘幕"隐隐逗出，秋帘之"冷"，恰如其分地映衬出词人内心之孤寂。

"其为声也，凄凄切切，呼号愤发"（《秋声赋》），欧阳修笔下所描绘的这种声音曾给我们留下了深刻印象。而事实上,文人们也都把它视作秋季特色的集中体现。秋天的风声、雨声、寒砧声以及秋叶飘零的窸窣声、秋虫的轻吟、秋雁的哀鸣……无不在词人心头掠起阵阵震颤,于是"秋声—帘"又成为"秋帘"的典型艺术样式,如李珣的《酒泉子》词就将这一样式运用得相当成功:

> 秋雨连绵,声散败荷丛里。那堪深夜枕前听,酒初醒。　　　牵愁惹
> 思更无停,烛暗香凝天欲晓。细和烟,冷和雨,透帘旌。

秋声是诉诸人的听觉的,读者根据所闻者对秋声的反应,当可窥见其心灵深处真实的悸动。像李珣此词中的秋声,乃雨打衰荷的声响。在词人酽酒初醒、残灯独对之际,耳听得帘外秋霖淅沥、枯荷摇曳,不由万千愁思一齐袭上心头,于是,词人孤枕转侧,再难入梦,直到拂晓时分,烟雨寒气,渐渐浸入了帘中,透入到词人心里。这秋雨寒帘带给词人的是一种冰冷入骨的黯然情味。此种情味,虽莫可指实,但读者若细加体味,却不难感觉其中有物。

当然,作词有法而无式,要在词人灵心之善变。以上只是列举了唐宋词中"帘"意象出现的几种主要时空模式。事实上,优秀的词人总是根据词情的需要,精选有用的意象同"帘"搭配,从而融铸出"帘"意象的最佳时空模式来。如秦观的"夜月一帘幽梦,春风十里柔情"(《八六子》)即用了夜月、幽梦、春风诸意象与"帘"相结合以追忆当日和恋人欢聚的无限柔情,而谢逸的"疏云淡月媚横塘。一阵荷花风起、隔帘香"(《虞美人》)则将"帘"置于疏云、淡月、清风、荷香组成的幽雅环境中,以遥寄女主人公思念远方情人的深微之情,读来同样使人得到审美的愉悦。

我们已经看到,"帘"意象在唐宋词中不但运用极广而且变化繁多。恰当使用这件小道具,能令词人们才思大骋、新构迭出。具体而言,则"帘"意象在唐宋词创作过程中的功能作用主要表现为以下数端:

第一,为词情发展提供"典型的"和"特殊的"场景。正如戏剧表演需要用各种道具来布置舞台、推动剧情发展一样,词人们也总是需要选取合适的意象为词中抒情主人公的出场"铺路搭桥",造些声势。而"帘"正是这方面可资借重的绝好帮手,它为我们展示了词中的典型场景与特殊场景。"水晶帘里颇黎枕",典型之谓也;"东风斜揭绣帘轻",特殊之属也。下面就分别表述之:

"水晶帘里颇黎枕",如此精丽的笔触乃出自花间派代表作家温飞卿之手,其全词为:

> 水晶帘里颇黎枕,暖香惹梦鸳鸯锦。江上柳如烟,雁飞残月天。
> 藕丝秋色浅,人胜参差剪。双鬓隔香红,玉钗头上风。

从唐末、五代至有宋一代，文人们对政治的热情大大衰减，他们的兴趣马上转向闺阁，尤其在"词"这种被目为"艳科"、"小伎"的文体中，更是下笔辄在洞房娥眉、醇酒妇人，故而呈现于读者面前的，不是春意浓郁、锦屏寂寞之深闺翠阁，便是帘幕密张、红袖侑酒之舞榭歌楼，而像"水晶帘里颇黎枕"这类华美、富丽、讲究的闺阁环境，就正是艳词中最典型、最常见之场景。温词素以意象绵密浓艳、辞藻绮绣典雅著称，这首《菩萨蛮》即集中了水晶帘、玻璃枕、鸳鸯锦、暖香、梦、江、烟柳、雁、残月、藕色霓裳、人胜、双鬓、钗头凤等一连串的意象来描写女子居室之精美、穿着打扮之高雅，同时也委婉含蓄地暗示出她极其微妙的心理活动。而这一切，又都是在词的一开始就点明了的"水晶帘里颇黎枕"这样一种精致明丽、玲珑美洁的情境中发生的，可见"帘"意象在构建推进词情发展的"典型场景"中所起的作用。

类似的场景在唐宋词中随处可见，例如李莱老的"宝押绣帘斜，莺燕谁家。银筝初试合琵琶"（《浪淘沙》）、贺铸的"翡翠楼高帘幕薄，温家小玉妆台。画眉难称怯人催"（《雁后归》）等，均有异曲同工之妙。至于像朱敦儒的"一番海角凄凉梦，却到长安。翠帐犀帘，依旧屏斜十二山"（《采桑子》）以及蒋捷的"深阁绣帘垂。记家人、软语灯边，笑涡红透"（《贺新郎·兵后寓吴》）则都是在躲避兵祸的流浪途中怀念往昔繁华旧梦而作的，他们恋恋不舍的士大夫富贵风流生活，如今只剩下了"翠帐犀帘"和"深阁帘垂"的温馨记忆，从中我们不难推测此种场景留给他们的印象之深！

至于"东风斜揭绣帘轻"，这是被鲁迅先生戏称为"钉梢之作"（《二心集·唐朝的钉梢》）的张泌《浣溪沙》词中的重要一幕。这出轻喜剧的全过程是这样的：

> 晚逐香车入凤城。东风斜揭绣帘轻。慢回娇眼笑盈盈。　　消息未通何计是，便需佯醉且徐行。依稀闻道"太狂生"！

在一个春日的傍晚，京城近郊的归途，一位骑马的翩翩少年尾随着一辆香车迤逦而行，车中的娇娥趁着风帘斜的大好机会向少年暗送秋波，于是受到鼓励的骑士便心醉神迷，进一步放胆佯醉随行，而车中美人也不失时机地浅笑轻骂着……这场即兴的追求之所以能够继续和发展，"东风斜揭绣帘轻"是个关键。很明显，开始时少年的跟逐香车只是一种单方面毫无把握的追求，也许那香车再拐几个弯儿，彼此就要永远分手，只留下一片空虚和失望。如果没有后来那阵好风及时地将两人之间那层难以逾越的帘障揭开一角，那么他们这番一见钟情式的恋爱也许就会落花有意、流水无情地草草收场了。再者，这样的美事若非在车马杂沓、男女界限有所松动的游春场所，也是决计不可能发生的，所以"东风斜揭绣帘轻"就是词中可遇不可求的"特殊场景"了。

无独有偶，宋祁和一位宫人的风流韵事也得益于"画毂绣帘"式的特殊场景："画毂雕鞍狭路逢。一声肠断绣帘中。身无彩凤双飞翼，心有灵犀一点通。"（《鹧鸪天》）这次虽无风吹帘开，却仍有佳人的娇唤透帘而出，传递深情。正是这一声帘内娇唤，推进了词意的发展，从而引出下文有关"心有灵犀"的感叹。这便是"帘"意象在为词人提供"特殊场景"时所起的作用。

第二，为读者提供了别具一格的美感类型。清人曾提出"诗庄词媚"（王又华《古今词论》引李东琪语）的说法。确实，从整体上看，诗词相较，诗美偏重阳刚一路，而词美则趋向阴柔一边，这点古今学人已有共识。不过就唐宋词本身而言，它又是异彩纷呈、众美毕现的，既有清壮豪放之美，又有惊艳典丽之美，既呈风流疏雅之美，又不乏缜密整饬之美……可谓美不胜收矣。而"帘"意象的参与，则又将欣赏词美的人们带入了一个独特的审美空间，那就是朦胧幽邃的美感领域。让我们先来读以下这首词：

> 非花非雾前时见，满眼娇春，浅笑微颦。恨隔垂帘看未真。　　殷勤借问家何在？不是红尘。若是朝云，宜作今宵梦里人。（晏几道《采桑子》）

读这样的词，仿佛是在观周昉的仕女画，出现在我们面前的，分明是一位风姿绰约、仪态优雅、娇俏动人的绝色佳丽。她之所以给词人留下美若天仙的深刻印象，说穿了就在于"恨隔垂帘看未真"这一点上。终因这一帘之隔，而产生了一种距离感。那么娇美的人儿，却是可望而不可即，欲亲近而不能，令人徒生"盈盈一水间，脉脉不得语"之感慨。也正因为终隔一层，词人便愈觉其美好。隔帘芳影，愈显出朦胧迷离之致。这就是"帘"意象在美感上的作用。

古人早就提出了"妙在恍惚"（《老子》）的著名命题，这个观点用现代汉语来表述即是：美在朦胧，美在距离，美在有间隔，美在若有若无，美在若隐若现。确实，要想使自己的作品达到"玩之者无穷，味之者不厌"（刘勰《文心雕龙·隐秀》）的艺术效果，还得从"隐"字上下工夫。也就是说，作者如能充分运用虚实相生的美学原则，给读者留下一个艺术联想的广阔空间，其作品就能表现出绵邈不尽的"韵外之致"来，刘勰所说的"深文隐蔚，余味曲包"（《文心雕龙·隐秀》），此之谓也。而唐宋词人们对作品的这种隐曲表现的要求似乎早就谙熟于胸了，以至于他们不约而同地在其所描写的对象（人和景物）身上笼上了薄薄的帘子，以期凭借了"帘"这一道具来求得飘忽绵邈之趣以及扑朔迷离之美。

仍以词人们心目中的美人为例,她们或揭帘而出(和凝《临江仙》:"翠鬟初出绣帘中,麝烟鸾佩惹苹风"),或依帘而立(毛熙震《南歌子》:"凝情不语一枝芳,独映画帘闲立,绣衣香"),或隔帘而歌(柳永《凤栖梧》:"帘下清歌帘外宴。虽爱新声,不见如花面")……虽说只是一道不起眼的疏帘,可如果运用得当,却能给伊人们增色不少,像周邦彦的《早梅芳·牵情》中就有这么一位妙人儿:"缭墙生,丛竹绕。宴席临清沼。微呈纤履,故隐烘帘自嬉笑。粉香妆晕薄,带紧腰围小。看鸿惊凤翥,满座叹轻妙。"一个"故"字,即点明了这位冰雪聪明的歌妓深谙朦胧美的个中三昧,果然她的隐帘嬉笑就获得了满堂惊艳的佳绩。对于这些活色生香的美人,词人们但闻其衣香、窥其鬓影、听其莺声,却不能够真真切切、明明白白地细睹其芳容,这实在不能不说是种遗憾,然而也正是这样的遗憾,玉成了一种隐约幽渺、朦胧冥漠的词美。绝少在词中书及自己爱情经历的辛弃疾,偶作恋曲,念念不忘的是旧爱的帘底纤足:"闻道绮陌东头,行人长见,帘底纤纤月"(《念奴娇·书东流村壁》)。而当词人们在描写景物之时,那更是处处不忘"帘"的妙处:"池塘水冷鸳鸯起,帘幕烟寒翡翠来"(冯延巳《抛球乐》)、"细雨霏霏梨花白,燕拂画帘金额"(韦庄《清平乐》)、"画堂开处远风凉,高卷水晶帘额,衬斜阳"(张泌《南歌子》)、"多少衷肠犹未说。朱帘一夜朦胧月"(晏殊《蝶恋花》)……多少赏心美景,在"帘"的映衬下,愈发显现出迷离恍惚的美感。

明代谢榛说得好:"凡作诗不宜逼真,如朝行远望,青山佳色,隐然可爱,其烟霞变幻,难于名状。及登临非复奇观,唯片石数树而已。远近所见不同,妙在含糊,方见作手。"(《四溟诗话》)其实,作词也是一样,"妙在含糊",方能获得独特之美感。而"帘"意象所具有的"隔"的功能在表现这种朦胧恍惚的词美时着实能够一显身手。

第三,有助于构筑窈深幽静、曲折悄悦之词境。况周颐论词境时曾说过:"词境以深静为至。境至静矣,而词中有人,如隔蓬山;思之思之,遂由浅而见深。"(《蕙风词话》)而深静词境的营造,必须借助一定的意象。"帘"意象不同凡响的造境功能,常使词人们在构思之时、捉笔之初便将眼光频频投向了它。最典型的莫过于秦观所作的《浣溪沙》词:

漠漠轻寒上小楼,晓阴无赖似穷秋。淡烟流水画屏幽。　　自在飞花轻似梦,无边丝雨细如愁。宝帘闲挂小银钩。

此词的特点就在于词人以高超的手法营建了一个精美无比的艺术境界,让读者神游其间,流连忘返,得到充分的艺术享受。在这境界之中,仿佛有人,然而词人并未正面刻画这个人物的具体形象,也未曾着墨于人物思维活动的详尽过程,而是借助气氛的渲染和环境的烘托,使读者自己感觉到其人宛在、其情可叹,感觉到一种轻微的寂寞、细细的愁闷和淡淡的忧伤。对照前文,可知这便是况氏所深赏的深静之词境。尤其是此词的结句"宝帘闲挂小银钩",化动为静,变摇曳为稳定,显得轻婉蕴藉、韵味悠长而几臻化境。较之李璟《摊破浣溪沙》中的"手卷真珠上玉钩,依前春恨锁重楼",意境相近,而闲雅则过之。李词着重点明人物的动作,秦词则令帘栊自挂,将人物感情隐于这一静景当中,从而形成一种恬静、清幽、深永之词境。

我国的古典园林艺术颇讲究小中见大,缩千里于尺幅之中。用著名园林学家陈从周先生的话来说,就是"以有限面积,造无限空间"(《说园》)。而要做到这一点,治园者通常会走"分隔"这一捷径来扩展空间,增加景色的层次,使园林风光更加深远多变。要想分隔,那就离不开假山、叠石、曲径、回廊、雕栏、花墙、小桥、漏窗……诸如此类的实物。作词与造园,其理一也。平铺直叙、尽露无遗绝非上策。相反,含蓄蕴藉、婉曲层深之词作倒能令读者驻足流连、静吟细赏。这就难怪词人们对于"帘"以及罗幕、翠帷、画屏、绣幌、绡帐等有助于构筑深幽意境的意象要格外偏爱了,像"寂寂画堂空,深夜垂罗幕。灯暗锦屏欹,月冷珠帘薄"(魏承班《生查子》)这样的词句即利用了画堂、罗幕、锦屏、珠帘诸意象层层分隔,构成一种萧索而狭深的境界。又如李珣借古说今的"尘暗珠帘卷,香销翠幄垂。西风回首不胜悲,暮雨洒空祠"(《巫山一段云》),凭借"珠帘"与"翠幄"的一卷一垂,收放自如地为我们展示了一个愁暗幽深的感伤意境。

再读一首晚唐词人的悼亡名作《浣溪沙》词:

枕障薰炉隔绣帷,二年终日苦相思。杏花明月尔应知。　　天上人间何处去,旧欢新梦觉来时。黄昏微雨画帘垂。

此词的作者张曙好比一位出色的摄影师,善于运用长焦距镜头去捕捉景物,从而收到景深的效果。首句中的"绣帷"不仅分隔了居室空间,同时也隔出了人鬼殊途的阴阳两界。接着词人又用了几组含有对比色彩的词语如"尔—我(隐于词中)"、"天上—人间"、"旧欢—新梦"等进一步加深这种分隔。最后,词人让感情的流动在黄昏时分、微雨迷蒙、画帘低垂的情景中定格,从而把读者引领到了"此恨绵绵无绝期"的境界当中。看来,"帘"之于词,犹如假山叠石于园林,乃营造优美意境不可或缺的好帮手。

第四,有助于描摹细微婉密、隐秘难言之心绪。同为抒情的"载体",词与诗文相比,更擅长载负那类深微细腻、"幽约怨悱"(张惠言《词选序》)的情感内容。凭着手中的工愁善怨之笔,词人们能够揭示出人们心湖深处哪怕是最细微

的感情涟漪。而"帘"意象在这方面有着它特殊的魅力,具体来说即是对佳人心事、亡国悲音及雅士逸趣等所作的出色诠释:

1. 佳人心事

"试问卷帘人,却道海棠依旧。"古代女性的生活天地囿于狭小的深闺庭院,所以花开花谢、燕去鸿归、月圆月缺……以及她们自身的爱情婚姻就成了她们尤为关注的重点,即目之景中的"帘"正是其传递心曲的极好道具。

女词人李易安的一曲《如梦令》即通过她风雨夜后拥衾未起时分与卷帘人的一番问答:"试问卷帘人,却道海棠依旧",婉转道出其痛惜花残春逝的复杂情怀。这里的"卷帘人"是指词人的侍女还是她的丈夫,历来争论不休。但词人不用"推窗人"或"开门人",而偏偏设置了这么一位"卷帘人",或可见出其对"帘"的钟爱。她的另一首重九词《醉花阴》中,更有"绝佳"的三句(参见[元]伊世珍《琅嬛记》):"莫道不消魂,帘卷西风,人比黄花瘦",通过帘内佳人、帘外瘦菊及吹帘西风等意象表达出一种悲秋伤别、怜花自怜的黯淡心绪。另一位女词人吴淑姬写过一首《小重山》词,也在"帘"上头做足了文章:

> 谢了荼蘼春事休。无多花片子,缀枝头。庭槐影碎被风揉。莺虽老,声尚带娇羞。　　独自倚妆楼。一川烟草浪,衬云浮。不如归去下帘钩。心儿小,难着许多愁。

此词写愁,独守空房的女子思念远方情人之愁,愁思之大,恰如连天草浪,滚滚袭来。这样的比喻虽贴切但并不见得十分新奇,奇就奇在下一句的"不如归去下帘钩",放下帘钩,意欲挡住那隔不断、挡不住的愁潮,这不仅点出愁苦之大之多,也非常符合闺中人的心思和口吻。

有趣的是,男性词人在刻画女性心理时也喜用"帘"意象,比如黄昇有一首题作"宫怨"的《清平乐》词:

> 珠帘寂寂,愁背银釭泣。记得少年初选入,三十六宫第一。　　当年掌上承恩,而今冷落长门。又是羊车过也,月明花落黄昏。

据《西京杂记》载:"昭阳宫织珠为帘,风至则鸣,如珩珮之声。"所以,"珠帘寂寂"是指本来"风至则鸣"的珠帘,而今寂寂地低垂着,悄无声息。这表明长时间没有人进出宫室,甚至连一丝风也没有,唯有室内人独自背对银灯,暗暗啜泣。这位深居冷宫的失宠宫人其内心难以言传、无法排遣的痛苦、无奈和凄凉之情,词人仅用了"珠帘寂寂"这一意象即使之昭然若揭了。

2. 亡国悲音

"莫开帘。怕见飞花,怕听啼鹃。"特殊的经历总是造就特殊的心态,身遭亡国破家之难的词人们就往往会在词中流露出凄惶悲凉的情绪。他们这种欲说还休的心情同样也能借助"帘"意象暗示给读者。在南唐后主李煜的词中,这样的"帘"就有不少:"帘外雨潺潺,春意阑珊。罗衾不耐五更寒。梦里不知身是客,一晌贪欢"(《浪淘沙》)、"秋风多,雨相和,帘外芭蕉三两窠,夜长人奈何"(《长相思》)、"深院静,小庭空,断续寒砧断续风。无奈夜长人不寐,数声和月到帘栊"(《捣练子令》)、"往事只堪哀,对景难排。秋风庭院藓侵阶。一桁珠帘闲不卷,终日谁来"(《浪淘沙》)……不难发现,这位亡国之君笔下的"帘"总在深秋或春末的不眠之夜,且多以垂而不卷的黯然之态出现。"一桁珠帘闲不卷",正是词人苦苦排拒外部世界、寻求点滴安全感的独特方式,他希望凭借一道疏帘隔断与外界的联系,"躲进小楼成一统",将种种烦恼全部抛开。这是他所能采取的唯一抗争办法,故显得消极而无奈。

同样有着破国毁家之痛的李清照在南渡之后所写的元宵词《永遇乐》,忆昔抚今,不胜感慨:"如今憔悴,风鬟雾鬓,怕见夜间出去。不如向、帘儿底下,听人笑语。"女词人饱经丧乱,心境迥异于前,热闹繁华已无心游赏,只是一个人躲在帘底,在隔帘笑语声中聊温旧梦而已。帘外的世界似乎很近,却又咫尺天涯,因为它已经不再属于自己了。词以帘底听人笑语这一意象作结,可谓足色悲凉矣。

这种悲凉意绪到了南宋灭亡后无国可依、无家可归的张炎词中就更加明确了:"莫开帘。怕见飞花,怕听啼鹃。"(《高阳台》)飞花会引起他的无边春愁,鹃啼又能令他思家念国,他当然只能躲入帘内,将自己"埋"得深些再深些了。词人甚至吟出了"断碧分山,空帘剩月,故人天外"(《琐窗寒》)的句子,"帘"前着"空"字,这恐怕也是历尽沧桑巨变的张炎等人心境的真实写照了。

3. 雅士逸趣

"对酒卷帘邀明月,风露透窗纱。"词中之"帘",形态各异,一卷一垂,一动一静,则词之境界迥别。如果说李煜等亡国之人习惯于垂帘躲避的话,那么,身处相对太平时期的士大夫们则较多开帘赏月的风流美事。这些趋雅纠俗之士的闲情逸趣往往会在"卷帘"这一细微动作中不经意地流露出来。苏轼就堪称这方面的一个典型。如其"落日绣帘卷,亭下水连空"(《水调歌头·快哉亭作》)、"对酒卷帘邀明月,风露透窗纱"(《少年游·润洲作》)、"绣帘开、一点明月窥人,人未寝、敧枕钗横鬓乱"(《洞仙歌》)、"黄昏犹是纤纤雨。晓帘开,欲平檐。江阔天低,无处认青帘"(《江神子》)、"别来三度,孤光又满,冷落共谁同醉。卷珠帘,凄然顾影,共伊到明无寐"(《永遇乐》)以及"风卷珠帘自上钩。萧萧乱叶报新秋"(《浣溪沙·新秋》)等词中,无不高卷帘额。《东坡乐府》中用到"帘"意象的词并不算多,但每次书及,其"帘"往往是以卷而不垂的面貌出现的。"帘"在东坡词中的这种开放型态势很容易让人联系到苏轼达观乐道的秉性及其洒脱拔俗的为人。事实上,不管是人在坦途或身处逆境,东坡始终都能保有一份乐观旷达的心情和一种超尘不凡的审美趣味。他的卷帘邀月、开帘观景即已无声地说明了这一切。再如陆游的《乌夜啼》词:"弄笔斜行小草,钩帘浅醉闲眠。更无一点尘埃到,枕上听新蝉。"实乃其集中难得一见的闲适词,亦从卷帘醉眠取象寓意。

通过以上分析,我们已经看到,"帘"意象在唐宋词创作中发挥了很大的作用。恰当使用这件小道具,当有"四两拨千斤"之功效。不过,"帘"之功用也并非万能,它同样有其自身特定的"有效场"和"不应区"。简单地说,可概括为"帘"意象的"三多三少"现象:"帘"在令词中出现得多而在长调中出现得少;在婉约词中见得多而在豪放之作中见得少;婉约派词人用得多而豪放派词人用得少。何以会形成这样的格局? 其原因并不难探寻。

首先,令词腔短,其体式规定了它的字数有限,限制了它的大段铺叙,故词家用笔就务需精审,"螺丝壳里做道场",非得借助"帘"这类有着特殊功能的道具来造境抒情不可。现存唐宋词中出现"帘"意象的词共约 2 500 首,而其中令词占据了三分之二以上。相比之下,长调慢词就不同了,由于篇幅较长,词人尽可层层铺垫、尽情渲染,不一定要靠"帘"意象来拓展词之空间。陈从周先生在其《说园》中打过一个生动的比方:"园之佳者如诗之绝句、词之小令,皆以少胜多,有不尽之意,寥寥几句,弦外之音犹绕梁间(大园总有不周之处,正如长歌慢调,难以一气呵成)。"而词之小令,若想以少胜多、含不尽之致,那就得借助"帘"之类有用的意象。

其次,不同风格的词,其所用的意象、语汇等也是大不相同的。譬如,婉约词所着力表现的往往是人们心灵的潜流,其内容少不了风花雪月、艳情丽趣,其风格则尤显柔婉深细,故而词人们在创作此类作品时都不约而同地将笔触伸向了"帘"这类朦胧轻柔的意象。相反,豪放词作发抒的就不止是柔情,更有豪情,所揭示的也不仅是人们幽细的内心世界,更有广阔的社会空间,所以出现在豪放词中的常常是霜鬓、车马、大江、吴钩、尘土、豺狼等清晰厚重的意象。比如南宋爱国将领岳飞,一曲《满江红》(怒发冲冠)是何等地壮怀激烈、慷慨激昂。此词的意象较为激越,跟"帘"的意境相去甚远。而在他的婉约之作《小重山》词中,出现的则是"人悄悄,帘外月胧明"这样的忧深思远、含蓄蕴藉之境。

再次,不同的词人对于"帘"意象的喜好程度也截然不同。像婉约派词人秦观留下了 80 来首词,其中用到"帘"意象的有 15 首左右,约占 20%;而豪放派词人辛弃疾的 620 多首词中,出现"帘"意象的词只有 28 首,仅占 4% 左右。看来,由于气质、禀性的不同,婉约派词人和豪放派词人落笔取象之际的着重点也不尽相同。即以"观月"为例,婉约派词人多喜设"帘"以增月之朦胧,如温庭筠的"疏帘月上玲珑影"(《菩萨蛮》)、秦观的"夜月一帘幽梦"(《八六子》)等即是,显得宛转多姿、迷离恍惚。而豪放派词人像苏轼、晁补之等,虽也词中有帘,但赏月的同时却总不忘开帘,晁补之的《洞仙歌·泗州中秋作》云:"水晶帘不下,云母屏开,冷侵佳人淡脂粉。待都将许多明,付与金樽,投晓共流霞倾尽。"词人高卷水晶帘,打开云母屏,只为明月的冷光能多多照入室内,饮酒望月,其乐无穷也。像这样的"帘"就自有其清气在。至如辛弃疾等爱国词人,怕的就是"东南妩媚,雌了男儿",像"帘"这样的意象对他们来说,或许是太"妮子气"了。辛弃疾那首"建康中秋夜,为吕叔潜赋"的《太常引》中,甚至吟出了"斫去桂婆娑,人道是清光更多"的石破天惊语,他不但不欲隔帘赏月,而且连月宫中的桂树在他看来也属多余,需除之而后快。这便是极好的证明了。

"庭院深深深几许,杨柳堆烟,帘幕无重数。"在重帘复幕深掩之下的唐宋词,正如《诗·秦风·蒹葭》中那位隔着秋水的伊人,令人相思无限。读者愈是觉得它迷离神秘、欲露还藏,就愈是想一探词心,见识其庐山真面目。这便是"帘"意象在唐宋词中的魅力之所在。

(原载于《文学遗产》1997 年第 4 期)

【后记】 人在美国,梦随天涯。13 年前,从古城姑苏出发,穿过平平仄仄的往昔,穿过杏花春雨的乡思……来到异国他邦的哈德逊河畔。一路行来,人生真的像一场梦,梦里有曼哈顿的璀璨灯火,有美国校园的幽幽钟声,有在 IT 公司当"白领"的神清气爽,有苏大校园的小桥流水丹桂飘香,有对古典文学的深深眷恋,更有不足为外人道的种种艰辛……

不能忘怀,最初因环境所迫无法坚持唐宋词研究而憾恨不已时,是导师杨海明教授开导我,可以把唐宋词放到生命中去享受;而当我在谋生织梦之余,试图以一支曾经之乎者也的笔,记录新移民苦乐他乡泪时,又是杨老师为我的小文歪诗叫好喝彩,鼓励我转攻散文和新诗创作,把中国古典诗词之意境,融入当代异域生活的场景中去。每次见到杨老师,不管是在苏州还是在美国,总有一种得到父辈指导和护佑的踏实感觉,仿佛自己那一番茫无头绪的瞎闯误撞都因得到包容理解而有了更多的意义。有一次我写了一组唐宋词及清词的赏析文章——《四季的歌吹》,杨老师读了,一如既往勖勉有加,后来该系列 13 篇文章在台湾的报纸上连载，得到编辑和读者好评。其实那个时候，我自己知道，离开纯粹的学术研究已经很远了，但是杨师在我心里播下的古典文学种子，一直守在我生命的泥土之中，经过时间的酝酿，静静发芽。

适逢杨海明先生七十华诞，特选这篇《重帘复幕下的唐宋词》相贺。此文是我博士毕业论文《唐宋词风格论》中的一章，在杨老师的指导下完成，当初曾在《文学遗产》上发表。1997 年到美国后不久，收到杨老师的信，说该文在全国词学会议上被知名学者陶文鹏先生特别点名表扬。我由衷地感到高兴，不仅是因为论文得到专家肯定，更因为在我短暂的学术研究之路上，有幸遇到了杨海明先生这样的名师。

13

文体记忆与文化记忆的协奏

梁修《花埭百花诗》用典艺术初探

—— 钱锡生 苏州大学 闵定庆 华南师范大学

一

梁修所撰《花埭杂咏百首并序》（又称《花埭百花诗》）①，系为清光绪乙酉（1885 年）广州花埭纫香园上元花灯百花诗坛而作。作者吟咏中外名花一百种，不满足于刻画花卉外在的艺术形象，而是遗貌取神，广泛运用了人所共知的典故，或描摹妙态，或托物言志，或讽喻世情，或藉花论史，或载录风俗，于"品艳评香"、"批红判绿"之外别有一番感慨，充分展露了岭南诗人的才情与诗艺，从更深的层次反映了花埭赏花风俗的节日氛围与审美趣味。

《番禺县续志》云："花埭在珠江南岸，距广州十里许，居人以栽花为业，士大夫名园亦在焉。"清末时期，花埭地区形成了大规模的花木培育基地与花卉贸易市场，涌现出了 30 多家经营性园林和私家花园。花埭园林的经营性展示与私密性观赏同步展开，每逢节日，必设"花局"，供人游赏品评。光绪乙酉（1885）春节期间，德庆书生梁修（1859—1899，字梅想，又字梅生）为准备 8 月份的乡试，赁居花埭纫香园。纫香园

① 梁修有《锦石山房集》，《花埭杂咏百首并序》即收入第六卷。民国《高要县志》"艺文志"载邱云鹤《题梁少游同年修所寄锦石集》二首，约作于 1895 年，诗云："长安万里上幽燕，李郭同舟亦夙缘。鸿爪旧痕泥上雪，鸡声残梦月中天。销沉壮志经三黜，磨砺诗才又十年。狂态未除豪气在，拼将身世入吟笺。"又云："眼中落落有千秋，气压新丰想马周。白纻舞残看蜡烛，黄金挥尽惜貂裘。才多慷慨光芒露，境入牢骚格调遒。今日偶园开讲席，晨曦香草足清幽。"时署任德庆知州邓倬堂应梁修之请，评《花埭百花诗》曰："摹绘百花，才分际遇，婉而多讽，怨而不怒，风味全似阮亭，不入王次回纤丽一派，可作一部百花史读。"略可窥见《花埭百花诗》风格之一斑。笔者撰有《节日狂欢与花埭百花诗坛的共时性呈现——试论〈花埭百花诗〉的狂欢化写作》，已刊于《华南师范大学学报》2009 年第 4 期，可参。

主人拟设元宵百花诗坛,请梁修每花题一诗。年方27岁的梁修甫入省垣,踌躇满志,大概不曾作青云蹭蹬之想,受此雅嘱,自然是逸兴遄飞,徘徊花间三日,一挥而就,是为《花埭杂咏百首并序》①。据史载,元宵夜纫香园观者如堵,轰动巨大,一时传为诗坛佳话。

在纫香园所营造的节日"时空体"中,梁修一方面调动各种艺术手段描摹众花联袂绽放的热烈与喧闹,彰显纫香园元宵佳节的喜庆气氛,将以纫香园为代表的花埭"花局文化"与岭南节日活动打成一片,营造出诗歌创作与节日生活进行深度对话的空间,与纷至沓来、热闹非凡的节日生活一起产生"联动效应"和"狂欢效应";另一方面,诗人的诗笔并没有停留在刻画花卉外在艺术形象的层面上,而是通过百花诗坛特有的文化属性,从"观众/读者"应具备的智慧与学养的角度切入,沿着"以人喻花"、"以花喻人"的传统思路,遗貌取神,广泛运用雅俗共赏的品花典故、轶事及诗文名句,尽可能地吸引多层次的"观众/读者"积极参与进来,与这些节日进行深层对话和互动,进而在艺术欣赏层面上勾勒出"文化/文学"同构所产生的"众声喧哗"的景观。

《诗经》"多识于草木虫鱼之名"的博物认知模式和《离骚》"芳草美人"的政治抒情指向,使得中国诗史很早就产生了一个指向性比较鲜明的感物诗学体系,同时,由于《诗经》重"雅"的事义诉求与《离骚》偏"丽"的文体自觉产生合力作用,一致指向了"情"的特定方向的抒发,正如《文心雕龙·辨骚》所言"叙情怨,则郁伊而易感;述离居,则怆怏而难怀;论山水,则循声而得貌;言节候,则披文而见时",即通过一个较为恒定的感性对象来凝定终极意义上的寓意,"物"与"意"两者之间的意义关联性得到最终确认并广泛传播开去。于是,几乎围绕着每一种花卉都营造出了一个庞大的意象群和典故群,像兰与屈

① 花埭各园主人常邀友人雅集观花。岭南向无杏,陈澧从北京携来红、白杏数株,赠杏林庄,道光三十年(1850年)开花,杏林庄主人邓大林(中医药专家、画家)邀黄培芳、张维屏、潘恕、熊景星等观杏,结社赋诗,6年后以《杏林题咏》为题正式出版。咸丰二年(1852年),许祥光等诗人于人日雅集,共赏牡丹,当筵赋诗,成《人日花埭看牡丹》一书。光绪十一年(1886年),德庆举子梁修寓花埭纫香园,应园主人之邀,成《花埭杂咏百首并序》。关于清中后期珠三角地区赏花、品花之风,西樵山的评花活动亦可添一佳例。明儒湛若水讲学西樵山,遍植花卉,筑四花亭、借芳台,题咏颇多。清代又有好事者筑百花台,摩崖石刻"半日看花半日眠"之句,又于白云洞建评花亭,"拥翠评花"成为西樵山的一道美景。每逢花事,游人自由评点众花,选出最美的花,唤作"花状元",文人墨客题诗作画,部分诗作后来编入《白云洞百花诗》一书。

原、《离骚》、楚臣等联系在一起,水仙与曹植的《洛神赋》密不可分,桃与陶渊明的《桃花源记》及刘禹锡玄都观赏桃相关联,莲花与周敦颐《爱莲说》同一旨趣,凡此种种,集中体现了传统文人的"政治无意识"和"文化无意识"的寄托,更凝定了诗歌的文体记忆与品花审美接受史的积淀。梁修就是在这一思维模式规范下进行艺术构思与创造的,无论是花卉典故的出处,还是花卉典象的构成,抑或是花卉典故语义系统的指向,都深深打上了传统品花审美接受史的烙印,荡漾着公众的审美意识与品评观念的涟漪。这一写作姿态,主要体现在以下三个方面:

第一,沿袭典象。古人创作出了无数的咏花作品,花卉审美接受史积淀深厚,花卉意象与典故的因果关联凝定下来,常常替换使用。这些典故几乎成了花卉的第二名称,故梁修咏花,喜沿袭和化用此类典故,如他曾用《长恨歌》"梨花一枝春带雨"句意来展开想象之翼,刻画梨花的风神:

　　春痕宜淡复宜浓,帘幕沉沉午睡慵。
　　梦里嫩云娇欲化,一双燕子忽惺忪。

这里的情景与字句,实与《长恨歌》、杨贵妃了不干涉,不过是借"梨花一枝春带雨"中春痕、美人、相思等戏剧性要素展开想象,重新塑造一幅美人春睡图。梨花院落,溶溶泄泄,全然一幅"梨花如静女,寂寞出春暮"(元好问《梨花》句)的淡雅宁静。春梦中女子的脸儿娇嫩白净,一如雪白的梨花。惺忪醒来,瞥见一双燕子飞来,又是"处处梨花发,看看燕子归"(梅尧臣《梨花》句)的意趣。全诗以一个妙龄女子的春睡来写梨花,系沿袭《长恨歌》句意而来,但铺叙故事画面完整,描绘人物精妙入微,写出了一个闺阁女子春睡懒起的旖旎情状。又如,《鱼子兰》"断尽芳魂风力猛,明珠三斛坠楼时",系从纳兰性德《鱼子兰》诗化出。纳兰诗云:"石家金谷里,三斛买名姬。绿比琅玕嫩,圆应木难移。若兰芳竞体,当暑粟生肌。身向楼前坠,遗香泪满枝。"显而易见,这一用典方式具有很明显的整合性,对相关典故进行高度的概括和有序化梳理,将人所共知的审美经验移植过来,指引观众赏花的基本路向。

第二,套用成说。中国古代文人品花,业已形成一些成说,影响深远。梁修往往信手拈来,涉笔成趣。例如,姚宽《西溪丛话》载"玫瑰为刺客"之说,仅从玫瑰多刺这一特性切入作比,并未细化到具体的历史人物层面。而梁修咏《玫瑰》小序云:"《西溪丛话》以为刺客,闺阁中亦有荆轲、聂政,则大丈夫既生斯世,何惧斯儶?"①诗云：

> 结束红妆夜未央，满天风露湿衣裳。
>
> 若方刺客应神似，奇绝人间聂隐娘。

将玫瑰比作女刺客聂隐娘，且进行了柔性化的细节处理，红妆、湿衣等既是描写聂隐娘的装束，更是刻画玫瑰的外貌，以人喻花，真实可感。又如，《玉芝堂谈荟》载宋曾伯端以栀子为"禅友"，梁修咏《栀子》借题发挥，小序云："净土往往植此，与贝多同。多情乃佛心，是真知我佛者。"诗中更有"薝卜花香破佛颜"之句，契合"禅友"之说。

第三，点缀语典。古人咏花，形成了一个独特的语义系统，有着一套字面凝固、涵义恒定、用法接近的语汇。例如，梁修吟罂粟时，知其别名为"米囊花"、"御米花"，又熟读唐郭震"闻花空道胜于草，结实何曾济得民"、宋杨万里"东君羽卫无供给，探借春风十里粮"等著名句子，再巧用屈原《离骚》"朝饮木兰之坠露兮，夕餐秋菊之落英"之句，咏出"便与落英饱一餐，臣饥欲死笑东方"一句，化虚为实，将食罂粟花与食米饭画上了等号，扬弃了其中的雅趣。又如，"嫣然一笑"语出宋玉《登徒子好色赋》："嫣然一笑，惑阳城，迷下蔡。"苏轼咏海棠时翻转

---

① 在传统品评文化史上，业已形成了一整套品评话语系统，从以下两点颇可见出一斑：一是所谓"国花"之说，自唐始就形成了牡丹为"国色天香"、第一"富贵花"的共识。如刘禹锡《咏牡丹》云："惟有牡丹真国色。"欧阳修《牡丹序》云："天下真花，独牡丹耳。"杨万里《己未春日山居杂兴十二解》云："手植花王五百棵。"并进而在《多稼亭前两槛芍药红白对开二百朵》中自注："论花者以牡丹为王、芍药为近侍。"故而认定白芍药（苏轼唤作"玉盘盂"）为"国姝"，作《玉盘盂》云："旁招近侍自江都，两岁何曾见国姝。看尽满栏红芍药，只消一朵玉盘盂。"同时，另有一些人认为杏花是"国艳"。如陆游《杏花》："忽逢国艳带卯酒，坐觉天地无余春。"这些说法始终无法撼动牡丹的"王者"地位。二是诸花并称的风气，宋姚宽《西溪丛话》："昔张敏叔有《十客图》，忘其名。予长兄伯声，尝得三十客：牡丹为贵客，梅为清客，兰为幽客，桃为妖客，杏为艳客，莲为溪客，木犀为岩客，海棠为蜀客，踯躅为山客，梨为淡客，瑞香为闺客，菊为寿客，木芙蓉为醉客，酴醾为才客，腊梅为寒客，琼花为仙客，素馨为韵客，丁香为情客，葵为忠客，含笑为佞客，杨花为狂客，玫瑰为刺客，月季为痴客，木槿为时客，安石榴为村客，鼓子花为田客，棣棠为俗客，曼陀罗为恶客，孤灯为穷客，棠梨为鬼客。"（按，此处所谓张敏叔"十客图"，见于《玉芝堂谈荟》卷三二，略云："张景修以十二花为十二客，各诗一章：牡丹，贵客；梅，清客；菊，寿客；瑞香，佳客；丁香，素客；兰，幽客；莲，静客；茶□，雅客；桂，仙客；蔷薇，野客；茉莉，远客；芍药，近客。"此书还记录了另一种说法："宋曾端伯以十花为友：茶□，韵友；茉莉，雅友；瑞香，殊友；荷花，净友；岩桂，仙友；海棠，名友；菊花，佳友；芍药，艳友；梅花，清友；栀子，禅友。"）此类说法，已深入人心。

过来以形容海棠春色,云:"嫣然一笑竹篱间,桃李满山总粗俗。"梁修咏海棠时直接套用苏诗"嫣然一笑"句意,云:"嫣然一笑海棠春,没骨何人替写真?"再如,苏辙作《咏鸡冠花》诗:"后庭花草盛,怜汝系兴亡。"自注:"矮脚鸡冠,或言即玉树后庭花。"梁修咏鸡冠花时顺势借用"后庭花"一语,云:"后庭一曲花无赖,莫入琵琶乱粤讴。"淡化了几分历史兴亡的感慨,企盼那亡国之音的《玉树后庭花》不要渗入粤讴之中,乱了粤讴原有的风趣调性,扫了大家的兴致。梁修巧妙化用这些语典,试图将自己的诗作融入这一语汇系统之中,以"以人喻花"、"以花喻人"双向互动模式为主要的艺术创作手法,进而产生了一定强度的艺术感染力。

梁修从中国古典诗歌的艺术积淀和现实生活的源头活水中获取创作灵感,将典故作为"拼贴"与"剪辑"元素,巧妙地组合在一起,创造出了一系列通俗易懂、生动活泼的艺术形象。而在整个创作过程中,用典这一独特的艺术手段,扮演着一个极其活跃的角色,起到了非常关键的作用,取得的艺术效果也有目共睹,值得充分肯定。

二

梁修在描摹花卉图景的过程中,一直在筛选并进而撷取某些特定意蕴的典故,试图唤回鲜活而清醒的"自我",进而彰显那久久徘徊在审美超越与主体品格之间的自我意识。这些典故固有的文化记忆必然发出种种嘈杂的历史回声,对此,梁修选择性地改变了文化符号的指向性,努力挣脱典故既有语义指向的樊笼,使得典故原意与古典新用二者之间产生了一种微妙的互动关系,体现了鲜明的"人间性"、"世俗化"的审美倾向。

(一)淡化文体记忆中的政治好恶感与文化轻重感

典故,作为古代典例故实的具体符号,是长期积淀而成的,以简洁凝固的文本形式记载着历史成败得失的经验教训,同时,又以稳定的符号形态凝聚着对于行为主体的价值评判,有着鲜明的道德取向和文化内涵,因而在具体创作中有着鲜明的表情达意的功能。但是,梁修生长于岭南一隅,不可避免地受到时代氛围、地域文化和审美趣味等方面的影响,因而在具体的文学表述中驱使这些典故代码时,表现出了千变万化的样态,使得其内涵与外延均发生了一定程度的"迁延"与"变异"现象,作者对于典故的认知所蕴涵的思想感情维度也流泻于字里行间。最具说服力的例子,莫过于有关亡国之君与贬谪之臣的典象了,在对照性的语境中,这两类典象相当明显地淡化了政治批判和道德惩戒的意味。例如,

《金灯》小序言金灯花"花、叶不相见"的怪异现象"何尤"曹丕兄弟的"豆煮箕燃",全诗纯咏金烛红妆之艳,无一处咏及曹氏兄弟,似乎没有涉及政治寄托;又如,《迎辇》以为一众"牵缆人",多为"此花幻化",全诗弥漫淡淡的哀怨意绪;又如,《金莲》小序言"千古诗人,第一扬眉吐气,是用此花制双炬送归院时",虽然此处指学士院,与一般意义上的院落不同义,但在作者看来犹是"笙歌归院落,灯火下楼台"气象,更胜李白《清平调》一筹,此诗以"盛平天子但风流"作结,几乎消解了道德谴责的语调;又如,《素馨》一诗依照清梁廷楠《南汉书》的相关记载组织成文,写南汉主刘鋹的司花女素馨颇受宠爱,死后也倍享哀荣,"使人多植那悉茗花于冢上",讵料刘鋹见异思迁,迅即遗忘素馨的柔情,"君王自爱波斯媚,无复斜头忆素馨",无限惆怅浮现笔端。由此可见,梁修所用历代君王之典,更多的是追求博雅之趣。与此同调,梁修用屈原故实和楚辞语典时,也有意改变了屈赋芳草美人之喻的模式,淡化诗歌体裁的历史记忆与"政治无意识"式的寄托,进而翻出古人门墙,寻找一种新的抒情路向。在《兰》诗小序中,梁修指出素心兰实为兰中极品,《楚辞》多处咏兰,却居然没有一一标举出来,因此,"是人是花亦不明白",良为憾事,故梁修咏道:《离骚》幽怨侬无涉,只祝春风一梦佳。"他认为屈原"疾王之听之不聪也,谗谄之蔽明也,邪曲之害公也,故忧愁幽思而作《离骚》",与这江渚上的美丽兰花没有必然的因果关系。要说还有什么值得高兴的,那就肯定算是春秋时期发生在郑国的一桩喜事,即《左传·宣公三年》所载郑文公妾梦见天使赠兰花而生子的趣闻。梁修似乎更愿意将民众生子的祈福投射到兰花上去,在兰花的政治寄托和历史传说中寻绎出生动活泼的人生乐趣,折入一种高度"人间性"的抒情路向。在《鹤顶兰》中,梁修也表达了这一"人间性"的关注,诗云:

> 意似飞仙胆气粗,问谁骑鹤洞庭湖?
> 《远游》已解升天诀,出水灵妃笑左徒!

梁修指出,屈原不得楚王重用,便托配仙人,随着王子乔或是后世的吕洞宾骑鹤升天,试图自由自在遨游天地间,但在潇湘女神看来,以飞仙消解个人闷遁,确属无奈,其作用是暂时的,实际上仍没有解决现实政治生活的难题。可见,梁修咏兰诸诗在承袭屈原咏兰的外貌之下,另行构思了一种高度生活化的艺术场景。

(二)调整花卉评价中的审美取向与情感取向

毋庸讳言,作为主流文化的一个有机组成部分,中原品花文化具有强大的影响力和规范性,花卉审美文化中固有的价值审美取向与情感取向往往制约着某些鲜花的品鉴过程，进而使其得出符合传统审美趣味的基本结论。但是，岭南审美文化的独特性、岭南众花品类的特殊性、花卉绽放时间的差异性，使得梁修在咏花过程中明显地偏离了传统路数，在审美评判和情感取向上流露出鲜明的"人间性"、"世俗化"的意趣，在吟咏时多半采取"向下"的姿态以突出众花平等。例如，牡丹历来被称为"花中之王"，原产北方山野，最负盛名的洛阳牡丹、菏泽牡丹多在暮春时节盛开。花埭不产牡丹，据屈大均《广东新语》载，广州牡丹"每岁河南花估持根而至"，多从水路运来牡丹苗，园林主人特辟一个"牡丹厅"，人工控制温度和湿度，悉心培育，方能在春节时期绽放。在梁修笔下，《牡丹》不曾在牡丹"王者"身份上着墨，舍弃了"国色天香"一路的俗套抒情，全诗以白描出之：

> 荔枝湾映柳波涌，隐隐红楼小市东。
> 帆卸夕阳犹未泊，绕船一缕鼠姑风。

在这里，稍有一点"贵气"的字眼也就是所谓的"红楼"了。"隐隐红楼"一句，是"楼台绣错，群卉绮交"的真实写照，但着"隐隐"二字，便阻断了富贵之家的逼人豪气。"绕船"一句更平添了几分淡雅和柔婉。颇具意味的是，诗人用了一个相当陌生且略显"平民化"的词汇——"鼠姑"。《海录碎事》云："牡丹，一名百两金，又曰鼠姑。"王渔洋《江南好》词有"鱼子天晴初出水，鼠姑风细不钩帘"之句，"鼠姑"下自注："牡丹也。"显然，这一"亦名"用法，主要是出于修辞上的考虑，却在客观上产生了一定的"脱冕"、"祛魅"的效果，将牡丹花重新放到与众花平等的位置上来了。与此同时，梁修又不时采取貌似"向上"而实则"向下"的吟咏方式，在一俯一仰之间表明自己的态度。如《玉兰》诗在小序中引用《庄子》"藐姑射之山有神人焉"之句来形容玉兰的"琼姿"，塑造玉兰莹洁清丽的形象，以至于嫦娥完全被玉兰吸引住了，"移种月中换丹桂，嫦娥镇日倚栏杆"。全诗的思路从玉兰的"神人"之姿入手，愈唱愈高，玉兰宜于"高寒玉宇"，成为嫦娥的最爱，直至斫却月宫丹桂，取而代之，日夜爱赏不置。实际上，这里暗含着一个"拉低"的反向走势，即嫦娥本是与仙境的丹桂连为一体、不可分离的，却被充满人间性美感的玉兰所打动，这种俯瞰的姿态流溢着另一种"思凡"的柔情。由此可见，梁修咏花有意识地打破仙凡之隔，看似引用神仙、富贵典故，实际上笔端流泻的都是具有浓郁凡俗气质的美感。

（三）追求整体风格上的轻松感与诙谐感

梁修生于岭南，长于岭南，写作《花埭百花诗》时尚未踏出岭南一步。岭南文化特有的轻松感和愉悦感渗入其精神的内核,转化为生命情调的有机组成部分,故其能通体透出一股岭南人独具的轻松感与幽默感的睿智。例如,《石榴》小序说"三家村新嫁娘"喜在鬓间插石榴往来田间,妙曼动人,于是,诗人将诗思分别指向唐代诗人杜牧、万楚。一言"忽傍钗头烧碧云,狂言曾记杜司勋",前句出自杜牧《山石榴》"一朵佳人玉钗上,只疑烧却翠云鬟",后句用《唐才子传》杜牧作"偶发狂言惊四座,两行红粉一时回"诗句的故事,其大意略谓,相较而言,三家村新嫁娘装点石榴的装扮,极入时且极自然,比起杜牧笔下的"佳人"来丝毫不逊色,可见杜牧未免轻狂了一些,所言难副其实;一言"裁红减绿都时样,漫妒潇湘六幅裙",出自唐代诗人万楚《五日观妓》"红裙妒杀石榴花",极言三家村新嫁娘自然天成的"时样",是天底下任何流行的样式都比不上的。这两联,一调侃杜诗,一顺延万作,极尽诙谐之能事,以拟人的手法将石榴花写得生新俏皮、灵气逼人。在《七姐妹》中,梁修巧用明代名士陈继儒(号眉公)与宦者的妙语来架构全篇。梁绍壬《两般秋雨庵随笔》记陈眉公饮于王荆石家,行酒令,须首句含鸟名,次句用《四书》语,末句是曲辞。宦者言:"十姐妹嫁了八哥儿,八口之家可以无饥矣,只是二女将靠谁?"眉公对曰:"画眉儿嫁了白头翁,吾老矣不能用也,辜负青春年少。"梁修据此敷衍成篇,诗云:

> 绮罗队里见星娥,头白眉公雅谑多。
> 巧向花前学人语,声声其奈八哥何?

作者运用拟人的手法,将靓丽成群的女子比作七姐妹花,面对这七姐妹,陈眉公妙语冠绝天下,谐趣动人。但作者未停下笔锋,而是翻出一层,将陈眉公设为嘲弄的对象。八哥本作鸟语,又能学人语,而喻指陈眉公的"白头翁"本作人语,偏学鸟语,两相比较,陈眉公饶是一代名士,仍比不上八哥儿。如此看来,"白头翁"陈眉公确乎老矣,最终未赢得芳心,这七姐妹都嫁与八哥儿,只能徒唤奈何了。全篇绝无含沙射影的指涉,洋溢着轻松和幽默。

显而易见,元宵佳节的喜庆氛围,奠定了《花埭百花诗》轻松、谐趣而富诗性的抒情基调,使得诗歌创作主导风格的追求,呈现一种内在的整体感和节奏感。梁修在咏花的过程中发掘出一种接近于日常生活、充满人间情怀的灵动之美与诙谐之美。这一审美心态的取向,反过来促使他对传统品花文化的定式产生了某种质疑。这是一个本质力量对象化的过程,诗人在对传统品花诗歌的解析、新读与再造中获得了一种真正意义上的创作自由。于是,在传播过程中典故的"动机史"便有了极具个性光辉的改写与修订,"合格的读者"的认知能力系统也由此得到了拓展，更具诗性情调。① 回归花卉本质属性之美，便成了《花埭百花诗》的主旋律，无论是学识的展现，还是个性的张扬，都显得那样自然，没有流露出丝毫刻意与做作的痕迹。那层出不穷的新见，皆流溢着诗性的光芒。

三

梁修通过典故建构了一个自己所体认的花卉世界，而这也正是他自己理解的诗歌所能表现的花卉世界。为了充分发挥咏花诗的艺术表现力，梁修对典故的有机构成进行了深度的解析和灵活的运用。在通常情况下，典故至少有 4 层意思为人们所确认并可灵活运用：第一是典故作为"故实"的故事功能；第二是典故所蕴含的历史教训、行为准则和文化价值取向；第三是典故的表情达意功能；第四是典故的语义再生功能。梁修紧扣典故的字面，努力发掘出典故的深层意蕴，在言外之意上巧做文章，重塑典象，营造意境。梁修主要运用了以下三种表现手法：

（一）典故故事性文本的铺叙

铺陈花卉的独特美感。古来花卉得名多少有些传奇色彩，或因形状，或因色彩，或因香味，或因产地，或因神话传说，不一而足，均具特色。梁修常常从花卉得名之由切入，不拘一格，顺势推衍成篇。如《逸史》记唐举子许瀍梦游瑶池，见西王母侍女玉蕊仙子许飞琼事，醒而追记："晓入瑶台露气清，座中唯有许飞琼。尘心未尽俗缘在，十里下山空月明。"写后再眠，梦见许飞琼，许建议第二句应改为"天风吹下步虚声"，隐去自己的名字。梁修据此赋诗：

> 香风柔荡步虚声，七宝楼台拥月明。
> 夜半瑶池参阿母，座中唯见许飞琼。

梁修一反许飞琼"自惜其名"的做法，利用现成的语句再现了梦境，闻香、听声、登楼、遇仙的情景历历在目，真实而又生动。末句套用许诗原句，意在复原故事的原貌，将许飞琼"犹抱琵琶半遮脸（面）"的娇羞之态真切地展现在读者的面前。又如，《滴滴金》小序云："自六月至八月，因花梢头露滴入土即生新根，故有滴滴金之名。"据此，梁修进而换用南海观音甘露净瓶的传说作为诗歌创作的基本骨架，切近岭南故实，诗云：

---

① 见葛兆光《汉字的魔方》中有关典故的论述，辽宁教育出版社，1999 年，第 135 页。

> 雨珠雨玉化琼林，万点秋云更雨金。
>
> 布地幽人真富贵，胜如南海有观音。

《史记》载，夏禹治水，功德圆满，上苍雨金三日、雨稻三日三夜；《论衡》言，五日一风、十日一雨则天下升平；苏轼《喜雨亭记》又有"使天而雨珠，寒者不得以为襦；使天而雨玉，饥者不得以为粟"之说。但是，在梁修看来，说来说去，给老百姓一些实实在在的好处，这才是天大的恩赐，真比得上南海观世音的雨露甘霖。通过上述个例的考察，不难发现，梁修试图借助典故固有的故事性文本来展开艺术想象和谋篇布局，使得故事的呈现更具真实而感性的特征，充分表现了用典的诗性智慧。

（二）缠绕式比较的典象构架

就一般情形而言，在我国漫长曲折而多姿多彩的品花发展史上，许多花卉都生发出两个或两个以上的典故，这些典故因着生成语境的不同而有着不尽相同的符号寓意、情感指向和语用功能。如何在一首篇幅极短的七绝中涵摄诸多典故，融会贯通，进而提炼出一个生新鲜活的意象来，这对诗人的学养智慧和文字技巧确实构成极大的挑战。例如，梁修咏梅，将花埭大通烟雨美景中的梅花、柳宗元笔下的罗浮山和林逋的西湖孤山三个不同时空的场景并置在一起，描绘出一幅写意图卷，诗云：

> 大通烟雨写模糊，明月罗浮问有无？
>
> 索得林家姝一笑，依稀风味似西湖。

大通滘经过花埭向南流去，"四时烟花淡荡，舟船往来，若现若隐，夜则渔灯荧荧，清歌响答，飘然尘外"，自古为"羊城八景"之一（见《花埭百花诗·桂·小序》）。对于花埭的梅花，人们认识不深，其韵致自然无法形诸笔墨，梁修一再使用"模糊"、"有无"、"依稀"等词汇，也表达出写作心态上的迟疑与迷惘。花埭梅花在风味层面上不近于署名柳宗元《龙城记》所载罗浮明月、翠羽鸣晨传说的旖旎恋情，而与宋代林逋屏居西湖孤山以梅妻鹤子为伴的隐逸之趣有些接近。在这里，诗人不敢遽作断语，仅言依稀仿佛而已。同时，梁修尽可能减少枝枝节节的延展，有意遗落了历代咏梅诗作之中的另三层情感指向——寿阳公主"梅花妆"的天真痴骏之态、梅妃对于爱情的忠贞以及宋人向往梅花斗雪绽放的孤傲性格，从而对花埭梅花的描绘进行了"纯净化"的处理，并无刻意拔高之嫌，平实、清新、淡雅、幽默之中透出几分妩媚，在美感呈现上迥异于传统的咏梅诗歌。与此同趣，梁修咏五月菊，也发出"似厌柴桑常酪酊，多情来就屈原醒"的轻笑声,巧借典故的固有走势,把陶渊明的酩酊大醉与屈原的"众人皆醉,唯我独醒"放在一起,形成强烈的对比,表达了对人生清醒认知的渴望,更表现出了一种深层次的谐趣之美。又如,《栀子》诗也是用两个典故来做对比,小序"净土往往植此,与贝多同。多情乃佛心,是真知我佛者"诸语提示栀子花契合宋人所创"禅友"之说,于是,首句"薝卜花香破佛颜",引《大梵王天主问佛决疑经》故事,释迦登座,拈金色波罗花(即薝卜花)示众,唯有迦叶会心微笑,师与弟子心心不异,印证了最高境界的"心法"。但是,作者笔锋一转,"谁家绾就同心结,难得解人刘令娴",将读者的目光引向了人间性的情爱。据《梁书》《世说新语》载,刘令娴夫徐悱去世,刘父拟撰悼文,见令娴祭文"雹碎春红,霜凋夏绿"、"一见无期,百身何赎"等语,竟搁笔废作,发出"非但能言人不可得,正索解人亦不可得"的浩叹。这种柔情万种的夫妇之爱、父女之爱才是人间情爱的极致,这样的人儿才称得上是佛祖心法的"解人"。在这里,"难得"一语,隐然将人间真情提到了佛祖心法的同一高度,甚至有所超越,正透露出作者内心深处人间性关怀之所在。

(三) 想象的迁延效应

梁修咏花,尽情放飞想象,让想象从典故与物件之间相似的那一点出发,推展到不甚相似的点上去,甚至会层层推进,拐上好几个弯,诗境也随之曲径通幽,形容曲尽。这一点颇类似钱锺书所说的"曲喻"手法。钱锺书在《谈艺录》"长吉曲喻"条中认为,曲喻"乃往往以一端相似,推及之于初不相似之他端",属于"类推而更进一层"。[1] 梁修咏秋海棠,从《采兰杂志》载妇人"怀人不见,恒洒泪于北墙下"生发想象,由北墙想象出庭院,由庭院联想到绵绵雨丝,再由雨丝延伸到情丝,而情丝须有利刃斩断,但是,手中的刀却是铅做成的,其钝无比,怎么也斩不断这不尽的情丝。铅刀,典出《晋书·王承传》:"王敦谓承曰:'足下雅素居士,恐非将相之材也。'承答曰:'公未见知耳,铅刀虽钝,岂无一割之利?'"从整首诗来看,不难发现,梁修的思路一直沿着前一个物件的相关点往外奔逸,一环接一环,直到最后出现了与秋海棠无必然关联性的"铅刀"一典,真是想落天外,匪夷所思,却又在情理之中。又如,《铁树》描绘了一幅极具谐趣的铁树开花图景:"丁卯花开六十秋,看花人已雪盈头。小娃戏拗纤枝弄,百炼钢为绕指柔。"这首诗从铁树一甲子开花展开想象。60 年间,光阴荏苒,当年看花的人儿如今已白雪满头了,平添几分人生的感慨。眼前小娃却用柔柔的小指头绕着铁树枝,又不禁让人想起"百炼钢化为绕指柔"这句老话。在这里,铁树本与钢铁是不相

① 钱锺书:《谈艺录》,中华书局,1984 年,第 51 页。

涉的，但想象沿着铁树开花、老人看花、小娃弄枝、百炼钢一路延展开来，已远远离开了铁树开花这一描写原点。此诗诗境看似简单，全赖想象的迁延来架构，可见构思的奇妙与窈深。又如，咏《滚水红》时就从热入手，建构了一热一冷、一今一昔极端化的诗境。此诗开头形容滚水红在温暖的南方热烈绽放，仿佛是滚水般炙手可热，连那些热衷名利的躁进之人都自叹不如，可滚水红不以为耻，"笑谢旁人嘲冷暖，前身高处不胜寒"，却道自己前身是在广寒宫里受寒受苦太久了，今番偏要热个够！对旁人的好心劝告敬谢不敏，毫不在乎。在这里，眼前所见之景本与其"前身"是没有关联的，但因一热一冷的对比而将想象延伸到一今一昔的对比上去，这才把"前身"原委吐露出来，完全出乎读者意料之外。此类想象的延展现象，在梁修笔端已形成一道风景线，颇值得回味，像山茶花与玉环肥、木香与《霓裳羽衣曲》，都需要调动"观众/读者"足够的想象力才能品味出其中的奥秘与美感来。无疑，这是一个值得深入发掘的艺术现象，梁修的创作给我们提供了一个颇具解剖意义的范本。

梁修在"观众/读者"所能接受的知识范围内，撷取了古代有关花卉的神话传说和传统咏花诗文中的语句典象，充分发挥诗歌的文体记忆功能和历史评判功能，巧妙地加以穿插，组织成篇。这是一个充满学术智慧和美学情调的对话，是一场贯通古今的心灵对话的盛宴，一个个负载着古人心智与情思的典象蹁跹而至，轻儇而走，异彩缤纷。众多典故的聚集产生了一种深度的狂欢，与百花诗坛的节日狂欢属性达到了高度的统一。同时，在具体的创作过程中，梁修以典型的岭南文人的文化取向和审美意识为依托，对传统品花文化史上著名的典故进行了颇具个性色彩的发掘、解读与重构，较好地处理了"俗套/新见"、"个人创见/公众共识"的辩证关系，令"观众/读者"在欣赏过程中产生一种似曾相识而又想落天外之感，因而整部《花埭百花诗》呈现出了一种异样的美学光彩。

综上所述，虽然梁修所撰《花埭杂咏百首并序》的研究尚未得到充分展开，但就我们已经做出的初步探研而言，可以得出以下基本结论：第一，梁修所撰《花埭杂咏百首并序》，是在古代咏花诗文所形成的典象基础上，运用古今通用的典故和成说，吟咏百花，构思成篇，既有传承，又有创新。第二，《花埭杂咏百首并序》在审美情趣方面表现出浓郁的岭南风格，主要倾向于通俗化、日常化、平民化和谐谑性，对于中原咏花文化中的道德主义色彩和正统思想取向不甚留意，甚至有意加以忽视，凸现了岭南审美文化中轻松诙谐的一面。第三，《花埭杂咏百首并序》用典艺术手法灵活多变，不拘一格，典故故事性文本的铺叙、缠绕式比较的典象构架以及充分运用想象力的迁延效应是其最突出、最具特色的创作手法，是全书的亮点之一。

14

赵师侠《坦庵词》略论

曹志平　曲阜师范大学

南宋词人赵师侠,字介之,号坦庵,燕王德昭七世孙,临江军新淦(今属江西)人,有《坦庵词》一卷,存词154首,生卒年不详。《四库全书总目提要》云"盖南宋初人也",饶宗颐《词集考》推测"似师侠生于建炎元年丁未(1127)以前",似不确。毛晋汲古阁刻本《坦庵词》,题有明确年干者,始于丁亥即孝宗乾道三年(1167),止于丁巳即宁宗庆元三年(1197)除夕,其创作时期晚于南北宋之交的词人张元干、张孝祥,大约与陈亮、辛弃疾、陆游、杨万里、刘过等同时。据楼钥《益阳县丞赵君墓志铭》(《攻媿集》卷一〇二),赵师侠之父赵伯撼卒于孝宗乾道四年(1168)七月四日,享年五十有五,其母曹氏小其父五岁。前推55年约为徽宗政和四年(1114),若以此年为赵伯撼生年,到高宗建炎元年,赵伯撼年方14,曹氏年方9岁,因此,师侠作为仲子,定生于建炎之后无疑。楼钥《益阳县丞赵君墓志铭》、《宝谟阁待制致仕特赠龙图阁学士忠肃彭公神道碑》(《攻媿集》卷九六)又记彭龟年之续娶是赵伯撼次女即师侠胞妹,赵师侠与彭龟年有交往;彭龟年《止堂集》卷一五有《祭赵介之参议文》,而据《宋史》记载,彭龟年于宁宗开禧二年(1206)三月离世,那么,赵师侠去世当在宁宗庆元三年之后、开禧二年之前。又据《江西通志》载,赵师侠淳熙二年(1175)乙未进士及第,《坦庵词》亦有寄调《酹江月》题"乙未白莲待廷对"词;而彭龟年《送赵介之赴春陵十首》之二(《止堂集》卷一八)云师侠"少年擢两科",既云"少年",当不超过30,若自淳熙二年前推30年,师侠当生于高宗绍兴十六年(1146)之后。可见,师侠坦庵历高宗、孝宗、光宗、宁宗四朝,属于南宋中期词人,这是考察词人创作背景的关键问题,必须辨证清楚。至于师侠生平其他行事,笔者另有拙文考证,此处不赘。

坦庵词清淡隽朗、自然流畅,在南宋词坛上堪称别调,如毛晋《坦庵词跋》所云:"或病其能作淡语,不能作绮艳语,余正谓诸家颂酒赓色,已极滥觞,存一淡妆以愧浓抹。"《四库全书总目提要》也说:"今观其集,萧疏淡远,不肯为剪红刻翠之文，洵词中之高格。”但迄今为止，坦庵及其词并没有引起学界关注。笔者不揣鄙陋，试作探讨。

一

坦庵作词如其“坦庵”名号，追求平易疏淡，摒弃浮艳雕琢，着意挥洒闲雅萧散的意趣，如谢章铤《赌棋山庄词话》所评“清绝滔滔”。他的154首词除了几首颂圣和祝寿外，不管是写景还是咏物、赠别还是和韵，其主题都与恢复大计无关，亦与艳情昵语无涉，其内容不干政事，不诉牢骚，不言富贵，亦不露寒酸。

《坦庵词》往往在写景咏物中寄寓自我志趣、抒发人生感慨，表现其不慕富贵、与世无争、随缘自适的怀抱，词情萧散，格调清雅。如《水调歌头·和石林韵》云：“幸有乔林修竹，随分粗衣粝食，何必计冠裳。我已乐萧散，谁与共平章。”他满意于乔林修竹的清幽环境，满足于粗衣粝食的萧散生活，“幸有”、“何必”两相映对，凸显其“随分”之求、“萧散”之乐。坦庵虽然也有花开花落、春去不归、人生如寄、韶华不久的淡淡哀愁和无奈，但常常能自我宽解：“百岁光阴难挽，一笑欢娱易失，莫惜酒盈卮。无计留连住，还是送春归。”（《水调歌头·癸卯信丰送春》）“恨年华，何去速，又来迟。绿阴浓映池沼，縠浪皱风漪。啭午莺声睍睆，滚地杨花飘荡，爱景惜芳卮。此意谁能解，一笑任春归。”（《水调歌头·戊申春陵用旧韵赋二词呈族守德远》之一）最终还是顺随自然，送春以归，任春以归，“一笑”二字，显示出词人心境的旷达和淡定，使人读来并没有消极颓废之感。

坦庵的这种心境贯穿其《坦庵词》。在淳熙二年（1175）进士及第前后的词中就有表露，如《酹江月·乙未中元自柳州过白莲》表达人生志趣：“一叶扁舟，数声柔橹，陡觉红尘远。”“贺监风流，玄真清致，我亦情非浅。渔蓑投老，利名何用深羡。”希望在湖光山色中，伴荷香，乘偏舟，隐居一生。又如作于孝宗淳熙戊申十五年（1188）的《水调歌头·戊申春陵用旧韵赋二词呈族守德远》之二曰：“静中乐，闲中趣，自舒迟。心如止水，无风无自更生漪。已是都忘人我，一任吾身醒醉，有酒引连卮。万法无差别，融解即同归。”兼取老庄的任运自然、佛禅的万法皆空，追求适宜为乐、随遇而安、萧散自在，达到彻悟人生、参透禅机、“心如止水”、“人我两忘”的超然境界。

难能可贵的是坦庵的萧散常常交融着清景、淡饭等日常生活的舒适和惬意，清雅而不孤高，淡远而不冷寂，具有较为浓郁的生活气息，读来有一种亲切和清隽之感。如《满江红·丁巳和济时几宜送春》：

去去春光，留不住、情怀索莫。那堪是、日长人困，雨余寒薄。叶底
青青梅胜豆，枝头颗颗花留萼。叹流年、空有惜春心，凭春酌。　　非
与是，忘今昨。且随时随分，强欢寻乐。世事燕鸿南北去，人生乌兔东
西落。问故园、不负送春期，明年约。

这首词是坦庵后期的作品，词人因留不住春光、挽不住流年而情怀落寞，但他却
发现并捕捉了伴随春归而带来的另一份收获和惬意：逐渐深绿茂盛的叶底已经
长出青青梅子，枝头花瓣虽已飘散但颗颗花萼却留有余香；今年春归欲留不住，
但可相约明年故园迎春送春——在不问是非、不管今昨、随时随分的超脱、随缘
之中，透显对故园和生活的热爱。

　　这种淡定从容的归隐之念、萧散闲雅之语在《坦庵词》中俯拾即是："悠悠，
不复侒求。但安分、随缘休便休"（《沁园春·和伍子严避暑二首》之一），"尘世
知何计，不老朱颜，静看日月跳丸"（《促拍满路花·信丰黄师尹跳珠亭》），"任
乌飞兔走匆匆，世事亦何穷。官闲民不扰，更年丰。箪瓢云水，时与话西东。真
乐谁能识，兀坐忘言，浩然天地之中"（《促拍满路花·瑞荫亭赠锦屏苗道人》），
"富贵功名，本自无心逐，粝食粗衣随分足。此身安健他何欲"（《蝶恋花·戊申
秋夜》），"利名汩没黄尘里，又那知、清胜无穷。何日轻舠襄笠，持竿独钓西风"
（《风入松·戊申沿檄衡永，舟泛潇湘》），"人生一笑难同。更余韵、都藏笑中。
日助清芬，酒添风味，须与从容"（《柳梢青·和张伯寿紫笑词》），等等。坦庵的
人生没有消沉、没有逃遁，坦庵的人生感慨没有激愤也没有哀怨，他随分可遇
"无穷"清景、"可乐"风光，他静心可观"溅雪"香茗、"跳丸"日月，他淡然地追求
着生活的萧散，随缘地享受着生活的惬意，直到《坦庵词》系年最后一词都保持
着这种淡定、随分和惬意："归欤幸有园林胜，次第花开可自娱"（《鹧鸪天·丁巳
除夕》）。

二

　　在萧散旷达、淡定从容的心境统摄下，坦庵词的意象选择与运用，带有清淡
而灵动的审美特征。

　　首先，坦庵词的意象不鄙俗、不冷奥，多带有"清"气。《坦庵词》154 首词
"清"字频率使用最高，有 38 处之多，描写景物不仅有"清漪"、"清泉"、"清江"、
"清阴"、"清霜"、"清芬"、"清香"、"清风"、"清声"、"清昼"、"清夜"、"清露"、
"清暑"、"清胜"，而且有"景清"、"风清"、"花清"、"江清"、"露清"，书写感受不
仅有"清兴"，"心清"，而且有"清致"、"清绝"、"澄清"、"清和"等。很多意象描

写即使不以"清"字修饰,也常带清雅韵致,写景如"凿破苍苔地,一掬泓澄,六花疑是深渊"(《促拍满路花·信丰黄师尹跳珠亭》),"一水萦蓝,群峰耸翠,天接高寒"(《柳梢青·邵武熙春台席上呈修可叔》)等,是清新自然之景;40首咏物词中咏梅词9首、咏莲词4首、咏酴醿4首,所选物象多具清雅天然标格,如咏茉莉"玉骨无尘,冰姿有艳,雅淡天然别"(《酹江月·信丰赋茉莉》),咏梅"玉骨解凌风露,铅华不浣凝脂"(《画堂春·梅》),"玉点枝头,犹自萧疏"(《一剪梅·丙辰冬长沙作》)等,着力表现一种内在的清雅气质和品格。可以说,坦庵借景物之"清"而感"清"兴、写"清"心、抒"清"情。

其次,坦庵词的意象不浓艳、不朴重,多带有"淡"味。坦庵也多以淡云、疏林、远山、烟树、迷江等淡远、空蒙意象来表达萧散淡泊意趣。如:"平林远岫浑如画,更渔村、返照斜红。两岸荻风策策,一江秋水溶溶"(《风入松·戊申沿檄衡永,舟泛潇湘》),"天弓摇挂孤光,映烟树、云间渺茫"(《柳梢青·鉴止月下赏莲》),"斜日淡云笼,溪山烟霭中"(《菩萨蛮·舂陵迎阳亭》)等,犹如一幅幅淡墨山水,洋溢着清疏淡雅之美。

再次,坦庵词的意象不艰涩、不凝滞,多带有"动"态。坦庵门人尹先之《题坦庵词》曾借苏轼自评其文之语来评价坦庵为文自然流畅"如泉出不择地",实际上坦庵的词作也有这样的特点。坦庵对于景物的描写并不停留在静态观照,而注重动态呈现,并且意象组合常常按顺承的结构方式平铺开去,给人流畅自然的美感。如《水调歌头·癸卯信丰送春》"渐清和,微扇暑,日迟迟。新荷泛水摇漾,萍藻弄晴漪",描写初夏景色,天气、太阳、新荷、水波、萍藻5个意象描写均为动态,而且意象之间的组合顺承衔接得自然而然,景物描写充满清新和畅的气息。《少年游·梅》"雪破梢头,香传花外,春信入江南",由梅花初绽的视觉特写,到梅花怒放、芳香四溢的嗅觉描写,再到江南早春已到的信息感知叙述,三个动态意象的组合把梅之花开——梅之香浓——梅带来了江南早春气息的高雅意趣逐步展示开来。这一个"破"字,不仅刻画了梅花初绽的动态和力度,而且突出了梅花的傲雪之姿和高洁之质,气韵高雅而灵动。

词人还善用叠字修辞手法,使景物意象更生动、鲜明,又加强了音节之美。如写花草、树木、鸟虫:"芳草萋萋"、"夭桃灼灼,杨柳依依"、"袅袅垂铃"、"采采东篱"、"细细吹香,盈盈浥露"、"娉娉袅袅"、"灿灿红云"、"亭亭翠盖"、"翩翩黄叶"、"榕叶阴阴"、"漠漠轻阴"、"阴阴庭院"、"舂景熙熙"、"百舌关关"、"声声历历"、"燕喃喃,蜂簇簇,蝶飞飞"等;写日、山、云、雨、烟、风、水:"爱日融融"、"舂日迟迟"、"落日沉沉"、"群山灿灿"、"冉冉红云"、"茫茫云海"、"蔼蔼疏烟"、"冥冥烟雨"、"剪剪西风"、"风细细,露湍湍"、"松雪纷纷"、"同云幕幕,狂风浩浩"、"迟迟春昼长，冉冉东风软"、"流水溅溅"、"曲沼漪漪"、"渺渺绿波"、"淼淼澄清波面，依依紫翠山光"、"悠悠东去水，簇簇渔村市"等。

三

坦庵以词来吟咏情性，抒写个人心志，近承石林，远绍东坡，而自成一体。他的词不涉男女艳情，也很少触及社会政治尤其是国家兴亡；他既没有同时代词人如辛弃疾、陆游、陈亮等英雄志士表现激情壮怀、抒写英姿奇气的情不可遏，也没有后来姜夔、戴复古等江湖游士把眼前生活的闲趣、愁心与对社会现实的灰心、绝望融合起来的自觉追求。在坦庵词中，词的社会功能少了，审美自娱的功能强了，他以描写登临远望或旅途所见或身边日常即有的清淡自然的景象，来表现萧散淡泊的意趣，营造出清淡、自然、隽朗的词境，也不愧为词中高格，在南宋中期词坛上辟出另一蹊径。坦庵的这种心境与词风的形成，与时代风尚有关，更与他本人的身世、气质、性情密切相连，对此我们应该辩证看待。

赵师侠一生主要处在"隆兴和议"之后孝宗、光宗、宁宗40多年的"中兴"时期，这时期金宋关系暂时趋向平和，社会相对比较稳定，经济得到发展，士人们开始满足于眼前的清景优游。一些前期主战激进的士大夫如范成大、陆游、杨万里、周必大等，为避祸全身也逐渐变得超脱起来，他们在竹林花海和铅黄书卷中排遣情累，安顿心灵。"中兴"词坛的审美好尚，已不在于慷慨激昂的铿锵镗嗒之音，而在平和闲雅的疏淡之味，世事看穿、流连风景、优游田园的作品在南宋中期词作中开始大量涌现，林泉隐逸主题、超然旷放格调成为"中兴"词坛主流之一。他们承继苏轼词风，词中的东坡即是闲旷超然的化身，如曹冠《哨遍》序云"东坡采《归去来》词作《哨遍》，音调高古。双溪居士隐括《赤壁赋》，被之声歌，聊写达观之怀，寓超然之兴云"，就是典型代表。当然，不少词人面对国家危亡，不能实现恢复大志，被迫退居，赋闲山林，他们往往在超然、旷达的表象后面压抑着壮志难酬的忧愤、孤高、失落与寂寞，这样的情绪不时从诗词作品中喷发出来。在辛弃疾的田园词里有"却将万字平戎策，换得东家种树书"（辛弃疾《鹧鸪天》）的悲愤和无奈；被夏承焘先生评价为"萧飒衰颓，道人隐士气息很浓重"的陆游后期隐逸词，也有英雄失路、排遣不得的压抑与忧愤，如《鹧鸪天》"家住苍烟落照间"一词描写词人隐居于山阴镜湖，在风景如画的大自然中恣游，但在"啸傲，任衰残，不妨随处一开颜"的旷达背后，实际蕴藏着难以压抑的忧愤，最后终于一吐心曲："元知造物心肠别，老却英雄似等闲！"使隐逸萧飒词情平添一股孤愤之气、苍凉之感。相比之下，坦庵的心境就显得尤为萧散闲雅、淡定从容，词风显得更为清淡萧疏、自然平畅。

　　赵师侠所处的政治环境并不要求、允许他必言"恢复"，而且他虽然官处下僚，但自己似乎对当时环境比较满意，其颂寿词《万年欢》盛赞"隆兴和议"以来的"太平"盛世曰："万宇讴歌归舞，宝历新增。四七年间盛事，皇威畅、边鄙无尘。仁恩被，华夏咸安，太平极治欢声。"作于宁宗庆元二年(1196)的《满江红·丙辰中秋定王台即席饯富次律》对"和戎"政策、"中兴"政治大加颂赏："皇华使，和戎策。西府赞，中兴业。""燕王宫宣州位宗室"(楼钥《宝谟阁待制致仕特赠龙图阁学士忠肃彭公神道碑》)的特殊身份也应该让他早早懂得人事纷扰，养成口不言事的习惯。早在作于乾道九年(1173)的《菩萨蛮·癸巳自豫章檄归》词中就以眼前江头风浪暗示人生波折："电光云际掣，白浪天相接。不用怯风波，风波平地多。"其中"不用怯"三个字，显示自己早已做好准备，可以从容面对一切风浪。《浪淘沙·杏花》"飞片入帘栊，粉淡香浓，风箫声断月明中。只恐明朝风雨恶，燕嘴泥融"，寄寓对人生风雨的一丝忧虑。另外，坦庵"性天夷旷"(尹觉《题坦庵词》)，平生又关注道学之理，作词亦以吟咏情性，正如其门人尹觉《题坦庵词》序云："以至得趣忘忧，乐天知命，兹又情性之自然也。"

　　当然，坦庵词没有反映国家大事、社会忧患，是其不足；平易流畅的意象组合和表达方式，也在一定程度上阻碍了词境的层深曲折，使坦庵词显得含蓄蕴藉不够。《四库全书总目提要》评曰"微伤率易，是其所偏"，是中肯的。

（原载于《文学遗产》2009 年第 6 期，有删改）

15

论宋词境界的开创与宋代理学精神

王晓骊　华东政法大学

宋代理学是儒家文化自两汉以来的又一个发展高峰。理学兴盛于北宋中叶，与宋词的繁荣几乎同时。在词风盛行、理学昌盛的宋代，文人（尤其是南宋文人）大多既有作词的经历，又或多或少受理学思想的影响。有的词人本身就是理学家，如朱熹、魏了翁等；有的受理学濡染颇深，如吕本中、杨万里、刘克庄、沈义父等；有的与理学家保持着密切的联系，如苏轼、张孝祥、辛弃疾等。可见，作为宋词发展的哲学背景，理学对宋词产生了深刻的影响。

但是通行于词学界的看法是，"存天理灭人欲"的理学对宋词的影响几乎难以找出什么积极的东西，理学对词的染指带来的只有质木迂腐的头巾气。实际上，理学词的失败并不能归咎于理学，因为用文学的形式来谈哲学，本身就是一种错位。任何一种哲学对文学的影响都必须以人为中介，它首先影响的是人的思维方式和人生态度，然后才进一步作用于文学创作。理学精神着眼于对人生存境界的提升，对宋代社会文化心理和士大夫人格都起到了不可忽视的作用，进而改变了文人词创作和接受的文化生态。这是从哲学影响文学的一般途径而言的。

从宋词的角度而言，王国维《人间词话》曾云："词以境界为最上。有境界则自成高格，自有名句。"又云："大诗人所造之境，必合乎自然，所写之境，亦必邻于理想。"如果说早期曲子词重在对现实人生和欲望的自然表达，那么，北宋中期以后词的发展就是向邻于理想的状态不断努力。换而言之，宋词从市井文学逐渐文人化的过程，实际上就是一个境界提升的过程，是一个从形而下的声色世界逐渐走向自由自觉的理性世界的过程。在这一过程中，理学无疑是文人最易于也是最乐于援引的哲学思想，更何况理学本身就具有审美的特征：理学作为传统美学的发展者，其贡献"表现在心性思索所建造的形上本体上。这个本体不是神，也不是道德，而是'天地境界'，即审美的人生境界"。本文即旨在探讨宋词"境界"的开创与宋代理学精神的关系。

一、"养浩然之气"与宋词中的崇高境界

在宋词的雅化过程中,境界的开拓是其实质性的转变。对于这一转变,南宋理学家胡寅曾经作过极为精当的描述:

> 词曲者,古乐府之末造也……然文章豪放之士,鲜不寄意于此者,随亦自扫其迹,日谑浪游戏而已也。唐人为之最工。柳耆卿后出,掩众制而尽其妙。好之者以为不可复加。及眉山苏氏,一洗绮罗香泽之态,摆脱绸缪宛转之度,使人登高望远,举首高歌,而逸怀浩气,超然乎尘埃之外。于是《花间》为皂隶,而柳氏为舆台矣。

苏轼对文人词发展的贡献正在于他将自我对高尚人格境界的企望融入了词的创作,从而开创了宋词审美中的崇高境界。崇高的艺术境界来自于崇高的人格境界,作为理学家的胡寅对苏词的评价中透露出来的正是理学精神与词学审美追求的一致性,即宋词艺术的崇高美首先来自于"浩然人格"的涵养。这种一致性不仅在于理学家作为接受者对苏词的单方面的阐释,更在于苏词的崇高之境中本身就凝聚着对人格美的追求。

苏轼所代表的蜀学在政治见解上与洛学分歧颇大,但蜀洛党人之间多有交往,比如与苏轼交厚的鲜于子骏就曾问道于程颐;苏轼本人对理学前贤的人格也表现出由衷的崇敬之意,他曾写诗称颂周敦颐的人品。而在个人的人格建树上,苏轼兄弟与理学中人并无不同,即均以孟子"我善养吾浩然之气"为人格理想,并进一步将这一人格追求与文学创作联系在了一起,苏辙《上枢密韩太尉书》中云:

> 辙生好为文,思之至深,以为文者气之所形。然文不可以学而能,气可以养而致。孟子曰:"我善养吾浩然之气。"……其气充乎其中,而溢乎貌,动乎其言,而见乎其文,而不自知也。

苏辙认为文章境界的开拓和提升并不是靠学习,而是通过人格之气的涵养获得的。如果说苏辙的观点仅限于文章,那么其兄苏轼就把这一文艺思想融合进了宋词的创作,试以《水调歌头·快哉亭作》为例:

> 落日绣帘卷,亭下水连空。知君为我,新作窗户湿青红。长记平山堂上,欹枕江南烟雨,渺渺没孤鸿。认得醉翁语,山色有无中。　　一千顷,都镜净,倒碧峰。忽然浪起,掀舞一叶白头翁。堪笑兰台公子,未解庄生天籁,刚道有雌雄。一点浩然气,千里快哉风。

此词创作于北宋神宗元丰三年（1080），其时苏轼因"乌台诗祸"谪居黄州。在4年多的贬谪生活中，佛老思想固然是支持词人度过人生困境的精神依托，但儒家"养浩然之气"的人格追求却是词人坚持自我操守和自我肯定的保障。苏轼曾自述"穷不忘道，老而能学"；又云："吾侪虽老且穷，而道理贯心肝，忠义填骨髓，直需谈笑死生之际，若见仆困穷便相怜，则与不学道者，大不相远矣。"苏轼以"学道者"自诩，而此"道"很明显并非佛教或道家之"道"，而是儒家的"孔孟之道"。具体到词人的人格修炼上，就是"道理贯心肝，忠义填骨髓"以及在此基础上形成的谈笑于生死之际、超然于困穷之上的人生态度。词人在黄州期间所形成的词风，前人或称之为豪放，或誉之为清雄，而从现代美学的角度则都属于崇高的范畴。这首《水调歌头》正是以江天之景为描写对象，审美客体本身就具有雄奇壮美的特点。而词作又把自然界的千里长风与人的浩然正气联系在一起，从而寄予了正直、坚韧和旷达相结合的理想人格目标。

南渡以后，随着宋词的高度文人化和理学思想对宋词创作的渗透，词人们走上了人品与词品相结合的道路，以养浩然之气为底蕴的崇高美成为宋词重要的审美追求，如：

秋到天空阔，浩气与云浮。（吴潜《水调歌头》）

真乐谁能识，兀坐忘言，浩然天地之中。（赵师侠《促拍满路花》）

素养浩然之气，铁石心肠谁拟。（冯熔《如梦令》）

浩然心在，我逢著、梅花便说。（蒋捷《尾犯》）

同时由于宋人对"浩然之气"的理解更多地偏向于"光风霁月"的磊落襟怀，月明风清的江水便成为他们磨砺高洁人格、寄托人生理想的最佳环境和媒介，宋代词人因此特别偏爱澄净空阔的水光月色。如：

洞庭青草，近中秋、更无一点风色。玉鉴琼田三万顷，著我扁舟一叶。素月分辉，明河共影，表里俱澄澈。悠然心会，妙处难与君说。

应念岭海经年，孤光自照，肝肺皆冰雪。短发萧骚襟袖冷，稳泛沧浪空阔。尽吸西江，细斟北斗，万象为宾客。扣舷独笑，不知今夕何夕。

（张孝祥《念奴娇》）

词作为人们构建了由空阔的水面与明净的月光相映照而组成的空灵意境，折射出词人们浩然与澄澈相结合的人格追求，从而形成了宋词崇高美的独特表现形态。

二、"寻孔颜乐处"与宋词中的和乐境界

北宋著名理学家程颢、程颐少年时从学于周敦颐，"每令寻颜子、仲尼乐处，所乐何事"。从此以后，"寻孔颜乐处"就成了宋代儒学家的重要哲学课题，同时也是他们求索终生的人生课题。所谓"孔颜乐处"，语出于《论语》：

> 子曰："饭疏食，饮水，曲肱而枕之，乐亦在其中矣。不义而富且贵，于我如浮云。"（《述而》）
>
> 子曰："贤哉，回也！一箪食，一瓢饮，在陋巷。人不堪其忧，回也不改其乐。贤哉，回也！"（《雍也》）

"孔颜乐处"，作为一种人格理想，是超越人生功利、道充身安的"圣贤气象"；作为一种人生理想，则是"浑然与物同体"的"和乐境界"。所谓"和乐"，张载云："和乐，道之端也。和则可大，乐则可久，天地之性久大而已。""和乐"是一种存于人伦日用又超越于现实之上，出于道德追求又入于情感愉悦的理想境界。对"和乐"境界的追求并不仅限于理学家，它同时也是宋代文人的普遍文化追求。以"道充"为价值指向，以"和乐"为情感基础，宋代文人不但借此自濯于世俗羁绊之中，还可以超拔于"人生如梦"的灰暗呓语之上，进而还可以影响文学创作，正如北宋张耒所云：

> 士方其退于燕闲寂寞之境，而有以自乐其乐者，往往英奇秀发之气，发为文字言语，超然自放于尘垢之外，盖有可叹者。然一行为吏，此事便废……俗虑日进，道心日销。

唯有"道心"才能摒除"俗虑"，才能在寂寞之中"自乐其乐"，才能有"英奇秀发之气"，才能有超然于尘垢之外的文字言语。在张耒的上述阐述中，明显包含着道德履践、情感体验和文学创作三位一体的意思。这一文学观在宋诗中体现得非常明显，而检视宋词，其实也不乏这样的"和乐"之作。如黄庭坚的《画堂春》词云：

> 摩围小隐枕蛮江，蛛丝闲锁晴窗。水风山影上修廊，不到晚来凉。
> 相伴蝶穿花径，独飞鸥舞溪光。不因送客下绳床，添火注炉香。

此词作于黄庭坚贬居黔州期间，摩围山即位于黔州城西。黄庭坚在学术上师从李常、孙觉，《宋元学案》以他为"诗人而入学派"的典型。在文学上，他的观点与道学家也最为相似：

诗者，人之情性也，非强谏争于廷，怨忿诟于道，怒邻骂座之为也。其人忠信笃敬，抱道而居，与时乖逢，遇物悲喜，同床而不察，并世而不闻，情之所不能堪，因发于呻吟调笑之声，胸次释然，而闻者亦有所劝勉，比律吕而可歌，列干羽而可舞，是诗之美也。

这与道学家邵雍反对诗人"溺于情好"的观点完全一致，对于黄庭坚来说，正是在"忠信笃敬"、"抱道而居"信念的支持下，贬谪中的词人才没有沉溺于哀苦凄凉之中，而是在山光水影、蝶飞鸥舞中领略了生命的另一重意义。对此南宋理学家魏了翁曾这样评价："以草木文章，发帝机杼。以花竹和气，验人安乐。"

"和乐"境界的追求也影响了辛弃疾后期的创作。稼轩与理学家朱熹交往颇多，朱熹对辛弃疾甚为推许，且屡以"克己复礼"、"向里用心"相期，辛弃疾后期思想因此受到了理学的影响。而最能打动词人的，就是理学家所标榜的"和乐"境界。他曾以"瓢泉"命名新居，其意正在于学习颜子箪食瓢饮而不改其乐的境界。他还以北宋道学家邵雍为榜样，试图寻求心灵的"安乐窝"：

贤愚相去，算其间能几。差以毫厘缪千里。细思量义利，舜跖之分，孳孳者，等是鸡鸣而起。　味甘终易坏，岁晚还知，君子之交淡如水。一饷聚飞蚊，其响如雷；深自觉昨非今是。羡安乐窝中泰和汤，更剧饮无过，半醺而已。（《洞仙歌》）

据《宋史》记载，邵雍至洛阳，"蓬荜环堵，不芘风雨"，"岁时耕稼，仅给衣食。名其居曰'安乐窝'，因自号'安乐先生'"。邵雍式的"安乐逍遥"是以道德追求为底蕴的"孔颜乐处"的现实体现。这首《洞仙歌》是辛弃疾的绝笔，正可看做他对自我人生的总结。词人一生陷于失意的焦虑悲愤之中，虽未能真正有过"和乐"的心境，但"和乐"却是他一直追求的人生境界。

宋词中的"和乐"境界实现了人生、哲学和文学的三位一体，不仅成功完成了哲学与人生的审美化转换，也给词这种娱乐文学添注了丰厚的内蕴。"和乐"的平淡之中包含了对至善之"道"的体悟和以理遣情的理性色彩。以朱熹的《西江月》为例：

堂下水浮新绿，门前树长交枝。晚凉快写一篇诗，不说人间忧喜。
身老心闲益壮，形癯道胜还肥。软轮加璧未应迟，莫道前非今是。

词人与所有人一样也感受着人间之忧喜、生命之忧患，但是对"道"的领悟却使之能在自然的生机中体认到自我的生命意义，从而超然于这些人生困窘之上,正所谓"身心无累久轻安"(朱熹《西江月》)。词作闲适而不颓丧,充溢着因"道胜"带来的和悦之意,消解了自汉末以来人性觉醒带来的迷茫困惑,自有其价值所在。

从艺术角度而言,宋词中的"和乐"境界是对传统"中庸"审美理想的回归,体现出与理学诗一致的平淡圆融之美。"和乐"之词从内容而言,多表现平淡的日常生活;从语言而言,大多清新浅易,多用口语;从情感的表达而言,多以平淡出之,很少大起大落的情感流程。以吕本中的《满江红》为例:

> 东里先生,家何在、山阴溪曲。对一川平野,数间茅屋。昨夜冈头新雨过,门前流水清如玉。抱小桥、回合柳参天,摇新绿。　疏篱下,丛丛菊。虚檐外,萧萧竹。叹古今得失,是非荣辱。须信人生归去好,世间万事何时足。问此春、春酝酒何如,今朝熟。

词作所写,为生活中的习见之景和平常之感,又完全以白话出之,通俗易懂,情调淡泊冲和,正体现了"乐而不淫"的诗教传统。

三、"民胞物与"与宋词中的醇厚境界

后人常因程颐"饿死事极小,失节事极大"的过激之语而误以为理学家都是寡情之人。但事实并非如此,只不过理学思想所提倡的不是出于一己私念私心的欲望,而是去小我存大我、万物皆备于我的博大情怀。张载曾云:"民吾同胞,物吾与也",有此"民胞物与"的精神则视天下无一物非我,才能建立"为天地立心,为生民立命,为往圣继绝学,为万世开太平"的宏大理想。程颢曾特别标举《中庸》中的"鸢鱼之乐":"鸢飞戾天,鱼跃于渊,言其上下察也。此一段子思吃紧为人处……会得时,活泼泼地。不会得时,只是弄精神",从而赋予理学的"道充"境界以活泼的生命力和自由洒落的精神享受。周敦儒不除窗前之草,以为与自家意思一样,邵雍春日出游,以观万物之生趣,都体现了他们对生命本身的体认和珍惜。钱锺书先生曾指出:"盖宋儒论道,最重活泼生计,所谓乾也、仁也、天地之大德曰生也,皆指此而言。春即其运行流露也。"博大宽厚的生命情怀造就了醇厚的文学境界:生意盎然而又亲切平和。

宋词醇厚境界的出现同样始自苏轼。苏轼为人宅心仁厚,据宋人记载:"苏子瞻泛爱天下士,无贤不肖,欢如也。尝言:'上可陪玉皇大帝,下可以陪卑田院乞儿。'"词人忠厚博爱的胸襟,赋予其词亲切醇厚的品格,如:

> 照野弥弥浅浪,横空隐隐层霄。障泥未解玉骢骄,我欲醉眠芳草。

可惜一溪风月，莫教踏碎琼瑶。解鞍敧枕绿杨桥，杜宇一声春晓。（《西江月》）

旋抹红妆看使君，三三五五棘篱门。相排踏破茜罗裙。　　老幼扶携收麦社，乌鸢翔舞赛神村。道逢醉叟卧黄昏。（《浣溪沙》）

而苏词中最典型的醇厚之境莫过于下面这首《鹧鸪天》：

林断山明竹隐墙，乱蝉衰草小池塘。翻空白鸟时时见，照水红蕖细细香。　　村舍外，古城旁，杖藜徐步转斜阳。殷勤昨夜三更雨，又得浮生一日凉。

蝉鸣草衰，白鸟翻空，红蕖照水，万物各得其所，莫不适性，则天地之间莫非生意。词人在体味自然之本性的同时，也感受到自我作为生命存在的价值，从而领会了给予自己和一切生命体以终极意义的大自然的生生之德，"殷勤昨夜三更雨，又得浮生一日凉"。这首词立意天然，出语平淡，却意蕴丰厚，正是一片天籁之声。晚清刘熙载《艺概·词概》曾以"温柔敦厚"四字概括苏轼之词，陈廷焯也屡称苏词之"忠厚"，着眼点正在此醇厚之境。

宋室南渡以后，随着理学的不断发展成熟，苏词的醇厚逐渐为人们所发现并普遍接受，醇厚之境也成为宋词创作中的重要追求。一方面，词人的人文关怀精神渗透入词，充实了词作为文人文学的情感积淀，形成了醇厚境界的内在张力。如张孝祥创作《念奴娇·过洞庭》："尝舟过洞庭，月照龙堆，金沙盈射。公得意命酒，唱歌所自制词，呼群吏而酌之，曰'亦人子也'。"这与程颐不愿乘轿、反对雇乳母的动机何其相似。张孝祥与理学家朱熹、张栻有很深的交往，他的思想无疑受到了理学的直接影响。

另一方面，在宋人看来，最能体现天地生生之德的莫过于山水自然，"儒家自孔子、曾皙以还，皆以怡情于山水花柳为得道"，宋代文人还建立了对山水文学的特殊解读方式。罗大经《鹤林玉露》卷八曰："杜少陵绝句云：'迟日江山丽，春暖花草香。泥融飞燕子，沙暖睡鸳鸯。'上两句见两间莫非生意，下两句见万物莫不适性。"罗大经从杜甫的写景诗中读出了天地间的生意和万物各得其所的适意，而这正是诗人生命情怀的表现，也是"天理"流行的自然体现，正所谓山水体道，而诗人则目击道存。山水自然因此成为宋人青睐的题材，词的创作也概莫能外。词人们在自然山水中体味着乾坤的造化之心，体味着天人合一而生意浩然的独特乐趣：

今日山头云欲举。青鲛素凤移时舞。行到石桥闻细雨。听还住。风吹却过溪西去。　　我欲寻诗宽久旅。桃花落尽着无所。渺渺篮舆

穿翠楚。悠然处。高林忽送黄鹂语。（陈与义《渔家傲》）

　　山行逢雨，春去花落，原本是让人心恼肠断的不如意之事，但从另一个角度来看，山雨将来却风吹而过、桃花落尽却有黄鹂高鸣，跳出了一己之得失，也就不在意自然界的风雨春秋了。词人们之所以能在平淡乃至琐碎的日常生活或隐居生活中寻找到乐趣，就在于他们把自我的生命融入了自然万物之中，斗转星移、花开叶落、鸢飞鱼跃、水落石出无一不是"道"的体现。具有形上意义的"道"因此得以与生命意识相融合，"把本来说得极高、极大的'天命人性'、道德法则、伦常秩序，最终又归结到充满感性血肉的心理情感的依据上，这也就使其为引证伦理本体而设定的整个宇宙论、世界观，也带有人情化、生命化的意味"。

　　与唐人相比，宋代文人缺少开疆拓土的热情，但是却集中表现出对高尚醇厚人格的企及；宋代文人对外在世界的把握也以"格物致知"式的冷静取代了宗教式的狂热。不管是人生价值取向的转移还是把握世界方式的改变，都深深打上了理学精神的烙印。无论后人如何评价理学的是非功过，它对宋代士人文化心理的改造之力都是不能否认的。曲子词起于城市市井，沾染了较深的"市民气"。词从士大夫文化边缘逐渐中心化的过程，不仅需要艺术形式的雅化，更需要脱胎换骨般的文化改造。理学精神对宋词创作和接受领域的渗透无疑可以淘洗和置换词从母体带来的"异质因子"，从而加速文人词的雅化。

　　　　　　　　　　　　（原载于《深圳大学学报》2008 年第 5 期）

16

两宋文人词雅化论纲

叶帮义 安徽师范大学

唐宋词(主要是文人词)的发展过程贯穿着很多线索,雅化就是其中一条重要线索。词的雅化开始得很早,其源头甚至可以追溯到花间词。这一点也许不大为人接受,因为花间词中颇多艳词,跟传统诗教不合,至少是与它之前的盛唐诗歌相比,它的"不雅"形象更为突出。特别是联系到欧阳炯《花间集序》中说的一句话:"自南朝之宫体,扇北里之倡风。"花间词因此与宫体诗一起常被视为色情文学的代表,何来雅化?实际上,雅化不仅有思想内容方面的要求,也包括艺术上的规范与精致。明乎此,我们对花间词在词的发展过程中所起的作用,特别是它对词的雅化之功当有一番新的认识。而要明乎这一点,我们只要把花间词与民间词稍作比较即可。民间词固然通俗易懂、朴素可爱,但多直抒胸臆、韵味不足,有的则词语粗俗,而以温庭筠词为代表的花间词往往婉约言情、含蓄蕴藉,在艺术上较民间词显得更为精纯成熟。这种艺术情趣跟传统的文人诗歌十分接近,因而也更接近文人对雅的追求。如果民间词代表着早期词的通俗唱法,那么花间词就代表着早期词的雅化作风。词从民间走向花间,实际上也是从俗入雅的过程,虽然这种雅的内涵,与后来宋词对雅的要求有很多不同,但毕竟开启了文人词不断雅化的先河。

花间词对宋词影响很大,甚至被宋人誉为"此近世倚声填词之祖"(陈振孙《直斋书录解题》卷二一),但宋词并没有被花间词所笼罩,而是在此基础上有着多方面的开拓,并最终成就一代文学之大观。宋词一方面以花间词为典范,另一方面则是不断创新、丰富词的风格,代表之一就是宋代前期出现的柳永词。柳词在很多方面是沿着花间词的路子继续前行的,但变革巨大,绝非花间小径可比,变革之一就是不避俗词,一反文人词尚雅的追求。在某种程度上,柳永的词恢复了民间词某些通俗甚至粗俗作风,这在当时及其后激起了许多文人的不满,包括晏殊、苏轼等文坛巨擘。他们的批评差不多都集中在对柳词"俗"的一面(当然这并不意味着他们就忽视了柳词"雅"的一面)。柳词的出现,特别是柳词中"俗"的作风,使宋代词坛开启了雅的争论。这一次争论主要是针对俗词而提出的。不过同样是批评柳词的俗，晏殊与苏轼还是有不同的，显示出两种不同的雅化追求。张舜民《画墁录》卷一载："柳三变既以词忤仁庙，吏部不放改官，三变不能堪，诣政府。晏公曰：'贤俊作曲子么？'三变曰：'只如相公亦作曲子。'公曰：'殊虽作曲子，不曾道：彩线慵拈伴伊坐。'柳遂退。"从这个对话可以见出，晏殊并不反对词的言情作风，但反对那种直露浅率、用语粗俗的表达方式。这一点在晏殊的词中也能得到体现。苏轼对柳词既有批评，也有褒扬。《高斋诗话》载：少游自会稽入都，见东坡。东坡曰："不意别后却学柳七作词。"少游曰："某虽无学，亦不如是。"东坡曰："'销魂当此际'，非柳七语乎？"这段批评秦观词的言论，也变相地批评了柳词，说明苏轼对柳词俚俗作风的不满。与此同时，苏轼也看到了柳词中雅的一面。赵令畤《侯鲭录》卷七载："东坡云：世言柳耆卿曲俗，非也。如《八声甘州》……此语于诗句，不减唐人高处。"对柳词中"唐人高处"的发现，显示了苏轼的独特眼光。实际上，这也是苏轼革新词风的一大方向，是苏轼对词的雅化的重大贡献，苏词因此不乏"唐人高处"，词史上也因此出现了真正意义上的豪放词。虽然苏轼现存词作中更多的还是婉约词，但他的豪放词更能代表词史的重大变革。晏殊的做法是在维护花间作风的前提下，对词的抒情艺术提出了一些约束，从而使文人词在艺术上不断走向雅化，而苏轼的做法在很大程度上突破了花间藩篱，使词在内容与风格等诸多方面都走上雅化之路。路径不同，但同样显示了北宋前期词人在面对柳永俗词强大影响的情境中所作出的思考。

但苏词的出现也给词的雅化提出了一大课题，即词在推进雅化的过程中如何维护词的本色？苏轼固然推进了词的雅化进程，但对词体的破坏也比较突出。这在当时就引起了陈师道、李清照等人的批评，或谓苏词非本色之词，或谓苏词乃"句读不葺之诗"。如何在维护花间词所开创的词的本色之美的前提下，进一步推进词的雅化进程，成为苏轼之后的北宋词人所面临的课题。秦观、周邦彦的词被推崇为词的正宗，实际上也是文人雅词的代表，可以视为对此课题的一种回答；而李清照在《词论》中对柳词、苏词同时加以批评，可以视为北宋词在雅化进程中作出的一个初步理论总结。但若是把秦观、周邦彦的词与柳永的词比较一下则可发现，虽然它们同属婉约词的范畴，但在精神上与苏轼的词（包括苏轼的豪放词）更为接近，特别是在词中寄托自己的身世之感（包括政治方面的感慨）方面，可以称得上是苏词的真正传人，所谓"少游虽作艳语，终有品格"（王国维《人间词话》），殆即此意。这说明苏轼对词的革新虽然未必为词坛所普遍接受，但他对词的雅化之功深得众多词人的认可，以至词坛上不管如何批评苏轼，但在创作中又不知不觉地受其影响。再结合南渡词坛普遍受到苏词的影响，我们也不难发现北宋后期对苏词的这种批评,在理论上有一定的偏颇,即在维护词体的同时,对词坛的革新显得态度保守。

南渡词坛的出现,进一步促进了宋词的雅化。这次雅化与苏词的影响密不可分,只不过是将苏词在北宋后期词坛的潜在影响转为显性的影响而已(时代的巨变给苏轼词风的发扬提供了一个合适的机会)。这种影响到辛弃疾词的出现达到高潮。将南宋词论与北宋词论稍加比较,我们会发现南宋词论对苏词的批评少多了。这一方面是因为南渡以后的词坛对苏轼开创的豪放词风态度比较宽容,另一方面也是因为词的雅化程度在进一步提升,苏词正好符合这一要求,因而苏词的豪放作风更多的是被人认可乃至效法,并最终因为辛词和辛派词人的出现而发展成为一股强大的创作潮流。但辛词及辛派词人的作品,较之苏轼词对词的破坏更大,因而又为南宋中后期不少词家所非议。这是因为辛弃疾本人,尤其是辛派末流,在拓展词的题材内容的同时,有时不可避免地伴随着艺术上的粗糙乃至叫嚣。虽然这类词对词的雅化也不无贡献,但这种贡献是以艺术上的失败为代价的,因而为那些重视词的传统的词家所不满。张炎就在《词源》中说:"辛稼轩、刘改之作豪气词,非雅词也。于文章余暇,戏弄笔墨,为长短句之诗耳。"这种批评实际上是将北宋时期由苏词引起的本色与非本色的争论,进一步引向雅化与否的争论。这里提出的"雅词",不再是北宋时期与俗词相对的概念,而是针对豪放词(特别是那些艺术上比较粗糙的豪放词)提出的。如果我们拿这些豪放词与北宋柳永等人的俗词比较,可能会觉得奇怪,这些词很多是言经济之怀、抒报国之志的作品,怎么不属于雅词的范畴呢?以张炎等为代表的词人对这类作品提出批评,说明他们心目中的雅词不仅有思想内容上的要求,也包括艺术上的规范。柳永那类俗词固然不属于他们所认可的雅词(实际上这类俗词在北宋时候就已不被视为文人雅词),即便是辛弃疾等人直接抒发报国情怀、艺术比较粗糙的豪放词同样不在文人雅词之列。这种雅词观念,就其对辛弃疾和辛派词人部分失败作品的批评而言,有它的合理性,但也因此把苏、辛等人为词体开辟的广阔的艺术境界重新拉到婉约词的老路子上走,对词体的进一步发展有所束缚,其间得失颇与北宋后期对苏词的批评相似。

辛弃疾及辛派词人对词的革新及其在艺术上的某些失败,使南宋中后期词坛的雅化也面临着新的课题:如何在汲取花间词以来各种创作经验的基础上,推进词的雅化进程,又要避免那种粗率叫嚣的作风。姜夔词的适时出现,可以说是对此课题在实践上做出的一种回应,而张炎等人的词论则可以视为对此课题所做出的理论回答。姜夔的词在艺术上远超清真词,同时在一定程度上也吸收了苏词甚至辛词的某些因素,"变雄健为清刚,变驰骤为疏宕"(周济《宋四家词选目录序论》）。这在艺术上是一种包容，也是一种提升，适应了当时雅词的需要，因而姜夔的词很快就被树为词坛上新的典范，而为众多词家所瞩目，并颇得好评。相比之下，一度被视为雅词代表的清真词，在南宋后期不时受到批评，张炎即谓："词欲雅而正，志之所之，一为情所役，则失其雅正之音。耆卿、伯可不必论，虽美成亦有所不免……美成词只当看他浑成处，于软媚中有气魄。采唐诗融化如自己者，乃其所长。惜乎意趣却不高远。"（《词源》）这当然不是否定词的抒情性，但也说明，南宋后期雅词的观念在抒情的内容和艺术方面都提出了新的要求，与北宋时期的雅词观念已大为不同。结合张炎等人对姜词的褒扬和对周邦彦、辛弃疾及辛派词人的批评，并将其与李清照等人的词论稍加比较，不难发现，宋词发展到后期，雅化程度不断在提升，雅化的规范越来越全面、越来越严格。

总的来说，雅化是文人词在自身发展过程中适应不断自我批判、自我修正、自我调整、自我提升的要求而提出的。这一思潮出现在词的不同发展阶段，并出现了不同特色的代表性作家，因而它是一个动态的概念，具有丰富的内涵。它不仅包括思想内容方面崇尚雅正、骚雅等要求，也包括艺术上不断推陈出新、反对陈陈相因、追求精美纯正等要求；它不仅是针对俗词、民间词而提出的，也是针对文人词在发展过程中出现的各种创作倾向、作风，包括婉约词自身发展过程中出现的问题和豪放词的产生与发展及其流变而提出的。在这一过程中，词在艺术上不断走向规范、精致，但在思想内容上有时不免受到挤压，其间得失值得我们好好总结。

17

英雄追忆：镇江怀古词中的历史人物意象

兼与金陵怀古词比较——

薛玉坤　苏州大学

　　镇江，地当南北东西交通要冲，前人谓其"东通吴、会，南接江、湖，西连都邑，亦一都会也"。① 加之区域内山川似锦，风光旖旎，历史文化遗迹众多，历来是文人词客、四方游宦之士登临觞咏之地。两宋时期，词人南来北往，经行此地，留有大量怀古词。由于特定的区域历史文化背景与时代风云际会，以及个体独特的命运与文化性格，这些词作在主题指向与历史人物意象的选择上，均显现出与其他区域怀古词不同的情感诉求。本文即拟对此略加剖析，并以金陵怀古词作为参照，由此展现区域文化因子融进宋词的一般路径。

一

　　历史上，镇江区域经济和文化的快速发展是在三国六朝时期。东汉末年，天下群雄并起，孙策、孙权兄弟在吴（今苏州）建立起了孙吴政权，但孙吴政权的发祥地却是在镇江。据《三国志·吴书》载，东汉后期孙权的祖父孙钟即从富春迁居吴郡曲阿（今丹阳）白鹤山，以种瓜为生。孙权的父亲孙坚在东汉曾被封乌程侯，死后亦还葬曲阿。孙策是孙吴政权的真正奠定者，他在安葬完父亲之后，曾一度渡江居江都，但因遭当时的徐州牧陶谦忌惮，复携母亲迁回曲阿，当时孙策的舅舅吴景恰为丹阳太守。其后，孙策广招豪杰，势力逐渐壮大，在汉献帝兴平二年（195）以征讨扬州刺史刘繇为名，连下江东六郡，为东吴立国立下了根基。汉建安十三年（208）吴主孙权又将治所由吴迁到了京口，并于北固山下筑铁瓮城。孙权在京口治理前后有 4 年，直至建安十六年（211）才将治所由京口迁移至秣陵。

　　从这段历史来看，孙吴政权实与镇江有着极深之渊源，镇江区域内许多人文景观包括很多民间传说也都因此和孙吴政权有关，如铁瓮城、甘露寺等。虽然孙吴政权最终灭亡了，但

---

① 《隋书》卷三一《地理志》下。

孙吴时期的众多历史人物与历史事件却逐渐沉淀为镇江区域文化的精神底蕴而对后世产生深远的影响。

永嘉南渡之后,镇江亦是重要的文物之邦。东晋之后的刘宋立国者刘裕出生于京口,齐、梁的建立者萧道成、萧衍也均为南徐州南兰陵(今丹阳东)人。加之北来之移民,镇江成为中原士子重要的聚集之地。谭其骧先生在《晋永嘉丧乱后之民族迁徙》一文中指出:

> 南徐州所接受之移民最杂、最多,而其后南朝杰出人才,亦多产于是区,则品质又最精。刘裕家在京口,萧道成萧衍家在武进之南兰陵,皆属南徐州。故萧子显称南徐州曰:"宋氏以来,桑梓帝宅,江左流寓,多出膏腴。"南徐州之人才又多聚于京口。①

镇江在六朝时期确是文物炳耀、人才辈出的重要地区,这一点非常类似于作为六朝首都的金陵。但我们发现,虽然同样经历着六朝的兴亡,金陵和镇江给词人的感受却有着显著的差别。如果说金陵怀古词表现的主要是六朝兴亡历史的悲剧体验(此点留待下文详述),那么,镇江词作中则更多的是对六朝英雄及其不凡事迹的追忆,而词的情调一则凄迷伤感,一则悲壮苍凉。

比如被杨慎称为辛词"第一"②的《永遇乐·京口北固亭怀古》词:

> 千古江山,英雄无觅,孙仲谋处。舞榭歌台,风流总被,雨打风吹去。斜阳草树,寻常巷陌,人道寄奴曾住。想当年,金戈铁马,气吞万里如虎。　　元嘉草草,封狼居胥,赢得仓皇北顾。四十三年,望中犹记,烽火扬州路。可堪回首,佛狸祠下,一片神鸦社鼓。凭谁问,廉颇老矣,尚能饭否。

据邓广铭先生《稼轩词编年笺注》,此词作于开禧元年(1205)辛弃疾镇江知府任上。此前一年(嘉泰四年)韩侂胄定议伐金,时为浙东安抚使的辛弃疾曾拜见韩侂胄,言"金国必亡,愿属大臣备兵,为仓卒应变之计"。③ 后出知镇江府,到任后的辛弃疾,更是积极备战,但对韩侂胄轻敌冒进以及时局艰难亦倍感忧虑,这首词即表现了他复杂的心理。词题以"京口北固亭怀古",缅怀的都是镇江历史上的英雄人物。孙权19岁即继承父兄基业,独霸东南,以区区江东之地,

---

① 原载于《燕京学报》第15期,后收入《长水集》(上),上海人民出版社,1987年。
② 冯金伯《词苑萃编》卷五引《升庵词话》云:"辛词当以京口北固怀古永遇乐为第一。"见唐圭璋《词话丛编》,中华书局,1986年。
③ 陈邦瞻:《宋史纪事本末·北伐更盟》,中华书局,1977年。

抗衡曹魏。即便曹操，亦曾赞叹曰："生子当如孙仲谋，刘景升儿子若豚犬耳！"①而词中另一人物刘裕（小名寄奴），出身孤寒，代晋而立。二人都是从百战中开创基业，建国东南。对照南宋朝廷偷安江左的表现，怎能不让词人感慨？陈洵称此词"全为宋事寄慨"②，可谓知言。面对历史上众多的人物，词人选取了这两个英雄，表现的正是恢复中原的壮心。宋翔凤《乐府余论》称"辛稼轩《永遇乐》'京口北固亭怀古'一词，意在恢复，故追数孙刘，皆南朝之英主"，也正是这个意思。同样的主题在他另一首《南乡子·登京口北固亭有怀》中表现得更为明显：

> 何处望神州？满眼风光北固楼。千古兴亡多少事，悠悠。不尽长江滚滚流。年少万兜鍪，坐断东南战未休。天下英雄谁敌手？曹刘。生子当如孙仲谋。

"豪爽尚气节，识拔英俊，所交多海内知名士"③的辛弃疾，具备深厚的兵学修养，《宋史》本传称"虞允文当国，帝（孝宗）锐意恢复，弃疾因论南北形势及三国、晋、汉人才，持论劲直，不为迎合。作九议并应问三篇、美芹十论献于朝，言逆顺之理，消长之势，技之长短，地之要害，甚备"。其好友朱熹亦称"辛弃疾颇谙晓兵事"。④ 然而，"谙晓兵事"的才干与"把吴钩看了，栏杆拍遍，无人会，登临意"（《水龙吟》）的巨大反差所产生的愤懑与失落，复由眼前特定区域文化因子的诱发，使得词人的目光自然转向对历史英雄人物的追忆与缅怀。于是，我们在辛词中多次看到其对三国英雄人物的赞叹，如《贺新郎·韩仲止判院山中见访，席上用前韵》词云："横空直把，曹吞刘攫"，《满江红·江行和杨济翁韵》："吴楚地，东南拆。英雄事，曹刘敌"。《沁园春·答杨世长》："看君才未数，曹刘敌手，风骚合受，屈宋降旗。谁识相如，平生自许，慷慨须乘驷马归。"

通过对镇江历史上英雄人物的缅怀来表现对英雄的呼唤，是镇江怀古词中常用的抒情手段。除了上述稼轩词外，其他如陆游"鼓角临风悲壮，烽火连空明灭，往事忆孙刘"（《水调歌头》）、程珌"三拊当时顽石，唤醒隆中一老，细与酌芳尊"（《水调歌头》）、程公许"英风追想孙刘。似黑白两奁棋未收"（《沁园春》）、王奕"雪老兜鍪，不混关河事不休。浪舞桃花颠又蹶，嬴刘。莫与武陵仙客谋"

① 《三国志》卷四七《吴书》，裴松之注引《吴历》。
② 陈洵：《海绡说词·宋辛弃疾稼轩词》，见唐圭璋《词话丛编》，中华书局，1986年。
③ 《宋史》卷四〇一《辛弃疾传》。
④ 《朱子语类》卷一一〇。

（《南乡子》）,等等,亦均相类。

祖逖是镇江怀古词作中经常出现的另一个英雄人物。按《晋书·祖逖传》：祖逖本河北范阳人,西晋末年徙居丹阳之京口,"以社稷倾覆,常怀振复之志……帝乃以逖为奋威将军、豫州刺史,给千人廪,布三千匹,不给铠仗,使自招募。仍将本流徙部曲百余家渡江,中流击楫而誓曰：'祖逖不能清中原而复济者,有如大江!'辞色壮烈,众皆慨叹。"祖逖胸怀收复壮志而中流击楫的壮举,激励着历代千千万万的热血男儿,对于那些同样胸怀收复之心的南宋词人而言,无疑有着极大的感染力。当他们身临位于抗敌前线的镇江时,自然会受其感动,借此以抒怀言志。如陈亮《念奴娇·登多景楼》词云：

> 危楼还望,叹此意、今古几人曾会。鬼设神施,浑认作、天限南疆北界。一水横陈,连岗三面,做出争雄势。六朝何事,只成门户私计。
>
> 因笑王谢诸人,登高怀远,也学英雄涕。凭却长江管不到,河洛腥膻无际。正好长驱,不须反顾,寻取中流誓。小儿破贼,势成宁问疆场。

又如张榘《安庆摸》词云：

> 渺长江、浩无今古,悠悠经几流景。桥家松竹知何在,寂历丹枫如锦。行阵整。想斗舰连艘,谈笑烟灰冷。寒光万顷。算只有当年,暮天霜月,惨澹照山影。　元戎队,画角梅花缓引。楼船飞渡波稳。中流击楫酬初志,此去君王高枕。应暗省。使万里尘清,谁逖周公瑾,勋名不泯。看阳蛰潜开,老龙挟雨,渊睡为民醒。

此外如曹冠《蓦山溪·渡江咏潮》"击楫誓中流,剑冲星、醉酣起舞。丈夫志业,当使列云台,擒颉利,斩楼兰,雪耻歼狂虏"、陈人杰《沁园春》"关情处,是闻鸡半夜,击楫中流"、方岳《水调歌头·九日多景楼用吴侍郎韵》"江涛还此,当日击楫渡中流。问讯重阳烟雨,俯仰人间今古,此意渺沧洲",如此等等,也都是用祖逖中流击楫的典故来抒发早日收复中原的雄心壮志。

一般而言,怀古词对历史的言说不单纯为特定区域文化因子的诱发,时代环境的激发同样也是不可忽视的一个因素。从审美心理上来讲,词人眼前的景观和景观所负载的历史内涵与词人心中的特定情调有一种相通相应的潜在关联,词人才能移情于物,产生共鸣。也就是说,人情和物趣必须有着契合,才能产生"一切景语皆情语"的表达效果。词中用典,能做到此点,方能称妙。甚至,有时出于时代环境的激发与情感表达的需要,词人对区域文化历史资源会作出不同程度的改造,显示出区域文化与文学创作间的关系从来都不是单向的。比如镇江怀古词中的曹操形象。

北宋时期,一般民众心目中的曹操依然是汉贼的形象,如苏轼《东坡志林·怀古》"涂巷小儿听说三国语"条记载:"涂巷中小儿薄劣,其家所厌苦,辄与钱,令聚坐听说古话。至说三国事,闻刘玄德败,颦蹙有出涕者;闻曹操败,即喜唱快。以是知君子小人之泽,百世不斩。"由此可见一斑。而至南宋初期的洪迈,虽然仍旧认为"曹操为汉鬼蜮,君子所不道",但对其"知人善任使,实后世之所难及"①的能力已有所承认。或许正是基于衰世对英雄的呼唤,宋词对曹操也才表现出极大的欣赏。如上文所提辛弃疾《南乡子·登京口北固亭有怀》云:"天下英雄谁敌手?曹刘。"又如刘将孙《沁园春》"叹孟德周郎,英雄安在?",曹冠《哨遍》"自古英雄,孟德周郎",等等,在南宋词人的心目中,曹操——这个曾经的汉贼,已然获得与周瑜并驾的地位。

南宋统治者荒淫误国,苟安江南,许多有志之士为之愤激不已。而镇江正处于江防前线,也正是这一特定地理位置,加之其区域文化本身所蕴涵的,特别是三国文化所沉淀下来的英雄因子,故而,当词人登临此地,北望中原,淮南草木,历历可数,"天下第一江山"的赞叹喜悦就化作了神州陆沉的无限伤痛和对英雄历史人物的深情呼唤。

二

而作为曾经的六朝故都,金陵唤起词人的却又是完全不同的另一种情感体验。从历史沿革来看,包括孙吴、东晋、宋、齐、梁、陈在内的"六朝",是宋以前金陵发展的最重要时期。这一时期形成了绚丽旖旎的六朝文化,但同时又不断演绎着六代兴亡的历史悲剧。因此,每一位后来者,面对金陵,都将呈现出极其复杂的心理。一方面,六朝名士那种服药行散、饮酒逍遥、清谈析理的"魏晋风度","沉重而又飘逸,痛苦而又乐生,沉醉而又清醒,放达而又拘谨,淡泊而又世故,进去而又隐逸,悲壮而又风流"②的人生境界,强烈吸引着后人羡慕的目光。但另一方面,六朝文化的绚烂和六代兴亡历史的巨大反差,又是每一个文人心中无法抹去的伤痛。

登临金陵的南宋词人,面对"渡江来,百年歌舞,百年醀醉"(文及翁《贺新郎》)的残酷现实,虽然迫切地想改变,但文人的悲哀在于他们对现实的无能为力,而又不能完全地抛离现实,彻底地忘却尘世。所以,更多的时候,他们只能以

① 洪迈:《容斋随笔》卷一二,上海古籍出版社,1996 年,第 155 页。
② 许辉,等:《六朝文化》,江苏古籍出版社,2001 年,第 71 页。

一颗忧患而焦虑的心,去演绎自己带有浓厚悲剧色彩的人生。当他们来到曾经阅览六代兴亡、沉积了太多悲剧意蕴的金陵时,内心鼓宕的情感便有了最佳的寄托,眼前江山、前朝历史最容易勾起他们对现实日益迈向前朝覆亡旧路的深沉忧患和焦虑。于是,对六代兴亡的历史反思,遂构成了金陵怀古词特有的精神内涵。

而与此情感体验相适应,与镇江怀古词中历史人物意象多为英雄不同,在两宋金陵怀古词中,词人们主要是选择了"六朝旧事"的言说来寄寓自己的历史兴亡之思和现实离乱之感。

自从刘禹锡"旧时王谢堂前燕,飞入寻常百姓家"(《乌衣巷》)为人传诵以来,"王谢堂前燕"和"乌衣斜阳"也就成了金陵怀古诗词中常见的意象:

> 访乌衣,成白社。不容车。旧时王谢。堂前双燕过谁家。(贺铸《台城游》)
> 想今年燕子,依然认得,王谢风流。(辛弃疾《八声甘州》)
> 白鹭洲前,乌衣巷口,江上城郭。万古豪华,六朝兴废,潮生潮落。(袁去华《柳梢青》)
> 乌衣巷口青芜路,认依稀、王谢旧邻里。(汪元量《莺啼序》)
> 乌衣巷陌几斜阳,燕闲旧垒。(陈允平《西河》)

王、谢本为晋代高门望族,乌衣园是其故居,这里曾是六代繁华的象征,然而到宋代,已是"岁久倾圮"[1],曾经的荣耀和眼前的残破景象又怎能不让词人歔欷?

唐代杜牧《泊秦淮》诗言"商女不知亡国恨,隔江犹唱后庭花",指斥南朝陈后主旧事,这也是两宋词人经常咏及的一个意象。据《陈书》卷七记载:"(陈)后主每引宾客对贵妃等游宴,则使诸贵人及女学士与狎客共赋新诗,互相赠答,采其尤艳丽者以为曲词,被以新声。选宫女有容色者以千百数,令习而歌之,分部迭进,持以相乐。其曲有《玉树后庭花》、《临春乐》等。"陈后主的这种荒淫生活常被后人当成误国的原因而加以咏叹。特别是南宋,统治者的荒淫无道、不思进取,让词人们忧愤不已,而陈朝覆灭的历史教训又让词人们时刻担心着宋朝重蹈覆辙:

> 六朝旧事随流水,但寒烟、芳草凝绿。至今商女,时时犹唱后庭遗曲。(王安石《桂枝香》)

---

[1]《景定建康志》卷二二。

淮上潮平霜下。樯影落寒沙。商女篷窗罅。犹唱后庭花。（贺铸《台城游》）

后庭玉树委歌尘，凄凉遗恨流水。（陈允平《西河》）

慨商女不知兴废。隔江犹唱庭花，余音亹亹。伤心千古，泪痕如洗。乌衣巷口青芜路，认依稀、王谢旧邻里。临春结绮。可怜红粉成灰，萧索白杨风起。（汪元亮《莺啼序》）

但金陵词作中的六朝意象并非全部都指向历史兴亡的反思，六朝也留下了一些温柔销魂的艳丽故事，让两宋词人不断追怀，最典型者莫过于有关"桃叶渡"、"桃叶"姐妹的旧事。

桃叶渡因《桃叶歌》得名，祝穆《方舆胜览》卷一四称其"一名南浦渡"，宋张敦颐《六朝事迹类编》云："桃叶渡在县南一里秦淮口，桃叶者，晋王献之爱妾名也……献之诗曰：桃叶复桃叶，渡江不用楫。不用楫者，谓横波急也，尝临此渡歌送之。"《桃叶歌》在南朝时曾在金陵地区广为流传，《隋书·五行志》曰："陈时江南盛歌王献之《桃叶》诗。"《乐府诗集》收录了4首内容相互联系的《桃叶歌》，言男女艳情，而又事关风流倜傥的王献之，故而成为后代文人竞相咏唱的艳事。"桃叶渡"、"桃叶"、"桃根"也就成了两宋金陵怀古词中常用的典故，即便是平生"以气节自负，以功业自许"的辛弃疾，也曾多次歌咏过"桃叶"、"桃根"："拾翠洲边携手处，疑是桃根桃叶"（《念奴娇》）、"急呼桃叶渡，为看牡丹忙"（《临江仙》），其《祝英台令·晚春》词云：

宝钗分，桃叶渡。烟柳暗南浦。怕上层楼，十日九风雨。断肠片片飞红，都无人管，倩谁唤、流莺声住。　鬓边觑。试把花卜心期，才簪又重数。罗帐灯昏，呜咽梦中语。是他春带愁来，春归何处。却不解、将愁归去。

这是一首离别词，沈谦《填词杂说》云："稼轩词以激扬历厉为工，至'宝钗分，桃叶渡'一曲，昵狎温柔，魂销意尽，才人伎俩，真不可测。"[1]魏庆之亦称此词"风流妩媚，富於才情，若不类其为人矣"。[2]从辛弃疾这首词，我们也可以看出金陵与镇江区域文化对词人的不同影响。

总之，风流和兴废，是六朝留给后人的两大印象。而风流消散的惆怅，豪华落尽的苍凉，便也成了两宋特别是南宋金陵词作的恒久主题。

---

[1] 沈谦：《填词杂说》，见唐圭璋《词话丛编》，中华书局，1986年。
[2] 魏庆之：《魏庆之词话》，见唐圭璋《词话丛编》，中华书局，1986年。

美国文学批评家韦勒克和沃伦在《文学理论》一书中说："意象是一个既属于心理学，又属于文学研究的题目。在心理学中，'意象'一词表示有关过去的感觉上、知觉上的经验在心中的重现和回忆。"[1]由于词人对镇江和金陵"过去的感觉上、知觉上的经验"有所不同，因此，其在词人心中引起的"重现和回忆"亦有所差别。金陵引起的是词人对六朝兴亡历史的悲剧体验，金陵怀古词的远树寒烟中总是呈现出一派凄迷伤感的面貌。而镇江引发的则是对英雄的缅怀和呼唤，滚滚长江、莽莽群山中激发的是横戈跃马的豪情和伤时悼世的悲壮情怀，镇江怀古词更有一重民族存亡的历史厚重感。

① 韦勒克、沃伦：《文学理论》，三联书店，1984 年，第 201 页。

18

吴梦窗艺术范式谫论之一：密丽与沉郁

孙 虹 江南大学

吴文英,字君特,号梦窗,晚号觉翁,鄞县(今浙江宁波)人,宋季著名词人。对梦窗词艺术成就的评价,可谓说者纷纭,其中以清代周济之论最具理论总结色彩:"梦窗奇思壮采,腾天潜渊,返南宋之清泚,为北宋之秾挚。""问途碧山,历梦窗、稼轩,以还清真之浑化。"①这其中最值得珍视的理论成果,是指出了吴梦窗作为宋季词人,其词风却能由南溯北,虽然具有极其鲜明的南宋特征,却能回归北宋情感之深挚,意境之浑化。王兆鹏先生《唐宋词史论》一书曾用"花间范式"、"东坡范式"和"清真范式"这三大抒情范式描述唐宋词史的发展轨迹。本文亦用"梦窗范式"这一命题,阐述吴梦窗词的典范含蕴。

梦窗遣词造境之研炼密丽,称为梦窗家法也不过分。但其研炼密丽的词风即使在封建文化高涨、文学创作普遍"研味前作,挹其芳润"②、具有浓厚书卷气息的宋代也不能得到完全的认同。与梦窗基本同时或稍后的词论家沈义父和张炎对梦窗因研炼形成的密丽甚至晦涩的风格皆有訾议。《乐府指迷》曰:"其失在用事下语太晦处,人不可晓。"③《词源》曰:"词要清空,不要质实。清空则古雅峭拔,质实则凝涩晦昧……吴梦窗词如七宝楼台,炫人眼目,碎拆下来,不成片段。此清空质实之说。""梦窗《声声慢》云:'檀栾金碧,婀娜蓬莱,游云不蘸芳洲。'前八字恐亦太涩。"④对于文学创作中的研炼雕饰,钱锺书先生认为起源于晚唐李贺:"盖性僻耽佳,酷好奇丽,以为寻常事物,皆庸陋不堪入诗。力避不得,遂饰以

① 周济:《宋四家词选目录序论》,见唐圭璋《词话丛编》,中华书局,1986 年,第 1643 页。
② 杨亿:《西昆酬唱集序》,见杨亿编、王仲荦注《西昆酬唱集注》,中华书局,1980 年,第 2 页。
③ 沈义父:《乐府指迷》,见唐圭璋《词话丛编》,中华书局,1986 年,第 278 页。
④ 张炎:《词源》下,见唐圭璋《词话丛编》,中华书局,1986 年,第 259 页。

粉垩,绣其鞶帨焉。"①其实这也是唐宋末季文人在光焰万丈的艺术成就面前,不得已而尝试的艺术创新并走向极端的实践,梦窗绵密涩丽亦即其例。

从下语用事方面言之,梦窗酷爱用代字,以张炎所举的"檀栾金碧,婀娜蓬莱"为例,可以看到梦窗用代字的三个层面。其一,梦窗词中的代指密集。刘永济《词论》指出此以"檀栾"代竹,"婀娜"代柳,"金碧"代楼台,"蓬莱"代洲渚,八字全用代词。② 其二,梦窗用代字出处渊雅,言不轻下。刘氏《微睇室说词》分别指出了八个字的出处:

> "檀栾",修竹之形容词,字出枚乘《菟园赋》:"修竹檀栾。""婀娜",杨柳之形容词,字出李商隐《赠柳》诗:"见说风流极,来当婀娜时。"又,魏曹丕《柳赋》:"柔条婀娜而蛇伸。""金碧"指楼台之髹漆,因以代楼台。"蓬莱",本海上仙山,今以代园中池沼。如质言之,则为修竹楼台,杨柳池塘也。③

其三,梦窗词风以研炼为工,刘熙载《艺概》曰:"炼字,数字为炼,一字亦为炼……多者三四层,少亦不下两层。词家或遂谓字易而句难,不知炼句固取相足相形,炼字亦须遥管遥应也。"④研炼字句中的多层含蕴又导致了梦窗所用代字的指向多歧。钱锺书《管锥篇》就指出了上引代指的重重纠葛、凝涩不明:

> "檀栾"、"碧"三字之搭扯《吴都赋》⑤,易见也;"金"字何来,久思未得!偶读刘攽《彭城集》卷十《野竹亭》有联云:"开门金琐碎,绕径碧檀栾",恍悟文英忽以"金"与"碧檀栾"俪属,或本于此。刘诗咏竹,上句用孟郊《城南联句》:"竹影金琐碎",以与下句用左思赋竹语相对,来历皆贴合题目,语不泛设。黄庭坚《乙卯宿清泉寺》:"佛庙檀栾碧",遂移施于屋宁。文英词中仅道莲柳,无只字及竹;苟以"金碧"指宫阙,即下句之"蓬莱",如《彭城集》卷一八《题馆壁》:"壁门金阙倚天开,五见宫花落古槐;明日扁舟沧海去,却从云气望蓬莱",或孔武仲《宗泊集》卷七《晓过州桥》:"晓日苍凉宿雾东,蓬莱金碧起浮空",则"檀栾"只

① 钱锺书:《谈艺录》一二,中华书局,1984年,第57页。
② 马志嘉:《吴文英资料汇编》,中华书局,2006年,第199页。
③ 刘永济:《微睇室说词》,见吴熊和《唐宋词汇评·吴文英》,浙江教育出版社,2005年,第3444页。
④ 刘熙载:《词概》,见唐圭璋《词话丛编》,中华书局,1986年,第3700页。
⑤ 左思:《吴都赋》:"檀栾婵娟,玉润碧鲜。"

许形容"碧",未堪形容"金碧"。徒喜藻采之丽,于事不当,于言不宜,修词大病,非止"涩"也。①

梦窗造辞最常使用的"倒、揉、碎三法"②,更是有意把一些词语以及典故碎拆揉倒,吉光片羽仅在字里行间隐约明灭,似无若有,闪烁其词,炫人眼目。

正因为上述原因,倾毕生精力三笺梦窗词集的杨铁夫也不免奥博之惮:"改正版序云,得十之七八,今可谓得十之九以上,所未详者,不过陶洲,殷云殿,宜男舞,胭脂岭,锦雁峰数处而已。"③究其实,杨笺亦多为倒、揉、碎三法所障目。如"陶洲",见《拜星月慢·姜石帚以盆莲数十置中庭》:"眼眩意迷,古陶洲十里。"④写古陶瓦盆中攒簇的莲花在庭院里组成的景象让人目眩神迷,产生了似乎徜徉于西湖十里荷花洲的错觉和想象。与前文"昨梦西湖,老扁舟身世"相呼应,非真有所谓古陶洲也。"殷云殿",见《水龙吟·寿尹梅津》:"记殷云殿锁,裁花剪露,曲江畔、春风劲。""殷云殿锁"实为"殷云锁殿"之倒文,非有所谓"殷云殿"也。⑤ 四句回忆好友尹梅津嘉定十年殿试时的才华崭露以及赐新进士宴时的春风得意。这类"疑似"典故被梦窗雕润之后,皆有"急索解人不得"⑥之虞。

下面再略举迄今为止梦窗词集校笺家们孜孜矻矻却仍失校笺甚或讹误的字句、典故分三层加以申说。

首先,代字用典冷僻。如《婆罗门引·为怀宁赵仇香赋》中的"仇香"原为东汉仇览的别名,因其曾任主簿,故后人常用以代称主簿。王楙《野客丛书》卷七:"古语稚拙:宋子京曰:古人语有稚拙不可掩者⋯⋯又近时称主簿为仇香,似此之类甚多。"故"赵仇香"云云,雅称怀宁县(宋属安庆府)的赵姓主簿。《一寸金·赠笔工刘衍》:"念醉魂悠扬,折钗锦字,黠髯掀舞,流觞春帖。""醉魂",用裴炎《猩猩铭·序》典,谓猩猩爱酒与屐,为人设计所擒。黄庭坚有《和答钱穆父猩猩毛笔》:"爱酒醉魂在,能言机事疏",即用此典,此处引申言之,谓猩猩贪酒被

① 钱锺书:《管锥编》第 3 册,中华书局,1986 年,第 1153 页。

② 夏承焘:《天风阁学词日记》,见《夏承焘集》第 6 册,浙江古籍出版社、浙江教育出版社,1997 年,第 129 页。

③ 杨铁夫笺释,陈邦炎等校点:《吴梦窗词笺释》,广东人民出版社,1992 年,第 9 页。

④ 文中所引吴词作皆出自《彊村丛书》第 5 册,上海古籍出版社,1989 年。个别字句的差异按笔者整理本《梦窗词校注》(尚未出版)。

⑤ 田玉琪:《读梦窗词》文中亦云非殿名,见古籍整理研究学刊,2005 年第 2 期。

⑥ 陈洵:《海绡说词》,见杨家骆主编,增订"中国学术名著"第一辑、第十册《梦窗词集》,世界书局,1988 年,第 18 页。

擒后，毳毛为人所得，制成了毛笔。

其次，造辞悭丽生新。如《琐窗寒·玉兰》"梅谷一怀凄惋"中的"梅谷"，《满江红·淀山湖》中"浪摇晴栋欲飞空"中的"晴栋"，《天香·蜡梅》"蝉叶黏霜，蝇苞缀冻"中的"蝉叶"，《珍珠帘》"蜜沉烬暖萸烟裊"中的"萸烟"，《探芳新·吴中元日承天寺游人》"椒杯香干醉醒"中的"香干"，《水龙吟·寿嗣荣王》"蟠桃秀、螽莲绽"中的"螽莲"，都曾因为被疑生造常遭校者篡改，其实皆不误。如朱彊村四校本径改"梅谷"作"海客"。梦窗虽然酷爱用张华《博物志》滨海之人八月泛槎至银河典，但词集中几乎不用"海槎"之陈言，而是推陈自铸"梅槎"[梅树（美称香木）制成的筏子]新辞。如《绛都春》"梅查凌海横鳌背"（查，通"槎"）、《醉蓬莱》"人驾梅槎未渡"，另一首《醉蓬莱·赋德清县圃古红梅》中"客老秋查变"，因词题中的古梅树，也暗用了"梅槎"新语。这里梦窗显然采用倒揉碎技巧，"梅"与邻近"谷"字了不相干，而与后文"渺征槎"中的"槎"字粘合成了"梅槎"新语。"晴栋"，据《至元嘉禾志》卷四："（淀山）傍有小山，初年仅两席，许久之寝长，寺僧筑亭其上，榜曰：'明极'。"并化用了牛希济《临江仙》"洞庭波浪飐晴天"句意。通过引例上句化用杜甫《发潭州》"岸花飞送客"句意，知此为梦窗途经淀山湖纪行的文字。句中的"晴栋"，正指途经此地时，天空明澈，清风摇波，小山上"明极亭"之类檐角翼然的山亭倒影湖中，被风浪所摇，似欲飞向湖中倒映的天空。梦窗集中"新栋晴翚凌汉"（《齐天乐》），亦可旁证"晴栋"为碻义。"萸烟"，李贺《屏风曲》："沉香火暖茱萸烟，酒舣绾带新承欢。"《笺注评点李长吉歌诗》引吴正子注曰："《酉阳杂俎》云：椒气好下，茱萸气好上，沉烟直上，故以喻茱萸耳。"故知"萸烟"语出有自。"螽莲"，吴蓓女史《梦窗词汇校笺释集评》中以为可能是"蘁莲"之形误，并举曹植《七启》"搴芳莲之巢"为例证。曹植《七启》全句为"搴芳莲之巢龟。"李善注曰："《史记》曰：有神龟在江南嘉林中，常巢于芳莲之上。"无与吴笺所谓莲蓬状如蜂巢之义。螽，螽斯，虫名，绿褐色，出自《诗·周南·螽斯》，喻后妃子孙众多。嗣荣王赵与芮的生日在农历八月初十，此时莲蓬子实累累，但蓬体尚有绿意。嗣荣王是理宗母弟，度宗生父。这首词写宫中为其祝寿的情景，"螽莲"一词在色彩上是自然景象，也隐寓着对宫中后妃多子的祝愿，并与"蟠桃"一辞对仗极为工整。

再次，揉碎诗词典故。最为明显的例证是《双双燕》：

小桃谢后，双双燕，飞来几家庭户。轻烟晓暝，湘水暮云遥度，帘外余寒未卷，共斜入、红楼深处。相将占得雕梁，似约韶光留住。　　堪举。翩翩翠羽。杨柳岸，泥香半和梅雨。落花风软，戏促乱红飞舞。多少呢喃意绪。尽日向、流莺分诉。还过短墙，谁会万千言语。

此词主要隐括并化用了郑谷《燕诗》："年去年来来去忙，春寒烟暝渡潇湘。低飞绿岸和梅雨，乱入红楼拣杏梁。闲几砚中窥水浅，落花径里得泥香。千言万语无人会，又逐流莺过短墙。"首二句还化用郑谷《杏花》诗："小桃新谢后，双燕却来时。"末二句又化用骆宾王《代女道士王灵妃赠道士李荣》："分念娇莺一种啼，生憎燕子千般语。"《瑞鹤仙·饯郎纠曹之严陵》："掩庭扉，蛛网黏花，细草静摇春碧。"化用书带草及相关诗词典故。《类说》卷四〇："《三齐记》曰：郑康成山下，生草如大韭，一叶尺余，土人名为康成书带草。"李群玉《经费拾遗所居呈封员外》："空余书带草，日日上阶长。"苏轼《书轩》："庭下已生书带草，使君疑是郑康成。"写郎纠曹赴严陵公署后，政务闲暇时沉浸于书斋的情形。《倦寻芳·饯周纠定夫》："寒食相思堤上路，行云应在孤山畔。"化用冯延巳《蝶恋花》词意："几日行云何处去，忘了归来，不道春将暮。百草千花寒食路，香车系在谁家树。"《醉落魄·院姬□主出为戍妇》："主家衣在羞重著。独掩营门，春尽柳花落。"化用陈师道《妾薄命二首》（之一）诗意："忍著主衣裳，为人作春妍。"《绕佛阁·赠郭季隐》："蒨霞艳锦，星媛夜织，河汉鸣杼。红翠万缕。送幽梦与、人间绣芳句。"引例后三句，承前文锦缎之典喻，暗用郭璞典。《建康实录》卷一八："（江）淹尝为宣城守。罢归，泊禅灵寺渚。夜梦一人称张景阳，谓曰：'前以一匹锦相寄，今可见还。'淹探怀中，得数尺与之，此人大恚曰：'那得割截都尽。'顾见邱迟谓曰：'余此数尺，既无用，乞君。'淹自此文章蹶矣。又尝宿冶亭，梦一人自称郭璞，曰：'吾有笔在卿处，可相还。'淹探怀得五色笔以授之，尔后为文不复丽美矣。"此处合用之，谓张协、郭璞曾授锦和笔与江淹，使之写成大量美文。郭季隐与郭璞同姓，此二典被虚实相间地加以引用，不即不离地称赞了郭季隐的文采。梦窗酷爱用苏轼诗词为原典，亦往往碎拆用之。如《声声慢·宏庵宴席》："甚时见，露十香、钗燕坠金。"化用苏轼《满庭芳》："报道金钗坠也，十指露、春笋纤长。"又如《倦寻芳·花翁遇旧欢吴门老妓李怜》："渐老芙蓉，犹自带霜宜看。"芙蓉，指木芙蓉，又称拒霜花，化用苏轼《和陈述古拒霜花》诗意："唤作拒霜知未称，细思却是最宜霜。"再如《绛都春·饯李太博赴括苍别驾》："流水翠微，明月清风平分半。"化用苏轼《点绛唇》："闲倚胡床，庾公楼外峰千朵。与谁同坐。明月清风我。　　别乘一来，有唱应须和。还知么。自从添个。风月平分破。"据楼钥《攻媿集》，此词是苏轼守杭时，袁毂为倅，苏轼赠袁毂之作。以谓郡守通判俱风流，能唱和风月，宾主甚相得也。倅，即苏词中"别乘"，也即梦窗词题中的"别驾"，指与太守风流相颉颃的通判等副职。

另外，梦窗词即使不化用诗词典故，其措辞用语因主观思致的刻意安排，也显示出密丽隐细的特征。略可分为4类：一如"红朝翠暮"（《宴清都》），这种看似是借代、又非借代所能囊括的句子,它置既定的形容词性搭配规范于不顾,把表示色彩的形容词与时间名词凭借主观的"超级链接"组合起来。二如"春宽梦窄"(《莺啼序》),这类句子,其特点是凭主观之意把无时空概念的词与有时空概念的词"强扭"在一起,似乎意在把前者的模糊混沌转化为清晰明朗,其实词人是有意识让两个原本无关涉的词彼含互摄,从而使读者陷入了更大的"情感混沌场"。三如"彩扇咽寒蝉"(《霜叶飞》)一类的句子,其特点是词人主观安排两个名词受一个动词的约束,而且,其中一个名词还有与动词搭配不当之嫌,必须通过某种辞格"还原"才能组成搭配。四如"怨娥坠柳,离佩摇藻"(《古香慢》)一类比喻倒装句,它在倒揉故伎之外,把表达主观感情的字放在了最突出的句首,有意让客观景物蒙上浓重的主观色彩。

以上两大方面的原因,使梦窗词如金屑翳眼,意难明澈。就连词学大家夏敬观评本亦屡称:"'冷熏'七字拙不成句。"(《琐窗寒》"冷薰沁骨悲乡远")"前结三句甚难索解。"(《霜叶飞》"彩扇咽、寒蝉倦梦,不知蛮素")"此句接'笙箫'二字亦未安。"(《解连环》"省听风、听雨笙箫")"换头句太奇,殊难索解。"(《扫花游》"天梦春枕被")"'梭'字究不可解。"(《夜飞鹊》"念梭悬愁结,蒂剪离痕")"'浅笑'五字不成句。"(《蕙兰芳引》"浅笑还不语")"'酒香'句未安。"(《瑞龙吟》"酒香断到,文邱废隧")"'簪柳'句未安。"(《瑞龙吟》"簪柳门归懒")"'笙箫'句无理。"(《祝英台近》"笙箫一片红云")"'椒杯'句未安。"(《探芳新》"椒杯香干醉醒")"'天际'句、'帘昼隙'句均未安。"(《暗香》"天际疏星趁马,帘昼隙、冰弦三迭")①这些句子虽尚不至于不可解,但毕竟拙滞生涩,宜其受"映梦窗,凌乱碧"②之讥也。

有凝涩晦昧倾向的密丽是梦窗词的显性存在,但与此同时,梦窗词中并存着足以弥补这一缺憾的行气存神、旨趣永长的特征也是不争的事实。宋季以来对梦窗词的正面评价也可以证明这一点。沈义父说梦窗"深得清真之妙"③,张炎也说梦窗与晚宋诸名家"能特立清新之意,删削靡曼之词,自成一家,各名于世"。④ 晚清时期,词坛经过推崇清空到主张寄托的蜕变,末季心态与梦窗所处时代的某种相似,特别是词集校勘的兴起,词学家们对梦窗的评价在对梦窗词深入研究的同时得到了升华。当时选家与校雠家的评价最具代表性。戈载《宋七

① 夏敬观:《评彊村定本梦窗词》,上海图书馆藏。
② 王国维:《人间词话》,见唐圭璋《词话丛编》,中华书局1986年,第4251页。
③ 沈义父:《乐府指迷》,见唐圭璋《词话丛编》,中华书局,1986年,第278页。
④ 张炎:《词源》卷下,见唐圭璋《词话丛编》,中华书局,1986年,第255页。

家词选·吴君特词选跋》曰:"(梦窗)以绵丽为尚。运意深远,用笔幽邃,炼字炼句,迥不犹人。貌观之,雕缋满眼,而实有灵气行乎其间。细心吟绎,觉味美于回,引人入胜。既不病其晦涩,亦不见其堆垛,此与清真、梅溪、白石,并为词学之正宗,一派真传,特稍变其面目耳。犹之玉溪生之诗,藻采组织,而神韵流转,旨趣永长,未可妄讥其獭祭也。"①郑文焯《手批梦窗词》亦曰:"梦窗词自玉田有'七宝楼台'之喻,世眼恒以恢奇宏丽,目为惊采绝艳,学之者遂致晦涩,多用代字雕润,甚失梦窗精微之旨。今特选其空灵诸作,以朱笔注之,俾知其行气存神之妙,不得徒以迹象求之。"②郑文焯拟选梦窗28首词作,试以入郑氏拟选的咏物词《高阳台》和入朱彊村《宋词三百首》的《宴清都》为例加以分析。

修竹凝妆,垂杨驻马,凭阑浅画成图。山色谁题,楼前有雁斜书。
东风紧送斜阳下,弄旧寒、晚酒醒余。自消凝,几许花前,顿老相如。
伤春不在歌楼上,在灯前欹枕,雨外熏炉。怕舣游船,临流可奈清癯。
飞红若到西湖底,搅翠澜、总是愁鱼。莫重来,吹尽香绵,泪满平芜。
(《丰乐楼·分韵得如字》)
绣幄鸳鸯柱。红情密,腻云低护秦树。芳根兼倚,花梢细合,锦屏人妒。东风睡足交枝,正梦枕、瑶钗燕股。障滟蜡、满照欢丛,嫠蟾冷落羞度。 人间万感幽单,华清惯浴,春盎风露。连鬟并暖,同心共结,向承恩处。凭谁为歌《长恨》,暗殿锁、秋灯夜语。叙旧期、不负春盟,红朝翠暮。(《连理海棠》)

丰乐楼是杭州西湖边的著名建筑。宋朝先为酒肆,后为官绅拜会之所,周围景色宜人。梦窗行迹现已大致可考:约在嘉定十四年(1221)至绍定四年(1231)前后,游于临安府尹袁韶之幕;约于绍定五年(1232)至淳祐四年(1244)在苏州仓幕。③ 晚客绍兴、杭州两地荣邸,为嗣荣王赵与芮的门下客。此词应写于晚

① 《宋七家词选》卷四《吴文英词选》曼陀罗华阁重刊本。
② 吴文英原著,郑文焯批校:《郑文焯手批梦窗词》,"中央研究院中国文哲研究所筹备处"编印,1996年,第20页。
③ 关于吴文英游幕杭州、苏州的时间,词学界持有各种观点。笔者目前比较认同张如安先生《吴梦窗生平考证二题》(《中国韵文学刊》2000年第2期)中所持的观点。张如安先生认为吴氏早年客杭时间在1221年至1231年前后,游于临安府尹袁韶之幕。袁韶出为浙西安抚使后,梦窗于绍定五年(1232)入苏州仓幕。另,夏承焘、杨铁夫等人都认为梦窗约在绍定壬辰(即绍定五年,1232)30余岁时入苏幕后,流连吴会12年,约在淳祐四年(1244)40多岁时离开苏州。

年。词写丰乐楼仲春时节的一次文人雅集,旧寒乍回,有雁南归,落花初飞,斜阳西沉,写景中已入感伤情绪。上阕结处双写风雨落花以及流年似水。人生如风前落花,能经几许折摧?下阕开篇从丰乐楼宕开,笔落歌楼买醉,意及灯前炉畔傍枕听雨,因为此种情形最易怜惜风雨将葬落红,也更易回味过往情事。接着写自己景况已如老病之相如,虽然躬临雅集,但已游兴阑珊,盛年不再的浓重悲伤,传惹至飘零之落花,落红沉水,会使原本翛然的游鱼因不堪其愁而跃出水面①;传惹至柳絮,飞絮满天,会化为纷扬之泪洒满平芜。陈廷焯《云韶集》卷八曰:"题是楼,偏说'伤春不在高楼上',何等笔力。其文极曲,其情极真,方回、清真、白石外谁敢抗手?"②梁启超《饮冰室评词》引麦孺博云:"秾丽极矣,仍自清空。如此等词,安能以七宝楼台诮之。"③

《宴清都》咏连理海棠,主要化用海棠一事二诗为原典。即《杨妃外传》唐明皇以海棠春睡未足之态拟诸贵妃,以及苏轼《海棠》诗:"东风袅袅泛崇光,香雾空濛月转廊。只恐夜深花睡去,故烧高烛照红妆。"以及《寓居定惠院之东,杂花满山,有海棠一株,土人不知贵也》诗:"朱唇得酒晕生脸,翠袖卷纱红映肉。"但却在延伸意义上化了白居易《长恨歌》中的诸名句,因而实现了情感与原典之间的最大跨越:不胜娇重宛如海棠春睡的杨贵妃,七夕之夜与唐明皇有"在天愿作比翼鸟,在地愿为连理枝"的爱情誓愿。李杨故事的结局在《长恨歌》中仅有杨妃名列仙籍,以及"但使心似金钿坚,天上人间会相见"的暗示。梦窗利用这个故事的开放性结构,按照原典把海棠定位为贵妃之花树,并从连理海棠联想到这是杨妃仙逝后,以两树相倚的实相兑现自己的爱情承诺。其中韩凭夫妇殉情后精魂所化的景象是梦窗艺术想象的凭借:"宿昔之间,便有大梓木生于二冢之端,旬日而大盈抱,屈体相就,根交于下,枝错于上。又有鸳鸯,雌雄各一,恒栖树上,晨夕不去,交颈悲鸣,音声感人。"(《搜神记》)从中可以看到,梦窗的情感表述有所依傍实能超越依傍,所以郑文焯手批此词曰:"梦窗清空在骨气"。④ 朱祖谋则评曰:"濡染大笔何淋漓。"⑤

梦窗词遣词造境研炼密丽,因而写景、叙事在尽去渣滓而清泚其体的同时,

① 此与《解连环》(暮檐凉薄)中"翠冷红衰,怕惊起、西池鱼跃"同意。
② 陈廷焯:《云韶集》,原稿藏国家图书馆,张若兰女史钞录,半宋楼主人葛渭君先生已编入《词话丛编·补编》。
③ 梁启超:《饮冰室评词》,见唐圭璋《词话丛编》,中华书局,1986年,第4313页。
④ 吴文英原著,郑文焯批校:《郑文焯手批梦窗词》,"中央研究院中国文哲研究所筹备处"编印,1996年,第48页。
⑤ 上彊村民重编,唐圭璋笺注:《宋词三百首》,上海古籍出版社,1979年,第206页。

也不可避免地给人以凝涩晦昧的质实之感。但梦窗化质实为清空的抒情方式，又能使其词作情感及主旨表达内蕴着一种阻碍过度飞扬的深挚灏瀚，与北宋抑或豪放词人相比，显示出一种密丽其外、沉郁其中的特色。况周颐《蕙风词话》对此最能体认入微："重者，沉著之谓。在气格，不在字句，于梦窗词庶几见之。即其芬菲悭丽之作，中间隽句艳字，莫不有深挚之思，灏瀚之气；挟之以流转。令人玩索而不能尽，则其中之所存者厚。沉著者，厚之发见乎外者也。欲学梦窗之致密，先学梦窗之沉著。即致密、即沉著。非出乎致密之外，超乎致密之上，别有沉著之一境也。梦窗与苏、辛二公，实殊流而同源。其所为不同，则梦窗致密其外耳。"①周济于此亦云："君特意思甚感慨，而寄情闲散，使人不易测其中之所有。"②

① 况周颐：《蕙风词话》，见唐圭璋《词话丛编》，中华书局，1986 年，第 4447 页。
② 周济：《介存斋论词杂著》，见唐圭璋《词话丛编》，中华书局，1986 年，第 1633 页。

19

近十年李清照歌词研究综析

金振华 苏州大学

李清照是我国文学史上极为少见的优秀女性作家,尤其在歌词领域,她巾帼不让须眉,取得了巨大的成就,占据着非常突出的地位,有人称之为"卓越的女作家"①、"婉约之宗"②,有人尊之为"古今才妇第一"③、"中国词史上最杰出的女词人"。④自宋代以来,对李清照歌词的研究得不乏其人。新中国成立以后,评论者更对李清照的歌词予以极大的关注。"文化大革命"结束后,李清照研究曾掀起一个高潮,《李清照集》、《李清照集校注》、《重辑李清照集》、《李清照资料汇编》等为学界提供了基本的研究材料;王延梯、陈祖美的同名专著《李清照评传》分别系统地对李清照的一生及其创作作了传记和评述;济南市社会科学研究所编、中华书局1984年出版的《李清照研究论文集》和上海古籍出版社1986年12月出版的《李清照研究论文选》分别荟萃了20世纪50年代至80年代中叶李清照研究的主要文献,并分别列出了1924年至1984年的有关研究文章170多篇。以后,又有大量研究李清照的文章和专著问世。

进入20世纪90年代后,李清照研究又兴起了一个新的高潮,研究的力度更大,范围更广,挖掘更深,呈现出多角度、全方位、立体式的研究态势。仅以目前查见的资料统计,就有研究专著近20部、研究论文700余篇。限于篇幅,本文拟对近十年来专家、学者对李清照歌词的研究作一个综合性的分析和评述,以观照易安词研究的进展和现状,评析其意义和得失,揭示这一研究的路向和趋势。当然,所谓对李清照的研究,主要地也在于对其歌词的研究。

---

① 尚达翔:《卓越的女作家李清照》,《山东大学学报》,1959年第2期。
② 傅经顺、傅秋爽:《论李清照的婉约特色》,《河北师范大学学报》,1984年第1期。
③ 陈宏绪:《寒夜录》卷下。
④ 朱德才:《〈漱玉词〉的艺术魅力》,《文学评论》,1984年第5期。

一、热点：跳出纯思想性分析的窠臼

长期以来，尤其是新中国成立以后，文学批评较多地侧重于对作家作品的思想性和社会意义等方面的分析与研究，对李清照的研究也未能跳出这一思维定式。人们往往较多地关注李清照歌词的思想内容和社会意义，研究和分析李清照歌词所具有的所谓社会价值，并难免带有当时社会与政治观念的影响。进入20世纪90年代后，学界更倾向于比较冷静地思考，跳出纯思想分析的窠臼，更多地从艺术性、比较性和全面性等方面来深入地进行发掘和拓展。

不少研究者对李清照的咏物词予以较多关注，这种咏物词所咏之物包括风雨、茶酒及各种花卉等。他们认为，词发展到南宋，咏物之作达到了高度的艺术境界，取得了巨大的成就，而"李清照的咏物词，为南宋咏物词的高度发达做了基础性的工作，在论及南宋诸词人（姜白石等）咏物词的高度艺术成就时，绝不可忽略了李清照这座沟通南北宋咏物词的桥梁"①，李清照的咏物词自有其独特而又非常重要的作用和地位。岳毅平的《李清照词中的"花"意象》②、何红梅的《李清照的咏花词》③专门评析李清照以花为咏物对象的深层意蕴和所作咏花词的艺术造诣；周懋昌的《裁风剪雨总因情：李清照词中的风雨》④专门点击李清照的"呼风唤雨"之作；何茂颐的《浅析李清照菊花词的思想内容》⑤钟情于李词"满地黄花"和"瘦比黄花"意境的分析；杨海明的《诗、酒、茶、梅、菊及其他：谈李清照词中的"雅士"气息》⑥则揭示出李词浓郁的"雅士文化"，其挖掘的深度又明显地进了一层。这些研究者认为，李清照对咏物词表现领域和表现手法的深入开掘，为南宋词人咏物词的高度发达作了很好的铺垫，"李清照咏物词的这一历史功绩不可磨灭"。⑦

作为女性作家，李清照在我国文学史上确有其突出而又独特的地位。她对女性的行为举止和内心活动作了较多的反映，成功地表现了女性世界细腻而又

---

① 向梅林：《李清照咏物词的艺术成就》，《吉首大学学报》，1997年第1期。
② 岳毅平：《李清照词中的"花"意象》，《安徽教育学院学报》，1997年第2期。
③ 何红梅：《李清照的咏花词》，《语文函授》，1997年第2期。
④ 周懋昌：《裁风剪雨总因情：李清照词中的风雨》，《文史知识》，1998年第10期。
⑤ 何茂颐：《试析李清照菊花词的思想内容》，《语文应用与研究》，1997年第1期。
⑥ 杨海明：《诗、酒、茶、梅、菊及其他：谈李清照词中的"雅士"气息》，《古典文学知识》，1994年第4期。
⑦ 向梅林：《李清照咏物词的艺术成就》，《吉首大学学报》，1997年第1期。

复杂的感情。正如有的学者所指出的:"宋代词作家多为男性,以男性作家描写女性的生活,代女主人公立言,对女性的思想、内心缺乏深入的了解,只有到了李清照,才开始了对女性内心世界的真正严肃而又深刻的剖析。"①那么,李清照是如何剖析这种女性内心世界的呢? 研究者们对此又是如何评析的呢? 曾小丹的《浅论李清照词中女性内心刻画的成就》②、朱学忠的《何须浅碧深红色,自是花中第一流:试析李清照词中塑造的女性形象》③、周玲的《李清照词女性形象的性格美》④、李蔚会的《略论易安词的闺音特色》⑤等,都较好地说明了李清照词作中对女性形象的成功塑造,反映出易安词刻画女性感情世界细腻、贴切和微妙的心曲。马殿超认为,李清照的诗是"阳刚之美的投影",而她的词则是"阴柔之美的折射","从李清照的词里我们看到了一个以深婉绵密的情感来打动人的,具有阴柔之美的中国古典女性的形象"。⑥ 庄慕萱、郑海味分别从个性气质和南方文化两个层面,分析了这种个性气质和南方文化对李清照词作、词风的影响。庄慕萱认为:"豪爽纯朴的民风和浓郁的家庭文化氛围,铸成了李清照这位山东才女高雅、率直、傲岸、好胜的品性,这些品性充分地反映在她的词作中。"郑海味认为,李清照的词,尤其是"后期婉约词风的深化与南方文化有着千丝万缕的联系,是南方的山水风情,南方的典故文化,南方的语音特色,通过潜移默化,与李清照女性的阴柔纤细相结合,并扩展、演化,使她的词风由前期的婉中显直演进为后期的婉中显曲:情感是浓重幽深的,艺术是含蓄曲折的,也因此,李清照的后期词更具摄人心魄的艺术魅力,也具有更高的美学价值"。⑦ 有趣的是,熊传信、王冬梅都从李清照与白朗宁夫人诗词的比较分析入手,讨论了李、白两位中

---

① 张芙蓉:《略论李清照前后期词风的变化》,《镇江师范专科学校学报》,1996 年第 4 期。
② 曾小丹:《浅论李清照词中女性内心刻画的成就》,《湖南教育学院学报》,1997 年第 3 期。
③ 朱学忠:《何须浅碧深红色,自是花中第一流:试析李清照词中塑造的女性形象》,《淮北煤师院学报》,1997 年第 3 期。
④ 周玲:《李清照词女性形象的性格美》,《渭南师范专科学校学报》,1998 年第 4 期。
⑤ 李蔚会:《略论易安词的闺音特色》,《太原师范专科学校学报》,1998 年第 1 期。
⑥ 马殿超:《浅谈李清照诗词中的自我形象》,《辽宁师范大学学报》,1999 年第 3 期。
⑦ 庄慕萱:《浅谈李清照的个性气质对其词创作的影响》,《浙江师范大学学报》,1997 年第 2 期;郑海味:《试论南方文化对李清照婉约词风的影响》,《浙江师范大学学报》,1995 年第 4 期。

外女性在爱情主题上的不同表达方式和女性抒情世界方面的异曲同工。①

学者们对李清照歌词思想内容多视角的研究，既为对易安词的认识和把握拓宽了路径，也使人们能够更为确切、全面地审视李清照"这一个"全人，将研究的触角更接近地探测到她的内心情感世界。《从李清照词看其内心忧郁情感悲怆的原因》除了分析国破家亡、内忧外患所造成的情感基调外，还指出了一些导致这种忧郁、悲怆情感的另外一些因素，如文化氛围的改变、乡土风俗的差异以及人际关系的淡漠等。②《李清照词中的文化心理剖析》从社会、家庭文化的影响来试图阐述李词成就的归因，亦不无独到之处。③ 程保荣则专题分析李清照的言梦词，并从这类词中观照词人的某些思想脉搏。④

所有这些，都应该说是学者们在李清照歌词研究这一领域所展开的多姿多彩的思想内容方面的认真探索和有益尝试。

二、亮点：比较研究精彩火爆

比较研究是文学批评的一个重要领域，它通过不同作者之间、不同作者群体之间、不同文学样式之间、同一作者的不同文学样式之间等方面的比较分析，揭示相互间的同异，从而发现某些现象和规律，获得深入而全面的研究成果。近十年来，在李清照歌词研究工作中，这种比较研究的方法应用得相当广泛，形成了绚丽多彩的景观，并取得了丰厚的收获。其主要表现在以下几个方面：

一是对李清照前后期歌词进行比较。一般认为，李清照的词以南渡为界分为前后两期。其前期的词多描写自然风物，反映少女、少妇情怀，风格上清新轻巧；后期词以反映家国之痛、故国之思为主，忧愁悲苦是其歌词主调。然而，学者们并不囿于这样的一般论述，而致力于更为深入的批评分析，充分揭示李词前后期变化的主体特质及形成这些特质的深层原因。周皓的《浅析李清照南渡前后

① 熊传信：《一种相思，两处闲愁：李清照词与白朗宁夫人十四行诗爱情主题之不同表达》，《川东学刊》，1998 年第 4 期；王冬梅：《柔婉清丽的女性抒情世界》，《西北第二民族学院学报》，1999 年第 2 期。

② 周建华：《从李清照词看其内心忧郁感情悲怆的原因》，《昭乌达蒙族师范专科学校学报》，1999 年第 1 期。

③ 殷光熹：《李清照词中的文化心理剖析》，《思想战线》，1994 年第 3 期。

④ 程保荣：《论李清照的言梦词》，《中等城市经济》，1995 年第 2 期。

词的思想风格》①、周玲的《试论李清照前期词的主体特质》②和《论李清照后期词的价值取向》③、吴梅芳的《变"闺中闲吟"为"破国亡家之低泣"——试论李清照前后期词的变化》④、郑伯勤的《论李清照南渡以前的诗词》⑤等，都是将李词分为前后两期进行分析并比较的代表作品。张芙蓉的《略论李清照前后期词风的变化》侧重于李词前后期风格的比较，认为："抒写同丈夫的别离之情，是李清照前期词作的重要内容。她的离情词，基于浓厚的现实生活土壤，从个人肺腑自然流出，体现健康深挚的夫妻之情，因而写得特别率真、凝重、深婉，而这种独具的艺术风格，又是借助于多样化的委婉曲折的抒情方式来表现的。但是，她在南渡饱经风霜之后，已不再像青壮年时期那样逞才使气了，而开始从惊词险句转向了平易浅近，从而创造了她独树一帜的'李易安体'。"⑥周玲将李清照前期词的主体特质归纳为三个方面：歌咏鲜明生动的风物，表达缠绵感伤的闺情相思，体现清新明朗的风格情调；而对李清照后期词的价值取向则又总结出深婉、悲愁、凄美等几个方面。⑦ 二是与别的作家进行比较。除了前述有人将李清照与白朗宁夫人进行比较外，研究者们还将李清照与其他多个作家进行比较。通过这样的比较分析，李清照的形象更加清晰，对她的作品也可以得到更深入透彻的理解。这类文章如张惠民的《东坡居士易安居士，审美情趣略相似——苏轼、李清照词学审美观简说》⑧、桑桂佳的《"只有江梅些子似"——张耒咏梅词与李清照咏梅词之比较》⑨、李永昶的《二安词对宋词美学的主要贡献》⑩等。拙作《柳永与李清照歌词之比较》通过宋代词坛上两位所谓"婉约之宗"柳永与李清照的比较研究，发现了他们之间的许多同中之异和异中之同，认为："就歌词而言，前者

① 周皓：《浅析李清照南渡前后词的思想风格》，《零陵师范专科学校学报》，1997 年第 2 期。
② 周玲：《试论李清照前期词的主体特质》，《宝鸡师范学院学报》，1993 年第 2 期。
③ 周玲：《论李清照后期词的价值取向》，《宝鸡文理学院学报》，1994 年第 2 期。
④ 吴梅芳：《变"闺中闲吟"为"破国亡家之低泣"——试论李清照前后期词的变化》，《宁德师范专科学校学报》，1994 年第 2 期。
⑤ 郑伯勤：《论李清照南渡以前的诗词》，《晋阳学刊》，1994 年第 3 期。
⑥ 张芙蓉：《略论李清照前后期词风的变化》，《镇江师范专科学校学报》，1996 年第 4 期。
⑦ 周玲：《论李清照后期词的价值取向》，《宝鸡文理学院学报》，1994 年第 2 期。
⑧ 张惠民：《东坡居士易安居士，审美情趣略相似——苏轼、李清照词学审美观简说》，《汕头大学学报》，1995 年第 2 期。
⑨ 桑桂佳：《"只有江梅些子似"——张耒咏梅词与李清照咏梅词之比较》，《名作欣赏》，1996 年第 1 期。
⑩ 李永昶：《二安词对宋词美学的主要贡献》，《济宁教育学院学报》，1997 年第 1 期。

之于后者曾产生过不小的影响,后者之于前者又不乏承继关系,并有许多发展和提高。"①

还有的研究者以李清照自己的作品进行比较分析,如周懋昌的《消瘦的身影,沉重的心灵——李清照词〈醉花阴〉〈武陵春〉比较》。② 有的就两位作家共同表现的一种感情进行比较分析,如董武的《异代同抒,异曲同工——李煜、李清照词中之"愁"比较谈》。该文认为,二李词所反映的"愁"有以下一些共同的特征:人生悲剧是"愁"产生的土壤;伤春悲秋、伤别怀人、亡国丧家之痛是"愁"的主旋律;由浅而深、由淡而浓是"愁"的发展轨迹;自然率真和"悲剧性"的美是其"愁"的审美价值。③

三、重点:词风的探析仍经久不衰

评析李清照歌词的艺术风格,是易安词研究的一个重要方面。自南宋以来,人们对李词评头论足,或褒或贬,大多是围绕李词的艺术风格而展开的。近十年来,这种探究和评析经久不衰,仍是李词研究的一个重头戏,且较之以前有更多的超越和创新。

从总体的、一般的角度去分析李清照的艺术特色或艺术风格,是这类文章中涉及最多的,如《易安词艺术性探微》④、《李清照词艺术特色再论》⑤、《李清照词艺术特色概说》⑥、《试论李清照词的审美特质》⑦、《谈李清照的抒情艺术》⑧、《李清照〈漱玉词〉的抒情艺术》⑨等,可谓琳琅满目、比比皆是。

同时,从个别的、特殊的角度去分析李清照的艺术特色或艺术风格,也占了这类研究的很大分量。从语言分析的角度切入,有尹新兰的《论李清照词的语

① 金振华:《柳永与李清照歌词之比较》,《苏州大学学报》,1994 年第 1 期。
② 周懋昌:《消瘦的身影,沉重的心灵——李清照词〈醉花阴〉〈武陵春〉比较》,《文史知识》,1996 年第 7 期。
③ 董武:《异代同抒,异曲同工——李煜、李清照词中之"愁"比较谈》,《华中师范大学学报》,1994 年第 1 期。
④ 王彤:《易安词艺术性探微》,《中国职工教育》,1996 年增刊。
⑤ 韩慧玲:《李清照词艺术特色再论》,《滨州师范专科学校学报》,1997 年第 3 期。
⑥ 樊利军:《李清照词艺术特色概说》,《云南民族学院学报》,1996 年第 3 期。
⑦ 蔺熙民:《试论李清照词的审美特质》,《唐都学刊》,1999 年第 2 期。
⑧ 胡峰力:《谈李清照的抒情艺术》,《青海师范专科学校学报》,1999 年第 3 期。
⑨ 窦海鹰:《李清照〈漱玉词〉的抒情艺术》,《语文学刊》,1999 年第 2 期。

言特色》①、陈晴的《浅议李清照词的语言形式美》②、王斟垲的《浅析李清照词的白描特色》③、张聪芬的《试论李清照词的语言艺术》④等。顾凤威将李清照的《声声慢》单独拈出,从而审视李词的"音乐语言和文学语言的和谐美"。⑤ 有人专门评析李词的自然艺术⑥;有人在李词的结尾艺术上巧做文章⑦;也有人从李清照的词中看到了它们的"色彩"⑧;还有人将李词的叠词艺术作为"探胜"的抓手⑨。何海芹以李词《如梦令》中的"绿肥红瘦"为例,提出了李清照艺术风格的"陌生化效应",从李清照所运用的险词奇语方面去评价李词所具有的艺术功力及其产生的意想不到的奇效。⑩

长期以来,词坛上有所谓"婉约派"和"豪放派"之分,众多词作者也就相应的被分为"婉约派"词人和"豪放派"词人。李清照是"婉约派"词人,这似乎已是铁定了的结论,且非但属于高水平的婉约词人,并且还是"婉约之宗",是传写婉约之音的杰出代表。近十年来,坚持这一传统的关于李清照歌词艺术风格论的学者仍占绝大多数,且论述这一观点的文章也依然为数不少,如《李清照婉约词的艺术特色》⑪、《论李清照的词学观》⑫、《清水出芙蓉,天然去雕饰:略论李清照词的思想内容和艺术风格》⑬等。这些文章都进一步证明了这样的观点:李清照的词是婉约词的代表作品且达到了婉约词的高度艺术造诣,为婉约词的进一步开拓作出了重要贡献,且奠定了婉约词在词坛上的坚固基础,对南宋以后婉约词的张扬和发展产生了极其重大的影响。

① 尹新兰:《论李清照词的语言特色》,《职大学刊》,1997 年第 3 期。
② 陈晴:《浅议李清照词的语言形式美》,《贵州文史丛刊》,1993 年第 3 期。
③ 王斟垲:《浅析李清照词的白描手法》,《河南师范大学学报》,1996 年第 4 期。
④ 张聪芬:《试论李清照词的语言艺术》,《上海工会管理干部学院学报》,1992 年第 4 期。
⑤ 顾凤威:《从李清照的〈声声慢〉看词的音乐语言与文学语言的和谐美》,《广西师范大学学报》,1994 年第 4 期。
⑥ 周方遒:《李清照词的"自然艺术"》,《辽宁大学学报》,1996 年第 6 期。
⑦ 刘瑜:《论李清照词的结尾艺术》,《东岳论丛》,1994 年第 1 期。
⑧ 吴椅南:《论李清照词的色彩》,《娄底师范专科学校学报》,1996 年第 1 期。
⑨ 黄岳洲:《李清照〈声声慢〉叠词艺术探胜》,《修辞学习》,1993 年第 3 期。
⑩ 何海芹:《"绿肥红瘦"的陌生化效应》,《名作欣赏》,1999 年第 3 期。
⑪ 林登豪:《李清照婉约词的艺术特色》,《福建学刊》,1995 年第 6 期。
⑫ 俞筱敏:《论李清照的词学观》,《江苏教育学院学报》,1994 年第 4 期。
⑬ 刘项:《清水出芙蓉,天然去雕饰:略论李清照词的思想内容和艺术风格》,《黑龙江教育学院学报》,1999 年第 2 期。

然而，近十年来，也有不少作者质疑这一传统观点，认为婉约风格不能说明李词艺术风格的全部，抒写离情别绪、歌颂真挚爱情、以美取胜、缠绵悱恻这些婉约词的特征无法涵盖李词丰富多样的思想内容和艺术手法；有人甚至认为，李清照干脆就是个豪放词家。李建国认为，李词貌似婉约，轻盈如水，但温情如火，柔中寓刚，不可以婉约一词以蔽之。① 陈在东、阎秀平认为，李词词风的一个显著特点是"清新峻爽"，不可纯以婉约目之。② 朱明秋认为，李清照词的艺术魅力主要在于"技法多姿，姿态百出"，风格变化多端，手法应用娴熟。③ 而任明刚则一反传统的李词婉约论，明确表示，撇开北宋时期不论，李清照就是个"南宋豪放词家"。④ 陈静也撰文论述了李清照与豪放词风的关系，认为从李清照词中可以看到非常显著的豪放风格。

四、结语：意义、得失及研究趋向

李清照是我国文学史上成就辉煌的作家之一，在女性作家群中堪称巨匠，几乎没有哪一位妇女能与之匹敌，尤其在男性作家独霸文坛的封建社会，她的创作成就和艺术造诣更显得难能可贵。特别是她的词，"无一首不工"，"盖不徒俯视巾帼，直欲压倒须眉"。⑤ 因此，研究李清照及其词，自有特别而又深远的意义。

第一，李清照的词善于以新颖的形象抒发情感，语言清新明快，流转如珠，形成了鲜明独特的艺术风格。研究李清照及其词，有助于我们进一步了解易安体及同类词的艺术特色，了解这一艺术特色所带来的意境及美感。

第二，在这一基础上，我们可以更深入地研究婉约词派形成的脉络和时代背景。李清照的词虽也有豪放派风格的一面，但主要的毕竟还是以婉约风格为其特征的。从总体而言，"婉约以易安为宗"⑥，应该是不错的。我们可以用多种手法，从李词中挖掘出李清照本人及其他作家婉约歌词的许多东西。

第三，李清照生当宋代南渡前后，前期多写爱情生活和心理，清丽婉转，韵调

① 李建国：《论易安词柔中寓刚的艺术表现》，《贵州社会科学》，1999 年第 1 期。
② 陈在东、阎秀平：《清新峻爽李易安：李清照词风新探》，《临沂师范专科学校学报》，1997 年第 5 期。
③ 朱明秋：《技法多姿，姿态百出：论李清照词的魅力》，《桂林教育学院学报》，1999 年第 1 期。
④ 任明刚：《李清照是南渡豪放词家》，《成都师范专科学校学报》，1993 年第 2 期。
⑤ 李调元：《雨村词话》。
⑥ 王士禛：《花草蒙拾》，唐圭璋《词话丛编》，中华书局，1986 年。

优美;后期多写身世之感和家国之痛,情感深沉。研究李清照及其词,有助于我们更好地了解南渡前后的那段历史及其各类人物尤其是文人们的生活、创作和心路历程。

第四,以男子之笔墨,状女子之口吻,这是宋季歌词的一个显著特点和惯用手法。不少词人在这方面的功力几近完美无缺的地步。然而,代言人毕竟只是代言,香花美人在词人笔下也往往只是君臣不遇、感怀伤时的借用品,真正能体女子之态、剖女子之心的,毕竟应是女作家们自己。男性写女性,终究隔了一层。这个"隔",在李清照和她的词中是没有的。因此,研究李清照及其词,有助于我们深入地窥视女性世界的秘密,有助于我们比较有把握地解读女性文学(当然也包括女性词)。

近十年来,李清照歌词的研究者们是深刻地认识到这些意义的重要性的,因而取得的研究成果也是颇为丰硕的。一是拓宽了研究的思路,能从多角度、全方位的视面上去探究李清照歌词的思想内容和艺术风格。二是采用了多种研究方法,将剖面切开,把梯面分层,置易安词于全景式的态势下展开评析,其中,比较方法的应用显得特别广泛。三是敢于提出新颖独到的见解,敢于突破传统研究和传统观念的藩篱,并有所创新,有所突破。

当然,在这一过程中,近十年来的李词研究也并不是无懈可击的。其一,观点陈旧、泛泛而谈的文章占有较大比例,甚而因循拼凑、人云亦云者也并非仅见。其二,有些文章虽有一定的创见,但难免有矫枉过正、言过其实之嫌。即以豪放、婉约之争而论,李词固然有豪放的一面,但视其以婉约为主而不见,完全将其说成是豪放一路,似乎过于偏激而有失公允。有学者编《豪放词》、《婉约词》二书,李词分别被选入一首和9首,既承认李清照词豪放的一面,也没有否认其婉约词风的主导地位,当属灼见。① 其三,李清照歌词的研究文章虽然数量众多,纷繁庞杂,且有不少隽品佳作,但严格地说,真正算得上高质量的优秀论著并不是很多,尤其是那种高屋建瓴式的研究文章所占比例较低,不少文章或流于空泛、缺乏深度,或着眼屑细、理论支撑不够。但是,总体而言,近十年来李清照歌词的研究确实取得了极大的成就,其不足和良莠不齐的情况是难以避免的,这也正是我们在今后研究中需要努力解决的问题。

以笔者愚见,李清照歌词的研究正在并且将会继续朝着健康繁荣的方向稳步发展,在这一领域仍会呈现深入、多元、细分化的研究态势。在这一背景下,我

---

① 彭国忠、刘峰杰:《豪放词》,安徽文艺出版社,1997 年;惠淇源:《婉约词》,安徽文艺出版社,1996 年。

们似乎可以在以下一些研究思路方面进一步引申开去,以取得更有成效的收获:一是将李清照的歌词置于整个词史发展的层面上展开研究,以获得李词风格有关成因、地位及对后世影响的理性看法。二是结合李清照整个文学创作(包括词学理论)的实际,研究其歌词创作成就的有关美学观、文体论、"别是一家"说等课题。三是寻找其歌词内容、风格前后变化的深层原因。除了广为人知的家国变故外,地域文化、年龄、周围环境、女性特有的生理心理因素等的变化和影响,恐怕也是非常重要的研究内容。四是进一步利用国内外各种先进的研究手段,使李清照歌词的研究更向前推进一层,取得更大的超越。

[原载于《苏州大学学报(哲学社会科学版)》2002 年第 3 期]

20

当代文化生态与词学研究的总体格局一题：从思想启蒙到主体论批评
——以20世纪80年代以后的唐宋词研究为观照

张幼良 常熟理工学院

20世纪最后20余年是中国社会发生深刻变革的时期。1978年，中国共产党十一届三中全会召开，首先在政治思想上统一了全党的认识，完成了"拨乱反正"的伟大任务，确立了实事求是、解放思想的思想路线。其次，制定了以经济建设为中心的基本国策，拉开了由计划经济向社会主义市场经济转型的新时代的序幕。中国社会从此进入了一个充满探索精神和创造活力的历史新纪元。社会的转型、观念的更新和思维空间的开放，从政治、经济领域一直波及精神、文化等多个领域。当代词学研究，正是在这样一种时代的巨变中走过它那极其不平凡的历程。

从当代文艺学发展变化的角度来看，20世纪的最后20年，伴随着文化生态的演化，其间产生了各种新的思潮和话语。一时间思潮丛生，主义鹊起，令人眼花瞭乱，往往是你方登罢我上场，各领风骚一两年。这些思潮和主义对当代词学研究的观念、视角和方法都产生了一定的影响。其中最为显著的，足以引起当代词学研究方式发生根本转型的是三次文艺思潮的变革：一是开始于20世纪70年代末的思想启蒙运动（借李泽厚评论"五四"新文化运动语①）和80年代初兴起的人道主义、人本主义思潮②，引发了80年代中期主体论批评观念的生成；二是开始于80年代初由"西学东渐"引起的

---

① 李泽厚：《启蒙与救亡的双重变奏》，见《中国现代思想史论》，安徽文艺出版社，1999年，第11－52页。

② 何西来：《人的重新发现》，《红岩》，1980年第3期；刘建军：《流贯作品的炽烈血液》，《文艺报》，1980年第8期；俞建章：《论当代文学创作中的人道主义潮流》，《文学评论》，1981年第1期。当代批评家们结合着这一阶段的文学创作（比如"伤痕文学"），对封建专制主义和蒙昧主义给予了猛烈的批判，高度评价了作品中所表现的维护人类尊严、倡导人格平等、追求个性解放、向往全面发展等人道主义观念，从而使文学批评具有鲜明的思想启蒙性质。

文艺研究领域的科学主义思想和方法论热潮①至 80 年代末本体论批评观念的反拨；三是因着社会转型，作为前两次思潮补弊救偏而出现于 80 年代末盛行于 90 年代初并影响至今的文化研究思潮和回归古典的思潮。这三次思潮的产生及其变化与当代社会文化生态的演化密切相关，从根本上制约了当代词学研究观念、思想和方法的变化，形成了当代词学研究独特的话语特征，并从总体上影响了当代词学研究的发展轨迹。当代词学研究大致经历了由主体研究到本体研究再到文化研究的嬗变过程，其基本格局如下：

20 世纪 70 年代末，"四人帮"垮台，政治文化领域里一场思想解放运动在受压抑日久后以超常的反弹之力似火山喷发一样汹涌而至。坚持马克思主义实事求是的思想路线，摆正文艺与政治的关系，为文艺正名，探讨文艺的特性成为此一时期文艺理论界的中心任务。许多学者、文艺理论家一开始就对文艺的"阶级斗争工具论"质疑，强烈要求摆脱文艺对政治的依附关系，为文艺的本体位置的回归及文艺的主体自由寻找理论依据。一时间，呼唤人性、人情和人道主义，呼唤人的尊严和价值成为此一时期文艺界的主流话语。这一话语遥承"五四"时期"科学"、"民主"思想和理性精神，具有思想启蒙的性质；同时这一话语与中国共产党的总路线、总方针所体现出来的时代精神相契合，共同为国家民族的现代化未来作出承诺。1980 年 7 月 26 日，《人民日报》发表社论，明确提出用"文艺为人民服务，为社会主义服务"来取代"文艺为政治服务"的旧观念，于是社会主义国家改革的现代化追求开始将文艺及文艺理论从政治的战车上解脱出来，给予她以主体自由和独立言说的权利。

文艺界提出的这一新的启蒙话语带有当代的文化品性，这就决定了她的启蒙任务不仅在于"拨乱反正"，而且还在于"重新建立"。在批判了文艺批评"工具论"、机械"反映论"、"庸俗社会学"以后，由新启蒙话语派生出的第一要义——"民主"便催生出了新的思想婴儿，文艺理论界提出了文学主体性理论。这是人们在反思上述各论以后第一次以哲学命题的方式提出来的理论建构。文学主体性理论的较早提倡者和主要阐发者刘再复认为，文艺学研究的重心要从客体转向主体，要进一步开拓研究的思维空间，"应当把人作为文学的主人翁来

---

① "方法热"的兴起，最初是以引进、借鉴、吸收现代自然科学方法为显著标志的。1982 年 4 月，位于西北一隅的《当代文艺思潮》创刊，该刊把"开拓文艺研究领域，革新文艺研究方法"作为自己的宗旨之一，并最早有意识地引进和借鉴其他学科，特别是自然科学的理论和方法，以期改进文艺研究方法。

思考，或者说，把主体作为中心来思考"。① 他提出文学中的"主体性原则"："就是要求在文学活动中不能仅仅把人（包括作家、描写对象和读者）看做客体，而更尊重人的主体价值，发挥人的主体力量，在文学活动各个环节中，恢复人的主体地位，以人为中心，为目的。"②在刘再复看来，人是文艺作品中的精神主体，文艺创作要把人放在实践主体的地位上，他是历史的主人，而不是把他看做是政治和经济机器中的齿轮和螺丝钉。这个观点正好应和了李泽厚"主体性实践哲学"的观点③，带有历史唯物论的色彩，同时与社会主义人道主义话题深相符契，赢得了学术界普遍的欢迎，成为当时文艺创作和批评的准绳。尽管李泽厚、刘再复的理论仅是康德"实践理性"、"人的目的"、"意志自由"和钱谷融"文学是人学"理论的刷新，而并不见出有多大的创造性，尽管李泽厚、刘再复的理论尚有许多哲学硬伤而无法圆满自己，但他们的主体性理论框架，解构了长期以来流行的文艺为政治服务、为社会主义服务的一元论话语。可以说李、刘的这个理论是20 世纪80 年代文艺学研究的重要成果，也是新时期文学研究观念发生深刻变化的思想孵化器和学术推进器。这一新的话语要求文艺创作与批评应更多地关注人自身，尊重人的意志，以人为本，注重研究人主体的丰富无比的精神世界。当代词学研究正是在这样一种学术生态变化的总体格局下改变了以往的专以政治征候为方向、以机械反映论为工具的，只强调物质客体为本位的单一视角，转而"向内转"，以研究词文学创作主体（词人）、对象主体（词作中的抒情形象）乃至接受主体（读者）为主要内容，以开掘词文学作为一种人的主体的产品的丰富内蕴为其重要职志。从20 世纪70 年代末开始，不多的词学研究论著已透露了这种批评观念转变的痕迹。如对苏轼这样一位大词人的评价，就不能不涉及对其思想的探源，但以往对苏轼其人的思想颇多集中于其政治思想的研究，并以偏概全地认为，由于其政治思想有进步和保守的两面，故其思想倾向具有"顽固派"、"两面派"的特点。④ 这种以政治干预学术、以政治评价代替一切的做法显然不能全面公正地评价作为创作主体的人。王水照⑤、邱俊鹏⑥等人运用马克思主义唯物辩证法率先抛开这种阶级分析法的工具论文艺观，客观全面地分析

---

① 刘再复：《文学研究应以人为思维中心》，《文汇报》，1985 年7 月8 日。

② 刘再复：《论文学的主体性》，《文学评论》，1985 年第6 期、1986 年第1 期。

③ 李泽厚：《关于主体性的补充说明》，《中国社会科学院研究生院学报》，1985 年第1 期。

④ 罗思鼎：《从王安石变法看儒法论战的演变——读〈王荆公年谱考略〉》，《红旗》，1974年第2 期。

⑤ 王水照：《评苏轼的政治态度和政治诗》，《文学评论》，1978 年第3 期。

⑥ 邱俊鹏：《苏轼政治思想管见》，《四川大学学报》，1979 年第4 期。

苏轼的思想转变及对待新法的态度,认为不能仅仅从政治地位的变化来确定一个人的立场和思想,不能将苏轼对新法态度的转变仅仅解释为来自他不稳定的中小地主阶级立场。他们认为苏轼思想的复杂性是苏轼基本思想在特定环境中的不同表现。20 世纪 80 年代以后,有关苏轼思想研究的热点,逐渐由其政治思想转向其儒、佛、道思想,由考察他的政治态度变为了解他的人生态度的趋向。如李庆皋认为,苏轼的思想不是始终不变的,而是随着时间的发展有所变化。"乌台诗案"以前,他的思想以儒家为主;黄州时期,佛老思想占据了主导地位;元祐元年开始,儒家思想又占据上风;到桑榆暮年,"佛老思想又升帐为主帅,儒家思想则退之次位"。① 这种以创作主体作为研究的主要对象,以直面主体、直面本人作为研究视点的实事求是的研究方法,便于真实、深刻、全面地揭示出研究主体的思想境界和精神状态。这种研究视角的变化显然是与当时的文艺学学术思想的变化相一致的。

对词学研究中主体性的强调为 20 世纪 80 年代中期以后的词文学研究注入了活力。研究界不仅把词文学创作主体的研究向词人的性格研究、艺术精神的研究以及文化人格研究方向延伸,而且主体性研究的另外两个指向:对象主体的研究和接受主体的研究也呈方兴未艾之势。就唐宋词对象主体的研究来说,同为新时期唐宋词人研究热点的李清照、李煜、朱淑真,他们的词作带有自传性质,故探索他们词作中抒情主人公的形象,不仅有助于了解词人的生平思想、人生境遇,而且可以经此直探词心,正确领会创作主体之用心并进而正确解读词人的精神人格和词作的美学意蕴。这方面的代表作有李岩的《李清照的自我形象》②、乔以钢的《李清照文学创作中的自我形象和中国古代妇女文学创作》③、宪兵的《李清照的思想品质和性格特点》④、李勤印的《风流才子,误作人主——南唐后主李煜的悲剧人生》⑤、赵艳丽的《李煜词艺术魅力审美初探》⑥、董淑瑞的《朱淑真诗词中的自我形象》⑦。其中,董淑瑞文从朱淑真作为一个女性作者主体出发,探讨其诗词创作的抒情主人公形象的特征和情感特点。作者认为:"她用自己的笔,以诗词形式呕心沥血写出的三百多首诗词反映她自身的生活、自身的形

---

① 李庆皋:《苏轼思想"大杂烩"论辨》,《辽宁师范大学学报》,1987 年第 3 期。
② 《四川师范大学学报》,1987 年第 6 期。
③ 《天津师范大学学报》,1989 年第 1 期。
④ 《学术交流》,1989 年第 6 期。
⑤ 《文史知识》,1987 年第 4 期。
⑥ 《齐齐哈尔师院学报》,1986 年第 3 期。
⑦ 《河北大学学报》,1985 年第 4 期。

象……她的作品本身就是一曲表现奇女子'微言大义'的交响乐,再现一个有个性、有灵魂、又备受封建思想所压制却不甘落后的真实的妇女悲剧形象。"作者从"理想之爱的追求者"、"封建婚姻的叛逆"、"'才也纵横、泪也纵横'的多情才女"、"多音符的交响乐"4个方面全面揭示了朱淑真人品——词品合一的完整形象。通过对具体词作抒情主人公形象的审美分析,立论稳妥、坚实,避免了以往认识论批评的架空分析,也摒弃了工具论批评的死气沉沉,其论述既充满理性精神,又闪耀着人性光辉。

　　20世纪80年代的词学主体研究,主要着重在创作主体和对象主体,进入90年代后,渐渐有人开始对词文学的接受主体进行研究。关于90年代词文学接受主体的研究,无疑是80年代词文学主体研究的题中应有之义。尽管词文学接受主体的研究尚属一个新的领域,现成的研究资料不多,而且情况复杂,但是近年来一些学者迎难而上,从词文学创作的现实情景入手,探讨词文学的"生产—传播—消费"的运行过程,初步揭开了词文学接受主体的神秘面纱。事实上,词文学的创造过程是一项复杂的系统工程,其间接受主体的情况亦较复杂。词作者按谱填词以后,词的书面创作即告完成,然此时的词作尚是一种书面产品,并未成为可供流通和阅读的文本;又因为词是一种需要歌唱才可以供人消费的商品,故其时的词作至多是被抽去了演唱生动性的案头产品而已,此时词作者只是完成了第一次创作。而只有到了词进入应歌的场景,为歌妓所演唱,词才成为受众的消费商品。歌妓为词作由产品进入商品的第一接受者(消费者),也是词作由产品成为商品的第二创作者(作者)。因此从词文学创作的实际情况来看,歌妓既是词文学的创作主体之一,也是接受主体之一,同时又是词文学在传播过程中必不可少的中介环节。词文学接受主体的研究,除了研究"绮筵公子"的接受情况外,切不可忘了歌妓在词文学创作、接受、传播中的作用。吴熊和指出,"许多事实表明,词在唐宋两代并非仅仅作为文学现象而存在。词的产生不但需要燕乐风行这种具有时代特征的音乐环境,它同时还关涉到当时的社会风习,人们的社交方式,以歌舞侑酒的歌妓制度,以及文人同乐工歌妓交往中的特殊心态等一系列问题"。① 吴熊和很敏锐地发现了唐宋词研究中不可忽视歌妓制度这一社会文化现象,嗣后其学生李剑亮②、沈松勤③都致力于唐宋词与唐宋歌妓制度关系的研究,取得了可喜的成果。李剑亮认为词人无疑是词的"创作主体",但在

---

① 吴熊和:《唐宋词通论》,浙江古籍出版社,1989年,第466页。
② 李剑亮:《唐宋词与唐宋歌妓制度》,杭州大学出版社,1999年。
③ 沈松勤:《唐宋词的社会文化学研究》,浙江大学出版社,2000年。

许多词作中,"创作主体"、"接受主体"和"传播主体"三者往往是结合在一起的。在词的创作过程中,由于歌妓的作用,会发生主体转移现象,使得词的情感内涵、语言色彩符合歌妓的身份口吻、心理情趣,从而形成了词尚婉约的体性特点。沈松勤更是把歌妓制度作为唐宋时代的一种特殊的社会文化现象来研究。作者从宋代文献中钩稽了大量史料,认为歌妓制度的产生源于唐末及宋代日益发达的商业社会的特殊环境。歌妓献艺尊前,歌舞佐酒与文人竞采尊前,应歌填词都是为了娱宾遣兴,两者虽然相互牵制,各有羁绊,但相辅相成,相互驱动,共同构成唐宋词的创作主体,促进了唐宋词的创作繁荣,促成了"花间范式"的建立。李、沈两人都从歌妓制度这一角度入手,并以大量的不容置喙的史料证实了歌妓作为词文学创作与接受的主体地位。这一研究视角新颖,发前人所未发,揭开了词文学创作的真实面纱,较为圆满地解释了词文学在创作过程中主体的作用和地位,尤其是揭示了其艺术风格形成的真正原因,为人们打开了研究词文学的一扇新的窗子。这些结论对于研究词的缘起、体性、风格、演变等问题亦富有启发。由此可见,20 世纪 70 年代末的思想启蒙至 80 年代的人本主义兴起,对当代词学研究的影响是巨大的。它催生了当代词学研究的新观念——主体批评的产生,这不仅仅是理论观念上的变革,而且是一种方法的转换和手段的更新。与前此的词学研究相比,80 年代中期形成的主体批评方法是词学研究当代性转换的标志,也是当代词学研究者学术自觉的标志。

21

唐宋词名句的审美构成论析

蒋晓城 湖南理工学院

　　唐宋词是古代诗坛词苑中的一朵奇葩,它风姿绰约、风情独异,散发着醉人的芳香,给人以特殊的美感。不必说它那低徊要眇的情思,也不必说它那精美幽微的语言、深细悠长的意境,单是词中那些不期而至的名句,就美不胜收、令人玩赏不尽了。"词之为体,要眇宜修"(王国维《人间词话》),"词之为体如美人,而诗则壮士也"(田同之《西圃说词》),如果说词是一位体态颀长、明艳盛装的美人,那么名句则是她脸上晶莹澈亮的眼睛,是她头上光华熠熠的珠宝——最直接最耀眼的动人的魅力所在。唐宋词中的名句无疑是一首佳作中不可或缺的亮点,从文学接受的角度而言,它对于词作的审美鉴赏、审美判断直至审美接纳都具有重要的积极意义。

　　在浩如烟海的唐宋词中,为什么会有那样一些词句受到从古到今的无数读者络绎不绝的青睐、激赏而闻名遐迩呢?为什么又会有那样一些词句由于无人问津而籍籍无名呢?换句话说,为什么有的词句能成为历久不衰的名句,而有些词句却不能呢?回答这个问题恐非易事,因为它涉及词人、词作、读者几个方面的因素。但是有一个基本的事实就是,这些句子要成为名句必须具有独特的美学表征,具备强烈的美感效应,产生特殊的美学力量。这种美学表征、美感效应和美学力量源于句子自身的特殊素质。如果仔细地考察词作中名句的这种特殊素质,可以发现她大致由这样几个审美要素构成。

一、内蕴美

　　"吟咏情性,莫工于词。"(尹觉《坦庵词跋》)唐宋词是最纯粹的抒情诗,它最能够也最善于表达词人心中那种柔婉精微、幽约怨悱之情。伤春悲秋、相思怨别、羁旅思乡、身世感怀等各种人生感慨构成了词作的情感类型。人生感慨是词作内蕴美的集中体现,而词中的名句往往是词作中情感的重要载体,它以诚挚深沉、丰富凝聚的人生感慨承载着词的内蕴美。如李煜《虞美人》:"春花秋月何时了,往事知多少。 小楼昨夜又东风,故国不堪回首月明中。雕栏玉砌应犹在,只是朱颜改。问君能有几多愁,恰似一江春水向东流。"春花秋月、故国往事引发了作者从巨大的人生反差中获得的最独特的深层体验,于是抚今追昔、伤亡念逝之情发于笔端。结句"问君能有几多愁,恰似一江春水向东流",是他悲剧生命的痛苦哀呼,是无穷忧患和绵长愁恨的真实倾泻。同时,它超越了一己一身,表现了人类普遍共有的愁恨。像这样"以血书者"的句子,悲不自禁,恨意无穷,可谓沉痛之致,在读者的审美心理上产生强烈的刺激,以至发生震撼人心的力量,产生跨越时空的美感效应,因此,它成了该词的名句。唐宋词中这类以"情胜"的名句比比皆是,如秦观的"便作春江都是泪,流不尽,许多愁"(《江城子》)、晏几道的"此情深处,红笺为无色"(《思远人》)、贺铸的"试问闲愁都几许,一川烟草,满城风絮,梅子黄时雨"(《青玉案》)、李清照的"此情无计可消除,才下眉头,却上心头"(《一剪梅》)等,这些词句以其真挚深沉的人生感慨获得了灵魂和生命,让读者在凝神观照中体味其中的美学情思。

唐宋词的许多句子,除了本身传达出诚挚浓郁的内心感受外,同时还蕴含着深刻的理性思致,每一个读者都可从中找到或者诠释无限丰富的内涵。如柳永《凤栖梧》,词写相思,却曲径通幽,由春愁之生到无可言说再到借酒浇愁无法排遣。最后两句"衣带渐宽终不悔,为伊消得人憔悴",直抒胸臆地表现了抒情主人公为着相思无怨无悔、忠贞专一的美好情愫。王国维称其"专作情语而绝妙"(《人间词话》),其绝妙之处在于超越词句本身的思致,它包含着人在生命的旅途中所具有的坚定执著、无怨无悔的追求精神,因此,容易引发读者不住的赏玩与深永的思考。再如秦观《鹊桥仙》,全词写牛郎织女的恋情。上片写千里相会,下片写依依惜别,词的最后以"两情若是久长时,又岂在朝朝暮暮"这一饱含情感的议论对牛郎织女的恋情报以欣赏的赞叹。这一声赞叹,又深刻地揭示了古往今来爱情的真谛,那就是只要真诚相恋,即使天各一方,也远胜于长相厮守的庸俗情趣。这两句真不愧为"化腐朽为神奇"(《蓼园词选》)。与以上两句一样,晏殊的"无可奈何花落去,似曾相识燕归来"(《浣溪沙》)、苏轼的"人有悲欢离合,月有阴晴圆缺"(《水调歌头》)等,都成为了千古传诵的名句,正因为它们丰厚的情思构成了特殊的内蕴美,从而产生了征服人心的美学力量。

二、形象美

"言情之词,必藉景色映衬,乃具深宛流美之致。"(吴衡照《莲子居词话》)

词虽然是言情文学,但其抒情常常寻找情感的对应物,把抽象的情感化入外物,寄寓于具体的形象之中。唐宋词中有许多名句,都直接地实现了这种表情方式,而且承载着一个个鲜明的美感形象。由词句构建的形象,大体有两类:一是物象,二是人象。唐宋词的物象,是由多个景物连缀构成的审美形象,这类形象美感突出、自具特征。如温庭筠《菩萨蛮》:"水精帘里颇黎枕,暖香惹梦鸳鸯锦,江上柳如烟,雁飞残月天。　　藕丝秋色浅,人胜参差剪。双鬓隔香红,玉钗头上风。"词写女子离别相思之情,上片写景,三四句"江上柳如烟,雁飞残月天"写室外之远景,极为开阔。流淌的大江、暮烟笼罩的杨柳、高飞的大雁、拂晓的清月,不同美感的物象于不同视角上融为一个整体画面,江、烟、柳、飞雁、残月几个物象于整体画面中又形成一个形象系统,其独特的时间、空间与读者的心理存在着一种"间隔",具有"烟水迷离之致"的朦胧美①,含蓄幽微地表现出女子思远怀人之情,因其美感特征而成为温词名句。而且,该句还被视为一种创作范型,影响了后来的词人的创作,如柳永《雨霖铃》中"杨柳岸,晓风残月"。与温词相类,范仲淹的"碧云天,黄叶地,秋色连波,波上寒烟翠"(《苏幕遮》)也以其美的物象影响后世作品,如王实甫《西厢记》"长亭送别"一折中的"碧云天,黄花地"唱词即化用于此。由此可见,名句的美感是它永恒的生命力的顽强支柱,它能突破时间与空间的阻隔而在后人的反复咏唱与续写中获得长久的魅力。

　　与词中物象相比,唐宋词中的人象更具生命和精神。唐宋词词句中的人物形象依照审美主体来分有两类。其一是"非我形象",即形象并非审美主体自我,而是"男子作闺音"式的虚拟形象。如韦庄《浣溪沙》:"惆怅梦余山月斜,孤灯照壁背窗纱,小楼高阁谢娘家。暗想玉容何所似,一枝春雪冻梅花,满身香雾簇朝霞。"写相思情怀,下片收尾"一枝春雪冻梅花,满身香雾簇朝霞"写佳人容貌气质:如白雪封冻中亭亭玉立的梅花,如馨香簇拥着的艳丽明媚的朝霞。它形容奇绝,塑造了一位玉洁冰清、明拖清雅、仪态大方的女性形象,展露出特有的女性美。再如苏轼《水龙吟》中"萦损柔肠,困酣娇眼,欲开还闭",本摹写杨花姿态,实为以花喻闺中思妇,人与花契合无间。柔细的枝条即思妇的百结柔肠,飞舞的柳叶也即思妇欲开还闭的娇眼,一个因思念远人而困倦、愁怨的思妇形象跃然纸上,既得杨花之神,又得思妇之神,给人以双重美感,堪为写景写人的名句。其二是"自我形象",即形象为抒情主体自我。如李清照的"莫道不消魂,帘卷西风,人比黄花瘦"(《醉花阴》),以瘦菊喻人,新颖精妙,可感可触,塑造了一个多愁善感、孤独憔悴而又高雅超俗的闺阁美人形象。而辛弃疾笔下的"醉里挑灯

① 钱鸿英:《词的艺术世界》,上海文艺出版社,1993年,第188页。

看剑,梦回吹角连营"(《破阵子》),是一位以身许国而壮志难酬的抗金义士形象,给人以豪情悲慨的壮美感。而姜白石笔下的"春未绿,鬓先丝,人间别久不成悲"(《鹧鸪天》),却是一位饱经忧患、容颜苍老、形单影只的江湖清客形象,给人以难以释怀的悲感。唐宋词中那些精神气质各一的自我形象,以它蕴含的不同美感在无数读者的眼中跳荡,在人们的心中回响,而塑造这些不同美感形象的美妙词句也深深地镌刻在广大读者的记忆之中。

三、意境美

唐宋词在古代的韵文中,具有最优美的意境。它或含蓄蕴藉,或轻灵韶美,或清新明朗,或典丽骚雅。王国维说:"词以境界为上,有境界自成高格,自有名句。五代北宋之间之独绝者在此"(《人间词话》),道出了意境与名句的关系。况周颐说:"读词之法,取前人名句意境绝佳者,将此意境缔构于吾想望中,然后澄思渺虑,以吾身入乎其中而涵泳玩索之"(《蕙风词话》卷一),指明了意境绝佳的名句与读词的关系。从王、况二人的评述中可见意境美是词中名句构成的一个重要的审美要素。

意境美是词中情景相融、虚实相生而产生的独特美感,也就是常说的"韵味",意境美能够诱导引发读者的审美想象空间。唐宋词的名句,颇具"韵味"与触发读者想象的功能。如王国维曰:"'红杏枝头春意闹'着一'闹'字而境界全出。'云破月来花弄影'着一'弄'字而境界全出矣。"(《人间词话》)他以敏锐的眼光揭示出北宋词人宋祁《玉楼春》与张先《临江仙》中两个句子的美学特征,这二句中的"闹"与"弄"是两个非常简单的字眼,但用在这里却起到渲染美的意境的作用。宋祁句一"闹"字,用得极为绝妙,把无感知的"红杏"化为有生命的"人格",既形象地表现出春光明媚、生机盎然的景象,又使人能感受到春的活力与欣荣。张先词句一"弄"字,下得极其生动细致,花与影成了既有生命又有主观情意的物象,云月无情,花影有意,既形象地写出了花的风姿,又能引起人们无限的遐思,给予人们无限宽广的欣赏空间。由于这两句写景撮神,妙境毕现,遂成千古绝唱。

"意境是诗人把他感于物而又动于中的思想感情凝聚到艺术形象中来,变成深永的情景交融的画面。"①唐宋词的名句往往能形成这样的画面,并且具有情景交融的意境美。如欧阳修《踏莎行》:"候馆梅残,溪桥柳细,草薰风暖摇征

① 蒋孔阳:《唐诗的审美特征》,《文史知识》,1985 年第 10 期。

綣,离愁渐远渐无穷,迢迢不断如春水。　　寸寸柔肠,盈盈粉泪,楼高莫近危栏倚。平芜近处是春山,行人更在春山外。"词写离情,上片着眼于游子,下片着眼于思妇。最后两句"平芜尽处是春山,行人更在春山外"既为游子劝慰之词,又可为思妇远望所见。这两句构成了一幅楼头思妇眼望神驰、远行游子身影将逝的画面,从此画面中,读者可感受到游子思妇深远悠长的离愁,感受到跨越距离的情感与广远的景物融合构成的意境。所以这两句产生了"不厌百回读"(卓人月《词统》)的美感效应。当代俞平伯谓此二句"此乎可画,却又画不到"①,可画的是楼头的思妇、远行的游子,画不到的正是句中那情景交炼、韵味深长的意境。

四、语言美

"诗庄词媚,其体元别"(王又华《古今词论》),就语言来说,诗词亦有差异。比较而言,诗的语言古朴雅炼,词的语言新巧轻倩。如同是以梦写情,杜甫诗为"夜阑更秉烛,相对如梦寐"(《羌村三首》),而晏几道词为"今宵剩把银釭照,犹恐相逢是梦中"(《鹧鸪天》),可见一斑。与写景抒情的特点相适应,词的语言深婉隐曲、精美轻灵、含蓄蕴藉,在声韵、语汇等方面给人以特殊的美感。以李清照《声声慢》为例,词用赋体,写竟日愁情,诉颠沛流离之苦与孤苦伶丁之痛。开篇连用三句、七组、十四个叠字"寻寻觅觅,冷冷清清,凄凄惨惨戚戚","寻寻觅觅"写内心活动,因若有所失而寻求安慰;"冷冷清清"写寻觅的结果:环境凄清,心情凄冷;"凄凄惨惨戚戚"更进一层写内心感受,孤苦无依,哀婉凄绝。这十四个叠字,写情匠心独运,自然妥帖。不仅如此,它的声韵特征更是高标绝立。因为,从语音的角度分析这些叠词全为唇齿音,并且具有抑扬高下的声调,不仅适合作者作为女性词人那种软语叮咛的口吻,而且与作者心中那清冷孤苦的感受不谋而合,这样便产生了声情并茂的艺术效果,因而赢得了历代评论家的激赏。张端义《贵耳集》云:"此乃公孙大娘舞剑手,本朝非无能之士,未曾有十四叠字者。"徐釚《词苑丛谈》云:"真似大珠小珠落玉盘也。"都是对其独特的声韵美的评价。

除了声韵之美,唐宋词那些构筑语言的材料——语汇往往也是精心选择而力求精美细致。王世贞云:"词须宛转绵丽,浅至儇俏,一语之艳,令人魂绝,一字之工,令人色飞。"(《艺苑卮言》)就是对词句语言特点的要求。古代词论还强调下字用语,须"雅",求"精择",用本色当行语而力避粗俗生硬。唐宋词中名句大抵如此。如晏几道《鹧鸪天》,上片三四两句"舞低杨柳楼心月,歌尽桃花扇影

---
① 俞平伯:《唐宋词选释》,人民文学出版社,1979 年,第 79 页。

风"，把美丽的月夜景色、狂歌艳舞的欢快气氛以及炽烈的感情交织在一起，虚实结合，对仗严整，细腻工巧。"舞低"、"歌尽"遣词精妙，"杨柳"、"桃花"自然清新，"楼心"、"扇影"精雅华美。比小晏稍后的晁补之评曰："知此人不在三家村也。"（《能改斋漫录》卷一六）这是对词句清丽芊绵、雅婉明畅的语言美的赞赏。

在唐宋词中，有许多句子直接来源于前代诗歌中优美文雅的语汇，如孙光宪的"江边一望楚天长，片帆烟际闪孤光"（《浣溪沙》）、晏殊的"人面不知何处，绿波依旧东流"（《清平乐》）、贺铸的"断无蜂蝶慕幽香，红衣脱尽芳心苦"（《踏莎行》），吴文英的"落絮无声春堕落，行云有影月含羞"（《浣溪沙》），这些语句以其合乎本色的"雅美"为人称扬而成佳句。与之相对，唐宋词中也有一些从口语、俚语中吸收过来的浅俗之语，如柳永"执手相看泪眼，竟无语凝噎"（《雨霖铃》），李清照"知否，知否，应是绿肥红瘦"（《如梦令》），这些语句因其清新平易，俗不伤雅，也不妨碍其成为盛传不绝的名句。

总之，名句以其独特的声韵语汇与固有的节奏句法相配合，产生了"诵之行云流水，观之明霞散绮，听之金声玉振，讲之独茧抽丝"（谢榛《四溟诗话》）的审美效果。

五、整体美

整体美指的是名句与词篇那种水乳交融、互不相离、相得益彰的关系而形成的整体美感。只有达到这样的整体美，才会有篇因句而显、句因篇而名的互助关系。南朝诗人谢灵运虽然写下了像"池塘生春草，园柳变鸣禽"（《登池上楼》）这样生气贯注的佳句，但是这些名句却不能与他的诗篇成为和谐的整体，因此谢诗存在着一个不容忽视的缺点：有句无篇。这不能不说是做诗的遗憾。在唐宋词中，为读者喜闻乐道的名句却没有这样的缺点，也没有留下那样的遗憾，如晏几道《临江仙》："梦后楼台高锁，酒醒帘幕低垂，去年春恨却来时，落花人独立，微雨燕双飞。　　记得小苹初见，两重心字罗衣，琵琶弦上说相思，当时明月在，曾照彩云归。"上片写梦回酒醒后的感受，下片写对小苹的追忆。上片的三四句"落花人独立，微雨燕双飞"，直接借用五代诗人翁宏的《春残》。翁诗为："又是春蚕也，如何出翠帷。落花人独立，微雨燕双飞。寓目魂将断，经年梦亦非。那堪向愁夕，萧飒暮蝉晖。"全诗以写残春之景抒情，但全篇意脉断裂，结构松散零乱。落花两句在诗中并不特别地耀眼，但小晏将这两句置于"去年春恨却来时"句下，恰到好处地把今年的春愁和去年的春恨交织在一起，又把绵绵无尽的春恨形象地融入时间的变化中，并自然延伸到对小苹的深切追思。这两句融化其中，使全词情景交融,意脉贯连,深婉委曲。句与全词形成了相互映衬的整体关系,那么和谐融合,那么贴切自然。"就像临邛的卓文君,只有再嫁司马相如,才能各扬后世一样"①,"落花"两句嫁接入小晏词中,才成为"千古不能有二"(谭献《谭评词辨》)的名句。再如苏轼的《蝶恋花》:"花褪残红青杏小,燕子飞时,绿水人家绕。枝头柳绵吹又少,天涯何处无芳草。　　墙里秋千墙外道,墙外行人,墙里佳人笑。笑渐不闻声渐悄,多情却被无情恼。"上片从视觉上写景,蕴伤春之感,下片以人情之惆怅喻失意之情,值得注意的是"枝上柳绵吹又少,天涯何处无芳草"这两句像一根无形的金线连缀全词,承上启下。它承上片暮春之景,以柳絮飘落殆尽、芳草延伸到天边的形象化描写寓春之将尽,接着又以"芳草"之内蕴开启下片。因为芳草在古诗文中暗喻离情,这便与下片佳人无情离去、行人枉自多情的绵绵离恨相应。通过此句的承转,全词情景交融,浑然一体,清丽缠绵,不愧为东坡婉约词名作。而"枝头"二句以其优美的景物形象、深沉感人的寄慨卓然而成名句。因此,我们在欣赏这首词时,既为它的名句而感染,也会沉浸于句与篇完美结合而成的浑然无垠的意境之中。

以上从内蕴美、形象美、意境美、语言美、整体美5个方面对唐宋词的审美要素构成进行了论析。可以说,这几个审美要素是唐宋词名句之所以成为名句而产生美感效应的前提条件和基础。唐宋词句只有具备上述审美素质和审美特征,才能成为名句、名词,产生恒久的艺术魅力。

(原载于《江西社会科学》2003 年第 5 期)

---

① 沈祖棻:《宋词赏析》,上海古籍出版社,1980 年,第 56 页。

22

生态学背景下的清代山水诗研究

时志明 苏州市职业大学

一、引言

自然界以千差万别的形质而交互作用,其关系错综复杂、欲理还乱。在不断嬗进演化的过程中,人类作为生物之一种应运而生。由于人的物种的特殊性,所以人类自诞生起,便一再强化自身在自然万物中的主体地位,把自己当做来于自然,又高于自然的生物体:"人比其他动物,无论在身体或灵魂方面,都生来就无比地高贵,生活得像神明一样。"正因为人的主体地位被强化,甚至无限扩大,所以人对自然的戕害、掠夺以及毁坏也在加剧。如果古典时期的中外思想家一致推崇天人合一、人与自然和谐相处的话,那么近代,尤其进入自然科学发达的现代,人对自然就不那么宽容,他们利用机巧和诡诈,开始"扩大人对自然的权力"。一旦人对自然的权力扩大膨胀,人的欲望就变得非常可怕和丑陋,各种罪恶便由此衍生,各种灾难因之而至。直面人对自然疯狂占有而产生的种种回归自然、保护自然,以自然为精神家园的观点亦应运而生:"城市是坑陷人类的深渊。经过几代人之后,人种就要消灭或退化;必须使人类得到更新,而能够更新人类的,往往是乡村。"在卢梭看来,城市是人对自然的反动与异化,而乡村则是纯天然的,是人类更新的熔炉;19世纪是欧洲资本主义迅速崛起,而机械大量被制造并运用于人类生活的变革时期,洞察了科学技术进步的同时,一些目光睿智的思想家感到了技术发展给人类所带来的各种弊端,"文明人制造了马车,但他的双脚却渐渐丧失了力量……他有了一块精致的瑞士表,但他丧失了通过太阳准确地辨别出时间的技能……我们是不是可以提出这样的问题:机械提供的便利是不是可以说是一种阻碍? 追求文雅是不是使我们失去了生命的某些原动力?"针对"科学昌明"的副作用,中国近代思想家严复更是说得直截了当:"嗟夫! 科学昌明,汽电大兴,而济恶之具亦进,固亦人事之无可如何者耳。"制造技术的发展说到底是物质的再生和再造,有人将其夸大成人类进化的标志,对此梁启超先生说:"物质文明这样东西,根柢脆薄得很。霎时间电光石火一般发达,在历史上原值不了几文钱,所以拿这些东西作进化的证据,我用佛典上的一句话批评他:'说为可怜愍者。'"诚然,科学的进步,推动了人类社会的发展,技术的不断革新给人们带来了物质上的享乐与安逸,但物质的东西永远不能代替精神,技术的应用不能说是人类文明的象征,我们不能因为今人有飞机坐、有电视机看、有各类器械供我们使用,就觉得我们比古人更优越、更快乐、更幸福。快乐幸福建立在人与自然、人与社会、人与人和谐相处的基础上。当我们不得不面对、不得不忍受今日现代化带给我们种种重负的时候,看到因追求利益而被剥离得满目疮痍的河山的时候,我们不妨走近清人,深入清代山水诗的脏腑,去重新审视我们曾经拥有的生态环境,以及那个充满神奇力量的自然领域。清人离我们一步之遥,他们曾生活过的环境就是我们现在所拥有的,清人笔下或壮丽、或婉约、或雄浑、或幽邃的自然世界正是我们今日生态环境的参照和映现,所以研讨清代山水诗,以及清人生态自然观,对我们今天以至将来确立保护生态和生存环境观念将有巨大的启发作用。

二、抉幽发微、穷物尽相:清代山水诗对原生态自然形貌描摹概观

清诗的繁盛是时代的产物,是诗人在特定环境中抒愤发幽的心灵回声。山水诗为诗之一类,在清代尤为发达,几可成为清诗乃至整个中国古典诗歌走向辉煌和巅峰的表征。山水诗之所以能在清代大行其道,且繁荣滋盛,关键在于清人自然生态观念的演变与进化。与前朝各代比,清人的自然观已超越敬天载德、体玄悟道、追觅禅理的功利观,而进入与天地同化、和自然相融的纯生态观,他们把自然山川、人文景观看成美的对象加以欣赏,用平等亲和的心态对其进行临摹,因之就有了"鸟啼花落,皆与神通"的山水之作。如果用现代生态学的眼光来研讨清代山水诗,把清代山水诗置于生态的背景下进行考辨,则清诗在内涵上就显出视角廓大、疆域延展、创作阵容严整、宏观与微观有机结合的特征。

由于自然观和生态理念的确立,清代诗人始终把关注的目光投向生机勃发的山川河岳、草木虫鱼,他们把天地当成一幅大山水,心穷目尽,探原究理,发微抉幽,使天下山川几无遁形。在清代诗人笔下,中原山川无微不至、无奇不有,即使边关塞上、域外绝国亦能穷形尽相,搜罗备至,构成一幅与前朝各代迥然有别的寰宇万里山水图卷。如黄宗宪、黎汝谦的日本山水诗;斌椿、康有为、梁启超等的欧游山水诗;丘逢甲、杨沂的南洋山水诗;钱良择、张鹏翮的塞外山水诗;孙士

毅、杨揆、松筠等的卫藏山水诗;洪亮吉、纪昀、林则徐、祁韵士等的回疆山水诗;赵翼、张澍、沙琛等的滇黔山水诗;还有退居台岛众多诗人的台澎山水诗,以及流人徙徒的白山黑水山水诗。凡此种种足证清代山水诗的繁盛壮阔,其斑斓处,如云霞之拱朝日,清奇时,又恍若绿水出芙蓉。遍九州寰宇之景,被清代诗人写来,直叫人耳目一新,有振颓起衰之功。

王国维在《人间词话》中阐释曰:"能写真景物,真感情者,谓之有境界,否则谓之无境界。"有境界无境界是清人分辨诗词创作优劣的分界线,有境界的作品以自然为旨归,用自然眼光观照事物,把自然人格化、主体化,如此才能达到审美的至境:"纳兰容若以自然之眼观物,以自然之舌言情……北宋以来,一人而已。""元曲之佳处何在? 一言以蔽之,曰:自然而已矣。"自然即天然,顺乎天、应乎地、关爱生灵、珍惜江河湖海等一切现存之物,用平衡和谐的心态对待万物,故而清人的山水诗不屈不矫,不枝不蔓,而且直面自然万物,写出自然的真面目、真精神。如赵翼的《高黎贡山》、洪亮吉的《牟珠洞》,及其他们对滇黔山水纤毫毕现的山水诗群,从微观到宏观全面展示了西南边陲峻拔雄伟、幽深秀丽的独异风光。在这些诗作中感受不到一丝禅意的空寂落寞和枯槁虚无,反而处处山花烂漫、流水潺潺、飞鸟啼幽、犬吠桑柘,绝地而起的雪峰、奔涌呼啸的峡江、千形万状的熔岩、百洄流转的洞壑……这一切仿佛引导读者进入一个生态和谐、自然无争的神窟仙境。

与西南边陲幽秀峻拔山水气象相映的是清人笔下对西北、东北、西藏、台岛山川风物的歌吟咏唱,这些诗篇长歌短章、肆意挥洒,将中华万里封疆绝世的姿容渐次展开,令人惊艳不已。如纪昀的《乌鲁木齐杂诗》以 160 首之巨的容量,用轻歌低吟的形式将乌鲁木齐的民俗、节令、山川、风物等逐一写来,使人恍入草木繁茂、波光激滟的暮春江南。祁韵士嘉庆九年因事获罪,嘉庆十年被贬谪伊犁,著有《万里行程记》、《西陲要略》等专述西北史地的名作。《西陲竹枝词》一百首作为附录编缀于《要略》之后,它们不单吟咏风物,更重要的是以史地学实录的手法真实记载了当时西陲的地形、地貌和地物,为研究新疆一线生态提供了历史借鉴。生机勃发、生命如歌,在清代诗人笔下,西北边陲呈现出万物向荣的欣欣景象。

清代山水诗雄浑辽阔、海涵地负,极尽遍世界山川风物,因篇幅,不尽详述,但处大海之上的台岛决不能被忽略。台湾自古为中国领土,子孙繁衍,山川壮美,从郑成功保台到大清统一,台湾一岛日渐复兴,清政府设台湾为行省,委官派员,冠盖往来,台岛山水诗因之应运而生且繁荣。如钱琦的《泛海歌》、《澎湖》、《赤嵌城》,孙湘南的《抵台湾》、《飓风歌》、《海吼吟》,陈梦补的《玉山歌》等,蛮声当时台岛诗坛。连横所撰《台湾诗乘》、卢若腾的《岛噫诗》、诸家撰《台湾诗钞》，以及各种方志所载清代台岛诗人数百家，他们或宦游或岛产，足迹遍岛内，妙笔生花，诗惊鬼神，岛内山川景物、风俗人情毕现其毫墨之间，正如连横所评："台湾开辟以后，风会所趋，自南而北。诸罗、淡水之间，尚多旷土，草莱瘴深，汉人犹少至者。"自康熙平台以后，随军委任的官员，像北路营参将阮蔡文等人自备干粮，亲历番社，"日或于马上赋诗，夜则燃烛纪所过地理山溪风土。"由此见出，台岛山水诗不但具有生态价值，而且还凝聚统一河山、筚路蓝缕的历史价值。

清代诗人创制山水诗蔚成风尚，不但地域广，而且诗派林立、诗群众多，如以个案来看，清人诗歌创作以山水诗为甚。这种亲近自然、融入自然，把自然山水当成红粉知己，以倾诉心曲、寄托心灵的习尚与理念承嗣于明代旅游学和地舆学的兴盛。

在清代诗人云集、各种音律奏响的山水大合唱中，有一种清新婉转的旋律必须引起我们的关注，那就是闺秀诗群。与八旗诗群、僧侣诗群、画人学人诗群，以及名目繁多的地域诗群不同的是，闺秀诗群在规模和视阈方面比前代均有极大超越。清代闺秀诗不但阵势强大，而且诗品上乘，特别在山水诗创作方面异彩纷呈。清代妇女走出深闺内院，从幽闭到开放，她们一洗满身的脂粉气，脱去前朝女性相思闺怨、善写离愁的窠臼，而显露出空前的豪放与侠义。如郭润玉的《过江西十八滩》，王璠的《上滩》，蔡婉的《关锁岭》、《江西坡》、《辰龙关》，梦丹的《望庐山》，陈长生的《观音门舟夜》等，都是诗人随亲宦游时借景抒怀的山水佳作，大气开阖，襟胆照人。

清代山水诗存量巨大，诗家甚众，上述仅为沧海一粟、走马观花式的巡礼，但通过一斑即见全豹，由山水诗描写的范围、审视的角度、参与的群体足可洞见清人山水自然观的进化：崇尚自然而不迷信自然，热爱自然而不淫浸自然，吟赏自然而不亵渎自然，亲近自然而不损毁自然，以自然为师、为友、为亲，把人与自然放在同一主体地位，平等欣赏，平等对话，在描绘刻镂自然形貌时神韵横逸、具像俨整，从而让我们认识了华夏古国原始与人文合一的生态面貌。

三、清代山水诗研究的当代生态学意义

生态是一个系统，它纵贯时间，横跨空间，把古往今来无南无北遍宇宙的自然物态有机组合起来，使其和谐相处、交替代序，从而繁衍万物，滋生种群。如果以时间来看，清代山水诗承接前人，启迪后辈，形成自然生态观念链上最具过渡性的一环；以空间考察，清代山水诗无论微观，还是宏观，都充分展示了其独具的

生态美风貌,成为我们认识、发现和保护现代生态环境的宝贵资料。

概言之,清代山水诗研究的当代生态学意义体现在以下方面:

(一)确立正确的自然观,从宏观上把握自然生态与人类协调统一、和谐互动的规律,达到有机保护自然、维持生态平衡、有序发展并创造人类生存环境的目的

清人生活的年代距今不过区区两三百年,在宇宙无垠的时空中,这只能是一闪而过的瞬间。如果我们将审视的目光回溯到那个瞬间,就会惊异地发现,清人对待自然的态度是那么祥和宁静、不离不弃,在他们眼里自然生成万物,山水激发性情,自然山水不仅是人类繁衍生息的物质基础,更重要的还是心灵和感情憩息的精神家园,山水感发人心,形诸文字,便是世间最美妙的诗章:"山水有性情,有学问,有语言容止,善游者与之往还,约契切劘无间。"善游山水、遍览山川是清代诗人普遍存在的自然心态,他们从个别到群体,从自觉到自发,均把观览山川、沉浸自然当成人生一大乐事,在他们看来,山川与人的主体地位可以互换互生、互融互通。

以自然为人生的起点,清人把万物山川当成生命的主体,而超越了畅神怡性、托物寄意的客体范畴;以自然为人生的终点,清人则和万物山川寻求互证,要约结盟,他们以山川为鉴,洞彻人类精神与灵魂的本来面目:"诗人爱山如骨肉,终日推蓬看不足……自知面目已垢淹,却对青山自惭悔。"(何绍基《爱山》)魏源的众多山水诗作,从多个侧面展示了山川河岳的原始风骨,同时也总结了清人的自然生态观,在魏源笔下,整个大自然呈现了无限生机。俯仰天地,体察生命,不以己悲,不为物役,天心、地心、人心,三心合一的生命形式被清人所推崇,所企求。

站在宏观考量的角度,清代山水诗中所透析的清人自然观对今人的启示作用表现在:

(1)世间万物生而平等,互相包容,凡治世之道应以和谐共处为上,泯灭人类与其他物种贵贱高低的观念界限,鼓励人类适度合理开拓生存空间,用法律和政治的手段有效保护环境,维持生态平衡。坚决摒弃一切偏激的经济发展观,调整经济产业结构,把那些对人类经济发展虽然有利但对生态安全构成威胁与隐患的产业予以清除。

(3)物种的平等、生态的平衡以对生命的尊重为标志,我们既要尊重大自然中每一物种的生存权,保护它们,使其延续,还要尊重人类社会中每一种族、种群,甚至个体生命的生存权,保障他们的权益不受侵害,维护他们的生活状态,通过社会制度有机调节生产生活资料在全社会成员中平等分配与享用的方式。在

生命的尊严和作为人的权力上，人人生而平等，坚决革除种族歧视、性别歧视、年龄歧视、政治与宗教信仰歧视的陋习；消灭一切人为的等级观念和贫富差别，对西方世界以财富论英雄和东方世界以权力论英雄的反自然观念进行彻底反思，因为这两种"英雄观"是将宇宙万物，包括人类自己带向苦难与毁灭深渊的精神恶魔。回归自然，回归生态平衡，是我们消灭差别、建立合理合情社会秩序的必要手段。正如卢梭所言："在自然状态下，是存在着一种不可毁灭的真实的平等的……在人类社会中存在的权利平等是虚假的……正义和从属关系这些好听的字眼，往往成了实施暴力的工具和从事不法行为的武器。"自然状态存在真实的平等，人类社会存在虚假的平等，关键问题是人的自然天性中恶性的扩张，要灭除人类社会的不平等，遏制人性恶的滋长，包括卢梭、康德在内的思想家提出了法自然的观点："大自然迫使人类去加以解决的最大问题，就是建立起一个普遍法治的公民社会。"按照大自然的法则建立的人类社会的法则必然会体现顺乎天理、合乎人情、应乎民心的特质，即"人法地，地法天，天法道，道法自然"的逻辑联系，自然是天地运行、人类社会发展的最高准则。

（3）清代山水诗及清人的自然观念再三强调天人合一，人与自然和谐相处，以自然为师为友，自然与人之间既形同母子，相互融合衍生，又情同手足，共相催生贯通。人类对自然应珍惜、呵护，观赏她的壮丽，体味她的阴柔，从她的身上吐纳真气、发现美感、提升修养，绝对"不能将它宰割而简化为机械物质的场合，以供贪婪的人们作科学智能的征服对象，或政治、经济权益竞争的战场"。通过解读清人对自然崇敬热爱的理念，我们可得到这样的启示：人类社会矛盾和悲剧的源泉来自人与自然的割裂和对立。表现在哲学观念上，我们鄙薄忽视东方传统天人合一的和谐自然观，而鼓吹扬厉西方二元论的所谓唯物论辩证法，把世界看成纯物化的实体，最终导致经济至上，物质至上，让物欲统治人类，戕害人心，泯灭智慧，直到毁灭人类乃至整个宇宙的结果。在社会发展层面上，我们一味师法技巧机辨，夸大科学技术的力量，各国竞相逞能，遂使所谓的科技无序研发，日渐破坏着我们所生存的空间，扰乱着我们的视听，唤醒了人类原罪的魔障。从清代到当代，不过短短两三百年，但以清人笔下山川万物为参照，我们所赖以生存的自然状态已面目全非，我们只能在古人的歌咏中感受自然的亲和魅力，观览山川的壮阔秀美，在想象的世界中回味咀嚼我们曾有的原生态环境带给我们的精神享乐。回归自然，重建人类精神家园已成可望而不可即的梦想。

清代山水诗中原生态状况的展示提醒我们：人类社会发展以适度为宜，切不可过量掠夺，经济是人们创造财富的途径，科技可以改变人的生存状况，给人带来便利，但最终不能改变人的本质，不能使人类永存于宇宙之间。相反，永恒的自然、亘古不变的生态环境则可使人类与其他万物生生不息、承续滋生。鉴于此，全球的人类应该像反对并制止战争一样，制止并限定经济与科技发展的速度，对有些于国计民生无任何实际意义的所谓高科技应予以取缔，对以牺牲自然生态为代价的经济发展应予以严厉惩处，如此，我们才能久立宇宙之间，与万物一道永恒！

与古代人的自然状况相比，我们显得很贫穷与苍白，我们不管是肉体还是精神，都被囚禁在所谓现代化的牢笼中。现代化听起来非常时髦，但站在自然与人相交的原点，站在时间和空间相切的瞬间，我们恍然觉得它那么空虚乏味，毫无生机可言，现代化是导致人类退化的本因，是人类及其赖以生存的自然环境加速走向死亡的魔咒。在现代化的社会里，我们的生存空间越来越小，而我们面临的困境与威胁日渐增多；我们追求的权利（譬如生存权、人权、女权、民主权等）越来越多，证明我们失去的越来越多；混乱无序、竞相角逐的经济活动，剥夺我们大多数天赋的权利，形成新的专制，经济的发展离不开权力的制约，经济体制的设定离不开政治体制的基础，政治权控制着经济权。在这样的状况下，所谓的民主就是虚假的、不真实的，因为任何人都离不了基本的生存条件，当经济命脉被少数权力阶层垄断时，经济专制往往是最可怕、最本质的专制。

研究清代山水诗，领悟清人的山水自然观有助于我们从宏观上把握人与自然的关系，从生态的层面建立合理有序、适度适宜的社会制度，使经济发展、科技发展始终处于自然生态运行的规律之中，受自然规律的节制，与生态环境保持一致。

（二）以自然为规范，顺应自然发展规律，从微观的角度汲取清人自然观的精粹，借鉴清代诗人笔下山川河岳、地形地貌的原本状态，全面保护自然生态环境，在保护的前提下，适度开发、合理利用自然资源，既有利于人类的生存和发展，又有利于自然界万物的繁衍和延续，只有人与自然保持圆融互通、互相依存的关系，才能谈得到人类的再生与永恒

研究探讨清代山水诗将对现代生态学、生物学、农学、地理学、旅游学、文学、艺术等学科的建设及其相关产业的发展产生极大裨益。如洪亮吉、纪昀、林则徐、祁韵士等戴罪发配伊犁时，对天山南北风土人情、山川地理、农作水利、动植物种等的歌咏记叙，就非常形象而真实地再现了西北边陲生机勃发的生态状况，为我们今日合理开发并利用西北自然资源提供了充分佐证。

在谪戍新疆的诸人中，尤以洪亮吉为著，祁韵士次之。洪亮吉，江苏武进人，嘉庆四年因言事而获罪，被谪戍伊犁，旋放归。流放的日子，处境险恶而光阴促迫，但他勤于笔耕，将沿途所见所闻所感，寓于诗文，不仅有近 80 首西域风情山

水诗，而且还有《遣戍伊犁日记》、《天山夜话》等记述遣谪途次的实录，诗文相互发明印证，足以挖掘潜蓄在诗人心头的生命律动。洪亮吉的新疆山水诗长调以《天山歌》、《凉州城南与天山别放歌》等为代表。通过长歌我们能切入诗人对自然山水神魂相交的心灵世界，体察清人与山川万物融通贯注的自然观；而透过短章，我们更能具体审视被目为荒凉绝域的西北边陲的旖旎风光。拿既往的生机盎然的环境作坐标，可以定位出今日乃至将来天山南北生态开发与保护的走向。从入疆到出疆，诗人所历时序不同，所见景物殊异，故而其诗境迥然有别，出关之诗冷云暗凝、冰肌雪肤，入关之诗则霞光若颊、空翠袭人。不管诗旨诗境如何相异，其一以贯之的主要特点都是对塞外山水的歌咏与雕镂，对生态环境的由衷热爱和精心呵护，通过洪亮吉的谪戍山水诗，我们深感西北边陲往日生态的繁华，以及保护维持未来生态的重任。

洪亮吉之外，祁韵士的《西陲竹枝词》亦形象深刻、具体而微地再现了西陲昔日的生态状况，为我们合理开发利用西部资源提供了借鉴，如《风穴》、《柳树泉》、《赛里木海子》、《果子沟》、《水田》、《雾凇》等对自然环境的描写；《雁》、《雉》、《孔雀》、《鸳鸯》、《雪鸡》、《压油鸟》、《黑雀》、《鸦》、《雕》、《鹿》、《马》、《虎》、《白驼》、《黄羊》、《野豕》、《鹿》、《豺》等对各类动物种群的记载；《胡桐泪》、《红柳花》、《集吉草》、《棱棱木》、《雪莲》、《乾活草》、《棉花》、《苜蓿》、《沙竹》、《沙枣》、《石榴》、《梨》、《哈密瓜》、《葡萄》、《香菌》、《沙葱》等对植物类属的详述，全方位、多角度地展现了清代西部边疆生态平衡、自然物种竞相繁荣滋生的情态。

清代流人山水诗，以西北、东北为盛，合滇藏、台海、域外宦游山水诗，遂成清代迥异前朝各代山水诗的奇观，其价值不但在文学艺术方面有审美鉴赏性，而且在自然保护、生态平衡方面具备借鉴参照意义。根据清代丰富完备的山水诗，体识自然山水的本来面目，按自然原生态的规律合理利用自然资源，发展生态经济，使人类社会处在生态良性循环的平衡点上，与自然生态保持息息相关的血脉联系。

（三）研究探索清代山水诗，对发现了解我国丰富的自然资源，合理适度利用这些资源，发展当代生态旅游业、交通业将产生重要推动作用

清代诗人缒幽凿险，无奇不探、无景不历，他们行遍海内外名山大川，车辙足履所经之处，使天下风物无可匿迹矣。如以全局考察，清代山水诗自祖国四陲到广大中原地区，凡可圈可点之景，均被彰扬于世，即使海外殊异风光亦让清人抢占鳌头；若就具体景物来看，清代山水诗精雕细琢，用特写的手法，使其笔下的山川河岳原形毕现。如桑调元的山水诗由面到点，条线联结，从江之南的苏杭京镇

到河以北的幽燕齐鲁,一条主线横贯,大江南北的景色排闼而来。其《五岳集》更是从点切入,用总量1 759首的巨大内涵展示了泰岱华岳等五座名山的丰神秀骨,这种融纪行、写景、叙事、咏物为一炉而体制如此庞大的山水诗在古典诗史上绝无仅有。

黄山峻拔险秀,势倾五岳,从清初的钱谦益、石涛,到晚清的张际亮、金天羽,历经全清诗人诸如黄宗羲、沈德潜、洪亮吉、黄仲则、袁枚等人激厉发扬,遂使白岳黄山、九华胜迹彰显突兀、洞见幽微,如果黄山旅游组合的概念中融合这些因子,就能极大提高其文化品位。

清代山水诗涉及地域广泛,尤其冠盖往来、征伐平乱,使诸多诗人亲历了许多前人从未或较少涉猎的区域,他们历险涉危、发微阐隐,用一支神来之笔描绘刻镂了一幅幅山水图卷,其价值不但为发展生态旅游、开发旅游资源提供了弥足珍贵的史料,而且还为交通网络的拓展连接提供了参考。

如果名山大川、万里江山胜景是一笔宝贵的旅游资源,那么位处宏观背景下的江南古镇亦具旅游开发的潜力。试以曹庭栋的《魏塘纪胜》为个案剖析之。曹庭栋,字六吉,又字六圃,浙江嘉善人。著有《易准》4卷、《产鹤亭诗集》11卷。魏塘乃嘉善旧名,顾炎武《肇域志》曰:"嘉善县……地无山谷、桥梁,一望皆水,湖荡连接,支河千派……魏塘镇巡检司,在县东三里。"顾祖禹《读史方舆纪要》曰:"嘉善县……本嘉兴县之魏塘镇,宣德五年析置今县。"又曰:"魏塘镇,县西二里,以宋里人魏武居此,商民成市而名。寻置巡司,元因之,明仍旧。"《四库全书总目》亦曰:"盖嘉善旧隶嘉兴路,为魏塘镇,亦名武塘,明宣德五年始析为县。"曹庭栋《魏塘纪胜例说》详述其地沿革为:"我邑旧隶嘉兴路,为魏塘镇,一名武塘镇,相传魏武帝窥江南,尝驻此,或云有魏武二大姓居此,又云有魏姓武姓名者,集商成市于此。此皆世远无征,传疑莫断者,前明宣德五年析为县,名嘉善。"以上为魏塘沿革,虽经变迁嬗替,但其境内名胜盈野,古迹颇众,曹庭栋写作《魏塘纪胜》、《续魏塘纪胜》的目的,就是要为这些千古流传、代代相因的历史遗迹和风景名胜立个传,使其不至湮灭而传之后世。其体例"分题而咏,准以百首,考之邑乘,参之他书,采诸遗闻,证诸目见,随作随录,不加诠次。至标题之下更列小序,志其地,述其事,务在详尽"(《产鹤亭诗三稿·魏塘纪胜例说》)。《魏塘纪胜》一百首,内容丰富,所纪详瞻,有自然山水,有人文古迹,有寺观书院,有湖塘园林,有田舍墟落,凡所涉及,皆以诗纪之,纪之不足,又以小序阐释之。如果嘉善有识之士能认真研读此集,充分认识其中所载名胜的历史与文化价值,在保护的基础上加以开发,激扬振荡,乃可成为当地旅游业最具价值、最为引人注目的亮点。

清代山水诗不但表现了清代诗人的审美观、自然观、生态观,具有很高的旅游文化价值,而且还可通过诗人的行踪与描绘的景象,连点成线,结线为网,形成遍布全国的交通体系,为建设生态交通、人文交通提供一种思路。如清代藏游诗对进藏行程以及对藏区各地旅程的描写,滇黔山水诗对西南行旅途次的详尽记录。另外,闽浙粤赣、晋冀鲁豫、川陕甘新等含量巨大的山水诗群,对各地驿路行程、水陆交通的载述,完备周详,足可当成一部舆地图。

　　清代山水诗研究的意义还在于会对历史地理、经济地理,尤其是旅游地理产生重大影响,因为清代诗人通过不同层面、不同方位对所歌吟对象加以点面结合式的描述,从而让人们认识了山脉水系的走向以及它们所在的地理位置,研究清代山水诗必须与方志学、地理学紧密结合,因此清代山水诗的研究将有助于各种专门地理学的进一步完善。

三、结语

　　"山水有清音,得者寸心是。"得之山水,出于性灵,发乎中情,乃诗人创制雅声的基本原理。文章得江山之助,江山得文章以传,有好山水,才有好文章,好文章得好山水激发暗示,才能喷薄而发,汹涌而出,这是清代诗人创作的集体共识,也是他们对前人创作规律的概括和继承。

　　自然、人生、文学三者相互激荡,又相互融合。自然以其丰富资源、多种形貌为人类提供了生息愉悦的物质基础;人类的活动,特别是心灵愉悦的精神活动,升华了自然的本质内涵;文学将二者纽结联系起来,构造成人类通向自然、走近自然、认知自然的桥梁。清代山水诗是对古典山水诗的归纳总结,通过山水诗我们能深入探究千百年来人们的自然观、生态观,增强对自然、对生态的崇敬、尊重和保护意识,离却这个基本目的,研讨清代乃至中国古典山水诗则缺乏实质意义。

23

破译唐宋词文本中的情感密码

辛衍君 中国政法大学

细心阅读唐宋词作品的读者会发现唐宋词作品中有些意象符号复现率很高,如水、月、日、云、烟、雨、竹、梅、楼、桥和帘等。正如黑格尔所说:"把意识中显得很清楚的意义表现于一种相关的外在事物的形象,用不着让人猜测,只是通过譬喻,使所表现的意义更明晰,使人立即认识到它的真相。"①词中的这些意象符号是形式与情感的统一体,它们是词人情思的最佳载体。从这些浸透着情感的意象符号入手,不难破解唐宋词文本中的情感密码。

中国诗歌创作注重时间艺术的表现由来已久,作品中多通过对具体时序和实物进行富有特征的描写来隐曲地表现人们复杂的意绪。如"荡胸生层云,决眦入归鸟"(杜甫《望岳》)、"日月掷人去"(陶渊明《杂诗》)、"村墟敛暝色,云霞收夕霏"(谢灵运《石壁精舍 还湖中作》),等等。词继承了诗的时间意象表现手法,注重意象审美意蕴的发掘。词中时间意象符号是词人精心选择、不断锤炼的结晶,既字句珠玑、传神妥帖,又不流于华而不实、词不达意。这些意象符号的选择和运用暗示着词人的情感指向,以词心和词境的营造为目的。词作品中除了直接用春、夏、秋、冬、晨、昼、夜、夕、暮来表示时间外,还利用自然与心灵之间存在着某种天然的同构与对应的关系而选择了有着含蓄所指意义的意象符号来暗示时间,如轻寒、泣露、疏星、淡月、夕阳、落照和夕晖等。这些意象符号"留则不尽而有余味,离合顺逆,皆可随意指挥,而深沉浑厚者,皆由此得"②,使词"高不言高,意中含其高;远不言远,意中含其远;闲不闲,意中含其闲;静不言静,静中含其静"。③它们的运用无疑突出了符号意义的纵深感,收到言有尽而意无穷的艺术效果。唐宋词作品中的月意象符号就是最佳范例。

① 黑格尔:《美学》第1卷,商务印书馆,1981年,第144页。
② 陈洵:《海绡说词》,见唐圭璋《词话丛编》,中华书局,1986年,第4840页。
③ 景淳:《诗评》,《格致丛书》本。

下面我们就来看看唐宋词作品中的月,鉴于月的颜色、形状、质感和色彩等自然本质属性,词作品中出现了模仿月亮本质属性的意象符号。

1. 表示颜色、亮度的明月、素月、皓月、皎月:

双燕归飞绕画堂。似留恋虹梁。清风明月好时光。更何况、绮筵张。云衫侍女,频倾寿酒,加意动笙簧。人人心在玉炉香。庆佳会、祝延长。(晏殊《燕归梁》)

皓月初圆,暮云飘散,分明夜色如晴昼。渐消尽、醺醺残酒。危阁回、凉生襟袖。追旧事、一饷凭阑久。(柳永《倾杯乐》)

画鼓喧街,兰灯满市,皎月初照严城。清都绛阙夜景,风传银箭,露金茎。巷陌纵横。过平康款辔,缓听歌声。凤烛荧荧。那人家、未掩香屏。(柳永《长相思》)

纨扇婵娟素月,纱巾缥缈轻烟。高槐叶长阴初合,清润雨余天。弄笔斜行小草,钩帘浅醉闲眠。更无一点尘埃到,枕上听新蝉。(陆游《乌夜啼》)

2. 表示形状的残月、满月、圆月:

臂上妆犹在,襟间泪尚盈,水边灯火渐人行。天外一钩残月、带三星。(秦观《南歌子》)

老夫聊发少年狂。左牵黄。右擎苍。锦帽貂裘,千骑卷平冈。为报倾城随太守,亲射虎,看孙郎。 酒酣胸胆尚开张。鬓微霜。又何妨。持节云中,何日遣冯唐。会挽雕弓如满月,西北望,射天狼。(苏轼《江城子》)

暮草蛩吟喧。暗柳萤飞灭。空庭雨过,西风紧,飘黄叶。卷书帷寂静,对此伤离别。重感叹、中秋数日又圆月。(晁补之《古阳关》)

3. 表示月亮冷、清、幽、淡等质感的冷月、寒月、凉月、淡月、香月:

杜郎俊赏,算而今、重到须惊。纵豆蔻词工,青楼梦好,难赋深情。二十四桥仍在,波心荡、冷月无声。念桥边红药,年年知为谁生。(姜夔《扬州慢》)

西山横黛瞰碧,眼明应不到,烟际沉鹭。卧笛长吟,层霄乍裂,寒月溟濛千里。凭虚醉舞。梦凝白阑干,化为飞雾。净洗青红,骤飞沧海

雨。(吴文英《齐天乐》)

　　檐牙缥缈小倡楼。凉月挂银钩。珥席笙歌，透帘灯火，风景似扬州。(周邦彦《少年游》)

　　绿勾阑畔，黄昏淡月，携手对残红。纱窗影里，朦腾春睡，繁杏小屏风。(晏几道《少年游》)

　　闲想孤山旧事，浸清漪、倒映千树残雪。暗里东风，可惯无情，搅碎一帘香月。轻妆谁写崔徽面，认隐约、烟绡重叠。记梦回，纸帐残灯，瘦倚数枝清绝。(周密《疏影》)

4. 表示月在夜空所处位置的斜月：

　　碧水惊秋，黄云凝暮，败叶零乱空阶。洞房人静，斜月照徘徊。又是重阳近也，几处处，砧杵声催。西窗下，风摇翠竹，疑是故人来。(秦观《满庭芳》)

5. 表示月的时令和时间的有新月、秋月、晓月：

　　雨罢蘋风吹碧涨。脉脉荷花，泪脸红相向。斜贴绿云新月上，弯环正是愁眉样。(晏几道《蝶恋花》)

　　彩云散，香尘灭。铜驼恨，那堪说。想男儿慷慨，嚼穿龈血。回首昭阳离落日，伤心铜雀迎秋月。算妾身、不愿似天家，金瓯缺。(文天祥《满江红》)

　　残更难睡抵年长，晓月凄凉。芙蓉院落深深闭。(刘克庄《风入松》)

6. 更有人们根据月的自然本质属性给予月的别称，如素娥、清辉、银蟾、银钩、玉兔、圆蟾和寒玉，等等：

　　星汉迥，风露入新秋。丹桂不知摇落恨，素娥应信别离愁。天上共悠悠。(王琪《望江南》)

　　香雾云鬟湿，清辉玉臂寒。寻常岂是不婵娟。吟赏莫辞终夕、动经年。(晁端礼《南歌子》，引用杜诗)

　　枕清风、停画扇。逗蛮簟、碧妙零乱。怎生得伊来，今夜里、银蟾满。(张先《迎春乐》)

远水澄明绿,孤云黯淡愁。白蘋红蓼满汀洲。肠断圆蟾空照、木兰舟。(蔡伸《南歌子》)

漠漠轻寒上小楼。晓阴无赖似穷秋。淡烟流水画屏幽。自在飞花轻似梦,无边丝雨细如愁。宝帘闲挂小银钩。(秦观《浣溪沙》)

乘鸾影里冰轮度。秋空净、南楼暮。袅袅天风吹玉兔。今宵只在,旧时圆处。往事难重数。(曾觌《青玉案》)

暮云收尽,霁霞明。高拥一轮寒玉,帘影横斜房户静,小立啼红薂薂。素鲤频传,蕉心微展,双蕊明红烛。开门疑是,故人敲撼窗竹。(吕渭老《念奴娇》)

从月意象符号的功能来看,以上这些月意象符号是情感和形式的统一。月意象符号的能指虽然都是作为自然界中客观物象的月,但由于词人选取它的能指意义的角度不同,导致月意象符号的所指意义也呈现出多元化特点,正如康德所说:"审美意象是一种想象力所形成的形象显现,它从属于某一种概念,但由于想象力的自由运用,它又丰富多样,很难找出它所表现的是某一确定的概念。"①

词人多选择月意象符号作为时间标志的一个原因在于,从感观上讲,月作为自然界中的客观物象,是夜空中最为清亮、给人感触最深的物象。一轮明月贯古今,它引发千古文人对时间的慨叹,去追问过去、现在和将来,去探索宇宙、自然和人生的真谛。词人在词中选取月意象能指的角度不同导致其蕴涵的所指意义呈现出极大的差异。

例如词人使用残月意象符号,其情感所指是惜时伤别。这一符号的选择是词人情动于衷、寄情于物的结果。由于月的圆缺变化与人的聚散离合有"异质同构"的关系,词人才发生"人有悲欢离合,月有阴晴圆缺"(苏轼《水调歌头》)的感叹。且看柳永这首《雨霖铃》:

寒蝉凄切。对长亭晚,骤雨初歇。都门帐饮无绪,留恋处、兰舟催发。执手相看泪眼,竟无语凝噎。念去去、千里烟波,暮霭沉沉楚天阔。

多情自古伤离别。更那堪、冷落清秋节。今宵酒醒何处,杨柳岸、晓风残月。此去经年,应是良辰好景虚设。便纵有、千种风情,更与何人说。

---

① 康德:《判断力批判》,宗白华译,商务印书馆,1964 年,第 16 页。

词中"今宵酒醒何处,杨柳岸、晓风残月"一句中的残月意象符号就凝结着落拓浪子的羁旅情愁,残月凄清、隐约的形象引发读者对离情和伤别的丰富想象,从而感人至深。此外唐宋词人笔下的残月符号还注重突出其形状和出现时间方面的所指意义。就残月在形状方面的能指而言,残月是月形逐渐变小,而就时间而言,残月经历一夜的时间即将沉入地平线,因而词人抓住了残月活动的这种特点,演绎出"衰败"和"没落"的所指意义。且看辛弃疾的这首词:

> 倘来轩冕,问还是、今古人间何物。旧日重城愁万里,风月而今坚壁。药笼功名,酒垆身世,可惜蒙头雪。浩歌一曲,坐中人物之杰。
>
> 堪叹黄菊凋零,孤标应也有,梅花争发。醉里重揩西望眼,惟有孤鸿明减。世事从教,浮云来去,枉了冲冠发。故人何在,长歌应伴残月。
> (《念奴娇》)

此词中,词人以残月自喻,抒发自己步入暮年、报国无门的感慨。

另外,残月意象还有"泪、病"的所指意义,如:

> 残月脸边明,别泪临清晓。(牛希济《生查子》)

词人以残月来比喻满是泪痕的面容。又如:

> 病起萧萧两鬓华。卧看残月上窗纱。豆蔻连梢煎熟水,莫分茶。
> (李清照《摊破浣溪沙》)

词中的残月则喻指词人衰老憔悴、大病缠身的惨状。

而词人使用圆月意象符号,其情感所指则是和谐完满、充满活力与生机的。如:

> 鸳鸯湖上,波平岸远,酒酽鱼肥。好是中秋圆月,分明天下人知。
> (朱敦儒《朝中措》)

因为圆在中国古代美学中是一个重要的范畴,它不仅指外形,而且富有哲学的韵味。圆代表生命的轮回,蕴含着宇宙万物,具有循环往复、生生不息的动力。圆月是澄明、饱满而又动人的,其月色如银、可掬可感,充满了圆融与祥和的意境。

词中月亮的色彩符号也有分别,如张孝祥《念奴娇》:

> 洞庭青草,近中秋、更无一点风色。玉鉴琼田三万顷,著我扁舟一叶。素月分辉,明河共影,表里俱澄澈。悠然心会,妙处难与君说。

素月中的素色指素淡,是自然界毫无纤尘的天然底色,然而它并不是平淡无奇、淡而无彩的,实际上它的能指所引发的所指意义就是纯美澄澈、高尚淡雅,表现出一种宁静而悠远的词境。而在辛弃疾的这首《太常引》中:

> 一轮秋影转金波,飞镜又重磨。把酒问姮娥。被白发、欺人奈何。
> 乘风好去,长空万里,直下看山河。斫去桂婆娑。人道是、清光更多。

我们从"一轮秋影转金波,飞镜又重磨"一句中看到的月亮则是金黄色的,它使人联想到明亮、温暖,因而充满欢快和奔放的感觉。

表示月亮温度的冷月、寒月意象符号的所指意义多为凄凉。如姜白石《扬州慢》:

> 杜郎俊赏,算而今、重到须惊。纵豆蔻词工,青楼梦好,难赋深情。
> 二十四桥仍在,波心荡、冷月无声。念桥边红药,年年知为谁生。

此词中,词人以冷月寓家国之恨、凄婉悲切。又如周邦彦《风流子》:

> 望一川暝霭,雁声哀怨,半规凉月,人影参差。酒醒后,泪花销凤蜡,风幕卷金泥。砧杵韵高,唤回残梦,绮罗香减,牵起余悲。

词中的凉月,象征着词人在离别的前夜的凄凉意绪。

从历史积淀的角度看,月意象符号吸附、融汇了诸多情感内涵,自然界中的月逐渐成为华夏之邦人化自然的组成部分,"在人所接触的自然万物之中,再没有什么东西比月亮更具有普遍性和永恒性的了"。① 月亮在人类生命主题中,既是人类心灵的参照,又是人类获得精神力量的源泉。在生命的长河中,人类面对了无数次的聚散和悲欢,而这些过程又如同车轮,在人生道路上循环往复。面对着这无法抗拒、不能摆脱的自然法则,人们感到困惑、痛苦。为了找到一种寄托,获得一种慰藉,唐宋词人不约而同地把目光投向"月亮",再次从这一天赐的神物那里寻找能医治内心伤痕的良方。唐代就有"江畔何人初见月,江月何年初照人"(张若虚《春江花月夜》)和"玉阶生白露,夜久侵罗袜。却下水精帘,玲珑望秋月"(李白《玉阶怨》)的诗句。然而月意象符号作为历代诗词传递"黯然销魂者,唯别而已矣"(江淹《别赋》)的感情象征,它沿袭不断又光景常新。唐宋词人笔下的月意象符号在继承前人的情感积淀基础上又融入新的涵义,如"人有悲欢离合,月有阴晴圆缺,此事古难全"(苏轼《水调歌头》)中的月,它以疏朗之气表现出一种空灵深邃、意境深远的词境。

---

① 肖体仁:《古代游子诗人与月亮》,《四川教育学院学报》,1994 年第 4 期。

从月意象群的整体指向来看,月代表的是时间,它代表了夜,而词人选择夜的原因在于,夜是宁静而幽远的。黑暗而静谧的夜,给人一种深沉而壮观的感觉,那无法窥见其边界的空间能让人的思绪在茫茫夜色中无限伸展。在清朗月光下,词人喜欢独自一人在月夜里登楼远眺、遐思千里、感慨万分,因此有人甚至将词说成是一种夜的文学。这一点从唐宋词作品中可窥一斑。词中表现最多的时间概念中就有夜,人称花间词鼻祖的温庭筠的词就有许多是小夜曲。据日本的青山宏著《唐宋词研究》①中的统计,温词表现的时间大半是夜晚。《花间集》中收录的温庭筠的 66 首词中,有 36 首是以夜为时间标志的,约占 54%;收录的韦庄词以夜为时间标志的约占 75%;孙光宪的占 60%;李珣的占 70%;顾夐的占 54%。并且,不仅花间词如此,其他唐宋词作品中也有相当多以月夜为时间标志的。这一现象使人想起丹纳曾经说过的一句话:"任何一件文学艺术的作品,它的存在都不是孤立的、偶然的,而应该以一种总体思想结构来解释和发现一种艺术样式产生、兴起、衰落和消失的社会环境和历史时代。"②唐宋词作为特定时期的文学作品必然带有浓郁的历史氛围和民族特点,当时的社会生活和词人的人生经历必然会通过词中所使用的意象符号折射出来,因而词中的意象符号是词人明心见志的载体。

在我国的历史长河中,儒家"三纲五常"、"仁义道德"之类的封建伦理长期占据着统治地位。而到了东汉末年,汉代经学的地位发生了动摇,直至魏晋时期,门阀士族与庶族的斗争不断升级,社会动荡、人生无常,致使当时的文人感到痛苦和空虚,儒家思想的束缚才开始消解。当时的很多文人隐身遁世,走向自然,追求精神上的自由和解放。而到了唐代,随着经济和都市文化的发展,都市中普遍存在的享乐意识和情爱心理得到触发,从而形成了声色享乐的社会风气,至此长期受封建礼教压制的人性找到了宣泄的出口,也孕育了词这种香艳的"言情"文学。词人为言隐秘幽约之情,首选玉兔当空、温馨旖旎的月夜。

然而从唐至宋的历史发展阶段来看,有过"开元盛世",也有过中唐"中兴"。而安史之乱以后,唐朝进入了由盛转衰的转折点,在动荡不安、国势衰危的晚唐,饱经政治腐朽和世道艰难的文人才士面对无力改变的社会现实,只得压抑自己出世的雄心,完成了由关心外部政治向自我内心的转变,走向了对内心情感的细腻描摹。到了宋初,商业经济得到更快的发展,洛阳、扬州、杭州等地更为繁华。孟元老的《东京梦华录》中曾这样描绘:"夜市直至三更尽,才五更又复开张。如

① 青山宏:《唐宋词研究》,北京大学出版社,1995 年。
② 丹纳:《艺术哲学》,傅雷译,人民文学出版社,1963 年,第 173 页。

要闹去处,通晓不觉。"①而到南渡时期,民族危机突显,社稷变置,文人面对离乡乱世无限感伤。南宋末年,面对国破家亡的残景,当时的文人悲愤已极、痛不欲生。这段历史风貌在唐宋词作品中得到了淋漓尽致的表现。由此可见,朝代的更迭、政治的黑暗也使词人以笔代言,大量描写阴冷、伤感、悲凉的月夜。

从上述分析我们不难看出,唐宋词作品中的月意象符号在指示时间方面有着不可替代的作用,这些符号对于词人布局谋篇、表达情感、创造艺术氛围具有重要意义,因此深入读解这一意象符号必将有助于我们更好地欣赏唐宋词作品。

① 孟元老:《东京梦华录》,中国商业出版社,1982 年,第 22 页。

24

周婴是否创作了《东番记》及其与陈第《东番记》之间的关系

李熹俊 韩国学者

方豪《陈第〈东番记〉考证》一文:据各种典籍记载,周婴应该撰写了《东番记》;但后来又从文献记载中得知,比周婴时代稍早而家乡距离很近的福建连江人陈第也撰有《东番记》;后通过中日友人的帮助,终于得见收载在《闽海赠言》中的陈第的《东番记》(成于万历三十一年)。《闽海赠言》中不仅有《东番记》,而且有不少"平东番倭寇之史料"。方豪最后将《闽海赠言》、《闽书》、《彭湖台湾纪略》三书中的《东番记》做了详细校勘,同时将《明史》、《东西洋考》中引述的《东番记》做了详细校勘,并文末附有据《闽海赠言》影印的全本《东番记》。因周婴所撰《东番记》的原文当时无法看到,仅有少数文句被别人称引,而被称引的文句又在陈第《东番记》中都可以看到,因此,方豪先生在文章中的发问"周婴果著有《东番记》乎?"似乎就只有唯一的答案,那就是:周婴没写过《东番记》,但编过《远游篇》,在《远游篇》中,把陈第写的《东番记》收了进去。

陈第于万历三十年腊月随浯屿将军沈有容往东番剿倭,倭破,陈一行登陆台湾南部,了解当地高山族的民情风俗,凯旋之后,于次年作《东番记》,写成之后抄赠沈有容,后沈有容辑《闽海赠言》时,将《东番记》编入。

《闽海赠言》为沈有容辑录友朋赠送之诗文而成,故称"赠言"。因为书中所记内容与《东番记》有密切关系,特略作介绍如下:卷首有詹仰庇序、何乔远序、黄承玄序和凡例;卷末有陈学伊《书〈闽海赠言〉后》。卷一为碑,目录收 11 篇,实则 12 篇,最后一篇为董应举撰《总理水军参府题名碑》。其中,叶向高《改建浯屿水寨碑》、黄国鼎《石湖爱民碑》与陈第《东番记》所记为一事,黄凤翔《靖海碑》则记万历三十二年沈有容在澎湖退荷兰人事。卷二为记,有屠隆《平东番记》、郭元春《赋东番捷》、陈第《东番记》、陈学伊《题〈东番记〉后》、陈第《舟师客问》、陈学伊《谕西夷记》、李光缙《却西番记》、池浴德《怀音记》。各文中,尤以《平东番记》所载史事与陈第《东番记》接近。《却西番记》与《谕西夷记》也记澎湖退荷兰人事。卷三为序,收文 11 篇,黄克缵《荡平海寇序》、何乔远《东番捕倭序》,一为颂平东番之功,一为状出征东番之壮。其余各篇则多为颂沈有容擢浙江都阃而作。卷四为古风二十八题,其中与东番之役相关者如下(方豪漏列第 9、15、16、18 共 4 首):

1. 破倭东番歌　傅钥
2. 破倭东番歌和傅山韵　何乔远
3. 赠东征捷　陈有光
4. 沈郎歌赠东番捷　林云程
5. 沈郎歌　屠隆
6. 沈郎歌和屠长卿　何乔远
7. 保障闽海歌　傅履阶
8. 送沈宁海将军赴浙阃　陈逢庆
9. 横海歌　许光祚
10. 赠东沙获倭还归宛陵(有引)　叶向高
11. 东沙获倭还归宛陵赋赠(有引)　黄承玄
12. 东沙倭捷歌赠沈将军　岳和声
13. 东沙擒倭歌　黄琮
14. 宁海将军东沙获捷暂还宛陵长歌一首赠别　傅启祚
15. 别沈将军获倭东沙暂归宛陵　李时成
16. 楼船歌赠东沙捷　侯世臣
17. 沈将军铙歌鼓吹曲二章　周之夔
18. 沈将军铙歌鼓吹曲其二　陈志道
19. 沈将军歌　董应举

卷五为七言律及五言律,但五言律有目无诗,七言律中与东番之役有关者如下(方豪漏列第 1、2、14、15、16 共 5 首):

1. 闻海上获倭寄赠(有引)　叶向高
2. 赠沈宁海将军海上擒倭(二首)　万夑
3. 沈宁海将军自淡水奏捷两汛无警小诗赋赠　林有标
4. 闻沈士弘将军复邀陈季立校书石湖走笔奉寄兼讯士弘　傅钥
5. 赠沈将军东番奏捷　傅钥
6. 赠沈士弘将军破倭东番(二首)　林云程
7. 赠沈将军捷破东番　陈建勋
8. 赠沈将军东番捷　张夑

9. 赠沈将军破倭东番（四首）　郭惟贤

10. 赠平番倭谕红毛夷（二首有引）　施浚明

11. 赠平东番退红夷（有引）　王德溥

12. 赠沈将军平东番退红夷（二首）　庄时讲

13. 赠沈将军平东番退红夷（二首）　谢梦彩

14. 赋东沙捷（有引）　叶向高

15. 赠沈宁海将军东沙获倭还归宛陵　曹学佺

16. 赠沈宁海将军破倭东沙还归宛陵（四首）　傅启祚

卷六为五言排律、七言排律、七言绝句。七言排律中有两首涉及平东番之役：

1. 赠沈将军平东番却西夷（一首）　黄凤翔

2. 赠沈将军总镇登莱（有引）　欧应昌

七言绝句中，与平东番相关者有两题6首（方豪漏列第1首）：

1. 赠沈宁海将军平东西夷（四首）　蔡彭

2. 赠沈宁海将军破倭东番（二首）　董应举

从上面列述的篇目和作者来看，撰《闽书》的何乔远、撰《东西洋考》的张燮、撰《东番记》的陈第等人都与沈有容相交，都知道有东番破倭寇之捷，甚至参与其事，但不见周婴的任何篇章。可是周婴的《东番记》不仅与陈第的文章同名，而且内容也大致相同。方豪未见到《远游篇》中的《东番记》原文，而陈第撰写了《东番记》是铁的事实。所以，更加相信"《远游篇》所载可能即陈第文"。而台湾杨云萍先生在《备忘小录》（四）中，不同意上述看法，以为"不能因为陈第有一篇《东番记》，就断定所谓《东番记》的著者不是周婴"。①　今天，这个问题没有必要争论了，因为《远游篇》原书的出现，我们已经可以断定周婴写过与陈第同名的《东番记》，现在，摆在学者面前的难题是：周婴的《东番记》与陈第的《东番记》到底存在什么样的关系。

大陆学者中研究《东番记》的人不多，较早有中央民族学院张崇根教授1982年发表在《社会科学辑刊》第一期上的《周婴〈东番记〉考证》。②　后来陆续有贾宁《陈第与〈东番记〉》③、李祖基《周婴与〈东番记〉》④、郑小娟《台湾高山族生

① 杨云萍：《备忘小录》，《台湾风物》，1952年第2卷第3期。

② 张崇根：《周婴〈东番记〉考证》，《社会科学辑刊》第1期，1982年。

③ 贾宁：《陈第与〈东番记〉》，《中央民族学院学报》，1983年第3期。

④ 李祖基：《周婴与〈东番记〉》，《台声》，2000年第10期。

活习俗的最早文献——〈东番记〉》①等。《周婴〈东番记〉考证》一文认为，"周赋"（指周婴《东番记》）是以"陈文"（指陈第《东番记》）为蓝本，经过材料的取舍、事实的归并、先后次序的调整创作而成的。如将陈第《东番记》与周婴《东番记》详加比较，则可发现两者之间的确有十分密切的渊源关系。但周婴的《东番记》应该引起注意的地方有：

（1）赋中列举台湾本岛10个地名，包括"台员港"在内，都是指岛上某一具体地点，而不如徐怀祖《台湾随笔》所说，周婴称"台湾为台员"。此赋清楚地说明，周婴称台湾为东番与淡水。（2）东番北界"淡水之夷"，明确"东番"的范围仅指台湾西南部地区，而不是台湾全岛的通称。这一点，厦门大学教授陈碧笙在《也谈台湾历史地理中的几个问题》一文中已有所论，"周赋"之出，又可为陈说提供一条重要证据。（3）记述了大陆汉族人民在台湾地区从事生产、贸易的情景，虽有所歪曲，但仍不失为汉族与高山族人民一起，开拓宝岛台湾的一项新纪录。（4）明朝地方将吏，曾有过在台湾设立郡县的动议。

张崇根认为周婴之所以能够创作一篇描写台湾风土的《东番记》赋，除了文学素养外，还有两个条件，也就是"周赋"题材的来源："其一：周婴所处的时代，正是倭寇及荷兰殖民者相继侵入澎湖，不断骚扰福建沿海之时。他的一些诗篇歌颂了当时抗击侵略者的胜利斗争，揭露侵略者的罪恶行径。"②"其二，万历三十年底，曾有浯屿将军沈有容到台湾剿倭之事。福建连江人陈第（字季立，号一斋，别号轩辕寄客等）随行。倭破，他们登陆台湾岛，了解高山族先民风情，乃有《东番记》之作。"③周婴《东番记》所作时间无可考，周婴与陈第有无直接交往，不得而知。但沈有容当时受知福建巡抚朱运昌，并于辛丑年十二月任浯屿将军，即由朱氏所题，其时周婴也得朱运昌赏识，聘为幕下，沈周两人相识自不成问题，况沈有容东番剿倭建功为一全省皆知之大事，周婴不可能不知道。故周婴很有可能是在沈有容处见到陈第《东番记》的。另外，晋江人何乔远、龙溪人张燮（字绍和）皆与沈有容过往甚密，何氏的《闽书》及张氏的《东西洋考》卷五"东番考"均辑有陈第《东番记》的内容。《远游篇》收有周婴与张燮互相唱和的诗篇，可见两人有过交往，周婴从张燮处见到陈第《东番记》的可能性也是存在的。李祖基补充了一条资料，即据沈氏自传《仗剑录》载，东番一役之后，"总府方索宝，而本将又复忌功，倘非朱抚台，亦不免以为身矣。至八月始得题叙，而朱公又逝。

① 郑小娟，《台湾高山族生活习俗的最早文献——〈东番记〉》，《炎黄纵横》，2001年第6期。
② 李祖基：《周婴与〈东番记〉》，《台声》，2000年第10期。
③ 同②。

朱公逝,实容之不幸也"。①这说明沈、周两人相识证据确凿。李祖基还强调,周婴《东番记》除了与陈第《东番记》有渊源关系之外,也有一些陈记中所没有的重要内容:

首先,该记开头提到台湾地名时称:"其地为:起蟒巷(港)、打狗屿、小淡水、大封坑、鹿耳门、沙巴里、双溪口、伽老湾、家哩林、台员港。"其中,鹿耳门就是陈第《东番记》中所没有的。鹿耳门为早期台湾港的主要入口,水道曲折迂回,沙石浅淤,堪称天险。1661年3月郑成功进军台湾港时,鹿耳门水陡涨丈余,郑军水师舰船得以鱼贯而入,在赤嵌登陆,经过数月奋战,终于赶走了荷兰殖民者,收复了台湾。清统一台湾之后,规定鹿耳门为台湾唯一的正式与大陆往来的口岸,与大陆的厦门单口对渡达一百年之久。就目前所见,鹿耳门这一地名最早出现就是在周婴《东番记》中。其次,周婴记东番的地理形势称:"其国北边之界,接于淡水之夷,南向望洋,远瞩吕宋。东乃沧溟万里,以天为岸。流彼东逝,滔滔不归。潮汐之候,穷于此矣。"台岛南端隔着巴士海峡与菲律宾(古称吕宋)遥遥相望,东临碧波万顷、浩瀚无边的太平洋。作者不仅对东番的地理概念十分清楚,而且语言生动,气势磅礴,极具感染力,给人一种身临其境的感觉。

李祖基还认为由于史料的限制,周婴《东番记》中的这些与陈第《东番记》不同的内容到底是周婴自己亲身经历的主记录,还是来自其他途径的传闻,学术界尚未遽下定论。郑小娟《台湾高山族生活习俗的最早文献——〈东番记〉》则是纯粹从陈第之文反映高山族人民的衣饰、饮食、居住、行走、婚姻、丧葬等习俗以及农业和畜牧业生产各方面的情况展开论述的。

贾宁《陈第与〈东番记〉》一文重在探讨陈第的历史功绩及其名著《东番记》的内容和价值。因为陈第作为我国历史上一位杰出的人物,《明史》不仅没有为其立传,就连与他关系至为密切的谭纶、戚继光、俞大猷、沈有容等人的传记中,对他也未予以提及,因而有关陈第其人其事,埋没无闻,未能广为人们所知。但该文章的终点还是讨论《东番记》的内容及其在民族学方面的价值。

① 李祖基:《周婴与〈东番记〉》,《台声》,2000年第10期。

张耒在《东山词序》中这样评价贺铸词："是所谓满心而发,肆口而成,虽欲已焉而不得者。若其粉泽之工,则其才之所至,亦不自知也。夫其盛丽如游金张之堂,而娇冶如揽嫱、施之祛。幽洁如屈宋,悲壮如苏李。"①在这篇为贺铸词所著的序言中,张耒提出了一个新评语——"幽洁如屈宋"。细查在此之前的词论,无论"幽洁"还是"屈原"都未见用于词体的评论,其很重要的一点原因在于在"词为艳科"这样的大创作背景中,"幽洁"的风格并不适合,在歌席酒宴之中佐欢的小词强调观赏性、娱乐性,牵涉道德品质的"幽洁"一类风格还只存在于"言志"的诗之中。直到苏轼等人"以诗为词","诗庄词媚"严格的界限被打破,词"尊体"、"复雅"的趋势出现,"幽洁"这类诗论中常见的语词在词论中的出现也就成了必然,而苏门文人大力推广的楚辞热正好为这类语词提供了屈原盛列芳草美人的比兴寄托这条路径。

一

根据《楚辞书目五种》统计,宋代仅辑注类作品就有 11 种,音义类有 4 种,论评类 1 种,拟骚类作品有 15 种,大大超出了前代。同时,无论是在文学领域还是道德领域,屈原在宋代都被提到了一个较前代更高的地位。其中,苏门学士为此作出了很大的贡献。他们不仅在整理楚辞上作出了巨大的贡献,在理解并推广屈原之精神并文学上也居功甚伟,同时他们还大规模地创作各种拟骚类作品。也正是因为他们的大力推广,在当时掀起了一股"楚辞热"。

苏轼对屈原评价极高,不仅称楚辞"前无古,后无今"②,

① 金启华等编:《唐宋词集序跋汇编》,江苏教育出版社,1990 年,第 59 页。
② 蒋之翘:《七十二家评楚辞》,见姜亮夫《楚辞书目五种》,中华书局,1961 年。

还以一代文学宗师的身份甘愿屈尊屈子之后:"吾文终其身企慕而不能及万一者,为屈子一人耳。"在核心人物的如此大力推崇之下,苏门学人志同道合,雅集之间自然也浸染了这份对屈子的倾慕之心,他们几乎都或多或少地表现出对楚辞的关注:据朱熹《楚辞后语》称黄庭坚"尤以楚辞自喜"①,在给秦少章的信中黄庭坚自称"心醉于诗与楚辞,似若有得"②,虽然他并没有留下相关的楚辞方面的著作,但可以看出他对自己的楚辞研究是很看重的。在他的诗论中,言及杜甫诗之好处时云:"广之以国风、雅、颂,深之以离骚、九歌。"③以离骚九歌为深化诗境之途径,足见黄庭坚在文学创作中也是要求对诗骚等经典文学进行继承的。除此之外,苏门中的晁补之也是一个很重要的人物,甚至于在楚辞学的历史中他的地位比以上的两位还要重要。据《宋史》记载:"(晁补之)尤精楚辞,论集屈、宋以来赋咏为《变离骚》等三书。"④在辑注方面,他重编了楚辞16卷,并录《续离骚》、《变离骚》各20卷,可以说在楚辞的资料辑遗上他是有很大贡献的。

这股楚辞热还体现在苏门学士如此的提倡楚辞自然会影响当时文人的创作上,仅仅拟骚类作品当时就有:晁补之《续楚辞》20卷,《变离骚》20卷,苏轼《屈原庙赋》,黄庭坚《龙眠操三章赠李元忠》、《濂溪诗》、《王圣涂二亭歌》、《木之彬彬》、《子欲金玉汝赠黄从善》、《明月篇赠张文潜》、《悲秋》,苏辙《屈原庙赋》、《杨乐道龙图哀辞》、《鲜于子骏谏议哀辞》,张耒《游东湖赋》、《暮秋赋》、《遣忧赋》、《哀伯牙赋》、《南征赋》、《龟山祭淮词二首》、《惠别》(此三首皆仿九歌作也)、《愬魃》、《叙雨》、《种菊一首》、《登高》,晁补之《后招魂赋》,鲜于侁《九诵》,文同《超然台赋》、《莲赋》、《松赋》、《问神词三篇》、《秋望》、《哭仲蒙二章》、《哭任遵圣》、《哭许驾部》,等等。⑤ 这些都仅是骚体,在诗文中对屈原的讨论更是不可胜数。词体一向被排挤在正统文学之外,在这股"楚辞热"中也并未幸免,与苏门文人交游甚密的贺铸就在创作中体现了这股"楚辞热",正因为这样,张耒才以"幽洁如屈宋"来理解贺铸词,清代的陈廷焯才从贺铸词中读出了"骚情雅意"。

① 朱熹:《楚辞集注》,上海古籍出版社、安徽教育出版社,2001年,第292页。
② 黄庭坚:《豫章黄先生文集》。
③ 魏庆之:《诗人玉屑》卷一四,上海古籍出版社,1978年。
④ 脱脱等:《宋史》,中华书局,1977年,第13112页。
⑤ 据姜亮夫《楚辞书目五种》统计,中华书局,1961年。

二

贺铸词被称为"幽洁如屈宋"的原因,仅从他的词作中考察有两个因素:一是贺铸词中有很多与屈原、宋玉有关的词语,例如"骚人"、"楚客"、"宋玉"等;二是他在词中常以芳草来寄托己意,这也正和了屈原香草美人的比兴寄托之旨。

在贺铸之前,词中尚未出现"骚人"等词语,原因之一是词的特质本来并不适合表达如屈子般悲壮之情感,另一原因还在于词在早期还是作为一种为女子代言,或者是描写女性之文体,这就要求词不只是需要讲究形式的错落有致,还必须同时注意在词语的艳丽精彩上下工夫,更不用说对词中人物产生的娇夭艳冶的期待了。为了适应词的这种特质,自《花间》以来在词体中出现的人物多是谢娘、湘妃、念奴之类的柔美女性形象,其中就算有男性形象,也是如同潘安、何郎、宋玉之类的琢玉郎。柳永、小山等作品中的男性人物都是以宋玉为主,其中不管是柳永对《九辨》之宋玉的接受还是对小山《高唐》、《神女》之宋玉的继承,都符合上文所说的现象。甚至知道贺铸的词中,仍然提到宋玉,如"翻念多情自苦。当置酒徵歌,梦云难驻。醉眼渐迷,花拂墙低,误认宋邻偷顾"(《花心动》)、"念凄绝秦弦,感深荆赋,相望几许凝愁。殷勤裁尺素,奈双鱼、难渡瓜洲。晓鉴堪羞。潘鬓点、吴霜渐稠。幸于飞、鸳鸯未老,不应同是悲秋"(《望扬州》)、"宋邻东畔。明月关深院。玉指金徽调旧怨。楚客归心欲断。城隅芳草初春。佳期重约临分。丽句漫题双带,也愁系住行云"(《清平乐》)、"楚台赋客莫相违。留住行云,好待郎归"(《摊破木兰花》)、"无物比朝云,恨难续、高唐后赋"(《蓦山溪》),等等。不过,尽管贺铸和柳永、小山一样以宋玉入词,但仔细研究之后,我们可以看出贺铸词中的"宋玉"虽然仍然保持着北宋词中宋玉的艳情特征,但其中开始出现了"幽洁"的倾向。除此之外,贺铸提的更多的还是"骚人"、"楚客"等词语,这也正是张耒在《东山词序》中"屈宋"并称的理由之一。

字面出现的屈宋并不是张耒称贺铸词为"幽洁"的主要原因,贺铸词之所以能称得上"幽洁",最主要的原因在于他承袭屈原在词中以芳草美人寄托理想的表现手法。细读贺铸词,不难发现在他的词中常常出现各类芳草美人,而这些通常在贺铸词中都喻示着作者"孤芳自守"、"美人迟暮"、"追求理想"的品格与理想。这其中有对屈原的直接继承,也有芳草本身因为屈原而被赋予的高洁之意对贺铸的暗示。就以著名的《踏莎行》(杨柳回塘)为例,贺铸此词中有"骚人"之语,从心理学的角度来分析,这其实源于他在身世上对屈原的认同感。贺铸常常以自己出身为傲,在传统文人的意识中,这与屈原在《离骚》开篇对自己身世的陈述，以此来强调自己的"内美"是如出一辙的。他在《庆湖遗老集》自序中自称为后稷之裔，这源于他族谱系可以追溯到庆忌即吴王僚之子，东汉之时为避讳改姓"贺"，贺知章即是他的本族；贺铸六代祖贺景思嫁女给宋太祖即孝惠皇后，贺铸就是孝惠皇后的五代族孙①；贺铸自己娶宗室之女，他进入官场也是因为出生的关系恩荫补官，这些都使得他对自己"内美"即一种先天的优越性极其敏感。这份"内美"却没有给他带来相应的好处，反而让他因为身世的问题在仕途上并不顺利，一生未得重用。所以他的词既有对自己"幽洁"品质的自守，又带有一种不能施展抱负的苦闷与彷徨。在这首《踏莎行》中，他选择荷花为主题，这本身就是对屈原"幽洁"之意的借用。屈原在遭遇"进不入以离尤"时，便有"退将复修吾初服"之意，以"制芰荷以为衣兮，集芙蓉以为裳"（《离骚》）来表示自己退修初服之意，芰荷与芙蓉因此也被赋予了芳洁之意，"芙蓉"正是荷花。贺铸此词便借咏荷花来表明自己空有芳芬之德、玉泽之质，却不得施用，"断无蜂蝶慕幽香，红衣脱尽芳心苦"也正是此意。陈廷焯评价此词云："此词骚情雅意，哀怨无端，读者亦不自知何以心醉，何以泪堕。"②近人缪钺在论及此词时亦云："这首词是咏荷花而借以自喻其孤芳自守的美人迟暮之感，亦深得楚《骚》遗韵。"③类似的词还有《望湘人》（厌莺声到枕），此词直接用屈原纫兰为佩之意入词，黄蓼园《蓼园词选》评此词云："意致浓腴，得《骚》、《辨》之遗韵"。④

再来看《凤求凰》（园林幂翠），这首词也是典型的"幽洁如屈宋"之作：上阕承袭贺铸的一贯词风，盛丽娇夭之态凸现无疑，景物之风流、辞藻之华丽以及人物之妩媚，一片热闹非凡；然而下阕忽然以"南薰"二字让人突生清雅之志，"幽恨"更是把人从那清丽歌女、杯盘交错、弦歌宛转的人间热闹之中拉出来，行雨、高唐虽然是性之暗语，却也引出宋玉之意，紧接着的"纫兰撷菊"又取屈原《离骚》中"纫秋兰以为佩"、"夕餐秋菊之落英"（《离骚》）之字面，屈原纫兰之意出于其"好修"的天性。所以此词虽然仍是在情爱的场景中流连，却因其"纫兰撷菊"对屈原的指向，而凭空多了些蕴藉。兰与菊和前面所题"薰"等香草的加入都给此词注入了屈原"幽洁"之意。也正是这些芳草美人的词句使得缪钺评价贺铸词"藉美人香草之辞以发抒其所志不遂，孤寂自守，追求理想之远慕遐

---

① 钟振振：《北宋词人贺铸研究》，台北文津出版社，1994 年。
② 陈廷焯：《白雨斋词话》，人民文学出版社，1959 年，第 15 页。
③ 缪钺、叶嘉莹：《灵谿词话》，上海古籍出版社，1987 年，第 282、283 页。
④ 黄蓼园：《蓼园词选》，见唐圭璋《词话丛编》，中华书局，1981 年，第 3088 页。

思"。① 贺铸这种以芳草寄托己意当然是对屈原比兴寄托手法的继承。

三

　　关于词对屈原比兴寄托手法之继承,前人多有阐发。沈祥龙《论词随笔》云:"屈原之作亦曰词,香草美人,惊采绝艳,后世倚声家所由祖也。故词不得楚骚之意,非淫靡即粗浅。"②沈祥龙把楚辞之"香草美人"与"惊采绝艳"此两种特质直接视为词体之祖,就是从词体对楚辞之香草美人寄托传统的继承出发的。诗中也对比兴寄托有继承和接受,但是正如词家一致注意到的"诗有赋比兴,词则比兴多于赋"③,词中对比兴的接受尤其显著。关于词中为何比兴多于赋的原因,谭献《复堂词话》对此做了很精辟的解释:"(词)感人也尤捷,无有远近幽深,风之使来,是故比兴之义,升降之故,视诗较著。"④词体所具有的幽深委婉之特质是词人所用比兴的主要原因,比兴之义又正是后人将词比附楚辞之最好的理由。丁绍仪《听秋声馆词话》:"况离骚之美人香草,即国风之卷耳、淑女,古人每借闺襜以寓讽刺,词之旨趣,实本风骚,情苟不深,语必不艳,惜后人不能解,不知学耳。"⑤当后人要把楚辞与词联系起来时,更是动辄提出"美人香草",这似乎是两者之间最大的桥梁了。

　　王逸章句中有这样一段关于离骚比兴寄托的文字:"《离骚》之文,依《诗》取兴,引类譬喻,故善鸟香草,以配忠贞;恶禽臭物,以比谗佞;灵修美人,以媲于君;宓妃佚女,以譬贤臣;虬龙鸾凤,以讬君子;飘风云霓,以为小人。"⑥据游国恩总结屈原之比兴有很多种,诸如:以栽培香草比延揽人才,以众芳芜秽比好人变坏,以善鸟恶禽比忠奸异类,以舟车驾驶比用贤为治,以车马迷途比惆怅失志,以规矩绳墨比公私法度,以饮食芳洁比人格高尚,以服饰精美比品德坚贞,以撷采芳物比及时自修,以女子身份比君臣关系,等等。⑦ 在唐宋词中,我们常常看到的却几乎都集中在后三种。

---

　　① 缪钺、叶嘉莹:《灵谿词话》,上海古籍出版社,1987 年,第 282、283 页。
　　② 沈祥龙:《论词随笔》,见唐圭璋《词话丛编》,中华书局,1986 年, 第 4048 页。
　　③ 同②。
　　④ 谭献:《复堂词话》,见唐圭璋:《词话丛编》,中华书局,1986 年,第 3987 页。
　　⑤ 丁绍仪:《听秋声馆词话》,见唐圭璋《词话丛编》,中华书局,1986 年。
　　⑥ 洪兴祖撰,白化文、许德楠、李如鸾、方进点校:《楚辞补注》,中华书局,2000 年,第 2 - 3 页。
　　⑦ 游国恩:《楚辞论文集》,古典文学出版社,1957 年,第 206 - 210 页。

早期的词有论及香草之语，然花多于草，故名为花间，花之易落，让人有年华老去之时间感，“美人迟暮”之感。刘禹锡之“花红易衰似郎意”（《竹枝词》），即感叹花之短暂之意，张籍明确表示了花之“兴”的作用。在唐代，花草之意只在其自身为自然的繁华枯荣之意，仍多用于男女之情中，并无以喻示高洁之意。例如元稹之《樱桃花》：“樱桃花，一枝两枝千万朵。花拕曾立摘花人，窣破罗裙红似火。”也是直写花之貌，以花之艳似女子之艳而已。因为花通常指女子，而词初期本是“艳科”，当然花花草草是常见了，温庭筠词中的花成为营造意境之物，如“海棠花谢也，雨霏霏”之类即是。直至贺铸词，花草才因加入屈原之故被赋予了芳、洁之象征意义，“其志洁，故其称物芳”，反过来，所写之物芳，其志就洁了，所以才有贺铸《芳心苦》之类的词被称为“骚情雅意”之现象。花草一旦从摹写杏花之红、海棠牡丹之艳转入荷芰、秋菊、春兰，就意味着其词境之深入，已经由艳入幽了，本来芰荷、春兰、秋菊都是屈原赋之中的，所以提及它们的时候就自然而然兴起读者“高洁”之心。清代周之琦咏温庭筠诗：“方山憔悴彼何人，《兰畹》《金荃》托兴新；绝代风流《乾𦠆子》，前身应是屈灵均。”温庭筠因为词集以芳草为名，即被人称为“托兴”，更因此被比若屈原。顾夐“荷芰风轻帘幕香”（《浣溪沙》）虽然仍是抒写儿女之情，却因为有“荷芰”“潇湘”之语而“婉雅芊丽，不背于古”。① 可以说，是楚辞比兴寄托的介入，给了词更大的空间，也进一步扩展了词境。

“幽洁如屈宋”的另一个意义在于其将品质带进词中对词体诗化的影响。“幽洁”二字，多用于描述一人之品质，屈原之高洁是人所共知的，“其志洁，故其称物芳”。所以反过来，因为屈原赋，芳草也被赋予了一种与人品质有关的高洁之意，凡写芳草，均有屈原之意，贺铸词中处处提及芳草，在词中表达人的品质，这本身就是诗化的后果，词自产生以来就一直是与诗相补充的，也是与诗相背离的。“诗庄词媚”即是说明诗与词之分野实在是很清晰的。诗历来是言志之作，表达品质历来是诗之范围，比如以芳草言志之作，张九龄《感遇》之类的诗开篇就是“兰叶春葳蕤，桂华秋皎洁”，就是“因兰、桂之盛开，便生意蓬勃，自成佳节。比喻贤人和良时关系的密切”。② 词则是更注重情感或者说是一种情绪的感发，贺铸之词就在以“幽洁”品质入词的过程中促进了词诗化的脚步。

① 陈廷焯：《词则》，上海古籍出版社，1984 年，第 7 页。
② 金性尧注：《唐诗三百首新注》，上海古籍出版社，1980 年，第 1 页。

四

张耒将"幽洁如屈宋"引入词论，不能排除他有着以楚辞修正词体的目的。张耒秉承的儒家正统的文学观以及他在苏轼等人去世后的文坛地位都让他对词之雅化有着很强的责任感。张耒是深受苏轼重视的人，在《书过书》中，苏轼曾赞他："秦少游、张文潜才识学问，为当世第一，无能优劣二人者。少游下笔精悍，心所默识而口不能传者，能以笔传之。然而气韵雄拔，疏通秀朗，当推文潜。二人皆辱与余游，同升而并黜。"在元丰八年《答张文潜县丞书》中，苏轼更是对他有托付之意："仆老矣，使后生犹得见古人之大全者，正赖黄鲁直、秦少游、晁无咎、陈履常与君等数人耳。"①这些都使得让后生"见古人之大全"成了张耒之重任。从《宋史》的记载来看，张耒并没有辜负苏轼之托付："时二苏及黄庭坚、晁补之辈相继没，耒独存，士人就学者众，分日载酒肴饮食之。诲人作文以理为主。"②在苏轼等人相继离世后，张耒俨然有文坛领袖之地位。他同时还有强烈的儒家道学正统文学观，在《上文潞公献所著诗书》中："故先王之时，大至于朝廷之政事，广至于四方之风俗，微至于匹夫贱士之悲嗟，妇人女子之幽怨，一考于诗而知之……夫情动于中而无伪，诗其导情而不苟，则其能动天地、感鬼神者，是至诚之说也。夫文章蓄其变多矣，惟诗独迩乎诚，故欲观人者，莫如诗。"③"故人之于诗，不感于物，不动于情而作者，盖寡矣。"在《投知己书》中他自言遍览"秦汉而降文章词辩、诗赋谣颂、下至雕虫绣绘、小章碎句"，可见其对传统文学之重视。在《答汪信民书》中，他说道："抑闻之古之文章，虽制作之体不一端，大抵不过记事辨理而已。记事而可以垂世，辨理而足以开物，皆词达也。虽然，有道词生于理，理根于心，苟邪气不入于心，僻学不接于耳目，中和正大之气溢于中，发于文字言语，未有不明白条畅。"④所以只要心之所志，情之所发，满心而发，肆口而成，就能直寄其意，闻者动心了。重理亦即重情、重心、重质。这就在某种意义上开始消解了词的"文学"的意义。在《东山词序》中他也提倡"满心而发"、"肆口而成"，这也在某种程度上消解了文学的艺术创作过程。这种主张虽然与词之初衷背道而驰，却又恰好与传统"情动于中而行于言"的诗教合一了。

① 苏轼:《苏轼文集》卷四九，中华书局，1986 年，第 1427 页。
② 脱脱等:《宋史·张耒传》，中华书局，1977 年，第 13114、840、826 页。
③ 同②。
④ 同②。

此时的张耒给贺铸《东山词》作序，在理解中已有先在的期待，贺铸满篇的芳草芰荷隐含的骚情雅意恰好满足了张耒在词体中"尊体"的倾向，"幽洁如屈宋"的提出就顺理成章了。此概念的提出为后来南渡之时的词人们铺好了对屈原制骚的本义接受的道路，并为南宋黄昇《花庵词选》中"悲壮如三闾"的词论提供了模板。

26

『米氏云山』的启示
——一种绘画图式生成的缘由及其价值判断

王 平 南京邮电大学

"米氏云山"者，"米氏"是指宋代大书画家米芾、米友仁父子，而"云山"则是指米氏父子"水墨渲淡、以点为皴"所作以江南地区自然景观（尤其是镇江山水）为对象的山水画。在漫长的中国绘画史上，在浩茫的传统绘画中，米芾、米友仁父子以他们不凡的艺术创造而青史留名，"米氏云山"亦以其图式语言的独特性而载入史册，其影响更遍及海内外。

据二十五史《宋史》卷四四四载：

> 米芾，字元章，吴人也。以母侍宣仁后，藩邸旧恩补洎光尉。历知雍丘县涟水军太常博士，知无为军，召为书画学博士，赐对便殿上。其子友仁所作楚山青晓图，擢礼部员外郎，出知淮阳军，卒年四十九。芾为文奇险，不蹈袭前人轨辙，特妙于翰墨，沈著飞翥，得王献之笔意。画山水人物，自名一家。尤工临移，至乱真不可辨。精于鉴裁，遇古器物书画，则极力求取，必得乃已……子友仁，字元晖。力学嗜古，亦善书画，世号小米，仕至兵部侍郎敷文阁直学士。

米氏父子作为典型的中国文人画家，在历史的坐标中，于纵向上承肇始于唐代王维的文人画理论，于横向上与睥睨百代、堪称经典的宋代院体绘画相比肩，以其不凡的才情与独立特行的志趣，钟情于南方的自然山水，寄情笔墨，自创一种以横点为基本形态的表现方法，被称为"洛茄皴"，又有"米点"之称。以"米点"所创造的"米氏云山"形成了一种中国绘画史上独特的绘画"图式"。

"米氏云山"的图式语言在中国画史上具有独特的地位和价值，作为一种经典，"米氏云山"以优秀传统样式的身份，纳入了中国文化的框架。由于其独具的、"不与世俯仰"的个性，历代对其评述虽褒贬不一，但其艺术创作的思想和绘画样式却影响着后世的一代代画人，对当代中国画的发展也不无启迪。本文拟就"米氏云山"的源流及成因、文化准备、图式特点及其价值进行分析，祈望有补于当代中国山水画的创新。

一、"米氏云山"的源流及成因

赵希鹄《洞天清禄》云：

> 米南宫(芾)多游江湖间，每卜居，必择山水明秀处。

其友人蔡肇说他：

> 所到喜览山川，择其胜处，立字制名，后来莫之废也。过润州，爱其
> 江山，遂定居焉。作庵城东，号海岳，日咏哦其间，为吾州绝佳之观。

夏文彦《图绘宝鉴》说米芾：

> 山水源出董源，天真发露，怪怪奇奇。枯木松石，自有奇思。

汤垕说：

> 其子友仁，略变尊人所为，成一家法，烟云变灭，林泉点缀，生意
> 无穷。

董其昌曰：

> 米家父子宗董、巨，删其繁复。(董源)作小树，但只远望之似树，
> 其实凭点缀以成形者，余谓此即米氏"落茄"之原委。(《容台别集》)

据以上所列诸家所论，我们可以得出这样的印象：(1) 米芾性喜亲近自然；(2) 米氏父子的山水画创造源于董源、巨然。

亲近自然者，米芾《诉衷情》自谓：

> 奇胜处，每凭栏，定忘还。好山如画，水绕云萦，无计成闲。

董其昌说：

> 米南宫襄阳人，自言从潇湘得画境，已(而)隐京口南徐，江上诸
> 山，绝类三湘奇境。

"可见'米氏云山'，即通过了这些景物无数次体验观察所得的印象，融会了蕴积在胸中的前人典范和自己的心意，一再概括提炼，形之于笔墨的产物。"①而说"米氏云山"出自董源，则须从二者的作品进行考辨。比较董源和米氏父子的

---

① 孙祖白：《米芾　米友仁》，上海人民美术出版社，1982 年。

画迹,则可明了:虽然董源山水画中用了许多小圆点表现树木,但并不像米氏那样将"点"作为一种绘画语言。米芾只是从董、巨的画中得到了一些启示,而这些启示更多是由于他们共同的审美情趣使然,其师承关系并不密切。董、巨之画主要以长、短线条(披麻皴)为表现手法,而米芾画山完全不着线条勾勒,因此,米芾至多是受了董源一部分"烟景"和点子皴的影响。若论水墨渲淡之法,则米芾更多是受了王维的影响。董其昌曰:"王摩诘始渲淡,一变勾斫之法。"米芾从董、巨处所得,更重要的是对艺术观念、审美情趣和意境的追求。米芾《画史》评董源画:"峰峦出没,云雾显晦,不装巧趣,皆得天趣。岚色郁苍,枝干劲挺,咸有生意。溪桥渔浦,洲渚掩映,一片江南也。"此"一片江南",才正是米芾所欣赏和赞许的。米氏父子所作,皆为"淡墨轻岚、平淡天真"的江南景色,因而从审美意趣上论,谓其得之于董、巨则较准确。

在"米氏云山"的创造中更重要的因素乃是得之于自然。米芾青年时游宦南方各地,于桂、湘、浙停驻既久,又曾官于江淮、豫中、皖北,30岁时定居镇江。镇江一带山水赋予米氏父子以灵感之源。米芾长住镇江达40年,因而得以对以镇江为代表的江南风光、云山烟树"饱游饫看","据景物之会,穷心目之趣",方能"缘物畅神,迁想妙得",这正是他的创作源泉。小米自题《潇湘奇观图》曰:

> 此卷乃庵上所见,大抵山水奇观,变态万层,多在晨晴晦雨间,余生平熟潇湘奇观,每于登临佳胜处,辄写其真趣。

米氏父子通过对江南湿润多雨真景的观察体验,创造了"水墨渲淡、以点为皴"技法样式。"米氏云山"的创造是独特的,具有强烈的个性风格,但其又是以写生为手段,是基于客观自然的熏陶。董其昌曰:

> 米元晖作《潇湘白云图》,自题云:夜雨初霁,晓烟欲出,其状若此。此卷余从项晦伯购之,携之自随。至洞庭湖舟次,斜阳篷底,一望空阔,长天云物,怪怪奇奇,一幅米家墨戏也。

于此可见,米氏的"墨戏"具有一定的"写实"因素,乃得益于自然的启示。其"先自潇湘得画境,次为镇江诸山"。自定居镇江后,此地的山川风物,即为其写生、写意的真本。然米氏之"写生",又绝非西洋画模拟自然、追求逼真肖似的写生,而是"立象以尽意",借"烟云变幻、平淡天真"的江南山水抒写其"心匠自高"的文人意趣。米友仁于此有云:

> (扬)子云以字为"心画",非穷理者其语不能至此。是画之为说,亦"心画"也。

二、"米氏云山"的文化准备

米芾天分很高,书画、诗文皆有成就,又因恃才傲物,为人为艺皆不肯为古人和时人所囿,因而为"米氏云山"的创造奠定了文化准备和基础。

《宋史·文苑传》谓其:"芾为文奇险,不蹈袭前人轨辙。特妙于翰墨,沈著飞翥,得王献之笔意。画山水人物,自名一家,尤工临移,至乱真不可辨。精于鉴裁,遇古器物书画则极力求取,必得乃已。"《宣和画谱》说他:"大抵书效羲之,诗追李白,篆宗史籀,隶法师宜官,晚年出入规矩,深得意外之旨。"其对前人书法用笔、结字、章法、气韵皆深得领悟和理解,奠定了他坚实的书法基础。其书法作品,真、草、隶、篆、行皆佳,尤以行草书见长,有"风樯阵马,沉着痛快"之评,与蔡襄、苏轼、黄庭坚合称为"宋四家"。基于米芾的书法成就,使其得以融书于画,以抒情的、表意的笔墨创造了水墨点染法,增强了绘画的表现因素。其子米友仁亦笔力遒劲,黄庭坚谓之:"虎儿(戏称米友仁)笔力能扛鼎。"正是笔力结合浓淡多变的破墨法造成了米家山水润滋、沉郁而超逸空灵的境界。

在理论方面,他著有《画史》、《书史》、《砚史》、《评纸帖》、《宝晋英光集》等。在创作观念上,米芾曾曰:

> 余"以山水古今相师,少有出尘格者,因信笔为之",多烟云掩映,树石不取工细,意似便已"。

其实,米芾之画并非真的"信笔为之",而是出于对"烟云掩映、淡墨轻岚"整体气氛的把握,从而树石只能约略写之,"不取工细",而"信笔"以取"掩映"之趣,越出一般画格,得"平淡奇绝"之境。米友仁常自题其画为"墨戏",并非游戏之"戏",实为一种谦辞,与后世文人画家们的"戏笔"绝不相类。因而米氏之"墨戏"当视为其心随笔运、墨为所使、满纸烟云、畅神抒情创作心态的自许,而并非后世浅薄者率尔操笔、满纸恶墨、水分失控、景象模糊,却借"戏笔"以遮羞的笔墨游戏。米友仁自题《云山墨戏图》云:

> 余墨戏气韵颇不凡,他日未易量也。

可见小米对自家"墨戏"的自信。常人皆以米家画"草草而成,用笔简率",其实米家亦能精细之作。清代钱杜在《松壶画忆》中说:"米家烟树山峦乃是细皴,层次分明,然后以大阔点点之,点时能让出少少皴法更妙。""昔米颠作海岳庵图,松计百余树,用鼠须笔剔针,针凡数十万,细辨之无一败笔,所以古人笔墨贵气足神完。"在绘画材料工具的运用方面,米芾也进行了多方面的探索和尝试。宋赵希鹄(《洞天清禄集》)曰："米南宫作墨戏，不专用纸。或以纸筋，或以蔗滓，或以莲房，皆可为画。"为了保持其"水墨渲淡"的笔墨韵味，米芾取生宣纸的遇水即洇的特点，弃宋时书画家惯常的绢或经胶矾处理的纸不用，赵希鹄谓之："纸不用胶矾，不肯于绢上作一笔。"

三、"米氏云山"的图式特征及价值

"图式"一词，就字义而言，可解作"图像形式"，亦可作"视觉形式"解。中国画图式，则包含了结构、笔墨、色彩等因素，以表现画家的思维活动、精神情感，并体现出画家的思想文化内涵。这种图式语言的确立，既是画家个人创造性的体现，同时也是中国画发展程度的重要标志。它涉及画家的学识、修养、气质、才情、阅历、艺术主张、美学观念和对艺术规律的探索与追求。

米芾的山水画原作，今已不存，唯故宫博物院藏有一幅他的书法作品《珊瑚帖》一件，书后画珊瑚一枝，笔法浑然如写字，可以窥见他的笔力。米友仁的作品则较多见，欲考析"米氏云山"的图式特征，可从"风格逼肖乃父"的小米画作入手。故宫博物院收藏有其《潇湘奇观图》卷，美国大都会艺术博物馆藏有《云山图卷》。从以上作品考察可知"米氏云山"的特征，其基本技法弃勾皴法而大胆创新，纯以水墨出之，以浑圆厚重的横卧之大小浑点层层积叠，以点为皴，连点成片，为山为树，随势而成。以积墨和破墨法辅之以渲染，并间以焦墨提其神，利用墨与水的相互渗透生动地表现烟云迷茫、雨雾溟蒙的江南云山之景，其精妙之处，在于见笔又见墨。"……他所创造的横点排比以表现云山，则使点苔法从山水画创作的辅助手段变成了山水画创作的主要手法，使攒簇约略的'点'的表现变成了约略仿佛的'面'的呈现。在米芾笔下的横点，其独立的造型意义是更为突出了。"[1]董其昌题米芾《云起楼图》曰：

> 元章多勾云，以积墨辅其云气，至虎儿全用积墨法画云。

其实，米氏父子的积墨不仅仅是用于画云，而是将"米点"通过层层积叠的方式作为塑造山川树木等自然物象的手段。此法类似于西洋画的"笔触"。米氏"墨戏"将笔墨从描摹自然的功用层次提取出来，具有相当程度的独立意义，形成了前无古人、卓然超群的图式语言，并成为山水画的重要艺术形式，不仅丰富了中国山水画的表现力，同时确立了笔法和墨法相对独立的审美价值。明张

---

① 舒士俊：《水墨的诗情——从传统文人画到现代水墨画》，复旦大学出版社，1999年。

丑强调：

> 米氏水墨云山，"皆数十、百次积累而成，故能墨彩晶莹。鉴家自
> 当穷究底里，方见良工苦心，慎毋与率易点染者同类而视之也"。(《清
> 河书画舫》)

唐代殷璠曾以"情来、兴来、神来"形容诗人兴会(《河岳英灵集序》)，以之概括"米氏云山"的创作特征则恰如其分。中国古代绘画的浪漫主义特征，自宋代始表现为缘物抒情，在表现方法上，则以兴到笔随、率意挥扫为主。米氏父子及苏轼正是中国浪漫主义绘画的先驱。

宋人评曰：

> 米元晖作远山长云，出没万变，古未有辈。

元人苏大年题米友仁《云山图》：

> 米家父子画山水自出新意，超出笔墨蹊径之处。

明董其昌虽尊唐代王维为文人画之祖，然真正意义上的"文人画"应始于苏轼、米芾。董其昌《容台别集》谓：

> 诗至少陵，书至鲁公，画至二米，古今之变，天下能事毕矣。

董氏所言，实际上已道出了米氏父子在画史上的地位。其山水图式将江南烟云的自然情趣与笔墨效果相结合，寓丰富于单纯之中，正合文人画的意趣。米芾《画史》有"山水心匠，自得处高也"之说，米友仁《元晖画跋》则云："画之为说，亦心画也。""心画"者，重寓意也。米氏的"寄兴游心"和"墨戏"绘画美学思想，奠定了"文人画"的理论基础。米氏父子在画上作长篇题记，叙述作画的环境及感受，开了文人画诗、书、画、印相结合的先河。清方薰《山静居画论》曰：

> 款题图画，始自苏、米，至元、明遂多以题语位置画境者，画亦因题
> 益妙。高情逸诗，画之不足，题以发之，后世乃滥觞。

苏、米之前虽亦有画家在画上签名或题写年月者，但大多写于石缝、树根等隐蔽处。宋徽宗赵佶亦常于画上题诗，南宋宁宗时马远的画上有杨皇后的题诗，但这些题诗多题于画幅正中或空白处，且题字在画面所占位置明显过大，没有顾及题字与画面构图的配合，破坏了画面的整体布局，内容皆为歌功颂德之类，与文人画上题句之旨趣实相去远矣。而米氏之画加款题，既与画面相得益彰，丰富了绘画内容，又表现了其文学和书法的功力，同时亦拓展了文学和书法的功用。因而米氏的首倡之功，不可忽略。

诗、书、画、印的综合运用正是中国文人画最主要的特征之一，以现存米氏父子的书画作品及著述而论，无论是理论或是实践，米氏父子都应被视为中国文人画严格意义上的导师。

作为具有典型东方美学特征的中国文人画，由于特殊的文化背景，在其操作技术和意趣上，将书法艺术的精髓引入绘画表现。其路数固然不一，然运用草书艺术那灵动多姿的点、线，铸成龙飞凤舞、豪迈跌宕的"墨戏"样式，使笔下物象具有强烈的表现力，充满生命的律动，则是文人画对中国传统文化之文脉的自觉观照和续传。"墨戏"不仅仅是一种风格，它正是中国文人画艺术审美本质之所在。

当代日本学者铃木敬认为，"墨戏"兴起于北宋末年的文同，文同擅画墨竹，然文同之墨竹，于内容和形式论，皆异于既往的墨竹，为区别二者，则称文同之墨竹为"墨戏"。《宣和画谱》中有：文同"善画墨竹，知名于时，凡于翰墨之间，托物寓兴，则见于水墨之戏"。然"墨戏"一词之提出，却是宋代大书法家黄庭坚。其《题东坡水石》云：

> 东坡墨戏，水活石润，与今草书三昧所谓闭户造车出门合辙。

铃木敬认为，依时序论，米芾应是"墨戏"画之首创者，但米芾却未曾有过"墨戏"的题识，而后人视其水墨云山为墨戏。至小米友仁，则常自题为"墨戏"或"戏作"。虽唐代王维以水墨取代丹青，开水墨写意之一格，然就其绘画技术而论，尚未成熟，其对文人画的贡献，在于其绘画观念合文人画意识。米氏父子之水墨云山图既出，才从操作层面上落实了王维首倡的文人画理论，完成了水墨写意画的创构，表现了对自然的超越，又在精神上与自然相和谐。"超越表示精神升进中的自由状态；和谐则象征精神自由之极致，超越与和谐，都是在人类渴望自由的一瞬间产生的。"（彭修银《中国绘画艺术论》）

米氏父子所开创的以水墨点染为主要手段的文人写意画，在其发展的过程中逐步形成了凝聚着民族心理和民族性格的完美的艺术形式。在经济全球化和资讯高度发达的现代社会中，水墨画在某种程度上依然是中国民族绘画的象征。因此，"米氏云山"有其深远的历史价值。

纵览中国绘画的历史，每一位有成就的画家莫不是由于他们独具慧眼，熔铸百家，体悟自然，妙造新境，创立了前无古人的独特的图式语言，为人类贡献了独特的美。米芾后的马远、夏圭、元四家、八大山人、龚贤及现代的傅抱石、李可染、陆俨少、龙瑞等均于山水图式有独特创造。傅抱石、李可染等一批优秀的现代画家，以深厚的传统笔墨为本，采自然山川之精华，融入他们对天地自然的观照和人类生命意识的关怀,创造了独具个性、气韵生动并具有现代感的山水图式,为人类贡献了独特的艺术美,也因此而确立了他们在画史上的地位。

在经济全球化的大背景下,世界文化生态要求中国画保持它的独立性和本土性。邵大箴先生说:"真切而强烈的感情,是艺术创造最基本的要素。"龙瑞先生认为:"要保持我们的大文化传统,在艺术语言的编织上要创造我们自己的新东西。"因此,深入研究传统,体察无尽的自然,顺应时代审美要求,不断创造新的具有中国气派的山水图式,弘扬民族文化,为世界文化贡献新的经典,是当代中国画家的历史责任,"米氏云山"的创造将给我们以有益的启示。

27

论诗经学发展者尝分 5 期:先秦诗学、诗经汉学、诗经宋学、诗经清学、现代诗经学。①为便于叙述,愚则径冠以朝代名分 7 期:先秦诗经学、秦汉诗经学、晋唐诗经学、宋诗经学、元明代诗经学、清代诗经学、现代诗经学。诗经学进程与学术史发展并不尽同波共曲,故其分期与学术史分期亦不尽相同。

于此略述宋前诗经学轨迹。

一、先秦诗经学

肇始于"诗"结集而成"诗三百",终于秦廷燔火,汉室一尊儒术。嬴政焚书既为先秦学术终点,亦为秦汉学术起点。

诗乐起于何时? 殆不可考,上古歌谣"击壤"诸篇当属其一端,结集而传二千余载者"诗三百"也。"诗三百"为吾国首部乐(诗)歌总集世无异议,而"诗三百"何时结集则众说纷纭。

朱自清于《经典常谈》②中论《诗三百》成于乐官之手,"乐官"典籍中或称"太师",此几成近现代诗经研究者"比较一致的看法"。③结集时间约在春秋,《左传·襄公二十九年》"季札观乐篇"所载季札所观之"诗"(乐)之"国风"与今本《毛诗》"国风"大致相同。④"雅"已分小大,"颂"不得而知。

---

① 洪湛侯:《诗经学史》,中华书局,2002 年,第 3 - 4 页。洪先生分汉至唐为诗经汉学,宋至明为诗经宋学,认为先秦诗学注重应用,诗经汉学注重训诂,诗经宋学注重义理,诗经清学注重考据,现代诗经学以文学研究为特征。

② 朱自清:《经典常谈》,《朱自清全集》第 6 册,诗经第四,江苏教育出版社,1999 年。

③ 洪湛侯:《诗经学史》,中华书局,2002 年,第 17 页。

④ 杜预:《春秋经传集解》,上海古籍出版社,1988 年,第 1121 页。季札所观"诗"之"国风"次序与今本《毛诗》"国风"次序有所不同,十四"风"名称一致,且"雅"分小大,可见当时有结集本,内容亦大致相同,而此时孔子已 8 岁。

孔子"（吾）自卫返鲁，然后乐正，雅颂各得其所"。① 孔子整理"诗三百"应无疑，其整理重点在"雅""颂"，与"雅""颂"同时对照整理者："乐！""国风"本自由调，民间歌讴，无钟鼓琴瑟伴奏，徒歌而已②，故无劳孔子"正"矣，亦无所谓是否"各得其所"。"雅""颂"与"乐"在天子诸侯大夫之堂，钟鼓琴瑟，扮"尸"舞蹈，献诗于庭，演乐于堂，皆尊礼有制。春秋时礼崩乐坏，"雅""颂""乐"不能得其所，故孔子"正"此三者。"乐"疑为已佚之《乐经》，为与《雅》、《颂》对应之演奏曲谱③，此处当为《诗》、《乐》对举。所谓"各得其所"非"《雅》归《雅》，《颂》归《颂》"，当为《乐》中之"雅"与《诗》中之"雅"相得，《乐》中之"颂"与《诗》中之"颂"相得，所谓"乐正"当指此而言，故此句应标点为"然后《乐》正，《雅》《颂》各得其所"，似更妥帖。可见，孔子整理《诗》（"诗三百"）重点为《雅》、《颂》，且与《乐》中《雅》、《颂》之曲谱同时整理，比对成一完整诗乐系统。

孔子论"诗"云：《诗三百》，一言以蔽之曰：思无邪！④ "思无邪"出于《诗经·鲁颂·駉》，原意"无边无际"⑤，后世之儒遂开伦理之口："诗之为体，论功颂德，止僻防邪，大抵皆归于正。"⑥真"六经注我"也。愚以为，孔子以《诗三百》为百科全书，故论云"思无邪"，内容思想真无边无际！故又曰："不学《诗》，无以言。"（《论语·季氏》）"《诗》可以兴，可以观，可以群，可以怨，迩之事父，远之事君，多识于鸟兽草木之名"（《论语·阳货》），《诗三百》无所不包，内容思想功能均广泛无边，陈澧曰："'诗兼四科'⑦（四科者：德行、言语、政事及文学）似亦可作一注脚耳。"⑧

孔子论《诗》其余方面历来述论发微以至著作难以计数，愚无"新"得可陈，兹略。孟荀庄三家论《诗》，将由别为文详述，此亦不赘。

先秦诗经学不可不述者：《左传》用"诗"（包括引"诗"与赋"诗"）。《左传》

① 《论语·子罕》，见杨伯峻《论语译注》，中华书局，1983 年，第 92 页。
② 杨荫浏：《中国音乐史稿》第 3 编第 4 章，人民音乐出版社，1980 年。
③ 按：《乐经》若为与《诗经》、《尚书》一类之文字典籍，且始终为教材，其先亡佚，殊不可解！故疑为吾国首部乐谱总集，与乐歌之《诗经》总集比对而行于诗乐不分之时代，诗乐分离，乐工于诸侯天子之庭散出，《乐经》遂亡。今不得见春秋时记谱方法，亦无相近文献出土佐证，愚心有此一疑而已，存此供通人一笑。
④ 《论语·为政》。
⑤ 于省吾：《泽螺居诗经新证》，中华书局，1982 年，第 170 页。
⑥ 邢昺：《论语注疏》，"四部精要"本第 2 册，上海古籍出版，1992 年。
⑦ 陈澧：《东熟读书记》卷六，光绪初刻本。
⑧ 论"思无邪"非此重点，愚有他文详为讨论，此谨简陈结论云云。

涉及今本《诗经》者百二十篇①，其中引"诗"百八十五篇次，赋"诗"七十六篇次。赋诗起于僖公二十三年（公元前 637 年），终于定公四年（公元前 506 年），历时百三十一年；引诗起于隐公元年（公元前 722 年），终于哀公二十四年（公元前 471 年），历时二百五十一年，几与春秋始终。引诗之例类于后来《韩诗外传》，用诗论事、证史、议人、表达意见和情感立场而已。

春秋时，诗经学正处于孕育期，并无完整系统，"诗三百"中篇章仅为政治活动中一种表达方式，"用诗"是其主要特征。

战国至秦焚书为诗经学之低谷。战国诸子儒家孟荀等之外，墨道法三家诸子于"诗"均多讥言贬词，老子、庄子、墨子集中谈"诗"之时语多不屑，极力抨击诗书者法家诸子也。其先如商鞅曰："虽有诗书，乡一束，家一员，独无益于治也。"②《韩非子》于"外储说左上"、"说林上"等篇中于儒家"诗"之经义肆意颠覆，斥为"愚蠢"、"荒唐"。③ 李斯于新秦掌权后便上书请求焚《诗》《书》："臣请史官非秦纪皆烧之。非博士官所职，天下敢有藏《诗》《书》百家语者，悉诣守、尉杂烧之。有敢偶语《诗》《书》者弃市。以古非今者族。吏见知不举者与同罪。令下三十日不烧，黥为城旦。"④诗经学显流断绝，少数官士（博士）政府许可仍有传习，民间口耳相传偶有暗流脉动，诗经学遂跌入低潮。

二、秦汉诗经学

秦成一统，焚书坑儒，诗书毁之十九，幸二世而终，《诗》学几无可述者。

秦灭汉兴，复成又一统一帝国，"马上得之，马下治之"，武雄文治，诗经学遂真正诞生，并蔚然为首座高峰，中国经学史真正诞生，继此而绵延二千余年成为中国学术以至中华文明之奇葩。汉前诗经学为"诗"学，前文未加区别，行文使宜耳，特此说明。

汉袭秦制设博士，经学立于官学。诸经中《诗》最早立于博士。"后汉翟酺曰：'文帝始置一经博士。'考之汉史，文帝时，申公、韩婴以《诗》为博士，'五经'

---

① 王清珍：《〈左传〉用诗研究》，北京大学博士论文，2003 年。
② 商鞅：《商子·农战篇》，见高亨《商君书注译》，中华书局，1974 年。
③ 刘毓庆、郭万金：《战国反诗学思潮与诗学危急》，《济南大学学报》，2005 年第 2 期。于战国时期诗经学此文与《战国时期〈诗〉学中心的转移与汉四家〈诗〉学的形成》（《文史哲》，2005 年第 1 期）所论极有新意。
④ 司马迁：《史记》卷六《秦始皇本纪》，中华书局，1975 年，第 255 页。

列于学官者,唯《诗》而已。景帝以辕固生为博士,而馀经未立。武帝建元五年春,初置'五经'博士。"①建元五年为公元前136年,此前列于官学者唯《诗》而已,且唯今文《诗》而已。古文《毛诗》仅民间流传,西汉未立学官,自相传授,谓为私学。

"汉之博士,实兼官师之职,综政教之权,与周之以司徒掌邦教,秦之以吏为师,其制略同。"②可见"所谓某经立于学官,实际相当于朝廷审定的教本"③,故三家今文《诗经》为汉代国家官学教材。自鲁殿孔壁古文书出,"武帝末,鲁共王坏孔宅,欲以广其宫,而得'古文'《尚书》及《礼记》、《论语》、《孝经》凡数十篇,皆古字也"。④ 复有民间所献河间淮南二王及刘歆诸人所发掘之古文经⑤,古文毛诗或传于民间,或立于河间博士⑥,或藏于宫中秘库无人讲授,以今视之,古文《毛诗》类乎地方教材或辅导教材,终西汉之世,未得立于官学,章帝时方允许公开授徒,东汉末方立为官学。

"三家诗"与"毛诗"古今文之别非仅限于文字异体,虽"(古文今文者何?)在汉以科斗篆文为古,隶书为今"⑦,而孔壁古书一经汉儒传钞,抑或亦有以隶书钞录古文字经书者,书体与壁经相异,而篇次内容相同,此亦当属古文经。故,章太炎先生论古今文经文字之异涵盖字体与篇章两端⑧,而其所云"典章制度与事实之不同"则为师承各异所致也。所谓师承,各大师经说,即成师法,师弟传授,专守一家,称家法。古今文经《诗》之不同核心当为师承说经思想之异,大体言之或如李学勤所说:"汉代的今古文两家,本有不同的学术倾向。用现在的话来说,今文家重义理,倾向于哲学,古文家重考证,倾向于历史。"⑨抑或如周予同所云:"不仅在于书写的字,而且字句有不同,篇章有不同,书籍有不同,书籍中的

---

① 王应麟:《困学纪闻》卷八《经说》,辽宁教育出版社,1998年。
② 马宗霍:《中国经学史》第6篇,上海书店出版社,1984年。
③ 洪湛侯:《诗经学史》,中华书局,2002年,第108页。
④ 班固:《汉书》第6册《艺文志》,中华书局,1975年,第1706页。
⑤ 班固:《汉书·河间献王传》、《汉书·淮南王传》、《汉书·艺文志》、《汉书·儒林传》。
⑥ 河间献王曾立《毛诗》博士,景帝初取消。
⑦ 江藩:《经解入门》,天津市古籍书店,1990年,第16页。
⑧ 章太炎:"经今古文之别有二:一、文字之不同;二、典章制度与事实之不同。何谓文字之不同?譬如《尚书》,古文篇数多,今文篇数少,今古文所同有者,文字又各殊异,其后愈说愈歧。"参见《经学略说》,见《国学讲演录》,华东师范大学出版社,1995年,第55页。
⑨ 李学勤:《重新估价中国古代文明》,见李学勤《李学勤集——追溯·考据·古文明》,黑龙江教育出版社,1989年,第23页。

意义有大不同;因之,学统不同,宗派不同,对于古代制度以及人物批评各各不同;而且对于经书的中心人物,孔子,各具完全不同的观念。"①研讨两汉古今文《诗》学之同异,刘立志博士论文《汉代〈诗经〉学及其渊源考论》第三章"汉代《诗》学经学史系统考察"所论极详。②

毛《诗》独行之前,三家《诗》为官学,三家者鲁、齐、韩。

鲁《诗》最早,《汉书·艺文志》:"汉兴,鲁申公为《诗》训故,而齐辕固、燕韩生皆为之传。"③申公,申培,鲁人,受诗于浮丘伯,《史记》有传。④《汉书·艺文志》"六艺略":《鲁故》二十五卷,《鲁说》二十八卷。《鲁故》即申公所作《诗》训诂,《鲁说》为其弟子韦、张、唐、褚、许诸氏之说。⑤ 鲁《诗》盛于西汉,元帝后齐《诗》方超乎其上。鲁《诗》主"四始"之说⑥,以此为"全《诗》之裒领,礼乐之纲纪"。⑦ 赵茂林于其博士论文《两汉三家〈诗〉研究》述曰:"《鲁诗》'四始'实际标示出了《诗经》的四大主题,即婚姻与恋爱、养贤、仁德、祭祀先祖,可以说是《鲁诗》学者对《诗经》内容的概括和初步分类。《鲁诗》学者对《诗经》的内容进行概括和分析,初步分出四类,并结合秦汉之际儒学的理论成果,为其注入理论内涵,这样,'四始'概念就成为汉初重要的《诗》学理论范畴。"⑧所论甚确。鲁《诗》佚于西晋,仅《石经·鲁诗》传于世,《石经·鲁诗》残碑也,不足二百字。⑨刘歆、司马迁习鲁《诗》,西汉皇帝中武昭元哀皆习鲁《诗》。

齐《诗》景帝时立于博士,由齐人辕固所传。《汉书·艺文志》著录:《齐后诗故》二十卷,《齐氏后氏传》三十九卷,《齐孙氏故》二十七卷,《齐孙氏传》二十八卷,《齐杂记》十八卷等。西汉大儒董仲舒习齐《诗》,所著《春秋繁露》称引诗说为齐《诗》,堪为两汉守齐《诗》家法中翘楚,成就高于《汉纪》、《易林》、《盐铁论》诸作。辕固倡言"汤武受命",切中刘邦心怀,故齐《诗》儒生多能据要津,《汉书·儒林传》云:"辕固,齐人,以治《诗》孝景时为博士。诸齐以《诗》显贵,皆固

① 周予同:《经今古文学》,见朱维铮《周予同经学史论著选集》(增订版),上海人民出版社,1996年,第2页。
② 刘立志:《汉代〈诗经〉学及其渊源考论》,南京师范大学博士论文,2002年。
③ 班固:《汉书》,《诗》训诂,又作《诗训诂》。
④ 司马迁:《史记·申公列传》。
⑤ 王先谦:《诗三家义集疏序例》。
⑥ 四家《诗》皆有"四始"之说,见洪湛侯《诗经学史》,中华书局,2002年,第139-142页。
⑦ 魏源:《诗古微》,岳麓书社,1989年,第46页。
⑧ 赵茂林:《两汉三家〈诗〉研究》,扬州大学博士论文,2004年,第59、60页。
⑨ 王应麟:《诗考》辑录。

之弟子。昌邑太傅夏侯始昌最明。后苍事夏侯始昌。始昌通五经，苍亦通《诗》、《礼》，为博士，至少府，授翼奉、萧望之、匡衡。奉为谏大夫，望之前将军，衡承相。衡授琅邪师丹、伏理游君、颍川满昌君都。君都为詹事，理高密太傅，家世传业。丹大师空。由是《齐诗》有翼、匡、师、伏之学。满昌授九江张邯、琅邪皮容，皆自大官，徒众尤盛。"①齐《诗》派别众多，翼奉一派最显，以六情十二律说诗，学据阴阳灾异，创四始五际六情之说，阴阳五行谶纬神学相容一体，齐《诗》遂弥漫迷信色彩，新莽时，齐《诗》学者多投王氏集团，齐《诗》盛矣！后光武虽好图谶，齐《诗》却一蹶不振。伏湛、班固、马援皆西汉齐《诗》名家，齐《诗》亡于魏，为三家《诗》中最早亡佚者。

韩《诗》起于西汉，未得势，东汉极兴盛。韩《诗》因传授者韩婴得名，《汉书·儒林传》云："韩婴，燕人也。孝文帝时为博士，景帝时为常山王太傅。婴推《诗》之意，而作《内外传》数万言，其语颇与齐、鲁间殊，然其归一也。淮南贡生受之。燕、赵间言《诗》者由韩生。"②《汉书·艺文志》另著录：《韩故》三十六卷，《韩说》四十卷等。东汉韩《诗》名家薛汉父子合作《薛君韩诗章句》，原书已佚，清人马国瀚有辑本两卷。东汉明帝习韩《诗》，韩《诗》由统治者倡导而极盛可知矣。韩《诗》亡于北宋，今传《韩诗外传》，当为隋唐两代韩《诗》学者之补充修改本。③"《外传》之文，记夫子绪论，与《春秋》杂说，或引诗以证事，或引事以明诗，使法戒显明，虽非专解经，要其触类引申，断章取义，皆有合于圣门商赐言诗之意。"④

毛《诗》传始于大小毛公：大，毛亨；小，毛苌。毛亨著《诗故训传》，即《毛传》。毛苌，赵人，受《毛传》，成河间献王博士。东汉之降，三家《诗》相继衰微而亡，毛《诗》独存，今见《诗经》通行本为毛《诗》。而今本毛《诗》则是郑笺孔疏阮定本，即"十三经"阮元校订本。毛《诗》史实守《春秋》"左氏之传"，典章礼制尊《周礼》之述，训诂文字本《尔雅》之义。重"圣道王化"、"不语怪力乱神"，持"温柔敦厚"之教。

两汉毛《诗》功臣首属毛苌，次为刘歆，再为卫宏、马融，成于郑玄。郑玄，字康成，北海高密人，从茂陵马融受学。马融开古今文融合之例，守古文师法，兼采

---

① 班固：《汉书》，第 3612、3613 页。
② 班固：《汉书》，第 3613 页。
③ 夏传才：《诗经研究史概要》，第 75 页。
④ 陈乔枞：《韩诗遗说考》。

今文，后人有"混淆家法"之评。① 郑玄继以此法"笺"《毛传》，成《毛诗郑笺》，为诗经学史第一高峰！② 郑笺为两汉经学谢幕之惊艳，"郑学虽盛，而汉学终衰"。③

三、晋唐诗经学

魏夺汉室，三国归晋，李唐疾替短命之隋，近八百年间，诗经学由激励论争而归于"正义"。秦汉440年，开始时经学即与政治相沉浮，论争蜂起，其要者：今古文之争。魏晋南北朝370年诗经学亦与政治起伏，而论争愈烈！郑学王学之争，南学北学，由经解而义疏，由儒士纷争之说而钦定标准之本，晋唐诗经学有其独特面貌而非汉学诗经所能含括。

魏晋南北朝诗经学著述张可礼教授④与孙敏硕士论文⑤述之甚详，考辨亦谨，愚于此并无多得，不赘。

王学郑学之争起于王肃，《三国志·魏书》有传。王肃，东海王郎之子，大将军司马昭其婿也。《隋书·经籍志》著录：《毛诗》，三十卷，王肃注；梁有《毛诗》二十卷，郑玄、王肃合注；《毛诗义驳》，八卷，王肃撰；《毛诗奏事》，一卷，王肃撰；梁有《毛诗问难》，两卷，王肃撰，亡。《毛诗注》应是王肃早年著述，其注附于"郑笺"之后，疑为隋人所合排印，非二人合著，亦非别为之注⑥；《毛诗义驳》、《毛诗奏事》、《毛诗问难》三书宋前均亡，清人马国瀚有辑本，黄奭亦辑有《毛诗王氏注》一卷。王肃晚期恪守古文毛诗家法，斥三家《诗》，极力驳难"郑笺"，借司马氏政治势力一度立于学官成为主流，郑学派人物如王基诸辈起而论战，延绵至今达百余年。

南学北学虽未论敌，然学风各异。"南学约简，得其英华；碑学深芜，穷其枝叶。"⑦南朝诗经学者如：雷次宗、徐□、孙畅之、阮珍之、周续之、崔灵恩、何胤、伏曼容、顾越诸人；北朝诗经学者如：徐遵明、刘献之、李业兴、刘轨思、刘芳、李铉、

① 章权才：《两汉经学史》，广东人民出版社，1990年，第250页。
② 夏传才：《诗经研究史概要》，第85页。
③ 皮锡瑞：《经学历史》，中华书局，1989年，第141页。
④ 张可礼：《魏晋时期〈诗经〉学者著述叙录及其启示》，《山东大学学报》，2003年第2期。
⑤ 孙敏：《六朝诗经学研究》，扬州大学硕士论文，2001年。
⑥ 戴维：《诗经研究史》，湖南教育出版社，2001年，第181页。
⑦ 《隋书·儒林传》，《北史·儒林传》曰："南人约简，得其英华；北学深芜，穷其枝叶。考其终始，要其会归，其立身成名，殊方同至矣。"

沈重、熊安生诸人。以崔灵恩与徐遵明为南北朝诗经学之杰出者,崔撰《毛诗集注》二十四卷。① 约言之,南朝专主毛传,北朝兼用毛郑,微别也,而置于经学史考察,则南学各守家法甚谨严,北学兼采各家略宽宜。

一如戴维所论:"《诗经》研究到南北朝,南学与北学继续对峙。南学简约,只说诗的大义,引入玄学清谈的风气;北学精深,但也只对《毛诗》进行拾遗补漏的工作,《诗经》研究进一步衰弱,经义互异,家派林立,与当时的政局一样,也是一种分崩离析的局面,但当时有一个新的研究趋向,即博物学的发展,虽说这也是一种拾遗补漏的继续,但究竟为一种新的研究方向,可以看做南北朝时期《诗经》研究的另一特色。"②

陆玑作《毛诗草木鸟兽虫鱼疏》二卷,《隋书·经籍志》有著录,陆玑吴郡人,字元恪,吴太子中庶子,曾任乌程令。传之前有《毛诗草虫经》一种,开经学博物研究风气,"陆疏"于此书有引述。"陆疏"之功非惟诗经学博物研究开创,亦功在导引其他经典博物研究,如"楚辞学"博物研究即径范例于"陆疏"。惜今之诗经学研究者尚未足够重视"陆疏"研究。

魏晋南北朝诗经学受玄学之影响典籍所载不乏谭玄之气,文学审美言语取资,诗经学玄学化可见一斑。《世说新语·文学》"谢安问《毛诗》何句最佳"篇:"谢公因子弟集聚,问毛诗何句最佳?遏称曰:'昔我往矣,杨柳依依;今我来思,雨雪霏霏。'公曰:'讦谟定命,远猷辰告。'谓此句有雅人深致。"③《晋书·王凝之妻谢氏》:"叔父安尝问:'《毛诗》何句最佳?'道韫称:'吉甫作颂,穆如清风;仲山甫永怀,以慰其心。'安谓有雅人深致。"④"雅人深致"本以玄语论诗。《世说新语·言语》"张天赐答'北方何物可贵'"篇及《世说新语·排调》"习凿齿、孙兴公相互刺讥"篇⑤均以诗经句为谭玄语资云云。

隋国祚短,诗经学亦不盛兴,唯"二刘"可成名家。刘焯、刘炫并称"二刘",焯所著《毛诗义疏》⑥,炫所著《毛诗述义》为"孔疏"张本。

唐贞观十六年(642年),国子监祭酒孔颖达"年已耋老"奉诏编"五经正义",王德韶齐威诸氏"分治"《毛诗》,书成"标题孔颖达一人之名者,以年辈在

① 王怀宜:《〈毛传〉本体研究》,复旦大学出版社,2006年,第4页。
② 戴维:《诗经研究史》,湖南教育出版社,2001年,第232、234页。
③ 余嘉锡:《世说新语笺疏》"文学",中华书局,1983年。
④ 《晋书》,中华书局,1975年,第2516页。
⑤ 余嘉锡:《世说新语笺疏》"言语"、"排调",中华书局,1983年。
⑥ 此著一作《毛诗述议》,为其《五经述议》一种。

先,名位独重耳"。①

　　《四库全书总目》评曰:"其书(《毛诗正义》)以刘焯《毛诗义疏》、刘炫《毛诗述义》为稿本。故能融贯群言,包罗古义,终唐之事,人无异词。"②《毛诗正义》恪守"疏不破注",取材广,造诣深,《诗》学至唐定于一尊③,由国家颁布为统一标准教材,彼时,科举制设明经进士两科,"毛疏"为科考之衡本,士子毋须以己之思精研《诗经》("毛诗"),但求熟习《毛诗正义》,则干禄可望矣。故《毛诗正义》之出,标志唐诗经学结魏晋南北朝经学纷争之局,诗经学亦迈进一新阶段。《毛诗正义》与《毛传》诗经学意义价值可视同埒,《毛传》出,天下治《诗》者无不习之,《毛诗正义》出,天下士子无不手抄目诵以至烂熟于心。而《毛诗正义》训诂学文献学诗经学之价值意义尚未得充分研究,洪湛侯诸氏诗经学通史中论述大多简要,至今未见专门研究之著。

　　刘勰《文心雕龙》、钟嵘《诗品》论《诗经》为后代诗经诗话之滥觞,限于篇幅,兹略。

---

① 皮锡瑞:《经学历史》,中华书局,1959 年,第 202 页。《毛诗正义》亦称《毛诗注疏》,或称"孔疏"。

② 永瑢等:《四库全书总目》,四部精要本,上海古籍出版社,1992 年,第 77 页。

③ 王怀宜:《〈毛传〉本体研究》,第 5 页。王氏之论可参。

28

女性言说和双性人格

——论『寂寞泪阑干』的幽栖居士和『终日多酝籍』的易安居士

周建梅 苏州高等职业技术学校

词以"要眇宜修"（王国维《人间词话》）见长，"诗言志、词缘情"几成功能划分定论，词又"以艳为美"，宜乎情感丰富、艳质天成的女性群体成为词的重要表现对象，而词坛却几乎由男性作家一统天下。如果说男性作家描摹女性体态身姿、妆容服饰等外在形貌尚不觉困难，但以他者眼光拟想女性内心世界则终觉有"隔"，难免不"真"。

有宋一代女词人李清照、朱淑真连镳并进驰骋于词坛，对女性的生存状态、情感意绪进行了真实言说，"写出妇人声口"（吴从先《草堂诗余隽》卷二评李清照《如梦令》"昨夜雨疏风骤"），以我手我口写我心，其生存世界的真实图景遂昭然以见，读者从中可观照到两位女词人的自赏意识、以爱情为生命本体的人生观；领略到李清照少女时期的纯净晶美，以诗酒书画为乐的雅士情怀、融柔婉与倜傥于一体的双性人格；感知到朱淑真嫁非所爱的深悲剧痛、幽期密会的纵情极乐和无视礼教的大胆心声。

一

"梅"是两位词人咏物词中的共同书写对象，落笔皆清超意远、形神毕具，"雨后清奇画不成，浅水横疏影……拂拂风前度暗香，月色侵花冷"（朱淑真《卜算子·咏梅》）、"溪下水声长。一枝和月香。人怜花似旧，花不知人瘦"（朱淑真《菩萨蛮·咏梅》），后人颇致赞语："凡皆清楚流丽，有才士所不到，而彼顾优然道之，是安可易其为妇人语也。"（陈霆《渚山堂词话》卷二评《卜算子·咏梅》）、"玄慧。不犯梅事，超.'人'、'花'二句伤神。绪长。"（沈际飞《草堂诗余续集》卷上评《菩萨蛮·咏梅》）"咏梅词之灵慧，当推此为第一。"（潘游龙《古今诗余醉》卷三评《菩萨蛮·咏梅》）李清照曾自言"咏梅词难作，下笔易俗"[《孤雁儿》（藤床纸帐朝眠起）]，概是意识到"梅"是文人墨客心头至爱之物、笔下常见之题材，若无清迥诗思，落笔自难脱习套。李清照凡事力求精博，咏梅词自不会混同于流俗之人的庸词滥调,"《玉楼春》红酥肯放琼苞碎"一词被朱彝尊誉为"得此花之神"(《静志居诗话》)。

苏珊·朗格曾言及艺术作品对作者人格的外射作用,"所谓艺术家的眼睛,就是能将看到的事物(或声音、运动、事件)同化为内在形象的眼睛,也就是将表现性和情感意味移入到外部世界之中"。两位词人的咏梅词也具有类似的表现意味,"梅""我"一体,所咏之"梅"实可看成女词人自我形象的外化,"度暗香"、"和月香"、"几多香",氤氲不已的彻骨清芬既是梅花散发出来的,不也是从蕴玉怀珠的词人生命中流露出来的吗?"清奇"、"琼苞"、"红酥"……词人赋予"梅"若许美好词汇,实如同水仙照影,隐含着对于自我美好资质的欣然观照和怡然自赏,"易安自恃其才,藐视一切"(冯金伯《词苑萃编》卷九引裴畅论《词论》语),"笑折一枝插云鬟,问人潇洒似谁么?"(朱淑真《探梅》)在对女性持"明其卑弱,主下人"(班昭《女诫》)的观念、固守"唯女子与小人为难养"之陋见的封建社会,女性的自赏意识无疑是女性走向解放之漫漫长途中的重要一步。李清照和朱淑真的自赏意识有着真实基础,并非大言自许,且看他人之嘉言推许,赞朱淑真"文章幽艳,才色娟丽,实闺阁所罕见者"(田艺衡《纪略》)、"观其诗,想其人。风韵如此"(魏仲恭《朱淑真诗集序》)、"幼警慧,善读书,工诗,风流蕴藉"(田汝成《西湖游览志余》卷一六《香奁艳语》),赞李清照"易安在宋诸媛中,自卓然一家"(李调元《雨村词话》卷三)、"本朝女妇之有文者,李易安为首称……诗之典赡,无愧于古之作者。词尤婉丽,往往出人意表,近未见其比"(朱彧《萍洲可谈》)、"自少年便有诗名,才力华赡,逼近前辈。在士大夫已不多得。若本朝妇人,当推文采第一"(王灼《碧鸡漫志》卷二。对李清照的称美似少涉及外貌,但国人皆谙悉相由心生的古训,内具此绝妙才情,自会涵融出正大仙容,其鹤立于俗脂艳粉的娴静风华可由赵明诚给她的一幅小像所题评语"端庄其人,清丽其品"中见出。

有此兰质慧心,外加诗书陶冶出的多情心性,自然会渴慕来自另一世界审美欣赏的目光。李清照得之,幸也;朱淑真不得,命也,遂断肠也。"女子把全部精神生活和现实生活都集中在爱情里和推广成为爱情",爱情在女性生命中常占有本体地位,她们苦心经营情感园地,以此建构女性的生存依据。"情词"在两位女词人的现存作品中占绝对篇幅,词人将欢愉、思念、伤痛、悲怨的爱情全体验悉数载入词中,对自身的情感历程进行了真实言说,弥补了男性作家为之代言"隔"而不"真"的缺憾,为女性文学的发展作出了贡献。

李清照虽幸得志同道合的佳侣,夫妇伉俪情深,但人生实难圆满,命运厚予此却吝予彼,"易安结缡未久,明诚即负笈远游。易安殊不忍别"(伊世珍《琅嬛记》卷中引《外传》)。正两情绸缪缱绻不已,却要忍痛相别,情何以堪？难堪此情之际女词人记录下深情缠绵的心灵曲线:"红藕香残玉簟秋……此情无计可消除,才下眉头,却上心头"(《一剪梅》)、"薄雾浓云愁永昼……莫道不消魂,帘卷西风,人似黄花瘦"(《醉花阴》)。文字如无尘清水,明白如话、入口即化,却又"别是一家",开口见人,既见其绝俗格调,又见其清隽诗思,更见其萦怀真情。好评潮涌而至,李廷机《草堂诗余评林》卷二:"此词颇尽离别之情。语意飘逸,令人省目。"(评"红藕香残"),许宝善《自怡轩词选》卷二:"幽细凄清,声情双绝。"(评"薄雾浓云"),陈廷焯《云韶集》卷一〇:"无一字不秀雅。深情苦调,元人词曲往往宗之。"(评"薄雾浓云")赵明诚苦思数十日,将己作杂入《醉花阴》中呈于友人之目,友人拈出以示警句的仍是李清照之绣口喷吐:"莫道不消魂,帘卷西风,人比黄花瘦。"佳句天工人巧宛如神助,赵明诚自叹弗如也。

心意相得的婚姻生活中收获了多少人间极乐:归来堂烹茶猜书赌胜负,意气风发;收集鉴赏金石书画,乐莫大焉;世所难逢的珍品到手,"相对展玩,狂喜不支"(缪荃荪《云自在龛随笔》卷二)。然而天妒良缘,李清照46岁时赵明诚驾鹤西归,痛乎哉！她在祭文中说:"白日正中,叹庞翁之机捷。坚城自堕,怜杞妇之悲深。"相爱相赏的嘉年华水逝云卷不复可寻了,自此"物是人非事事休"(《武陵春》),彼时婚中暂别"两处闲愁",词人尚可"轻解罗裳,独上兰舟"(《一剪梅》),暗中玩味烟云般的、轻清的忧伤情绪,或者于苍然暮色中"东篱把酒",自比瘦影摇曳的篱角黄花,咀嚼相思的摄人情味,此时却天人永隔,"这次第,怎一个、愁字了得"(《声声慢》)。起首破空而来14个叠字"寻寻觅觅,冷冷清清,凄凄惨惨戚戚",其中容纳了多少言语不能尽的哀痛,"一个愁字不能了,故有14叠字,14个叠字不能了,故有全首。总由生活痛苦,不得不吐而出之"(刘永济《唐五代两宋词简析》)。词人茕茕孑立于世守望空心家园,"首如飞蓬""憔悴损",篱角黄花"如今有谁堪摘",爱情的缺位造成了生命中无法填补的残损,世界万物自此黯然失色,生命遂淡乎寡味了。

李清照毕竟拥有过琴瑟和谐,朱淑真则不幸得多,断肠词人空具如花资质,婚姻生活中爱情付之阙如,若是心灵粗糙的平凡女子也许还能隐忍着度过一生,但对于灵魂触角敏感得如同春天带露花苞的词人来说,婚姻中若没有与异性世界的呼应对答则只是命运导演的一出恶作剧而已,生命倘没有爱的神水浇灌则无法尽态极妍地盛开,只会慢慢枯萎凋零。魏仲恭在《朱淑真诗集序》中对断肠词人的断肠人生付以一声长叹:"观其诗,想其人。风韵如此,而下配一庸夫,固负此生矣。"田汝成亦为之感慨万端:"其夫村恶,蘧除戚施,种种可厌,淑真抑郁不得志,作诗多忧愁怨恨之思。时牵情于才子,竟无知音,悒悒抱恚而死。"(《西湖游览志余》卷一六《香奁艳语》)这是时代酿成的悲剧,是父母之命、媒妁之言的封建礼教酿成的悲剧,词人盛开的青春之花没能与心仪之人从容共赏于人生的嘉年华就零落成泥了,"东君负我春三月,我负东君三月春"(《问春》),因此春之降临总会牵动着词人的万端思绪,《断肠词》的春之乐章中不同的题目便贯以不同的况味:《江城子·赏春》,烂漫的春光映射着词人锦瑟年华的美好,赏春实自赏也;《减字木兰花·春怨》春天尚有莺歌燕舞、彩蝶纷飞相伴,而词人却"独行独坐。独倡独酬还独卧";《谒金门·春半》,桃花杏花飘红飞雪,词人于此体验着生命的凋伤之痛;《蝶恋花·送春》,春去了仍会如约而至,而青春却如委弃的花瓣绝无重返枝头的可能。《断肠词》中的春天鸣奏曲奏响了一曲青春的挽歌、爱情的挽歌,"钱塘朱淑真自以所适非偶,词多幽怨。每到春时,下帏趺坐,人询之,则云:'我不忍见春光也'"(沈雄《古今词话·词评》卷上转引自《女红志余》),伤春实自伤也。

宋词坛有两个小群体,对爱情生活的全体验进行了淋漓尽致的表达,而且是"直将阅历写成词",在生活中有其真实本事,晏几道、姜夔、吴文英提供了男性世界的爱情话语,李清照、朱淑真则对此进行了女性言说,宋词坛的情词世界于是免去了徐妃半面之妆的憾恨,而成为可对两性爱情空间进行真实观照的全璧。

二

李清照、朱淑真对宋词坛的贡献不仅在于提供了爱情题材的女性文本,她们还进一步在词坛开辟疆土,使之呈现更丰富的人文景观。

宋词坛的形象长廊包罗宏富:伤春怨别的佳人、清高绝俗的隐者、羁旅行役的游子、横戈跃马的斗士、头白垂泣的遗民……确是一幅异彩纷呈的众生像,但其中有一个群体却几乎付之阙如,那就是有着世上最轻盈气息的婉妙少女。李清照以女性的真实笔触弥补了这个遗憾,她的词集中站立着蓓蕾初放的少女,在宋词坛具创辟之功。

> 常记溪亭日暮。沉醉不知归路。兴尽晚回舟,误入藕花深处。争渡,争渡,惊起一滩鸥鹭。(《如梦令》)

> 蹴罢秋千,起来慵整纤纤手。露浓花瘦,薄汗轻衣透。　　见有人来,袜划金钗溜。和羞走,倚门回首,却把青梅嗅。(《点绛唇》)

少女纯净无滓的心灵尚未遭遇尘染,她们的思维触角还没涉及爱情婚姻、生老病死等复杂的人生命题,世间的艰辛暂与她们无关,命运仍向她们扬着可亲的笑脸,生活还呈现着玫瑰红的色彩,所以她们对人世还能怀有无尽的兴味,仍能感受最纯净的快乐。且看《如梦令》中的美丽图景:少女们荡舟于清涧小溪,人面荷花相映红,心灵沉醉于自然美景中忘记了时间,甚或忘记了自己。似是薄暮时分翩翩而至的归鹭提醒了她们,于是彼此间争先恐后地抢渡,清脆的笑声回荡在氤氲着盈盈清香的"藕花深处",宛如山泉中冰块的撞击沁人心脾,鸥鹭亦为之有惊耳之艳,扑棱棱地群飞而起。这一幅洋溢着灵动生命的"少女荡舟图"在宋词集中别具异样情调,令人耳目一新。再来看第二幅"少女遇客图","见有人来,袜刬金钗溜。和羞走,倚门回首,却把青梅嗅",已然对人类另一半的异性世界产生了朦胧的好奇心,初见智慧果的夏娃遂显现出动人的羞涩之姿,然而这还只是她们心灵世界极微小的一角,还只是冰山上微露的十分之一,她们的大半个身体仍停留在童稚的门框内,她们的兴趣点还集中在摆荡着欢乐的秋千上。词中少女手拈"青梅","青梅"应是她们此时状态最好的比喻物,具青涩之美,清甜可人,而非熟透时的佳果,酣甜醉人。

　　这两首词在词史中并没得到太多的关注,词评家甚少置喙,实际上这两首词已然为宋词坛建立了一个新的生长点。但令人遗憾的是,此新辟领地后来者甚少,宋词坛众多词手都集中笔力于盛年女子,读者再难有眼福欣赏到少女带露花苞般的娇嫩面容、清晨晓风般的灵巧身姿,再难有耳福聆听到少女未被烟火气熏炙过的、毫无机心的动人笑语。为什么词对女性的描写多局限于盛年女子,实有多种可能因素,因篇幅所限,此处不多赘言,容另文加以讨论。

　　女性文学的开拓之功不仅属于"女中之杰"李清照,亦属于"爱情斗士"朱淑真,且各自开辟的园地景致殊异。

> 恼烟撩露,留我须臾住。携手藕花湖上路,一霎黄梅细雨。　　娇痴不怕人猜,和衣睡倒人怀。最是分携时候,归来懒傍妆台。(《清平乐·夏日游湖》)

　　与情人幽会在封建社会已然是石破天惊之举,作者不仅不去极力掩藏此类不容见人的行迹,反而无顾忌地写入词中,勇敢地向世人展示她沉浸于爱情的由衷欢乐,并借着对美妙情境的摹写和回味来延长生命中弥足珍贵的幸福时刻。在词人缺少情感润泽的生活中,这样的生命点缀无疑会成为熠熠生辉的华彩片断,在日后婚姻的苦寒中可给予词人泣血的心灵以温暖慰藉。"娇痴不怕人猜,和衣睡倒人怀",女性娇俏妩媚的一面在爱情的催发下尽显无遗,生命因两性间灵魂的应答交流而流溢出动人光彩,以爱情为生命核心的情痴一面无所畏惧地展现于世人面前,在"饿死事小,失节事大"的理学背景下如此表现足够惊世骇俗,难怪卫道士们要摇杆痛骂,父母也深以为耻,"其死也,不能葬骨于地下,如青冢之可吊,交其诗为父母一火焚之,今所传者,百不一存,是重不幸也"(魏仲恭《朱淑真诗集序》)。《断肠词》中或许还有更为大胆的、为爱高歌的佳作因此而湮没无存了,但凭借着现有的这些爱情颂歌、无爱婚姻之怨曲,读者已然会产生对这位无视礼教、为情呐喊的宋朝女杰的真诚敬意了。

"情痴"之人爱写梦,因为"梦魂无拘检"、"昨宵结得梦夤缘。水云间。悄无言"(朱淑真《江城子》)。视爱情为生命本体的女性梦中没有鱼跃龙门、腰金纡紫、富甲天下等关乎身外之乐的场景,唯有与相爱之人片刻千金的聚首。词人在现实时空中备受阻遏,难以两情缱绻,却心不甘、情难舍,转而倔强地另寻他途,借梦境的自由王国来饮上一杯爱情美酒,获取聊胜于无的代替性满足,词人以这种近乎悲壮的方式来对抗命运的残酷和礼教的无情,索取爱之神水对生命的浇灌。可是梦缘何其虚也,何其短也,"争奈醒来,愁恨又依然。展转衾裯空懊恼,天易见,见伊难"(《江城子》)。爱情原是心灵之间的自由盟约,不能与爱情谐行的婚姻因灵魂间缺乏共鸣而形同虚设。词人所拥有的爱情不能在婚姻中自由舒展开,生命遂无法展现绽放之姿,婚姻进而成为窒息灵魂的牢笼,为此词人日不安坐、夜不安寝,心灵迸发出悲愤的呼喊:"鸥鹭鸳鸯作一池,须知羽翼不相宜。东君不与花为主,何似休生连理枝。"(《愁怀》)所嫁非人在封建社会是最习见的人生悲剧,朱淑真不愿意成为沉默的大多数,而是借《断肠诗词》倾吐心声,以心灵的真实自白为无数虚度青春的姐妹们代言,大胆揭露礼教对生命的扼杀,勇敢表达对爱的渴望和追求,哪怕是尤为社会所禁忌的婚外之爱。因此说《断肠词》是一纸替女性呼唤生命权利的檄文恐不为过,在朱淑真之前的众多词手当中我们还找不到一位同类题材的表达者,《断肠词》确是替词坛开辟新领地的一部力作。"没有爱情的婚姻是不道德的",这样的理念被国人理解并接受已然是多少年后的现代社会,朱淑真却在理学盛行的时代就发出惊世之声,做出惊人之举,并形诸于文字,"爱情斗士"的称号朱淑真当受之无愧。

三

倘要选择李清照和朱淑真人格形象之恰切对应物的话,可从其词中拈出两种花卉来分别比拟:"易安居士"李清照可喻之为"终日向人多酝藉"(李清照《摊破浣溪沙》)的木樨花,其人格形象丰富多面,并具有融柔婉多情和飞扬神骏于一体的双性特征;"幽栖居士"朱淑真则可对应为"寂寞泪阑干"(朱淑真《江城子》)的梨花,呈现着单一的人格形象。

别号常反映了号主对自我人生境界的期许，及对自我人格类型的总结。朱淑真自取别号为"幽栖居士"，这一别号与其人生经历和心灵状态若合符契，词人因爱情与婚姻之悖离而幽独地栖居于伤春自悲的个人情感小天地中，人生和词作的重心都落在了情未得偿的痛苦支点上，终日为之泪流肠断，宜乎其词集被命名为《断肠词》，"闻之前辈，朱淑真才色冠一时，然所适非偶，故形之篇章，往往多怨恨之句。世因题其稿曰《断肠集》"（陈霆《渚山堂词话》卷二）。封建礼教"从一而终"的顽固观念使得词人找不到解决嫁非所爱人生困境的良策，爱恨情愁的悲凉之雾，遍被词集，心思蟠曲郁结于此，精神无法旁注，故《断肠词》的词境、词心都不够宽广丰厚，抒情主人公形象单一，没有"横看成岭侧成峰"式的、多棱镜般的丰富。若从将词沿着垂直线向纵深方向开掘，对女性文学有所拓展来看，朱淑真的作品自有其不可磨灭的重要价值，但无可讳言，其词作所涉及的人生面狭窄，词人虽生活在风雨如晦的南宋半壁江山，国势飘摇欲坠，词集中却读不到家国之恨、民生之艰和流离之痛，情之哀怨外罕有它种解读的可能性，后人评论甚当：《断肠》一集，特以儿女缠绵写其幽怨（沈涛《瑟榭丛谈》卷下）。儿女情多，且此儿女情难以得偿，故泣涕涟涟，读完《断肠词》，一个眼神幽怨、心思凄苦、满面啼恨的闺中女子遂立于目前，这一被泪水模糊了双眼的闺中女子似已看不清人生的其他支点了，无力为自己排遣愁情、开拓更丰富的人生，词中"粉泪共、宿雨阑干"（朱淑真《月华清》）的梨花恰可比照其人格形象，这枝楚楚可怜的梨花"凄婉得五代人神髓"（陈廷焯《词则·大雅集》卷四），且与五代词有着同样的局限："风云气少"，幽栖居士闭于深闺为一己的不幸而啼，狭窄的视线自然难及广阔天地的时代风云。

所以在论者眼中幽栖居士往往逊色于易安居士，"朱淑真词，才力不逮易安，然规模唐五代，不失分寸……惟骨韵不高，可称小品"（陈廷焯《白雨斋词话》）。"孟淑卿，苏州人，训导澄之女。工诗，号荆山居士。尝论朱淑真诗曰：'作诗贵脱胎化质，僧诗无香火气乃佳，铅粉亦然。朱生故有俗病，李易安可与语耳。'"（陈继儒《太平清话》）因缺乏骨力和开阔气象，这枝多情含泪的梨花只能成为词坛百花园中的小品，"词坛大宗"（《四库全书总目提要》卷一九八）的美誉则被奉之于酝藉超迈、兼容双性人格的"易安居士"李清照。

自号为"易安"，想必词人希冀自己能在任何情境下安适自得，从中可见李清照对自我人格境界有着高自期许，对自身迥出于凡庸之辈有着超常自信，他人对易安居士丰富多面的特异之材亦颇为赏识："易安居士李氏……才高学博，近代鲜伦。"（陶宗仪《说郛》卷四六引《瑞桂堂暇录》）论其才学罕有人比肩也，"李有诗，大略云：两汉本继绍，新室如赘疣。所以嵇中散，至死薄殷周……中散非汤武得国,引之以比王莽,如此等语,岂女子所能。"(朱熹《朱子语类》卷一四〇)论其超凡眼光和卓越史识也,"读李易安题《金石录》,引王涯、元载之事,以为有聚有散,乃理之常;人亡人得又胡足道,未尝不叹其言之达"(顾炎武《日知录集释》卷六)。论其不惶惶于得失的豁达心胸也。天生此女,情深意挚、通透明秀、旷达超迈,不拘囿于生命中的琐屑细事,将精神止泊在人生博大的层面上,时时处处可寻找到生命的着落点,撑灯照亮自己和他人,在世界的暗影中悠然微笑,不正有如一朵"终日向人多酝藉"的木樨花吗?

法国女性主义理论家西蒙·波伏娃在《第二性》中说到:"人不是生为女人,而是变成女人的。"依据她的观点,人之初男婴女婴本没有性格差异,而是约定俗成的培养习惯、社会和家庭的不同要求和环境的强化暗示使之变成了男性性格特征或女性性格特征占据主流的男人和女人,但有少数人仍能摆脱习见模式的制约,其双性性格特征都能得到一定程度的发展,成长为具有双性人格的特殊群体,此一群体往往有着迥出凡类的杰出才华,古今中外都存在着这方面的例证,李清照则是宋代的典型个案。"使在衣冠,当与秦七、黄九争雄,不独雄于闺阁也"(杨慎《词品》卷二)、"易安倜傥,有丈夫气,乃闺阁中之苏辛,非秦柳也……闺房之秀,固文士之豪也,才锋大露,被谤殆亦因此。自明以来,堕情者醉其芳馨,飞想者赏其神骏"(沈曾植《菌阁琐谈》)、"亦是林下风,亦是闺中秀"(卓人月《古今词统》)。这些赞语都着眼于她在男性和女性特征间的自如穿行和跨越,李清照打破了历来对女性和女性作品风格定论的天花板,不仅能充当口吐"闺阁妮妮语"的"闺房之秀"的代言人,亦能兼具"丈夫气"与"林下风",成为"文士之豪"的化身,《渔家傲》"天接云涛连晓雾"一词就是其倜傥神俊男性性格特征和男性作品风格的显著例证。借其词观照其生命样态,"诗"、"酒"、"茶"这些惯常出现在男性世界的物语已然成了李清照日常生活中的不可或缺之物,"柳眼梅腮,已觉春心动。酒意诗情谁与共"(《蝶恋花》)、"险韵诗成,扶头酒醒,别是闲滋味"(《念奴娇》)、"枕上诗书闲处好,门前风景雨来佳"(《摊破浣溪沙》)、"曾胜赏,生香薰袖,活火分茶"(《转调满庭芳》)、"酒阑更喜团茶苦,梦断偏宜瑞脑香"(《鹧鸪天》)、"东篱把酒黄昏后。有暗香盈袖"(《醉花阴》)、"酒美梅酸,恰称人怀抱"(《蝶恋花》)。买珠觅翠的寻常闺中生活重心在李清照那儿已然让位给了烹茶猜书、把酒赏花、吟诗觅句的士大夫式生活内容,由此我们可得出结论:李清照不仅具有如玉般的端丽容颜,且不囿于调脂弄粉的女性惯常生活圈,渴望并拥有着文人墨客的高风清韵。周辉《清波杂志》卷八向读者描画了一幅令人赏之无尽的易安觅句图:"易安每值天大雪,即顶笠披蓑,循城远览以寻诗,得句必邀其夫赓和,明诚每苦之也。"高人雅士书墨人生的超迈情怀于此昭然以见。

李清照以女性本体的细腻温婉为基础,以男性中更具文化含量的士大夫群体的人格质素为结合体,构建了高华绝俗的审美人生,从而超越了时代对女性的局囿,打破了社会对女性的惯常定义,也因此摆脱了烦杂尘俗而获得了诗意栖居。其人"风神气格,冠绝一时,直欲与白石老仙相鼓吹"(陈廷焯《云韶集·词坛丛话》),其词脱尽铅粉气而含蕴"骚情诗意"(陈廷焯《云韶集》卷一〇)、"有吞梅嚼雪,不食人间烟火气象"(《两般秋雨庵随笔》卷三)。兼容双性人格"终日多酝藉"的这位旷世才女以清迥之姿鹤立于历史通道的人物长廊中,千载之下,令人叹赏无尽。

李清照、朱淑真作为宋朝女性的言说主体在词中倾吐真实心声,建立了可靠的心灵档案,借此心灵文本,我们不仅得以了解作者的生活形态和心路历程,亦可进一步蠡测宋朝女性的生态环境。

29

曾慥《乐府雅词》不录苏轼词之探测

王慧敏　江苏联合职业技术学院苏州建设交通分院

一、现代学术界的观点

　　曾慥《乐府雅词》是现存的一部重要的宋人选宋词。据其自序可知,此书约成于南宋高宗时绍兴丙寅,即公元1146年,所录范围乃北宋至南宋初的词人词作。自序称所取"凡三十有四家,虽女流亦不废",似乎已较为客观了。但翻检所选之词,词作入选数量居于前几位的词家有欧阳修、叶梦得、舒亶、贺铸、陈克、曹组、周邦彦等,奇怪的是,晏殊、晏几道、黄庭坚、秦观甚至柳永、苏轼等著名的词人,却并不在这三十四家之列(苏轼词两首,秦观词三首,晏殊和黄庭坚词各一首均收在《拾遗》里,而柳永和晏几道词竟连《拾遗》也没入选)。尤其是不录柳永、苏轼两人的词,引起了后人的广泛关注。

　　不选柳永词,现代学术界意见基本一致,即认为柳词多为"俗词艳曲",不符合曾慥的"雅词"标准。实际上,关于《乐府雅词》的选录标准,曾慥在其自序中已有所交代,为了便于说明问题,兹将其自序引录如下:

> 　　余所藏名公长短句,衷合成篇,或先或后,非有诠次。多是一家,难分优劣。涉谐谑则去之,名曰《乐府雅词》。几重传出,以冠于篇首,诸公转踏次之。欧公一代儒宗,风流自命,词章幼眇,世所称式。当时小人,或作艳曲,谬为公词,今悉删除。凡三十有四家,虽女流亦不废。此外又有百余阕,平日脍炙人口,咸不知姓名,则类于卷末,以俟询访,标目拾遗云。绍兴丙寅上元日,温陵曾慥引。(《四库全书》本,集部四二九词曲类)

从序文中所说的"涉谐谑则去之"以及"当时小人,或作艳曲,谬为公词,今悉删除"可知,曾氏选词,的确是以"雅"为尚。然翻开柳永《乐章集》,除极少数像《八声甘州》中的"渐霜风凄紧,关河冷落,残照当楼",曾被晁补之赞为"此真唐人语,不减高处矣"(《能改斋词话》卷一,见《词话丛编》本)外,其词之内容皆描写歌妓舞女,抒写男女之情和羁旅闲愁,且词语尘下,因此《乐府雅词》将其排除在外,是完全可以理解的。

而苏轼词的没有入选,则引起了现代学术界的广泛质疑和不同理解。归纳起来大致有两种不同的观点:一种观点认为苏轼词也不符合曾慥的"雅词"标准。如詹安泰分析说:"有两种可能,一种是他不录已成为万流宗仰的词,像王安石《唐百家诗选》不录李白、杜甫一样;一种是那类词不合他的雅词标准。前者的可能性较小……关键还是在后者。曾氏是把苏轼那种截断众流、别开生面的词作,也和柳词一样看成不合乎雅词的标准的。'过犹不及'、'横放杰出'和'淫冶讴歌'、'杂以鄙语'一样不算雅词,不能入选。"[1]另外赵晓岚在《宋人雅词原论》中也持这种看法。[2] 另一种观点是,因曾慥曾刊刻苏轼的词集,故《乐府雅词》中不再选录其词。持这种观点的人较为普遍,如吴熊和《唐宋词通论》说:"曾慥又刻其所藏《东坡词》二卷,拾遗一卷,故《乐府雅词》中不再收入苏轼词。"[3]夏承焘等主编《词学》第一辑载舍之《历代词选集叙录》也说:"集中亦无苏东坡词,盖曾慥已刻东坡词集,故此书不复重出。"[4]又王兆鹏《词学史料学》中亦称:"曾氏另编有《东坡词》、《东坡词拾遗》,故此编未收苏轼词,并非以苏词不合'雅词'标准。"[5]等等。综观以上两种不同的观点,其分歧的焦点似在于对曾慥"雅词"标准的不同理解上,所以本文首先从探讨曾慥"雅词"标准入手,进一步廓清此问题。

二、原因一之探:苏轼词并非不合曾慥的"雅词"标准

从上文所引曾慥《乐府雅词》自序可知,他明确提倡"雅",但对"雅"的标准,并没有进行具体的阐述。其实,"尚雅"是宋人普遍持有的一个重要词学理论主张。综观宋代词论,其"雅"的标准大致可归纳为两个层面:(1)思想内容上要求脱离低级趣味,以抒写情志抱负,符合文人士大夫高雅情趣的题材为主,也就是说要符合儒家的诗教标准。(2)艺术形式方面,要求合乎音律,语言要典

① 詹安泰:《从宋人的五部词选中所看到的一些问题》,《光明日报》,1963 年 1 月 13 日。
② 赵晓岚:《宋人雅词原论》,巴蜀书社,1999 年。
③ 吴熊和:《唐宋词通论》,浙江古籍出版社,1985 年。
④ 夏承焘,等:《词学》第一辑,华东师大出版社,1981 年。
⑤ 王兆鹏:《词学史料学》,中华书局,2004 年。

雅精致，反对词语尘下；表达方式要含蓄委婉，避免用铺叙直陈的手法坦白直露地进行表达。前者是正统之雅，属于"骚雅"、"古雅"等理论范畴；后者则是文人之雅，属于"闲雅"、"清雅"等理论范畴。虽说两宋时期的"雅词论"基本都是建立在批驳柳永词之"俗"的基础上的，但在不同时期，甚至不同论者，其理论标准并不完全相同，往往偏重于其中的某一个方面，要么是内容，要么是形式，很少能够两者并重，这也是中国整个文学理论界一个很普遍的现象。

北宋词坛，基本上重在艺术形式之雅，这不仅表现在创作上，更反映在此段时期的词论、词话中。晁补之评晏殊词云："晏元献不蹈袭人语，而风调闲雅。"又评秦观词云："近世以来作者，皆不及秦少游，如'斜阳外，寒鸦数点，流水绕孤村'，虽不识字，亦知是天生好言语。"①李之仪在《跋吴思道小词》里追溯了《花间集》以来词体的发展，对于柳永和张先略有指摘。他认为"良可佳者晏元献、欧阳文忠、宋景文则以其余力游戏，而风流闲雅，超出意表，又非其类也"。②显然他们都是从语言、风格等艺术角度来强调"雅"的。李清照的《词论》就更加强调艺术形式之"雅"，她指责柳永"虽协音律，而词语尘下"③，全篇纯然以词的创作技巧、艺术风格为出发点，对词的内容方面几乎没有涉及。甚至连苏轼这位在开拓词境方面作出巨大贡献的大词人，也极其重视词之艺术形式之"雅"，如他责备其门人秦观学柳永做词，主要即针对秦词中出现了"销魂当此际"这样类似于柳永语言风格的浅俗之语；又批评秦词中"小楼连苑横空，下窥绣毂雕鞍骤"为"十三个字，只说得一个人骑马楼前过"，主要是责怪秦观用词不够精练，不应该在词中使用叙述性较强的铺陈手法。由此不难看出，北宋时期词坛提倡的主要是"艺术之雅"。

南渡之初，鉴于内忧外患的社会环境，文人士大夫都意识到应以家国为重，一味沉溺于儿女私情、一己之愁的词作已不合时宜。基于此，此时的雅词标准即从重视外在的艺术形式转向重视内在的思想内容。这首先表现在理论界对苏轼词的高度赞赏上。如王灼《碧鸡漫志》卷二云："东坡先生非心醉于音律者，偶尔作歌，指出向上一路，新天下耳目，弄笔者始知自振。"④胡仔《苕溪渔隐丛话》亦云："东坡皆绝去笔墨畦径词，直造古人不到处，真可使人一唱三叹。"胡寅在《酒边集序》中也说："柳耆卿后出，掩众制而尽其妙，好之者以为不可复加。及眉山

---

① 唐圭璋：《词话丛编》，中华书局，1986年。
② 金启华等：《唐宋词集序跋汇编》，江苏教育出版社，1990年。
③ 同①。
④ 同①。

苏轼,一洗绮罗香泽之态,摆脱绸缪宛转之度,使人登高望远,举首高歌,而逸怀浩气超然乎尘垢之外。于是《花间》为皂隶,而柳氏为舆台矣。"①他们对苏轼这类雅词的思想、格调予以高度评价的同时,还对曾经力斥柳词"词语尘下"而倡导文雅的"本色派"李清照进行了批评。如王灼《碧鸡漫志》卷二评李清照"作长短句,能曲尽人意,轻巧尖新,姿态百出,闾巷荒淫之语,肆意落笔,自古缙绅之家能文妇女,未见如此无顾忌也……其风至闺房妇女,夸张笔墨,无所羞畏"。这已完全以儒家的诗教观来作为衡量"雅词"的标准。宋高宗绍兴十二年(1142年),鲖阳居士编的宋词选集《复雅歌词》(比《乐府雅词》早4年),力图发扬中国《诗经》与《离骚》的优良文学传统,以"骚雅"为号召。他在《复雅歌词》自序中云:"温、李之徒,率然抒一时情致,流为淫言猥亵不可闻之语。吾宋之兴,宗工巨儒,文力妙天下着,犹祖其遗风,荡而不知所止。脱于芒端,而四方传唱,敏若风雨,人人歆艳咀味,尊于朋游尊俎之间,是以为相乐也。其韫骚雅之趣者,百一二而已。"②在批评了唐五代词"淫艳猥亵"之失的同时,他对北宋词风亦有所指摘,认为词作中难找到"骚雅",而多"淫艳猥亵"。显然,他是从词的内容出发的,其"雅"已被上升到道德的层面。他按照有益于教化的"骚雅"标准,从唐以来的词作中选出4 000余首,编为50卷,以作为复雅的范本。此编可惜已佚,但从今存10余词及其评论来看,编者纯以儒家政治教化观念和政治寄托说来论词,以贯彻其"骚雅"的主张。如其论苏轼《卜算子》语:"'缺月',刺明微也;'漏断',暗时也;'幽人',不得去也;'独往来',无助也;'惊鸿',贤人不安也;'回头',爱君不忘也;'无人省',君不察也;'拣尽寒枝不肯栖',不偷安于高位也;'寂寞吴江冷',非所安也。与《考槃》诗极相似。"他这里完全是在以经释词了。毫无疑问,和他们生在同一时代的曾慥,在这种文化氛围下,其"雅词"标准也应是与之一致的,由此而来,他自序中明确提出要摈弃的"谐谑"之词以及"艳曲",就主要是指思想内容方面的"俗"和"艳"了。

综上所述,不难看出曾慥的"雅词"标准主要强调的是内容方面的"骚雅"、"雅正"(即前文所谈到的宋人"雅"的标准的第一层面),希望能以此抒发士大夫的高雅情致。这样一来,他对那些尽情抒发男女情爱、欢娱享乐思想题材的词作自然就极为不屑了。然而通观苏轼词作,其词的雅化可以说正是主要从词的思想内容方面着手的。他突破"词为艳科"的樊篱,将文人士大夫生活感情全部都写进词中(有关这方面的论述,学术界已经很多,兹不赘述),而这正是南渡诸

---

① 金启华等:《唐宋词集序跋汇编》,江苏教育出版社,1990年。
② 同①。

人所提倡的。当然,苏词也有不协音律等艺术方面之嫌,但这却并不是南渡诸人所看重的。前面所引王灼等人对其词的大力称赏,以及铜阳居士对其《卜算子》(缺月挂疏桐)所作的政治比附即可说明问题,而且曾慥本人也的确对苏词极为重视,不然他也不会为其专门刻录《东坡词》了。可见,《乐府雅词》不选苏轼词理应不是因不合曾慥"雅词"标准所致。

三、原因二之探:亦非因曾慥另外专门刻录《东坡词》

曾慥《乐府雅词》不录苏轼词究竟是怎样一回事呢?

对此,学界有不少人认为曾慥因另外专门刻录《东坡词》,故《乐府雅词》不再复录。其实,曾慥除刻录有《东坡词》以外,还刻有《东坡词拾遗》。据其于绍兴辛未(1151 年)所刻《东坡词拾遗跋》可知,他刻《东坡词》的时间稍早于 1151年,很可能已在编《乐府雅词》(1146 年)之后,如果是这样,他就不可能预先不选东坡词,而留待日后刊刻;即使是刻《东坡词》在编《乐府雅词》之前,他又未曾编过《东坡词选》,何以有东坡词集之刻,却反而不选东坡词呢? 难以合乎情理。毕竟词集和词选是两回事! 前者是为反映词作者的创作全貌,后者则贯穿有编选者的主观色彩或者说是词学理念在其中。

四、原因三之探:实乃受当时选源所限

我们对上述两种原因进行了置疑,那么就只有以下这种可能性了:曾慥私家藏书中当时没有苏轼的词集。《乐府雅词》自序开头即明确声明是根据"余所藏名公长短句,裒合成编",需知,这即是曾慥选词的大前提! 私家藏书,且遭逢战乱,再加上苏轼是元祐党魁,在党争风波中,他的文集也同他一样遭遇了不幸。北宋自王安石变法以来,朝廷上形成新、旧两派党争。苏轼身陷两党之争的旋涡之中,不仅生前在仕途上屡受打击而被一贬再贬,即使在他去世之后,政敌们依然不放过他,对以他为首的元祐党人进行了全面清算:徽宗崇宁元年(1102 年)七月,蔡京拜相,极力主张复追贬元祐党人,禁元祐学术;同月,"禁元祐法"①;九月,"立党人碑于端礼门"②,把司马光等 120 人列出罪状,

---

① 陈邦瞻:《宋史纪事本末》卷四九,中华书局,1977 年。
② 同①。

"谓之奸党,请御书刻石于端礼门"①,其中就包括了苏轼兄弟及其门人秦观、黄庭坚等;崇宁三年六月,"诏重定元祐、元符及上书邪等者,合为一籍,通三百九人,刻石朝堂……待制以上官,苏轼等四十九人,余官,秦观等一百七十六人"②,且令全国各州县皆刻"党人碑",颁布天下;崇宁二年四月"诏苏询、苏轼、苏辙、黄庭坚、张耒、晁补之、秦观、马涓文集,范祖禹《唐鉴》,范镇《东齐记事》,刘邠《诗话》,僧文莹《湘山野录》等,印板悉行禁毁"③,到了徽宗宣和六年(1124年),即在苏轼去世23年后,又"诏有收藏习用苏、黄之文者,并令禁毁,犯者以大不恭论"④。可见,"从元丰二年的乌台诗案开始,直到靖康元年解除元祐党禁,这场中国历史上第一次以当朝名人著作为禁毁对象的禁书事件,前后历时47年之久,而其中的关键人物便是苏轼"。⑤ 由此看来,在南渡之初,曾慥编《乐府雅词》时,党禁和战乱刚过,再加上当时印刷、出版业还不发达,作品的传播自然受到很大限制,在这种情况下,他没有收藏到苏轼的词集是完全可能的。另外,曾慥《东坡词拾遗跋》中云:"东坡先生长短句既镂板,复得张宾老所编并载于蜀本者,悉收之。"⑥其中之意,似乎其既已镂板的《东坡词》也不是出于家藏,而是得之于外面传本,对以上所述也是一个很有力的明证。既然家中当时未藏有他的词集,也就无以选录,只好将他词作中平日脍炙人口,也许已经成诵的几首附于拾遗之中(拾遗中有苏轼《虞美人》、《翻香令》二首)。

为了进一步说明问题,不妨再简单谈一下苏轼词集的刊本情况。据刘尚荣先生考证,现存成书最早的东坡词集应是宋人傅干的《注坡词》钞本十二卷,刊行于南宋绍兴初年。⑦ 尽管此书的具体刊行时间难以确定,但既然是在南宋绍兴初年,就应差不多和曾慥《乐府雅词》同时,即使稍早于《乐府雅词》,受当时信息传播条件的限制,曾慥没有收藏到它,也是完全有可能的。

① 陈邦瞻编:《宋史纪事本末》卷四九,中华书局,1977年。
② 毕沅编著:《续资治通鉴》卷八九,中华书局,1957年。
③ 毕沅编著:《续资治通鉴》卷八八,中华书局,1957年。
④ 毕沅编著:《续资治通鉴》卷九五,中华书局,1957年。
⑤ 张殿方:《苏轼词接受史研究——北宋中叶至清代》,山东师范大学硕士学位论文,2003年。
⑥ 金启华,等:《唐宋词集序跋汇编》,江苏教育出版社,1990年。
⑦ 苏轼研究会:《东坡词论丛:苏轼研究论文集第一辑》,四川人民出版社,1982年。

五、结论

以上根据曾慥的"雅词"标准及苏词的流传,对此问题作了一番推理和论证。结论是:《乐府雅词》未选苏轼词,既非因苏词不符合曾慥的"雅词"标准,也不是由于曾慥另刻《东坡词》所致,实乃因曾氏编选《乐府雅词》时,其私家藏书中没有苏轼的词集。也就是说,《乐府雅词》不选苏轼词并不是出于曾慥本人的主观想法,而是受当时的选源所限。

另外,曾慥《乐府雅词》不录晏殊、晏几道、黄庭坚、秦观等人词,尽管学术界关注的不是太多,但也是非常值得注意的问题,限于篇幅,兹且不论,本人将另做专文探讨之。

我们知道,宋人选宋词是我们考察宋人词学观念的一个重要窗口。然曾慥《乐府雅词》作为一部重要的宋人选宋词,其选词甲乙与后世论词多有不合,所以很有必要探清此问题。遗憾的是,近现代部分学者虽对其表示质疑,但只是"结论性"地发表一下看法而已,没有去作"过程性"的深入探讨。当然,在文献不足的条件下,本文不可避免会有些猜测成分,还有待于以后的进一步检验。

30

也谈《花间集序》的主旨

张 英 常熟理工学院

欧阳炯的《花间集序》是为我国词史上第一部文人词总集《花间集》所作的序言，更是有词以来的第一篇词论，因此，正确理解花间集序的词学观，对于晚唐五代词的研究，乃至于整个词史的研究都有重要的意义。近年来，贺中复、彭国忠、李定广等学者们发表论文①，对传统解说提出质疑，并互相商榷，虽没有达成一致的意见，但却给其他的研究者以重大的启发。我们发现，《花间集序》中有几处特别值得注意的语句，极易引起歧义和误解，是各家争论的焦点，同时也是正确理解这篇序文的关键所在。因此我们先对这些关键语句进行分析，以便得出《花间集序》的主旨。

一、"自南朝之宫体，扇北里之倡风"的含义

两句解读之关键点在于"自"和"倡风"这两个词语。

"自"在这里有两种可能的含义，一是"承自于"，二是"自从"。在传统解读中，许多人选择了第一种解释，并由此认为欧阳炯将宫体诗看成是花间词的文学渊源。我们可以看几条有代表性的例子：

> 吴熊和《唐宋词通论》："上承南朝宫体，下附北里倡风，这两句话可以概括了花间词的历史渊源和生存环境。花间词就其主导倾向来说，不外乎宫体和倡风的结合。"②

① 贺中复：《花间集序的词学观点及花间集词》，《文学遗产》，1994 年第 2 期。彭国忠：《花间集序——一篇被深度误解的词论》，《学术研究》，2001 年第 7 期。李定广：《也论花间集序的主旨——兼与贺中复、彭国忠先生商榷》，《学术研究》，2003 年第 4 期。彭国忠、贾乐园：《再论花间集序——兼答李定广先生》，《中文自学指导》，2006 年第 6 期。后文中引用这几篇论文时将简称为贺文、李文、彭文一、彭文二。
② 吴熊和：《词学通论》，浙江古籍出版社，1995 年，第 276 页。

方范智等《中国词学批评史》:"欧阳炯认为,词乃朱门豪富享乐生活的佐料,是于酒筵歌席供佳人歌唱而助其"妖娆之态",以资宴饮之欢的。因此他主张,词应上承齐梁宫体,下附里巷侣风,亦即以绮靡冶荡为本。"①

袁行霈主编《中国文学史》第二卷:"欧阳炯在《花间集序》中描述西蜀词人的创作情景:'绮筵公子,绣幌佳人,递叶叶之花笺,文抽丽锦;举纤纤之玉指,拍按香檀。不无清绝之词,用助妖娆之态。自南朝之宫体,扇北里之倡风。'在这种生活背景和文艺风气下从事创作,所写的是供歌筵酒席演唱的侧艳之词,自然是缛采轻艳,绮靡温玉。"②

当然,事实求是的说,花间词确实受了宫体诗的影响,但这一事实并不能表明《花间集序》的文义必是如此。贺中复、彭国忠两位先生都指出,序文中存在着一条较为清晰的历史线索。贺文中说,该序文"行文之巧妙尤其表现在,依时代先后排列事例,从中揭示歌辞自西周直至五代《花间集》成书时的演进历程"。彭文一中说:"这篇序文有着清晰的时间线索,可以说作者欧阳炯对他所认为的'词'的历史有着自己十分明晰的认识和把握。"对此笔者非常赞同。《花间集序》中,欧阳炯在总的概括了歌辞的特征"镂玉雕琼,拟化工而迥巧;裁花剪叶,夺春艳以争鲜"之后,依次说了西周穆王时的西王母云谣词,春秋战国时期宋玉《对楚王问》里的(阳春)白雪歌和《列子·汤问》中歌唱家秦青"响遏行云"的故事,汉魏六朝乐府中的诸种歌辞,接着便是"自南朝之宫体,扇北里之倡风"云云,然后是唐朝前期李太白的《清平乐》、唐朝后期温飞卿的《金荃集》,最后是"迩来作者",也就是欧阳炯时代的"诗客曲子词"的作者们。从这条清晰的历史线索中,从"有唐以降"、"在明皇朝"、"迩来"等明确的表示时间的词语中,我们无疑可以确定"自"并不是"承自于"的意思,因为说到"南朝宫体"和"北里倡风"时,"迩来作者"所写的"诗客曲子词"还没有上场,绝不可能作"自"这个词的主语。因此,"自"应该是表示时间的"自从"之意。

关于"倡风"这个词的争论主要集中在彭国忠先生和李定广先生的论文当中。李文将"倡风"解释成"民间的唱曲之风",而彭文二则对这一看法进行了非常细致的批驳。他认为,在古籍当中,虽然有"倡"、"唱"、"昌"、"娼"通用的现

---

① 方范智、邓乔彬、周圣伟、高健中:《中国词学批评史》,中国社会科学出版社,1994年,第21页。

② 袁行霈:《中国文学史》卷二,高等教育出版社,1999年,第483页。

象,但到了隋唐之后,这种以"倡"代"唱"的用法就非常之少了。① 由此可见,"到了唐五代,'唱'已经取得了其本义而被使用;'倡'在极少数的情况下,具有'唱'之义,其最常见之义乃是'娼妓'"。

　　然而,将"倡"确定为"娼"之义,是否意味着与李定广先生所说的"唱曲之风"就毫无关系了? 并非如此。一方面,"倡"这个字本来就是"歌舞艺人"之义,《史记·滑稽列传》中有:"优旃者,秦倡,侏儒也。"②盖歌舞艺人原本并不限于女性,后来女性艺人增多,"倡"遂通"娼",为"女伎人"之义。因此,古时娼妓本来就与唱曲有着密切的关系,她们并不仅仅提供肉体上的服务,更提供文艺上的服务。另一方面,正如彭文二接下来所指出的,"北里"并不能解释成"民间"。这个词是一个音乐和地理相结合的概念。"北里"一词最早出现于《史记·殷本纪》中,"(帝纣)于是使师涓作新淫声,北里之舞,靡靡之乐"。③ 从这开始,"北里"一词就成了靡靡之音的代名词。在唐代,妓女所聚居的长安北门内之平康里亦被称之为"北里",这个作为地名的"北里"与作为靡靡之音的"北里"仍然有着密切的联系,因为居住在"北里"的妓女们同时又歌唱着靡靡之音的"北里"。唐代孙棨的《北里志》便多处提到了那些居于北里的妓女们之"善于歌令",如《天水仙哥》:"天水仙哥字绛真,住于南曲中,善谈谐,能歌令。常为席纠,宽猛得所。"④《郑举举》:"举举居曲中,亦善令章。尝与绛真互为席纠。"⑤由此可见,"北里之倡风"有两层含义,一层是娼妓之风的盛行,另一层是靡靡之音的盛行,而这两者是一而二,二而一的关系,娼妓大多唱曲,娼妓的盛行必然会引起靡靡之音的盛行。

　　彭文二中说:"笔者坚持认为,若无特别可靠的材料,倒是应该对'北里之倡风'维持传统的理解,而不应该再去寻求其他的所谓'别解'。"然而,此"传统的理解"和所谓的"别解"之间并不泾渭分明。李定广先生所说的"民间的唱曲之风",已经比较准确地抓住了"北里之倡风"的实质,唯其有两处不妥:一是不应

---

① 彭先生查了《全唐诗》和《全唐文》,发现在《全唐诗》当中,"倡"一共出现了 75 次,而作为"唱和""酬唱"的意思仅有 10 例;在《全唐文》当中,"倡"一共出现了 100 次,而作为"唱和"意义的不足 10 次(其中作为歌唱之意的则更少)。与此同时,在《全唐诗》当中,"唱"字出现了 619 次,"娼"仅出现了 19 次;在《全唐文》当中,"唱"字出现了 406 次,而"娼"字仅出现了 4 次。

② 司马迁:《史记》,上海古籍出版社,1997 年,第 2414、73 页。

③ 同②。

④ 《笔记小说大观》,见孙棨《北里志》,新兴书局,1949 年,第 1482、1484 页。

⑤ 同④。

将"倡"直接解释成"唱",而忽略了"唱"的主体"娼"这重要的一环;二是将"北里"说成"民间"并不确切。"北里之倡风"当然属于民间,不属于上层的士大夫文化和宫廷文化,但是"北里"并不是民间的全部,它只代表着在封建社会中城市逐渐兴盛繁荣、商业逐渐发展壮大的过程中所出现的一种市井歌伎文化,这种文化由于服从市场的需求,因此有取媚于人的特点,是"靡靡"的,它不同于先秦《诗经》中的"风"、汉魏乐府民歌,后者同样也是"民间的唱曲之风",但其特征却是质朴的。

综上,"自南朝之宫体,扇北里之倡风"是一个表示时间的状语,南朝宫体诗中的艳情色彩和对女性狎玩的态度,无疑对市井里巷、青楼妓馆中的歌曲有着影响作用,而这两句话表示的就是"自从这种影响产生了之后"。

二、"言之不文、秀而不实"的含义及其所针对的对象

"何止言之不文,所谓秀而不实",两句紧承"自南朝之宫体、扇北里之倡风",是评价性的话。两个显属贬义的词再加上"何止"这种语气,其批评态度显而易见,因此不可能针对《花间集》本身。但对"言之不文"、"秀而不实"的含义及其所针对的对象,意见却分歧较多。我们可以看下面几条例子:

> 吴世昌先生在《花间词简论》一文中说:"欧阳炯的序文说这部五百首的花间集是'广会众宾'所搜集来的'近来诗客曲子词',其所以有必要结此一集,乃是因为编者感觉到当时的'南朝宫体'和'北里倡风',不但形式不好(言之不文),而且没有真实内容(秀而不实)。"①

> 贺文中说:"所批评的对象只能是南朝以来的宫体歌辞,如陈后主的亡国之音《玉树后庭花》之类,不可能是《花间集》词。"其对"言之不文"和"秀而不实"的解释与吴世昌先生差不多,认为其从形式到内容"揭露了宫体歌辞的'倡风'实质"。

> 彭文一中说:"至'自南朝之宫体'四句,他将笔锋调转过来,批判梁陈宫体冶荡淫靡,风格不雅,并以'何止言之不文,所谓秀而不实'二句加以痛贬,语气严厉。"认为批评的对象是梁陈宫体,但对"言之不文"和"秀而不实"没有做解释。

> 李文中说:"'何止言之不文,所谓秀而不实'两句批评的对象既非

---

① 吴世昌:《罗音室学术论著》卷二,见《词学论丛》,中国文联出版公司,1991 年,第 104 页。

'宫体'，也非'倡风'本身，而是在'倡风'下歌妓们所唱的民间歌辞，即产生于坊曲里巷乐工妓女之手的民间鄙俚俗艳的歌辞。"并认为，"言之不文"是说歌辞没有文采，"秀而不实"是说曲调虽好听，却没有像样的歌辞，"秀"比喻乐曲，"实"比喻"歌辞"。

就"言之不文，秀而不实"所针对的对象来说，笔者比较同意李定广先生的看法。

首先，本文在前面已经提到，《花间集序》以时间为序描述了"歌辞"的发展历程。而在欧阳炯对"歌辞"的认识当中，一个重要的标准就是"和律性"或"可歌性"，"唱云谣"、"自和鸾歌"、"偏谐凤律"、"拍按香檀"等字眼，都说明了这一点。由此可见，"言之不文，秀而不实"的主语仍然应该是"歌辞"一类。"南朝之宫体"能不能看做是"歌辞"呢？尽管我们承认宫体诗确实有一部分是可歌的，甚至就是拟乐府民歌，但总的来看，它还是在"诗"的范畴中，虽然它在声韵格律上比"永明体"更加完善，但仍然只算是案头文学。至于"北里之倡风"，其表层含义"娼妓之风"，只是靡靡之音盛行起来的一个社会环境，谈不上"言之不文，秀而不实"；其深层含义"北里青楼的唱曲之风"则过于笼统，因为"言之不文"显然针对的是文学层面，不包括其他。因此，我们可初步认为，"言之不文，秀而不实"所针对的对象是在宫体诗的艳情色彩影响下，北里娼妓口中所唱出的、产生于坊曲里巷乐工妓女之手的歌辞。（李定广先生"民间"所用不当，上文已详析。）

其次，我们可以在分析"言之不文，秀而不实"之含义的同时进一步确认其所针对的对象。

"言之不文"一词，最早出现在《左传·襄公二十五年》，原文如下：

> 仲尼曰："《志》有之：'言以足志，文以足言。'不言，谁知其志？言之无文，行而不远。晋为伯，郑入陈，非文辞不为功。慎辞哉！"①

当时晋国称霸，而郑国攻打了陈国，之后向晋国通报。晋国便诘问陈国犯了什么罪？凭什么你们郑国要去攻打弱小的国家？结果郑国的子产口若悬河、洋洋洒洒，将郑国攻打陈国的理由说得义正词严，让晋国无法反驳。孔子这段话的重点就是强调文采的重要性：语言是来表达你的想法的，而文辞则是支撑你的语言的。话不说出来，就没有人知道你的想法，而如果语言枯燥贫乏，缺乏文采的话，就办不成什么大事。

① 杜预、孔颖达：《春秋左传正义》，上海古籍出版社，1990年，第623页。

既然如此,《花间集序》中"言之不文"所批评的一定不是宫体诗。众所周知,宫体诗并不缺乏文采,甚至其缺点正在于文采过剩。《隋书·经籍志》中说:"简文在东宫,亦好篇什。清辞巧制,止乎衽席之间;雕琢蔓藻,思极闺房之内。后生好事,递相仿习,朝野纷纷,号为'宫体'。"陈子昂在《与东方左史虬修竹篇序》中说:"仆尝暇时观齐梁间诗,彩丽竞繁,而兴寄都绝,每以永叹。思古人,常恐逦透颓靡,风雅不作,以耿耿也。""清辞巧制"、"雕琢蔓藻"、"彩丽竞繁"、"逦透颓靡"这些词说的都是宫体诗在文采上的华美。

"秀而不实"的解释要复杂一些,而复杂的原因就在于"秀而不实"和"华而不实"这两个词的混淆。吴世昌先生和贺中复先生实际上都将这两个词混为一谈了,尤其是贺文中明确地将欧阳炯《蜀八卦殿壁画奇异记》中"有气韵而无形似,则质胜于文;有形似而无气韵,则华而不实"中的"华而不实"与《花间集序》中的"秀而不实"等同视之,这样做的结果便造成了一个重大的自相矛盾:既然"言之无文"批判的是缺乏文采,紧接下来的"秀(华)而不实"在批判其缺乏思想内容的同时又怎么能承认其有文采呢?因此,我们必须重新审视这两个词的区别,虽然两词都与开花结果有关,但"秀而不实"是一个"历时性"的评价,而"华而不实"是一个"共时性"的评价。

"秀而不实"一词最早出现在《论语·子罕》中,原文如下:

> 子曰:"苗而不秀者有矣夫!秀而不实者有矣夫!"①

《论语注疏》中邢昺对这句话所作的注释是:"此章亦以颜回早卒,孔子痛惜之为之作喻也,言万物有生而不育成者,喻人亦然也。"②朱熹在《四书集注》中说:"谷之始生曰苗,吐华曰秀,成谷曰实。盖学而不至于成,有如此者,是以君子贵自勉也。"③现代学者赵杏根先生在《论语新解》中说:"人本来都可能成才,但事实上却并不是人人都能够成才。像庄稼一样,有的苗未能抽穗开花,有的虽能抽穗开花但未能结实。此乃惜青年才质美而终未至成者也。自恃才质美者,读此能不悚然自勉乎!自知才质未能称美者,能不更奋发乎!"④合而言之,"秀而不实"是对那些开始具有美好的才质,但由于某些主观的(比如自己不够努

---

① 何晏注,邢昺疏:《论语注疏》,上海古籍出版社,1990年,第79页。

② "亦以"二字是因为前面一节中有孔子对于颜回早卒的叹息——"子谓颜渊曰:惜乎,吾见其进也,未见其止也。"对这句话邢昺的注释是:"此章以颜回早死,孔子于后叹惜之也。孔子谓颜渊进益未止,痛惜之甚也。"

③ 朱熹:《四书集注》,岳麓书社,1985年,第143页。

④ 赵杏根:《论语新解》,安徽大学出版社,1999年,第173页。

力)或者客观的(比如像颜回那样短命)原因而最终没有取得应有成就者的惋惜。说其是"历时性"的,是因为这种评价针对不同时间段所出现的现象持不同的态度,对于开始的"秀",是肯定的、赞赏的,对于后来的"不实",是惋惜的、劝诫的。

"华而不实"则与之不同。《词源》中对这个词的解释有二,其一是指"有名无实,言过其实"。《国语·晋语五》中有:"阳子(处父)华而不实,主言而无谋,是以难及其身。"其二是指文体的浮华而无内容。这两个解释都是"共时性"的——评价的对象同时有着两个方面:表面华美和无实质内容。从批判的程度上来说,"华而不实"要比"秀而不实"严厉得多。

综上可见,"言之不文"与"秀而不实"所针对的正是在"宫体诗的艳情色彩影响下,北里娼妓口中所唱出的,产生于坊曲里巷乐工妓女之手的歌辞"。"言之无文",是说这些歌辞缺乏文采,"秀而不实"是说这些歌辞尚处于"曲子词"发展历程中的初期,虽已"秀",即蕴含着曲子词的美好品质,但还"不实",即还没有达到一个成熟、完美的状态。这样,不仅解决了上文所说的自相矛盾,更为《花间集序》主旨的得出奠定了基础。

三、《花间集序》的主旨及"雅"与"俗"的相对性

总的来说,《花间集序》的主旨是通过对歌辞之历史发展过程的勾勒和描述来为《花间集》寻找存在的理由和价值:

首先,欧阳炯指出了歌辞一体的渊源,从上古的白云谣说到汉魏六朝的乐府,并在其中强调了歌辞在文学上的精美("拟化工而迥巧"、"夺春艳以争鲜"、"文抽丽锦"),在音乐上的和律("声声而自合鸾歌"、"字字而偏谐凤律")以及在功能上的娱乐性("绮筵公子,绣幌佳人,递叶叶之花笺,文抽丽锦;举纤纤之玉指,拍按香檀。不无清绝之词,用助妖娆之态")。这些都是花间词所要继承的东西。

其次,光寻找源头、继承传统还不够,一种新的事物出现,其存在的价值更在于它能对旧事物的缺点和不足给予补充和纠正,从而具备了更加优秀的品质。在《花间集序》当中,欧阳炯认为在南朝宫体诗的影响之下,市井歌伎的唱曲之风兴盛起来,但这些曲辞却过于鄙俗,缺乏文采,处于曲子词发展的初期,还不够成熟。唐朝以来,李白、温庭筠等文人参与到了歌辞的创作当中,而《花间集》的作者们又以李白、温庭筠为榜样,创作出大量的"诗客曲子词",对那些市井鄙俗之辞进行"雅化",从而使歌辞达到了成熟、完美的状态。

有必要说明的是,"雅"这个词用在花间词上颇有争议。① 但在这里,我们还是坚持用"雅化"一词来表示花间词对于市井歌辞的修正,原因如下:

从语言学的角度来说,反义词分为两种,一种是"互补"型的,一种是"极性"型的。处于互补关系的两个反义词之间是非此即彼的关系,如"生、死"、"男、女"、"是、否"等。而处于极性关系的反义词则并非如此,如"大、小"、"冷、热"、"高、低"、"粗、细"等,它们都有着相对性的特征,也就是说,某种事物的大小、高低、冷热,实际上是通过对比而言的。比如,同一个苏州市,和长春相比,气候是"热"的,但是同海口相比,它又是"冷"的。"雅"和"俗"实际上也是这样的一对反义词,我们可以用一个图示来说明:

俗　　　　　　　　　　　　　　　　　　　　　　　　　　雅
————A————————B————————C————————D————

在图示上,"雅"和"俗"位于两个虚拟的极端,中间有 A,B,C,D 四个点,分别代表的是:

A:市井之词;

B:花间词;

C:苏东坡词;

D:苏东坡诗文。

从图示上可以看出,苏东坡词相对于花间词来说,是"雅"的,但是相对于他的诗文来说,又是"俗"的;同样,花间词相对于苏东坡词来说,是"俗"的,但是相对于市井之词来说,它又是"雅"的。因此,我们完全可以说,花间词是对市井之词的"雅化"。

"诗客曲子词"对市井之词的雅化,实际上是进士文化和市井文化结合的产物。它超越了单纯的市井文化之鄙俗,但又不是纯粹的士大夫文化之高雅,而是两者中间的状态。它表现为两个方面:一是对"娱宾"功能的提高,二是对"遣兴"功能的开拓。

进士文化和市井文化有着密切联系。这可以从进士的出身、进士所受的教育以及进士同市井歌伎事实上的交往三个方面看出来。从进士的出身来看,科举制度打破了魏晋"九品中正制"所带来的门阀政治局面,使大批庶族知识分子

① 李文中提出,欧阳炯的词学观是要"以文雅的诗客曲子词"取代鄙俗的民间曲子词,而彭文二则对这种提法给予了强烈的驳斥,认为花间词这种所谓的"诗客曲子词"很难说是"雅词"。

得以崭露头角,低微的出身使他们天生就与市井平民有一种血缘上的亲近。而从进士的教育来看,可以从唐代科举考试的内容中看得出来。陈寅恪先生曾经说:"唐代贡举名目虽多,大要可分为进士及明经二科。进士科主文词,高宗、武后以后之新学也;明经科专经术,两晋南北朝以来之旧学也。"①而在这两科当中又"专尚进士科,以文词为清流仕进之惟一途径"。② 由此,"准进士们"在备考的过程当中所学习的内容便可想而知。对文词的偏尚使他们多了一份"才子"气,而少了一份"儒者"气;多了一份对个人的、对情感的眷顾,而少了一份对道德的持守、对家国的忠诚。至于进士们同市井歌伎的交往,唐代孙棨的《北里志》中记载得最为清楚,不用笔者多述。

进士文化与市井文化的亲近使这些"诗客们"终于染指于曲子词的创作,并使其"娱宾"功能更加增强。曲子词的娱宾功能是显而易见的,欧阳炯在花间集序中提到的所谓"绮筵公子,绣幌佳人,递叶叶之花笺,文抽丽锦;举纤纤之玉指,拍按香檀。不无清绝之词,用助妖娆之态",虽针对的是豪门大族中家伎唱曲的情景,但实际上用来描述市井歌楼中的场面也非常恰当。而到"有唐以降,率土之滨。家家之香径春风,宁寻越艳;处处之红楼夜月,自锁嫦娥"这几句更是带着自豪的语气直接说明了在大唐这个统一、富庶、强盛的王朝中所弥漫的歌舞享乐之风。"诗客"们一方面是曲子词"娱宾"的对象,另一方面又作为曲子词的创作者,运用自己在文学上的素养提高了曲子词艺术上的水平,这主要表现为继承了诗歌中尤其是宫体诗和中晚唐以来所谓的"绮艳"诗风中丰富的辞藻、意象和修辞方式,并使歌辞更加和律,适合演唱的需要,从而提高了曲子词"娱宾"的功能。

如果说"诗客曲子词"对词体"娱宾"功能的提高代表的是进士文化对市井文化的认同和强化的一面,那么其对"遣兴"功能的开拓则代表了进士文化区别于市井文化并对市井文化加以修正的一面。

"遣兴"与"娱宾"不同,它是指向自己的,而不是指向他人的,它是指在创作的过程中创作主体自我情感的抒发。而这个创作主体,虽然由于其自身的素养和晚唐五代的"四海瓜分豆剖"所造成的主流文化的失衡,算不上正经的士大夫,但是他们毕竟是在传统文化中接受了教育和熏陶的文人们。因此,尽管王国维将花间词称为"伶工之词",也尽管花间词中确实大多数是"男子做闺音"的代言体,但是实际上,由于创作主体由歌伎乐工转变为文士阶层,严格地说,"伶工

① 陈寅恪:《唐代政治史论》,上海古籍出版社,2000 年,第81 页。
② 同①。

之词"已经不完全是"伶工之词",已经开始融进了"士大夫之词"的因素。即使在那些男子做闺音的代言体当中,亦自觉不自觉地流露出自我的情感,从女子对于爱情的失意当中透出了他们对君王和人生功业的失意。还有一些非代言体的情词,叙述的就是自己亲身经历的情事,读起来能感受到那份刻骨铭心的痛楚。更重要的是,在这些主题看似艳情的词当中,隐含着他们对于时光流逝的感慨,对于身世漂泊的自伤,甚至还有对于家国兴亡的喟叹。而除此之外,更有一些词表现的情感已经超越了男女之情的局限,扩展到了对南国风光的陶醉、对渔父生活的向往,甚至还有怀古、边塞这样的题材。这些都是市井文化中所没有的。

尽管这种"遣兴"中所流露出的文人士大夫情感并不是花间词的主流,和后来苏轼所作的真正的"士大夫之词"无法相比,甚至和"堂庑特大、感慨遂深"的南唐词也有很大的区别,但是在欧阳炯看来,花间词中的文人气与"北里倡风"的歌辞相比已经有了很大提高,至少,已经满足了那个时代文人雅士对于曲子词品味的需要。因此,他在《花间集序》中说要抛弃市井媚俗的"莲舟之引",用这五百首"诗客曲子词"使"西园英哲,用资羽盖之欢"并在为花间集命名的时候,用高雅的"阳春白雪"为之衬托。

以上便是对《花间集序》主旨的阐述。

（原载于《中国韵文学刊》2007 年第 3 期）

姜夔的出现是个奇特的现象,其存词不过 80 余首,却在南宋词史上享有非常高的地位。朱彝尊说:"世人言词,必称北宋,然词至南宋始极其工,至宋季始极其变。姜尧章氏最为杰出。"①谢章铤云:"白石道人为词中大宗,论定久矣。"(《赌棋山庄词话》)②冯煦说:"白石为南渡一人,千秋论定,无俟扬榷。"(《蒿庵论词》)③陈廷焯说:"姜尧章词清虚骚雅,每于伊郁中饶蕴藉,清真之劲敌,南宋一大家也。梦窗、玉田诸人,未易接武。"(《白雨斋词话》)④可以说他是"继辛弃疾之后攀登到第二高峰的大词人"。⑤ 不仅张鉴、范成大等人喜爱他的作品,就连豪杰之士如辛弃疾也"深服其长短句"(《白石道人自叙》)。⑥ 而在他之后更是形成了一个宗尚其词的派别,如朱彝尊云:"词莫善于姜夔,宗之者张辑、卢祖皋、史达祖、吴文英、蒋捷、王沂孙、张炎、周密、陈允平、张翥、杨基,皆具夔之一体;基之后,得其门者寡矣。"⑦那么,姜夔词何以有如此大的魅力,他的出现体现了一种怎样的文化风尚? 在这一方面,虽有一些学者做过研究,但还没有人从隐逸文化的角度来探讨这一现象,因此,本文打算从这方面作些尝试。

一、姜夔的隐逸性格

"隐逸性格"一词,是徐复观先生在论述魏晋士人精神时提出来的一个概念,他说:"魏晋时代由庄学所引发的人对自然的追寻,必来自超越世务的精神;换言之,必带有隐逸的性格。所以在此一风气之下,对岩穴之士,特寄予以深厚地钦慕

---

① 朱彝尊、汪森:《词综》,上海古籍出版社,2005 年,第 10 页。
② 唐圭璋:《词话丛编》,中华书局,2005 年,第 3478 页。
③ 同②,第 3594 页。
④ 同②,第 3797 页。
⑤ 陶尔夫:《南宋词史》,黑龙江人民出版社,1992 年,第 302 页。
⑥ 《宋元笔记小说大观》,上海古籍出版社,2001 年,第 5571 页。
⑦ 朱彝尊:《黑蝶斋诗余序》,见《曝书亭集》,文渊阁四库全书本。

向往。但当时一般人的隐逸性格，只是情调上的，很少是生活实践上的。"①姜夔的性格，很大程度上就带有此种隐逸性格的特征。这一点，前人其实早已指出，如谢章铤《赌棋山庄词话》卷九云："姜、史之清真，源于张志和、白香山。"②陈廷焯《词坛丛话》云："词中之有姜白石，犹诗中之有渊明也。"③如果说谢章铤、陈廷焯还是将姜夔的词与张志和、白香山、陶渊明的诗词风格相比较，那么陈锐则是直接从性情上肯定姜夔具有陶渊明式的隐士特征："白石得渊明之性情。"（《襄碧斋词话》）④所谓得渊明之性情，即指他的为人以及词作所体现出来的隐逸性格。正如徐复观所言，此隐逸性格既可以是生活实践上的，也可以是情调上的。姜夔当然不是纯粹的隐士，他的好友陈造曾作诗描绘过他的生活和为人："姜郎未仕不求田，倚赖生涯九万笺；稛载珠玑肯分我？北关當有合肥船。"⑤又说："念君聚百指，一饱仰台馈。"⑥可见他一生不曾仕宦，也不曾归隐，主要是靠卖文和依靠他人周济来养活他的十口之家。也就是说，他和当时其他由于种种原因不得入仕为官的人一样，是个江湖游士。但这种身份并不影响他隐逸性格的形成。无论是他自己还是当时赏识他的王公钜儒，都把他定义为一个高洁的隐士，正如他自己在《白石道人自叙》中所说："参政范公以为翰墨人品，皆似晋、宋之雅士。待制杨公以为于文无所不工，甚似陆天随。"⑦他在他的诗词中也常以陆龟蒙自比，如《除夜自石湖归苕溪》云："三生定是陆天随，又向吴松作客归。"《三高祠》云："沉思只羡天随之，蓑笠寒江过一生。"《点绛唇·丁未过吴松作》云："第四桥边，拟共天随住。"可见，他是把自己当作隐士的，尽管他由于各种原因做不了隐士。其中最重要的一个原因是他"三径苦无资"（孟浩然《秦中寄远上人》），陈造说他"不求田"，其实是无田可求，所求之台馈也仅可供家里十口人之一饱而也。而他所依多人，却没有能"振之于窭困无聊之地者"。其中虽

　① 徐复观：《中国艺术精神》，见李维武编《徐复观文集》第4卷，湖北人民出版社，2002年，第198页。

　② 唐圭璋：《词话丛编》，中华书局，2005年，第3444页。

　③ 同②，第3723页。

　④ 同②，4196页。

　⑤ 陈造：《次姜尧章饯徐南卿韵》，见《江湖长翁集》卷二〇，文渊阁四库全书第1166册，第257页。

　⑥ 陈造：《次姜尧章赠诗卷中韵》，见《江湖长翁集》卷六，文渊阁四库全书第1166册，第74页。

　⑦ 《宋元笔记小说大观》，上海古籍出版社，2001年，第5571页。

有张鉴欲"割锡山之膏腴以养其山林无用之身"①,却因张的去世而不果,最终贫困而死,由吴潜等人资助才得以下葬。也就是说他内心里认同自己是个隐士("三生定是陆天随"),向往做个隐士("沉思只羡天随之,蓑笠寒江过一生"),也打算做个隐士("割锡山之膏腴以养其山林无用之身"),但却始终没做成隐士,这是姜夔的悲哀之处。也正因为如此,使得他不同于一般的江湖游士,从而形成了他的隐逸性格。

那么,他的隐逸性格,到底包含了哪些内涵?对他的词产生了怎样的影响?在回答这个问题之前,我们还需看看南宋人对"晋宋间人"涵义的理解。

南渡以后,以晋宋来品评人物及作品逐渐成为一种风气,如:李弥逊评赵见独"作语平淡高古,不类近世诗家者流,飘远有晋宋风味"(《跋赵见独诗后》);张元干称苏库诗"高标远韵,当求之晋宋间"(《苏养直诗帖跋尾六篇》),又称米芾"此老风流,晋宋间人物也"(《跋米元章下蜀江山》);李纲评秦观"少游诗字婉美,萧散如晋宋间人"(《秦少游所书诗词跋尾》);吕本中评苏黄书法"晋宋间人造语题品绝妙今古,近世苏黄帖题跋之类,率用此法,尤为要妙"(《诗话总龟》后三十一引);汪藻评鲍钦止"风度凝远,如晋宋间人"(《鲍吏部集序》);杨万里称许范成大"公风神英迈,意气倾倒。拔新领异之谈,登峰造极之理,萧然如晋宋间人物"(《范文公文集序》)。从上面我们可以看出,所谓晋宋间人,一是指作品中体现出的高标远韵的审美理想,二是指人物性情的萧散简远。这两者姜夔是足以当之的。姜夔作《书谱》抑唐而崇晋人,杨万里说他"翰墨人品,皆似晋、宋之雅士"②,可证明他的书法也正体现了这种晋宋风韵。至于人品,南宋后期的陈郁描绘得更为形象,他说"白石道人姜尧章气貌若不胜衣,而笔力足以扛百斛之鼎,家无立锥而一饭未尝无食客,图史翰墨之藏充栋汗牛,襟期洒落如晋宋间人,意到语工,不期于高远而自高远"(《藏一话腴》)。③"气貌若不胜衣"是从外貌上说的,"襟期洒落"、"高远"是从神韵上说的,可见无论外在形象还是内在精神姜夔都活脱像晋宋间人。不过,这里宋人所谓的"晋宋间人"与徐复观所谓的"晋宋间人"并非是完全等同的。我们知道,晋宋之时,礼崩乐坏,士大夫多崇尚玄谈,以不务世事为高,"越名教而任自然"成了那个时代叫得最响的口号。而有宋一代,士大夫皆致力于儒家文化的建设,因此才能出现所谓的:"士大夫忠义之气,至于五季,变化殆尽……真、仁之世,田锡、王禹偁、范仲淹、欧阳修、

① 《宋元笔记小说大观》,上海古籍出版社,2001年,第5571页。
② 同①。
③ 夏承焘:《姜白石编年笺注》,上海古籍出版社,1981年,第327页。

唐介诸贤,以直言谠论倡于朝,于是中外缙绅知以名节相高,廉耻相尚,尽去五季之陋矣。故靖康之变,志士投袂以勤王,临难不屈,所在有之。及宋之亡,忠节相,斑斑可书,匡直辅翼之功,盖非一日之积也。"①也正因为如此,宋人对"晋宋间人"的评价"至多只能目之为审美意义上的晋宋范型"。② 心向往之,却很难达到晋人的那种境界。而姜夔不同,他应考失败之后,也曾经献过乐书,但终其一生都是布衣,没有能力实现兼济之志,只有行独善之义,最重要的是他有着前文所说的对于自己隐士身份的认可,这些正是他得以形成他"隐逸的性格"的首要条件。所以我认为徐复观先生所说的"隐逸的性格"表现出来的"人对自然的追寻"、"超越世务的精神",加上姜夔独善的人格特征,这三者构成了姜夔的隐逸性格特征。

二、姜夔隐逸性格与词风生成之关系

姜夔隐逸性格与词风生成之关系,主要表现在两个方面:清空淡远的意境、高洁的词品。

(一) 清空淡远的词境

以"清空"论姜夔词源于张炎,他在《词源》里说:"词要清空,不要质实;清空则古雅峭拔,质实则凝涩晦昧。姜白石词如野云孤飞,去留无际。"对此夏承焘先生曾发表过不同的意见,他说:"张炎拿'质实'和'清空'作比,并用'古雅峭拔'四个字来解释'清空',其实这只是他自己'一生受用'的话头,是不能概括白石词风的。"③且不论能否以清空论姜夔之词,这句话倒是可以给我们一些启发。张炎作《词源》时已是个遗民,过着四处飘荡的生活,形同隐士,所作之词有很人部分是隐逸词,因此,他所谓的清空其实是包含着隐逸文化内涵。也正因为如此,我们才好理解为什么朱彝尊指出的那些宗姜夔的南宋词人,除了史达祖是个游士外,都是隐士或遗民。

前面我们讲到姜夔的隐逸性格之一是"人对自然的追寻",这是姜夔对前代隐逸文化继承的一个重要方面。在中国古代文化当中,无论是入世的儒家还是

① 脱脱等:《宋史》,中华书局,1977 年,第 13149 页。

② 赵晓岚:《也谈"晋宋人物"、"文化人格"及姜夔——与孙维诚先生商榷》,《文学遗产》,2000 年第 3 期。

③ 夏承焘:《姜白石编年笺注》,上海古籍出版社,1981 年,第 1 页。

出世的道家都将归隐山林回归自然作为调节心灵的手段,如:曾点以风乎舞雩为志,孔子喟然叹曰:"吾与点也"(《论语·先进》);庄子则说:"山林与,皋壤与,使我欣欣然而乐与!"(《庄子·知北游》)不过真正自觉地实现"人对自然的追寻"要到隐逸文化高涨的魏晋时期,他们主张"越名教任自然"或"名教即自然",实际上就是将自然与代表主流社会的意识形态"政统"保持一定距离,从而倡导一种隐逸人格精神。① 所以在这种观念之下,才会出现将诸如"端委庙堂,使百僚准则,臣不如亮。一丘一壑,自谓过之"(《世说新语·品藻》)看做一种风流的表现。而到魏晋以后,这种隐逸人格精神,除了真隐士或准隐士,是很难真正在士大夫身上发展成一种主导的性格的。正如宋人罗大经所说的:"士岂能长守山林,长亲蓑笠,但居市朝轩冕时,要使山林蓑笠之念不忘,乃为胜耳。"(《鹤林玉露》丙编卷五)②对于大多数士人来说,能够做到出仕而不忘山林就已经是很不错了,因为出仕为官已经成为社会赋予士人的价值体现,所以哪怕是那些被贬的士人心中仍然难以忘怀功名。如苏轼虽然在被贬之后,写了许多隐逸词作,体现了一种人生的空漠感,但他的思想里面的主导方面,仍被仕进的思想束缚着,终身难忘。如他晚年作于儋州的《千秋岁·次韵少游》词结尾说"吾已矣,乘桴且恁浮于海",道不行要去隐居,然而这种隐退情感内涵却是"未老身先退。珠泪溅,丹衷碎",是理想不能实现的内心苦痛。而姜夔之所以能异于他人,正在于他被剥夺了仕进的机会,内心里却又有着归隐的倾向。他的80余首词里,写到"归"字的有80余处,其中有很大一部分是表达归乡的含义的,流露出浓郁的归愁,而他的一些隐逸词更是如此。如他的《清波引》:

> 冷云迷浦。倩谁唤、玉妃起舞。岁华如许。野梅弄眉妩。屐齿印
> 苍藓,渐为寻花来去。自随秋雁南来,望江国、渺何处。　　新诗漫与。
> 好风景、长是暗度。故人知否。抱幽恨难语。何时共渔艇,莫负沧浪烟
> 雨。况有清夜啼猿,怨人良苦。

陈廷焯《词则·大雅集》卷三评曰:"白石诸词乡心最切,身世之感当于言外领会。"③上阕写寒云笼罩水浦,野梅独自弄芳,苍藓上印着木屐的印痕,清然冷然,再写寻野梅目睹秋雁南来而起乡国之思,接着下阕回忆昔日沧浪之游,引发隐逸

---

① 徐清泉:《中国传统人文精神论要——从隐逸文化、文艺实践及封建政治的互动分析入手》,上海社会科学院出版社,2003 年,第 191 页。

②《宋元笔记小说大观》,上海古籍出版社,2001 年,第 5368 页。

③ 陈廷焯:《词则》,上海古籍出版社,1984 年,第 103 页。

之思,境界幽寂清冷。所谓身世之感其实是他四处漂泊无家可归的飘零心态,他对归家的追寻已经很不同于其他士大夫的源于仕途失意,而是原本就是"山林无用之身"(《自叙》),只不过这个山林之身因缺乏容身的物质基础而不得不四处寻找依靠。如果说苏轼的悲哀来自于道不行而不得不乘桴浮于海的人生无奈,而姜夔的人生遗憾则是由于缺乏山林之资而不得不辜负"沧浪烟雨"的"幽恨难语"。

因此,姜夔的隐逸性格所表现出来的不仅仅是如罗大经所谓的"要使山林衰笠之念不忘",还主动地表现出"人对自然的追寻"。在他的词作中,山水已经不仅仅是一种衬托,还表现出一种以山水寄予情怀的精神,他的目的是要在词中表达出他的"山林缥缈之思"(《角招·序》),而词序无疑正是他强调这种审美趣味的有效载体之一。正因为如此,他才会冒词意重复的危险,也要不厌其烦精雕细琢地将词序写成精美的山水小品,这对他来说可谓体现出一种唯恐人不知的心态。如:

> 丙午人日,予客长沙别驾之观政堂。堂下曲沼,沼西负古垣,有卢橘幽篁,一径深曲。穿径而南,官梅数十株,如椒、如菽,或红破白露,枝影扶疏。著屐苍苔细石间,野兴横生,亟命驾登定王台。乱湘流、入麓山,湘云低昂,湘波容与。兴尽悲来,醉吟成调。(《一萼红》序)
>
> 绍熙辛亥除夕,予别石湖归吴兴,雪后夜过垂虹,尝赋诗云:"笠泽茫茫雁影微。玉峰重垒护云衣。长桥寂寞春寒夜,只有诗人一舸归。"后五年冬,复与俞商卿、张平甫、铦朴翁自封禺同载诣梁溪,道经吴松。山寒天迥,云浪四合。中夕相呼步垂虹,星斗下垂,错杂渔火,朔吹凛凛,卮酒不能支。朴翁以衾自缠,犹相与行吟,因赋此阕,盖过旬涂稿乃定。朴翁咎予无益,然意所耽,不能自已也。平甫,商卿,朴翁皆工于诗,所出奇诡,予亦强追逐之。此行既归,各得五十余解。(《庆宫春词序》)

类似此种以山水为背景的词序有 15 首之多,占了其词序的大部分。山水既是他写作的灵感来源,也成为他的一种人格精神象征,借用晋人顾恺之的话说,"此子宜置丘壑中"(《世说新语·巧艺》)。姜夔的词序曾被人认为是其词作的瑕疵,如周济在《介存斋论词杂著》中指出:"白石好为小序,序即是词,词仍是序,反覆再现,如同嚼蜡矣。词序序作词缘起,以此意词中未备也。今人论院本,尚知曲白相生,不许复沓,而独津津于白石词序,一何可笑。"①如果我们换个角度来看姜夔的词序,便会发现,这些词序非但不是多余之物,而且还是一个不可分割的整体,它对词的风格、意境的生成都具有极其重要的作用。我们可结合下面的这首《庆宫春》略作分析:

> 双桨莼波,一蓑松雨,暮愁渐满空阔。呼我盟鸥,翩翩欲下,背人还过木末。那回归去,荡云雪、孤舟夜发。伤心重见,依约眉山,黛痕低压。　　采香径里春寒,老子婆娑,自歌谁答。垂虹西望,飘然引去,此兴平生难遏。酒醒波远,政凝想、明珰素袜。如今安在,唯有阑干,伴人一霎。

此词按照夏承焘先生的分类应属山水纪游词。上引词序追溯了他绍熙辛亥除夕从石湖归吴兴路经垂虹之事。接着写他此次游历的缘由。词序里说他们半夜游湖,朔风凛凛却游兴不减,诗兴大发,甚至"以衾自缠,犹相与行吟",这种对于山水之景的投入,正应了姜夔词序中所强调的"野兴横生"、"山林缥缈之思",是"人对自然的追寻"的一种执着表现。最后说他们"此行既归,各得五十解",可见自然山水对启发他们诗思的重要作用。接下来的词便是姜夔在词序里提到的两次游历的感触。第一次过垂虹时,范成大曾赠小红予诗人,据此周汝昌先生认为这首词乃是姜夔追念绍熙辛亥除夕携小红经过垂虹时的情景,并认为可能此时小红已他适。② 这种推断不无道理。"那回归去,荡云雪、孤舟夜发"词人虽是一舸却并不寂寞,"小红低唱我吹箫"是何等兴致。此次重见当日之景,无故惹起一段伤心回忆,山似乎也化成了楚楚怜人的女子形象。下阕"自歌自答"反衬词人的寂寞,然也不写实情,而是以幻化的西施将情感归结为虚,正所谓"如野云孤飞,去留无际",将眼前的自然山水与心中的情感在一刹那的观照中相互融合在了一起,并最终将其引向一个清虚幽冷的境界是他的词作的一大特色。而这正是他清空词境产生的一个重要因素,刘熙载说"姜白石词幽韵冷香,令人挹之无尽"③可谓切中肯綮。

姜夔被人看做"晋、宋之雅士",这一方面来自自然山水的涵养,另一方面来自姜夔"超越世务的精神"。其实这两者是相辅相成的,正如吴均《与朱元思书》所说的:"鸢飞戾天者,望峰息心;经纶世务者,窥谷忘反。"而超越世务的精神正

① 唐圭璋:《词话丛编》,中华书局,2005 年,第 1634 页。
② 夏承焘:《姜白石编年笺注》,上海古籍出版社,1981 年,第 360 页。
③ 同①,第 3649 页。

来自兼济之志的退避和对自然的回归。姜夔对仕进并不十分热衷，他困于场屋，但并不执著于场屋，后来他因朋友的怂恿，向朝廷进"乐书"得到一个免解的资格，但这似乎是为了生存之计，他的兴趣主要还是在于文学艺术，特长也正在于此，而对功名并不十分看重，如张鉴曾主动提出要给他"输资以拜爵"，他却"辞而不愿"（《自叙》）。晚年他居于西湖，靠卖文为生，过着类似于贫穷隐士的生活，甚至有时候贫困不能给资，但即使这样也不愿意接受参政张岩辟为属官的建议："昔张平甫早欲为夔营之，夔辞不愿，今老又病矣，不能官也。"①这种超脱世务的精神，也就形成了他"性孤癖，尝遇溪山清绝处，纵情深诣，人莫知其所入；或夜深星月满垂，朗吟独步，每寒涛朔吹凛凛迫人，夷然自若也"②的隐士性格特征。后人说什么"碧山恬退是真，姜、张皆伪"③，实是一种先入为主的偏见之论。

"人对自然的追寻"和"超越世务的精神"是晋人崇尚高标远韵的审美理想得以形成的重要原因，在姜夔则表现为"意到语工，不期于远而自高远"的风韵，有人形容为"野云孤飞，去留无际"。这种词风后人归纳为淡远。张文虎《绿梅花龛词序》（《舒艺室杂著剩稿》）："自国初以来，以玉田配白石，正以其得淡远之趣。"如郭麐《灵芬馆词话》："姜张诸子，一洗华靡，独标清绮，如瘦石孤花，清笙幽磬，入其境者疑有仙灵，闻其声者人人自远。"他的词有许多确实体现了这一特点，我们看他一首《探春慢》词：

> 衰草愁烟，乱鸦送日，风沙回旋平野。拂雪金鞭，欺寒茸帽，还记章台走马。谁念漂零久，漫赢得、幽怀难写。故人清沔相逢，小窗闲共情话。　　长恨离多会少，重访问竹西，珠泪盈把。雁碛波平，渔汀人散，老去不堪游冶。无奈苕溪月，又照我、扁舟东下。甚日归来，梅花零乱春夜。

词中表达的感情虽然较为凄淡，但却被词中的山水清音所冲淡，而让人进入一种清空淡远的境界。陈廷焯评曰："一幅岁暮旅行画图。词意超妙，正如野鹤闲云，去来无迹。"④确为有见之言。

① 夏承焘：《姜白石编年笺注》，上海古籍出版社，1981 年，第 322 页。
② 同①。
③ 唐圭璋：《词话丛编》，中华书局，2005 年，第 1645 页。
④ 陈廷焯：《词则》，上海古籍出版社，1984 年，第 94 页。

（二）高洁的词品

"穷则独善其身"，仕途不通转而固穷自坚，这是古代许多士人隐居的主要原因之一。姜夔是当时众多的江湖游士之一，严格意义上说算不得隐士，但他却表现出与他人不同的道德取向，而赢得众人的尊重，被誉为"晋、宋雅士"。关于这一点我们不妨把他与自诩为"晋宋间人物"的刘过①作一比较。据《桯史》载：刘过"放浪楚荆、客食诸侯"，曾效辛体作《沁园春》寄辛弃疾，辛"馈数百千"，相邀"馆燕弥月，酬唱亹亹，皆似之，逾喜。垂别，赒之千缗，曰：'以是为求田资。'改之归，竟荡于酒，不问也"。② 又据张世南《游宦纪闻》，刘过四处干谒，多于词中谀人功德，得钱甚多，如黄由尚书帅蜀时以行书题壁，刘过于后书一词，黄由"厚有馈贶"；郭杲从寿皇阅禁旅，刘过作词将其比作郭子仪，得钱数十万。③ 同样，姜夔亦为名公钜儒所知，据他自作的《自叙》，受知的有：内翰梁公、枢使郑公（郑侨）、参政范公（范成大）、待制杨公（杨万里）、复州萧公（萧德藻）、待制朱公（朱熹）、丞相京公（京镗）、丞相谢公（谢深甫）、稼轩辛公（辛弃疾），等等，最后叹曰："嗟呼！四海之内，知己者不为少矣，而未有能振之于窭困无聊之地者。"从中可以看出，他与那些受知的名公钜儒的关系实为文字之交，非为资财而主动干谒。他的词作虽有赠人酬答之作，但与刘过的歌功颂德、曲意讨好之作完全不同。姜夔自己也非常重视人品对创作的影响，如其在《续书谱》中就谈到要"一须人品高，二须师法古"（《佩文斋书画谱》卷七），又如《白石诗说》第二十四条云："意出于格，先得格也；格出于意，先得意也。吟咏情性，如印印泥，止乎礼义，贵涵养也。"就表现出一种尊显人格的自觉意识。今人胡遂认为姜夔有一种自尊自爱自彰自信自矜自赏的"人格情结"④，而这"人格情结"的形成正是其兼济之志不达之后对独善之义的固守。

姜夔词之所以受后人重视多半也是因其高洁的词品，如田同之《西圃词说》："姜夔尧章崛起南宋，最为高洁，所谓'如野云孤飞，去留无迹'者。"⑤先著《词洁·发凡》："白石之词，无一凡近，况尘土垢秽乎。"⑥顾咸三《湖海楼词序》：

---

① 张世南等：《游宦纪闻、旧闻证误》，中华书局，1981 年，第 4 页。
② 《宋元笔记小说大观》，上海古籍出版社，2001 年，第 4348 页。
③ 同①。
④ 胡遂：《论白石词之人格情结及表现艺术》，《文学遗产》，2004 年第 4 期。
⑤ 唐圭璋：《词话丛编》，中华书局，2005 年，第 1453 页。
⑥ 同⑤，第 1330 页。

"姜白石、张叔夏辈,以冲澹休洁得词之正宗。"①刘熙载:"词家称白石曰'白石老仙'。或问'毕竟与何仙相似?'曰:'藐姑冰雪,盖为近之。'"②而高洁的词品正得之于词人高洁的人格特征。张炎以"古雅峭拔"释"清空",所谓古雅者也即司空图所谓的"高古""典雅",简单地说也就是表达了文人雅士高洁淡雅的情怀。且不论他的那些隐逸词、山水纪游词,甚至咏物词、节序词、恋情词也大抵如此。如他最有名的两首咏梅词之一《疏影》:

> 苔枝缀玉。有翠禽小小。枝上同宿。客里相逢,篱角黄昏,无言自倚修竹。昭君不惯胡沙远,但暗忆、江南江北。想佩环、月夜归来,化作此花幽独。　　犹记深宫旧事,那人正睡里,飞近蛾绿。莫似春风,不管盈盈,早与安排金屋。还教一片随波去,又却怨、玉龙哀曲。等恁时、重觅幽香,已入小窗横幅。

这首词对于是否寄托了家国之念,仁者见仁,智者见智。且不论其中有无寄托,词中寄予了词人高洁的主体情怀却是可以肯定的。梅花自从林甫吟咏以后便成为一种高雅洁净的精神象征,而从词中所用的情感线索看实际上是写自己幽独自怜的怀抱。"无言"句化用的是杜甫《佳人》诗中的句子,幽居空谷、守贫安困以保持节操的佳人形象可视作是作者的自喻。月夜归来的昭君也是为了强化此佳人的幽独形象。"早与安排金屋"写出了诗人的一片爱惜之意。所以缪荃孙说:"《暗香》《疏影》,石帚(按:指姜夔)以坚洁自矜。"③(《艺风堂文集》)姜夔的 80 余首词,写到梅花的有 30 余首,除此之外还有不少咏荷之作,梅花和荷花在宋代被认为是高洁的象征,姜夔热衷于此当然不仅仅是为了点缀,而是为了彰显他词作的"意格"而有意为之。对此,缪钺先生曾有高论,他说:"白石词中所写的梅与荷,并非常人所见的梅与荷,乃是白石于梅与荷中摄取其特性,而又以自己的个性融透于其中……姜白石所以独借梅与荷以发抒而不借旁的花,则是由于荷花出淤泥而不染,其品最清;梅花凌冰雪而独开,其格最劲,与自己性情相合。而白石之词格清劲,也可以说就是他人格的体现。"④再如他的恋情词《踏莎行》:"燕燕轻盈,莺莺娇软。分明又向华胥见。夜长争得薄情知,春初早被相思染。别后书辞,别时针线。离魂暗逐郎行远。淮南皓月冷千山,冥冥归去无人

① 吴熊和:《唐宋词汇评》,浙江教育出版社,2004 年,第 2701 页。
② 唐圭璋:《词话丛编》,中华书局,2005 年,第 3694 页。
③ 同①,第 2779 页。
④ 缪钺、叶嘉莹:《灵谿词说》,上海古籍出版社,1987 年,第 457 - 458 页。

管。"这首词唐圭璋先生评曰："刘融齐谓白石'在乐则琴，在花则梅，在仙则藐姑冰雪'，更可知白石淡雅在东坡之上。"①可见，他的如梅花般的词品已经溢出他那些咏梅之作的范围。再如他的咏元夕的《鹧鸪天》："忆昨天街预赏时。柳悭梅小未教知。而今正是欢游夕，却怕春寒自掩扉。　帘寂寂，月低低。旧情惟有绛都词。芙蓉影暗三更后，卧听邻娃笑语归。"热闹元夕，词人却独自掩扉，享受那份不受人干扰的宁静与孤寂。正如有的论者所说的，"从隐逸文化的性态来看，它是一种出世的文化，也就是一种从俗世人伦的喧啸嘈杂而走向宁静、冲淡直到孤寂的文化"。② 此词所流露出的正是隐士般的孤寂情怀，这种心态也使他的词具有超凡脱俗的品质。陈撰说姜夔"虽终身草莱，而风流气韵足以标映后世"。③ 正是人品与词品的结合使得白石词标映于后世。

---

① 唐圭璋：《唐宋词简释》，上海古籍出版社，1981 年，第 181 页。
② 徐清泉：《中国传统人文精神论要——从隐逸文化、文艺实践及封建政治的互动分析入手》，上海社会科学院出版社，2003 年，第 269 页。
③ 夏承焘：《姜白石编年笺注》，上海古籍出版社，1981 年，第 189 页。

32

从『香文化』看宋词的『香艳』特征

马丽梅 苏州工业园区服务外包职业学院

宋代是我国封建文化发展的高峰期,"香文化"是到宋代发展臻于成熟的一种文化样式。玉炉香篆、沉水博山,点缀着宋人风流富贵的精致生活。香进入词中,成为宋词一个常用的意象:香与重帘密幕、亭台栏杆一起,营造了词中主人公富贵幽洁的居处环境;香缭绕的烟气与杨柳、芳草的风烟相接,牵惹着词人心中的无限惆怅。香与词在长期的共生互动中,形成了相似的文化品格——精美婉约。本文从宋代"香文化"入手,分析宋词中香意象的情感内涵和文化意蕴,探讨香与宋词托体香艳的外在体貌与寄慨遥深的内在品质之间的关系。

一、宋代"香文化"

中国古代很早就有了用香的记载。《尚书》曰:"至治馨香,感于神明。"①《左传》曰:"兰有国香,人服媚之如是。"②《离骚》中有着大量的香花香草描写;史载三国时期,魏武帝曹操死时,分香与众侍妾。③南北朝时期,韩寿与贾女的自由恋爱以外域进贡的异香为信物。④"香"作为奢侈消费品,很早就进入了文学的视野,与许多著名典故相联系,沉淀着深厚的文化内涵。

到了宋代,用香更是发展成一种优雅而精致的风尚。在很多笔记小说中,我们都可以看到宋人焚香、用香的记载和描写:

> 赵清献公好焚香,尤喜薰衣。所居既去,辄数月香不灭。⑤

① 阎若璩疏证:《尚书古文疏证》,上海古籍出版社,1987 年。
② 左丘明著,杜预集解:《春秋左传集解》,上海人民出版社,1977 年。
③ 曹操:《曹操集》,中华书局,1974 年,第 105 页。
④ 刘义庆:《世说新语》,上海古籍出版社,2007 年,第 827 页。
⑤ 叶梦得:《避暑录话》,见《宋元笔记小说大观本》第 3 编,新兴书局有限公司,1978 年,第 1601 页。

梅学士询,好洁衣服,裛以龙麝。其在官舍,每晨起,将视事,必焚香两鑪,以公服罩之,撮其袖以出。坐定徐展,浓香郁然满室。①

大街有三五家开茶肆,楼上专安著妓女,名曰花茶坊。一等不奉业艺,专为探听妓家宾客,赶趁唱喏,饮宴所在,以献香送欢为由,谓之厮波。②

从以上资料可以看出,宋代上至帝王公卿,下至市井细民,用香已经蔚为风尚。如此普及的香料消费和海外贸易的发展是分不开的。宋代的海外贸易达到了空前的繁荣,广州、泉州、明州、杭州、密州等是重要的通商口岸,设有市舶司来管理商船的进出。香料是进口货物的一个大宗,拿淳熙二年来说,这一年运抵中国口岸的香料超过了 500 万斤。香料的买卖一度成为国家财政的重要支柱。"天圣以来,象犀、珠玉、香药、宝货充牣府库,尝斥其余以易金帛、刍粟,县官用度实有助焉……皇祐中,总岁入象犀、珠玉、香药之类,其数五十三万有余。至治平中,又增十万。"③

香药的进口是社会香料消费的助推器。南宋末年陈敬杂采沈立、洪刍等 11 家香谱,编撰了《陈氏香谱》。《陈氏香谱》所收诸香品中,约有三分之二产自海外。进口的香药被输入府库,贡入朝廷,献于王公贵族之家,由榷货司卖给大众进行消费。

据《陈氏香谱》的记载,宋代"香道"主要包括香料的品鉴、凝和制作、使用等几个方面。香品原料约 80 余种,较贵重的有督褥香、龙涎香等,沉香、麝香较常见。香的凝和制作讲究最多,工艺大致有捣、锉、炮、炙、炒、煨、蒸、飞、合、收、窨等环节,其中捣香、合香最为关键。捣香要注意香捣得既不能太粗,也不能太细。"太细则烟不永,太粗则气不和"。大多数的凝和香方中都包含了两种以上的香料,这就要求"合香"时既要使性状质地不同的香料中和在一起,又要注意使气味互不相掩,制出的香氛层次清晰。"合香之法,贵于使众香咸为一体,麝滋而散,挠之使匀;沉实而腴,碎之使和;檀坚而燥,揉之使腻,比其性,等其物而高下。"

焚香的环节也非常讲究。不同的香品,烧的方法不同。有的要在密室中烧,有的要在通风的地方烧;火功有的要文,有的要武;有的衬银叶子,有的衬云母

---

① 欧阳修:《归田录》,见《宋元笔记小说大观本》第 21 编,新兴书局有限公司,1978 年,第 1661 页。

② 吴自牧:《梦粱录》,见《四库全书》卷一六,上海古籍出版社,1987 年。

③ 脱脱等:《宋史》,中华书局,1977 年,第 4559 页。

片;有的以无烟为佳,有的要一线烟线直上不散,有的香烟会结成毯状。香性燥,因此焚香时如何避免烟燥气很关键。一般选取深房曲室,香炉放置低与膝平,香与炭火之间隔一片银衬叶或云母片,使"香不及火",香气缓缓散发,飘入厅堂,厅堂中有香而无烟;也可以取一个深的香盘,冲入沸水,在蒸汽翁郁的时候,把香炉放入香盘内,置香炉中,下衬以银叶或云母片,以香煤来焚烧。这时分解出的香的分子会附着到水蒸气上,香而不燥,温润宜人。香品器名目繁多,有香炉、香盛、香盘、香匙、香筋、香壶、香翠等,最重要的是香炉,有狻猊、獬豸、凫鸭等各种形状。李清照词中说"香冷金猊",就是金色狻猊形状的香炉中香已燃尽的情形。

在一般的士庶家中,焚香是一项重要的待客礼仪。有客人拜访的时候,在献茶、摆酒设肴、举乐、进舞之前,要先焚香。尤其是在设宴待客的时候,从客人到来开始,到宴会结束,会一直香气氤氲,缭绕不散。

士大夫文人以及贵族阶层是研究并发展香道的主力军。在《陈氏香谱》所收录的凝和诸香(合成香)中,冠以士大夫名号的要占到一半以上,如丁公美香篆、李次公香、赵清献公香、苏内翰香、延安郡公香、丁晋公清真香、黄太史清真香、韩魏公浓梅香,等等。由于士大夫的推崇和参与,香道成了一种精致的雅文化,成为生活品位的重要标志。

二、"香文化"与词的"香艳"特征

在发达的香道文化背景下的词,自然就和"香"这一物象发生着千丝万缕的联系。宋词对"香文化"有着多方面的表现,除了最常见的对焚香的描写之外,对香品、香氛、香的凝和制作等也有着不少表现。最著名的为王沂孙的《大香·龙涎香》:

> 孤峤蟠烟,层涛蜕月,骊宫夜采铅水。讯远槎风,梦深薇露,化作断魂心字。红瓷候火,还乍识、冰环玉指。一缕萦帘翠影,依稀海云天气。
>
> 几回娇半醉,剪春灯、夜寒花碎。更好故溪飞雪,小窗深闭。荀令如今顿老,总忘却、樽前旧风味。谩惜余薰,空篝素被。①

撇开词所表达的隐含意旨,表面上看,词所写的就是龙涎香的采集、制作和焚烧过程。反过来,"香文化"对词创作也有着重要影响。香是词生存的环境要

---

① 唐圭璋:《全宋词》,中华书局,1999 年。本文以下引用宋词皆出此本,不再另行注出。

素之一，是词中常用的意象。

宋词中的香意象主要出现在两种场合：一是华丽堂皇的庆典与宴会；二是洞房与香闺。贵重的香炉，珍奇的香料，沁人心脾的香气，缭绕的香烟，总是能营造出一种富贵、高雅、温暖、欢庆的气氛，如米芾《诉衷情》："绣阁华堂嘉会，齐拜玉炉烟。"晁补之《凤箫吟》："香浓。博山沉水，小楼清旦，佳气葱葱。"晏殊《望仙门》："博山炉暖泛浓香。泛浓香。为寿百千长。"文人士大夫的游宴活动中，香也扮演着一个不可缺少的角色："明烛薰炉香暖，深劝金杯"（王益柔《喜长新》），"兰堂风软，金炉香暖，新曲动帘帷"（晏殊《少年游》）。尤其在文人雅士参与的情况下，香更是必备之物："密户储香，广庭留月，待得清欢足。"（曾协《酹江月》）"麝发雕炉小袖笼。天教我辈此时同。"（赵令畤《鹧鸪天·蓝良辅知阁舟中晚坐会上作》）香与文人似乎天生地气味相投，美好的品性、高雅的情志似乎都可以用这种付之鼻观的物质来表现。

宋词惯写相思柔情。相思情事发生的场所，不管是热闹宴会上的偶然相遇，还是在春色洋溢的洞房的相聚，都离不开"香"这个引逗情丝、营造气氛的工具。情人别后，相似的情景、氤氲如昨的香气，最能勾起对往事的回忆："半阴未雨，洞房深、门掩清润芳晨。古鼎金炉，烟细细，飞起一缕轻云。罗绮娇春。争拢翠袖，笑语惹兰芬。歌筵初罢，最宜斗帐黄昏。　　楼上念远佳人。心随沉水，学兰炷俱焚。事与人非，争似此、些子香气常存。记得临分。罗巾余赠，尽日把浓熏。一回开看，一回肠断重闻。"（曹勋《念奴娇》）每当闻到依约似当时的香气，想起那时的心动情景，对比今天的寂寞，更觉相思之苦。可以说，在宋词中，对情事的回忆总是伴随着香温柔、欢快燃烧的影子："调宝瑟，拨金猊。那时同唱鹧鸪词"（周紫芝《鹧鸪天》）、"夜静拥炉熏督耨，月明飞棹采芙蓉。别来欢事少人同"（蔡伸《浣溪沙》）。在这样的心理背景下，香的存在有时就暗示了情爱故事的发生："误入仙家小洞来。碧桃花落乱浮杯。满身罗绮裹香煤。"（晁端礼《浣溪沙》）虽然词人在下阙没有明确地写到情事，但一句"满身罗绮裹香煤"，已含蓄地影射了所可能发生的事情。

香的燃烧伴随着爱情的发生，香的消散又伴随着爱情的破灭。当炉中的香再次温暖地燃起的时候，是远别的情人又重逢了："香烬重燃鸂鶒，罗衾再拂鸳鸯。今宵应解话愁肠。指点尘生绣帐。"（晁端礼《西江月》）循着这一思路，我们可以得出，在宋词中，情事的发生、中断与重接常常伴随着香的燃起、烧尽和重温，香成为爱情的象征物。

从《离骚》开始，中国诗歌就确立了香草美人的比兴传统。刘勰《文心雕龙·比兴》说："故比者，附也；兴者，起也。附理者切类以指事，起情者依微以拟议……观夫兴之托谕,婉而成章,称名也小,取类也大。"①词中所写情事虽然琐屑细微,但往往托喻深沉,以小见大。由于古代交通通信的不发达,情人别后总是要经历长久的等待,音信暌隔,归期遥遥,倚楼而望的思妇尝尽了"过尽千帆皆不是"的失望与哀愁。"东风歇。香尘满院花如雪。花如雪。看看又是,黄昏时节。无言独自添香鸭。相思情绪无人说。无人说。照人只有,西楼斜月。"(周紫芝《秦楼月》)由于"相思情绪无人说",只好"无言独自添香鸭",相似的香气是联系昨梦前尘的纽带,相思无人可说,只能频频添香,希冀在香烟中重现过往情事。环境是寂寞的,感情是坚贞的。其不被人理解,仍独自焚香,维护着居室与服饰的香洁,不正是不被世俗所容的高洁之士修身立世风标的写照吗?"黄莺啼破纱窗晓。兰缸一点窥人小。春浅锦屏寒。麝煤金博山。"(张元干《菩萨蛮》)珍贵的麝香、描金的博山香炉,映衬出主人追求美好的高洁心性,也诉说着她的寂寞与孤独。寂寞的美人添沉焚麝,无需更多的言语表达,读者已经能够体会到她的欲说而不能说的心事,体会到她对爱情的坚贞。张惠言认为温庭筠的《菩萨蛮》(小山重叠金明灭)"'照花'四句,离骚初服之意",虽然后世学者对此有不同的看法,但词中对闺房中装饰与摆设的描写,却隐然含有对居室主人情感与品质的象征意义。

香烟袅袅,如梦如幻,这一意象所营造的空灵缥缈氛围包含着巨大的心理诱导力。举凡欢乐祥和、相思离别、甜蜜怅惘、坚贞长久,俱可由此生发。况周颐论词讲重拙大,即认为词以表达深厚沉郁的感情为上。"重者,在气格,不在字句"②,即以香艳的题材表达深沉的情感、重大的事件。香的深远比兴意义在南宋遗民词选《乐府补题》中的 8 首《天香·龙涎香》中可谓发挥到了极致,其中代表当推王沂孙之作(见上引),以龙涎香为喻,表面上描写龙涎香的制作过程与香氛,实际上却暗指宋帝陵墓被发、帝后尸骨被曝事件,寄托了亡国臣子的难言之痛。它所兴发的深重情感意蕴,足以可以当得一个"重"字。

综上所述,宋词中大量出现的香意象与宋代发达的香文化有着密切的关系。香一方面象征着富贵祥和的生活;另一方面,由于香在爱情相思词中扮演着重要的角色,使它又具有了情事的象征意义。在此基础上,香意象延伸出坚贞幽洁的比兴意义,对于拓展词境、表现词心发挥着重要的作用。

---

① 刘勰著,范文澜注:《文心雕龙》,人民出版社,1960 年,第 601 页。
② 唐圭璋:《词话丛编》,中华书局,1999 年,第 4406 页。

33

论题材多样化、情志一体化与词体的成熟

许伯卿 宁波大学

近年来,笔者通过对 21 000 多首宋词作品的题材类型以及形成题材类型结构的社会文化背景进行多方面的考察,深刻认识到,词体与其他文学体裁一样是一个开放性的载体,适用于各种题材;题材多样化正是词体发展、壮大和成熟的一个重要标志。这个问题的解决为我们最终辨正传统词学中关于"诗言志,词言情"、"诗庄词媚"、"词为艳科"、词"别是一家"等片面观点,并正面回答词体的基本属性问题,提供了比较充分的立论基础。限于篇幅,本文以敦煌词和晚唐五代词为讨论对象,宋词的讨论以俟另文。

一、题材多样化、情志一体化:文体自我实现的基本要求

人是万物的核心和尺度,于文学亦然,文学就是人学。与其他生物相比,人的高贵之处就在于有丰富而深邃的精神活动。这种精神活动概括起来不外乎"情"和"志"两大方面:这里所谓"情"侧重指个人的性情和情感,"志"侧重指群体性的政治伦理道德或人生义理。① 文学作为人对社会生活的反映,人作为社会生活的主体和主导,抒情言志理应成为文学最基本的内涵,"因为只有在理智和感情的谐和中才能达到人的最高的完美境界"②,而别林斯基"在热情中,诗人是思想的爱好者"③一语,又可谓是对诗歌文体抒情言志涵义的精辟概括。

"情"、"志"是人类精神的两个层面,"情"是"志"的土壤

① 关于"情"、"志"概念的讨论,一直聚讼纷纭。"情"、"志"两个概念同中有异,异中有同,有时甚至可以相互替代。本文着眼于同中之异,把它们作为可以相互并列甚至对立的概念加以考察和运用。

② 别林斯基:《别林斯基选集》第 1 册,上海译文出版社,1979 年,第 21 页。

③ 别林斯基:《别林斯基论文学》,上海新文艺出版社,1958 年,第 57 页。

和根基,"志"是"情"的升华和结晶。它们仿佛一件衣服的表里,衣表体现着社会的文明和道德,衣里却感受着生命的体温和脉搏。对某个具体作品而言,它可以只言志也可以只抒情,也可以把抒情和言志相结合。而所谓文体是由许多具体的单个的作品体现的,所以,对于一种文体而言,它不可能只言志或只抒情,而只能是既言志也抒情,是言志和抒情的结合。"情志一体化"是文体自我实现的基本要求。虽然在中国文学理论发展史上,由于儒家诗教片面强调"志"而扼制"情",使"志"和"情"长期处于相互对立的矛盾状态,给文学的发展和人们对文学的认识都带来了消极的影响,但文学创作自有其不以人的意志为转移的客观规律,所以从文学发展的史实看,"情"仍与"志"一起,贯穿着文学发展的始终。

《诗经》是中国最早的诗歌选集、"中国最早的文学集"①,是中国文学的源头,同时也是"情"与"志"相结合的光辉典范。《诗经》三百篇都歌咏些什么? 我们若一一加以追究,不外乎是对鬼神、自然、人生和社会的感怀。其中所写,有祝天祀祖祈求安康的,有歌颂贤君能臣的,有追求自由幸福爱情生活的,有揭露政治黑暗的,有怨恨繁重艰辛徭役的,有反抗剥削压迫、向往理想社会的,亦有咏叹家庭日常生活情趣的,或抒情,或言志,或抒情和言志相结合。如果说《大雅》和《三颂》还带有宗教政治记事、祭神的文献性质的话,《国风》和《小雅》显然已从宗教政治文献中分离出来而成为真正意义上的抒情言志的诗歌了。至于中国第一个伟大诗人屈原,更是在他的宗国忧君之志中融入了浓烈的悲愤抑郁之情。

汉末魏晋六朝是儒教势力相对衰微的时期,文学自觉意识抬头,人们开始对把"诗言志"局限在"经夫妇,成孝敬,厚人伦,美教化,移风俗"的政治伦理道德层面深为不满,极力强调文学自身的涵义和特性,陆机"诗缘情而绮靡"的著名诊断就是在这样的背景下提出的。儒家说诗当然也提到"情",但他们所言之"情"是"止乎礼义"、符合伦理道德规范的情,是以消泯人的本性和个性为前提的;陆机"诗缘情"之"情",则主要是"喜柔条于芳春,悲落叶于劲秋"的物感之情,更带有个人感受的性质。从积极的方面说,陆机强调诗歌的感情因素和语言的精美,对传统诗论政教化的倾向有纠偏的作用;从消极的方面看,也容易使人忽视诗歌的思想内容即"志",片面追求个性和私生活的表现,以抒写小圈子生活、个人感受和情感隐私为乐趣,助长委靡浮艳的诗风。谢榛、沈德潜、纪昀等人

① 刘经庵:《中国纯文学史》,东方出版社,1996 年,第 9 页。

都曾就此对陆机提出过批评。①

可见，只有当"情"与"志"在矛盾对立中处于平衡、和谐状态时，诗人才能获得正确的理论导向和充实的题材内容，诗体也才能获得充分实现其可能性的创作环境。唐诗所取得的辉煌成就，正是"情"与"志"、"诗言志"与"诗缘情"空前完美融合的结果。首先是陈子昂力倡风骨与兴寄，矫正齐、梁以来的浮艳诗风，并得到李白、杜甫、白居易等人的继承和发展，使"志"重回诗歌创作的核心。但同时，"诗缘情而绮靡"的传统也得到了很好的贯彻。白居易《与元九书》"根情，苗言，华声，实义"的主张集中体现了唐代诗人对"情"、"志"关系的辩证看法。严羽《沧浪诗话·诗评》曾以"宪章汉魏而取材六朝"评论杜甫，恰好可以移用来说明整个唐诗在其形成过程中对"志"与"情"两大诗说的承传情况："宪章汉魏"是唐人在新形势下对"诗言志"传统的重新肯定，"取材六朝"则是唐人对六朝"诗缘情而绮靡"的合理继承。殷璠《河岳英灵集·叙》"既闲新声，复晓古体"的话也是这个意思。所以我们说，唐诗的兴盛，正是总结前人得失，集前人大成，使"情"与"志"充分融合的结果。

以上我们是从诗体来考察情志一体化给文学带来的作用。其实，我们还可以从文、赋以及后来的曲等文体来考察，也一样会得出相同的结论。

词体是中国古代文体的一种，理应与诗、文、赋、曲等一样，都是作者抒情言志的载体，这就像锅、碗、瓢、盆同样可以盛装饮食，飞机、轮船、火车、汽车同样可以运送旅客一样自然。"众体该具，弗拘一也。可古则古，可律则律，可乐府杂言则乐府杂言，初未闻举一而废一也。"②然而，奇怪的是，一方面，大家一致肯定诗、文、赋、曲等都既可以抒情也可以言志；另一方面，很多人又认为词只宜抒情不宜言志。对这样一个明显的悖论，学术界却极少有人主持公道，为词体辩护。不少人一方面肯定从李煜、范仲淹、柳永、王安石，直至苏轼开拓词境、充实词体的贡献；另一方面又不顾词体早就已既抒情又言志的事实，片面强调词体所谓的特殊性。不错，词体是有自己与众不同的特点，它兼有诗、赋和散文众体之长，句式长短参差，体调更有选择性，更富音乐性，更具旋律感，所以也更适合用来表现一些起伏跌宕、宛转曲折的思想感情；但并不是说这样的思想感情就无法在诗、文里表现或非用词体表现不可，这里没有专利可言。至于音律，诗可以脱离音乐

---

① 谢榛《四溟诗话》卷一称陆机"'绮靡'重六朝之弊"。沈德潜《古诗源》卷七斥责陆机此说"殊非诗人之旨"。纪昀《纪文达公遗集》卷九《云林诗钞序》亦云："自陆平原'缘情'一语引入歧途，其究乃至于绘画横陈，不诚已甚欤？"

② 赵孟坚：《彝斋文编》卷三《孙雪窗诗序》，四库全书本，第 1181 册。

而独立发展,词当然也有这个权利——利不利用这个权利是另一回事。"别是一家"当作如是观。千万不可把"别是一家"等同于"婉媚"或"协律"。词不应只是一方绣着并蒂荷花的洒着香水的罗帕、一柄王孙公子手中招蜂引蝶的檀扇、一挂微风过处叮当作响的风铃。司言为词,言为心声。抒发深广的生活感受和人生感悟是词应尽的责职。正如人类的社会分工必然发生一样,文学发展到一定阶段,也会走向技术的密集、流派的分离和文体的裂变;而文体的裂变又正如生物学上细胞的分裂,或兄弟分家,虽然另辟门户,另起炉灶,但血液仍是一样的红,皮肤仍是一样的黄,毛发仍是一样的黑,任凭怎么改造也不能"脱胎换骨"了。所以,不同文体之间,有的只是体式格调韵律等外在结构上和不同作家不同作品艺术风格上的差异,在抒情言志的功能上和对不同题材的选择上,并没有多大的差别。同样,词体和其他文体之间,也只存在外在感性形式即外形律的区别,至于在这样一个载体里填充"情"还是填充"志",还是"情"、"志"交融,则完全不该也无法约定;否则,柳俗苏豪辛壮就不会出现。金元词以北人刚健质朴之气质秉承苏词豪放亢爽之作风,与宋词更是不可同日而语。即使是萎靡不振的明词,也"在谢幕之前以急筑悲筑、紧锣密鼓重又回到她的高音区"。① 而"词在清代,已用其实在的、充分发达的抒情功能表征着这一文体早就不再是'倚声'之小道,不只是浅斟低唱、雕红刻翠徒供清娱的'艳科'了……清人之词,已在整体意义上发展成为与'诗'完全并立的抒情之体,任何'诗庄词媚'一类'别体'说均被实践所辩证"。② 从词体内涵和功能自我实现的程度看,清词无疑比两宋还要深广,故号称词体的"中兴"。而清词中兴,按其实质乃是词体的抒情言志功能再一次得到了全面而充分的发挥。

就宋词的创作实情而言,在各种题材类型中,有些是侧重于抒情的,如写景、艳情、闺情、节序、风十、闲愁、羁旅、闲适、祭悼、生活、亲情、故事、神话等;有些是侧重于言志的,如咏怀、怀古、咏史、时事、宗教、悯农、哲理、寓言等;有些则是抒情和言志并重,要具体分析,如祝颂、咏物、交游、宫廷、谈艺、隐逸、游仙、隐括、科举、仕宦、人物、世相、家庭、边塞、军旅等。有了这36种题材类型和运用不同题材抒情言志的事实,我们说宋词已基本完成了词体题材多样化、情志一体化的自我实现,应该是站得住脚的。

① 钟振振:《论金元明清词》,见"台湾中央研究院中国文哲研究所"编《第一届词学国际研讨会论文集》,1994 年,第 283 页。
② 严迪昌:《清词史·绪论》,江苏古籍出版社,1999 年,第 2 页。

二、敦煌词:题材多样化、情志一体化的词体原型

"词之初体,出于民间"①,我们还是把目光投向词体的源头——敦煌词吧。

1900 年发现的敦煌词是我国最早产生的词体创作成果,为研究词体的原型提供了第一手资料。王重民先生《敦煌曲子词叙录》说:"今兹所获,有边客游子之呻吟,忠臣义士之壮语,隐君子之怡情悦志,少年学子之热望和失望,以及佛子之赞颂,医生之歌诀,莫不入调。其言闺情与花柳者,尚不及半。"任二北先生《敦煌曲初探》录词 545 首,分 12 类,其中有豪侠、颂扬、医、道、佛、劝学、劝孝、杂俎等,而怨思、别离、爱情、伎情、闲情之作计 93 首,仅占总数的 1/6。由此可见,敦煌词作者身份各异,题材广泛,词境宽宏,社会性强。从艺术风格看,敦煌词或粗犷热烈,或委婉深沉,或俚俗,或精巧,或质朴,多姿多彩。尤其应当强调的是,敦煌词作者所抒发的感情大多健康活泼、清新自然、充满生机。此外,词体容量有大有小,有小令也有慢词,格式也不固定,衬字很多,富于变化。敦煌词作为词体的源头和原型,题材广泛,情感健壮,境界宏大,风格多样,像一个朝气蓬勃的少年正准备与传统诗体这个老大哥一争高下。它与传统诗体一样,都是诗人抒情言志的工具,在总体上呈现出题材多样化、情志一体化的原型特征。

从根本上看,这种原型特征的形成,与唐代昂扬向上、积极进取、自由开放的时代精神有着密切的因果关系,而这种时代精神正体现在题材的多样化和"情"与"志"的统一上。是的,我们再也找不出哪一个朝代能像唐代那样,在强大统一的国家意志和民族自信中,既耸立着多元的人生信仰(或任侠,或宗儒,或崇佛,或尚老)②,又奔涌着形态各异的情感激流。无论主"志"、主"情",还是"情志一体化",归根结蒂,取决于时代精神。唐代是中国封建社会的鼎盛时期,也是当时世界上最强大的国家之一,民族大融合,社会文化多元而开放,民族情感自由而奔放,而词体正在此时形成,敦煌词呈现出题材多样化、情志一体化的原型特征也就理所当然了。

唐代文人词是文人词的初级阶段,仍保持着敦煌词反映现实、抒情言志的传统,显示出健康自然的成长态势,体现着题材多样化、情志一体化的特征。除去众多表现男女爱情、商妇思念、宫女愁苦、怨女怀人等妇女题材的纯粹的言情词外,也有不少言志或言志与抒情相结合的作品,这些词作或抒发因景而生的苍凉

---

① 夏承焘:《唐宋词论丛·四库全书词籍指要校议》,中华书局,1962 年,第 244 页。
② 陈伯海:《唐诗学引论·唐诗的思想渊源》,知识出版社,1990 年,第 56 – 75 页。

悲壮(如李白的《菩萨蛮》和《忆秦娥》)、凄婉迷茫(如李涉的《竹枝词》)和愉悦欢快(如白居易的《忆江南》、刘禹锡的《竹枝》之三),或表达对君主的歌颂(如张说的《舞马词》)、感戴与希求(如沈佺期的《回波乐》)以及箴规(如李景伯的《回波词》),或描绘边塞风光(如韦应物的《调笑》)并表现征人的乡愁(如岑参的《六州歌头》、戴叔伦的《转应曲》),或表示对下层人民的同情(如白居易的《竹枝》),或宣泄谪迁的怅恨(如刘长卿的《谪仙怨》)与人生的漂泊无常(如刘长卿的《秋风清》),或感叹历史的兴亡和人世的沧桑(如刘禹锡的《潇湘神》、《杨柳枝》之四、六),或展露人世的凶险、人生的艰难(如刘禹锡的《竹枝》之七))与人心的叵测(如刘禹锡的《竹枝》之六),或表达对英雄的渴求(如唐昭宗李晔的《菩萨蛮》)、对战乱的厌恨(如窦弘余的《广谪仙怨》),或歌唱隐逸生活的情趣(如张志和与张松龄的《渔父》)、归隐之心(如元结的《欸乃曲》),或抒发百折不回的豪情壮志(如刘禹锡的《浪淘沙》之一、八),或揭示沧海桑田、人生穷通的哲理(如白居易的《浪淘沙》之一、二、五、六)。凡此种种,皆充分证明盛、中唐文人词除了谈情说爱之外,还包含着更为宏富的有关社会、政治和人生的情志内容,甚至还有插科打诨(如中宗优人的《回波乐》)、谈禅(如释成德的《拨棹歌》)、述道(如陈羽、苏郁的《步虚词》)之作。

让我们再把眼光投向宋代民间词。宋代民间词的创作相当活跃,可惜由于封建时代轻视民间(包括城市和农村)文学,能在文献中保存下来的宋代民间词非常少。然而,就在这并不丰富的词作中,却也像敦煌词一样,有许多反映劳动人民感情和思想的佳作,题材十分丰富。如《沁园春》(小阁深沉)叙述一个女人对恋人一往情深却因贫穷被母兄出租到富家为妾,受尽诟骂和鞭笞;《一剪梅》(宰相巍巍坐庙堂)寓刺于谐,揭露朝廷大臣沆瀣一气、狼狈为奸、不思恢复、卖国求荣;《沁园春》(道过江南)揭露"宰相弄权,奸人罔上",以致"气象萧条,生灵憔悴",责问"唯何甚,为官为己,不把人怜"?《沁园春》(国步多艰)控诉贾似道祸国殃民的罪行;《青玉案》(钉鞋踏破祥符路)写科举考试时考官如临大敌、士子寒酸窘迫;《行香子》(浙右华亭)讽刺奸商以假充真、欺骗顾客的行径;《转调贺圣朝》(渐觉一日)描写女主人公的真挚爱情和刻骨相思;《阮郎归》(及妆时结薄衫儿)描写女孩子穿着打扮、欢度端午的情景……全是情志完美结合的篇什。由此可见宋代民间词与隋唐五代民间词一脉相承的关系。

通过对敦煌词、唐代文人以及宋代民间词的扫描,我们应当能够肯定:词体不但可以抒"情",而且可以言"志",甚至在同一首词作中可以把"情"、"志"完美结合,就像在诗、文、赋、曲等文体中所能做到的一样。

三、晚唐五代文人词:信仰沦丧下的情感放纵

刘勰《文心雕龙·时序》指出:"时运交移,质文代变……歌谣文理,与世推移,风动于上,而波震于下者……文变染乎世情,兴废系乎时序。"普列汉诺夫在其名著《没有地址的信》中写道:"任何一个民族的艺术都是由它的心理决定的,它的心理是由它的境况决定的。"而加拿大当代著名文学批评家诺思洛普·弗莱也认为:"文学是历史进程的一部分,因此那个进程作为一个整体组成真正的文学语境①……每部文学作品都是一件思想文献,是人类生活过程中特定的社会和历史的产物。"②弗莱强调:"把文学本身视为一个整体并不会使它脱离社会语境;相反,我们能够更容易地看出它在文明中的地位。批评将永远有两个方面,一个转向文学结构;一个转向组成文学社会环境的其他文化现象。"③同样,词体作为一种社会文化现象,它的发展演变自然涵负着历史变迁下的审美习俗,研究词体不能不关注培植它的时代和社会。

晚唐五代,军阀割据,干戈扰攘,儒道失坠。倾巢之下,无复完卵,于是朝不谋夕、苟且偷安、贪图享乐、不思振作,便成为一个时代的精神风气。不仅普通百姓苟延残喘,文人士大夫们也往往如履薄冰,甚至连皇帝也难以自保。比如,从公元 820 年到 880 年的 60 年间,宦官们先后立穆、文、武、宣、懿、僖七帝,而宪宗和敬宗更直接死于宦官之手。至于五代十国那个分崩离析、城头变幻大王旗、割据政权旋生旋灭的剧烈动荡时期,传统的价值观、道德观和人生观只能成为人们心中一个遥远的梦,梦中暗淡而残缺的月亮丝毫也暖不化人们冰封的心房。盛唐时人们那种积极进取、乐观向上,渴望治国平天下、建功立业的人生理念,在大一统政权的垮塌声中被压得粉碎。维持封建统治的儒学经过魏晋六朝的动荡后,在盛唐稍得复苏,至此又遭受重创,士人的信仰支柱又一次被击倒在地。像尼采说的,"上帝死了",一种失落精神家园、人生无常的悲痛、恐惧和焦虑,折磨着士人的心灵。回首过去,无限伤感;注目现实,遍体创痍;放眼未来,缥缈迷茫。痛定思痛,文士们终于从效忠天子和建功于朝廷的醉梦中惊醒,在凄惶和喘息之

① 诺思洛普·弗莱:《批评之路》第 1 章,王逢振、秦明利译,北京大学出版社,1998 年,第 5、10 页。

② 诺思洛普·弗莱:《批评家的责任》,见吴持哲《诺思洛普·弗莱文论选》,中国社会科学出版社,1997 年,第 18 页。

③ 别林斯基:《别林斯基选集》第 1 册,上海译文出版社,1979 年,第 21 页。

余,一头扎进世俗生活,沉醉酒色,弄花草,穷风月,及时行乐,寻求感性的慰藉和解脱。而城市经济的畸形发展、南方秀丽柔美的自然风光,又为他们及时行乐的生活观念提供了充足的物质条件。这就是司马光所谓:"天下荡然,莫知礼义为何物。"①

这正是"情"与"志"严重失衡的结果。丧失了崇高的信仰和远大的志向,找不着生活的目标,无法从事热爱的职业,剩下的就只能是苟且偷安、及时行乐、空虚无聊。"情"与"志"需要相辅而行才能相得益彰、各得其所。没有"情"的浸淫,"志"会枯槁;没有"志"的主持,"情"会放纵。

《花间集》作为晚唐五代文人词的典型,集中体现了上述的时代精神和审美风尚,男女艳情是其主流题材。据笔者统计,在500首"花间词"中,有闺情词223首,艳情词107首,咏物词41首,风土词25首,羁旅词18首,写景词18首,怀古词13首,闲愁词12首,隐逸词8首,边塞词7首,交游词6首,神话词6首,宫廷词5首,科举词5首,人物词5首,宗教词5首,咏史词4首,节序词3首,闲适词3首,哲理词3首,亲情词1首,咏怀词1首(其中有因题材模糊而交叉计算者)。其中闺情和艳情两类共330首,占花间词的66%;其他非主流题材合计187首,占总数的37.40%。而在这187首词作中,内容涉及男女风情及吃喝玩乐的又占了不小的比重,像风土、人物、神话、咏物、闲适、交游等类作品中,均有不同程度的浸染。细究起来,晚唐人更多的是危机和苦闷,但仍在缅怀与期待中寻找寄托和进取的机会,像李商隐的《乐游原》所写"夕阳无限好,只是近黄昏",杜牧《九日齐安登高》所写"尘世难逢开口笑,菊花须插满头归",韩偓《半醉》所写"壮心暗逐高歌尽,往事空因半醉来",杜秋娘《金缕曲》所写"有花堪折君须折,莫待无花空折枝";而五代人更多的则是颓唐与堕落,已发展到了及时行乐的地步,像韦庄《菩萨蛮》所写"须愁春漏短,莫诉金杯满。遇酒且呵呵,人生能几何",冯延巳《鹊踏枝》所写"休向尊前情索寞。手举金罍,凭仗深深酌。莫作等闲相斗作,与君保取长欢乐",顾夐《渔歌子》所写"酒杯深,光影促,名利无心较逐"。更为重要的是,与盛、中唐时的同类词作相比,晚唐五代的艳情词与闺情词明显缺乏一种从容闲雅、清新活泼、真切自然的风貌,而显得颓靡变态、庸俗自私、迷茫仓促。显然,这些都是历史变迁和社会动荡留下的烙痕。陆游《花间集跋》写道:"《花间集》,皆唐五代时人作。方斯时,天下岌岌,生民救死不暇,士大夫乃流宕至此。可叹也哉! 或者出于无聊故耶?"可谓一针见血。

---

① 司马光:《温国文正司马公文集》卷二二《上仁宗皇帝论谨习》,四部丛刊本。

34

论王重阳道教词对宋代俗词的继承

左洪涛　宁波大学

全真教是金元时期影响力最大、与文学关系最为密切的新道教。词滥觞于唐代，至两宋而大盛。金元词虽稍逊于宋词，但由于与两宋时间很近，金元全真教道士所填的道教词（本文称为全真道教词或简称为道教词）大量涌现于金元文坛，这正是一代宋词辉煌成就对金代社会浸润既久的必然结果。目前许多文学史著作中，对全真教创始人王重阳与其弟子马钰、丘处机等道教词人很少提到，全真道教词长期以来没有引起人们应有的关注，在文学史、诗歌史、词史中也没有它们的一席之地。毕竟"诗言志、词言情"，相对于道教诗而言，道教词的艺术价值要大多了，有些学者认为：这些道教词人之作，"无足取了"，进一步来说就是"数量多而质量差，实为金词中之糟粕"。其实他们也是不容忽视的词人，特别是道教词在从词到曲的演变过程中所起的作用相当显著，应当予以重视，唐圭璋先生在《全金元词·序》中已经指出这一点。在《全金元词》中，金元道教词占现存金元词的三分之二左右，这些词本身的文学价值虽然不一定高，但它们在文学史上的影响却颇值得注意。为了实现"四海教风为一家"的目标，以王重阳为首的全真道教词人除了自己守定清操、修炼涵养以外，还特别注意以诗词特别是词的形式，来宣传他们的教义、扩大他们的影响，因此留下了大量的词作。全真教道教词受创教人王重阳词的影响最大，它在从词到曲的演变过程中有重要作用，因此分析王词的渊源就显得很重要。

目前学界研究的宋词主要是数量最多的文人雅词，仅有的几位研究道教词的学者也主要关注道教词本身，很少把它与宋词联系起来考察。虽然以王重阳词为首的金代道教词风格面貌与宋元雅词迥然不同，但笔者认为道教词与宋词，主要是与北宋俗词有重要的继承关系。学界对道教词的研究都很少。从时代上看，王重阳一生都生活在宋金之际的北方，与南宋鲜有联系，当时的全真教还没传到南宋。本文所说的"俗词"，是指广大民众（包括中下层文人）所喜爱的词体，是具有百姓生活气息的、平铺直叙、语言爽直俚白的词作。它在题材内容上具有适俗性,在表达方式上平铺直叙,在艺术风格上浅俗口语化。其范围包括两大类:一是民间俗词,即由平民百姓(包括民间文人)所创作出来的直言其事、直抒其情的词作;二是文人俗词,它是由文人士大夫从民间词中吸取养料后,仿效创作出来的一种生动通俗、具有俗文学特质与意蕴的词作,亦称为俚词。受传统的"崇雅黜俗"观念的影响,长期以来,俗词和道教词都被排拒在历代学者研究之外,对两者的研究都很少,更不要说对两者关系的研究了。以下从四方面进行分析,以求教于方家。需要说明的是,这几方面之间实际是水乳交融的,区分开来只是便于论述。

一、学文人俗词——深受柳永的影响

与金元文人词家多崇尚苏、辛不同,从王重阳开始,金代道教词人最崇尚柳永。近代学者夏敬观云:"以市井语入词,始于柳耆卿。"他所指应是两宋文人词。陈宏铭先生的《金元全真道士诗词研究》等有一些柳词对道教词影响的论述,本文进一步具体到俗词的范围。柳氏的俗词是文人俗词的代表,如王重阳有《解佩令》词,自注云:"爱看柳词,遂成。"

王重阳等道教词人特别崇尚柳永词特别是其俗词,有其自身的原因。其一是柳氏俗词在民间影响最大。我们知道,在两宋词家的作品中,像柳词这样传播既广且久者是不多见的。陈师道《后山诗话》云:"柳三变游东都南、北二巷,作新乐府,骫骳从俗,天下咏之。"叶梦得《避暑录话》卷三记一西夏归朝官云:"凡有井水饮处,即能歌柳词。"所指就是柳永俗词。其二是柳词有一种市民情调,多以口语入词,语言浅近通俗,又时多佳语。柳词实际上是雅俗共赏的,但在词的创作日趋雅化的潮流中,柳的俗词显得十分突出,最引人注目。王重阳等道教词人看中的就是柳永"市井之人悦之"的俗词,他们所作之词也是力求浅俗,大量吸收口语入词,在语言的运用上颇多学柳永之处。《重阳全真集》有一篇题名为《爱看柳词遂成》的《解佩令》。词云:

> 平生颠傻,心猿轻忽。《乐章集》看无休歇。逸性撼灵,返认过修行超越。仙格调,自然开发。 四旬七上,慧光崇兀。词中味与道相谒。一句分明,便悟彻、耆卿言曲,杨柳岸、晓风残月。

可见王重阳喜爱柳氏俗词,主要因为它深受下层民众喜爱,具有俗词特点的"仙格调","词中味与道相谒"格调自然,这些都给他很大的启发。以下从三方面考察。

首先,学柳词在王重阳词中表现最为明显。柳永有《传花枝》:

> 平生自负,风流才调。口儿里、道知张陈赵。唱新词,改难令,总知颠倒。解刷扮,能哄嗽,表里都峭。每遇着、饮席歌筵,人人尽道,可惜许老了。　　阎罗大伯曾教来,道人生、但不须烦恼。遇良辰,当美景,追欢买笑。剩活取百十年,只恁厮好。若限满、鬼使来追,待倩个、掩通著到。

其中的"剩活取百十年,只恁厮好。若限满、鬼使来追,待倩个、掩通著到"是很典型的俚俗语,而"阎罗大伯曾教来"在雅词中是较难见到的,是很口语化、幽默的语言。全词是作者幽默的自我写照,颇具亲和力。这些都被王重阳吸收过来,如其《双雁儿·自述》:

> 意马心猿休放劣,害风姓王名喆。一从心破做颠厥,恐怕消些旧业。真性真灵有何说?恰似晓风残月。杨柳崖头是清彻,我咱恣情攀折。

王词化用柳词名句,特别是学其具有亲和力的自我写照,颇得柳氏《传花枝》的神韵。王重阳学柳词的这类词数量较多,其词题为"述怀"的有《五更出舍郎》(尘中有个修行子)一首;题为"自咏"的有 5 首,分别是:《月中仙》(自问王三)、《减字木兰花》(小名十八)、《系云腰》(终南山顶重阳子)、《踏莎行》(人被钱迷)、《行香子》(有个王三)。把自己的名字和号以及自己的经历讲述给读者和听众,可以很快拉近与他们的距离,具有很强的亲切感,劝人入道的效果最佳,这是一个高明的传道方式,王重阳应是从柳永俗词受到启发的。

其次,从他化用柳词语言、意境也就能看出其对柳词的继承。如王重阳《红芍药》:"唯会做惺惺,便能夸可可。净清消息见得那。正好孤眠卧。"颇似柳永《定风波》:"自春来,惨绿愁红,芳心是事可可。日上花梢,莺穿柳带,犹压香衾卧。"王词《解红》上片:"冻云凝住,积琼瑶、祥瑞唯同遇。轻抛细舞,风刀剪旋旋敷布,顷刻遍铺。原野山川并溪渚,兼沟隰长桥孤渡。"这是仿柳永《夜半乐》中之"冻云黯淡天气,扁舟一叶,乘兴离江渚"。王词《解红》下片之"鲜胜皓鹤,宜夺白鹇素",更直接从柳永《望远行·雪》下片"皓鹤夺鲜,白鹇失素"句化出。以上王重阳模仿柳词,可见他对于柳词喜爱和熟悉的程度。王重阳注意到,对普通民众而言,俗词比雅词影响大多了。他所追求的就是其传道词要达到柳永俗词的效果:"凡有井水饮处,即能歌柳词"、"骫骳从俗,天下咏之"。

最后,王词对柳永铺陈手法继承较多。前面已经提到,平铺直叙的表现方法是俗词的主要特点。王重阳喜读柳氏俗词,在表现手法上也深受柳永影响,好用铺陈手法。王重阳最常见的铺陈手法是款款到来,尽情铺排事理,以促进人的理解,修道传教。王重阳采用铺陈手法的词作,现举其《换骨骰·叹贪婪》,以见一斑:

> 叹彼人生,百岁七旬已罕。皆不悟、光阴似箭。每日家,只造恶,何曾作善。难劝。酒色财气恋。也兀底。　福谢身危,忽尔年龄限满。差小鬼、便来追唤。当时间,领拽到,阎王前面。憨汉。和骨骰软软。也兀底。

这阕词,从感叹人生苦短开头,上片铺陈民众每日只知贪恋酒色财气,作各种恶业,不知道人生短暂,不知行善积福,这种种愚心妄想使得道者也感到难以劝道。下片则详细生动地描绘了生命终结时,阎王差小鬼追唤憨汉,憨汉被领到阎王面前,吓得全身酥软的情景。全词以铺陈的手法,层层道来,让人读后对于只知造恶不知行善的结局印象深刻。同时把全真教的教义很形象地表达出来,第二部分最后所举《换骨骰》也有铺陈的特点。

王词除了小令因调短字少无法铺陈外,凡是内容稍长的,大多采用铺陈的手法,在词意重要处,形容曲尽,将所要传达的道教思想表现得淋漓尽致。除铺陈手法外,他还能学习柳氏俗词语言的浅白俚俗,所以能使他所要表达的意思非常显明清楚地呈现在读者面前,达到他修道传教的目的,而浅白俚俗、口语化是俗词的主要特点。

二、拟宋代俗词爽直俚白、口语化的语言——拉近与中下层民众的距离

词史长河由雅俗二支构成。一般认为雅词的出现比俗词晚,是中晚唐文人染指词后所作,词体转入文人手中后成为文人审美趣味支配的产物。除上述文人俗词具有俚白、口语化特点外,最早奠定这个特点的是民间俗词,并且词史长河的源头,即唐代具有“流行歌曲”性质的“曲子词”也是民间俗词。

首先,民间俗词的语言往往是爽直俚白、口语化的,这是由大多民间俗词的创作者和受众的文化程度较低及其爱好而决定的。由于历代学者对民间俗词重视不够,造成俗词大量遗失,然而我们从《全宋词》的俗词仍能看到其特点,先看《滴滴金》:

> 当初亲下求言诏。引得都来胡道。人人招是骆宾王,并洛阳年少。
> 自讼监军并岳庙。都一时闲了。误人多是误人多,误了人多少。

民间词人以极诙谐的口吻，表面是在嘲弄那些不知好歹的上书言事者，另外矛头还指向前后不一的宋徽宗。"误人多是误人多"，是轻信皇帝言惨痛的教训。又如北宋宣和三年，宋朝侥幸收复部分燕云失地，朝廷上下一片升平歌颂之声，不知引狼入室、灾难将至。于是，都门盛唱小词说：

> 喜则喜，得入手。愁则愁，不长久。忻则忻，我两个厮守。怕则怕，人来破斗。

这首词浅俗易懂，无所顾忌，容易流传开来，在民众中很有影响力。

其次，文人俗词也学习民间俗词这种语言。王灼《碧鸡漫志》卷二：

> 晁无咎、黄鲁直皆学东坡，韵制得七八。黄晚年闲放於狭邪，故有少疏荡处。后来学东坡者，叶少蕴、蒲大受亦得六七，其才力比晁、黄差劣。苏在庭、石耆翁入东坡之门矣，短气蹑步，不能进也。赵德麟、李方叔皆东坡客，其气味殊不近，赵婉而李俊，各有所长。晚年皆荒醉汝颍京洛间，时时出滑稽语……沈公述、李景元、孔方平、处度叔侄、晁次膺、万俟雅言，皆有佳句，就中雅言又绝出。然六人者，源流从柳氏来，病于无韵。

又云：

> 元祐间王齐叟彦龄、政和间曹组元宠皆能文……其后祖述者益众，漫戏汙贱，古所未有。

上述几位先学东坡，后"时时出滑稽语"的叶、蒲、苏、石、赵、李，更有学柳永"病于无韵"的 6 人，都创作俗词；加上有名的黄庭坚、晁补之、王彦龄、曹组等，苏轼也偶有所作，可见染指俗词创作的文人数量不少。这就形成一股力量。

诸葛忆兵先生《徽宗词坛研究》认为："任何一种文学的流变过程都不是单一的。在北宋词的创作演变过程中，俚俗的词风始终没有销声匿迹……北宋徽宗年间，世风大变，为俗词的创作提供了新的环境和土壤，俗词创作再度蓬勃发展，形成空前绝后的盛况，这是北宋俗词创作的黄金时段。"这一时期正是王重阳学词的重要阶段。

如苏轼、黄庭坚做过地方官，又善于援佛理道义入词。《冷斋夜话》云："东坡守钱塘，无日不在西湖。尝携妓谒大通禅师，大通愠形于色。东坡作长短句，令妓歌之：'师唱谁家曲，宗风嗣阿谁。借君拍板与门槌。我也逢场作戏、莫相疑。　　溪女方偷眼，山僧莫眨眉。却愁弥勒下生迟。不见老婆三五、少年时。'"（苏轼《南歌子》）山僧对貌丑的老婆婆皱眉，因其出生迟、没见到婆婆当年年轻貌美时,苏以此阐述佛理:人世间的一切事物,总是变幻莫测的,眼前所见的一切并非是真相。其后黄庭坚得知后和词二首,其一云:

> 郭泰曾名我,刘翁复见谁。入廓还作和罗槌。特地干戈相待、使人疑。秋浦横波眼,春窗远岫眉。补陀岩畔夕阳迟。何似金沙滩上放憨时。

黄词以观音的两种形象:补陀岩上受人参拜的观音和金沙滩上用与人施淫方式来接济人的荡妇,表达了两种观音都是大慈大悲、无贵贱之分。彭国忠先生认为这是黄庭坚"交待了他创作艳情词的佛禅指导思想",此说颇为准确,艳情词是俗词的重要形式。苏、黄两位大家俗词的俚白、口语化由此可见一斑。

王重阳生于宋正和二年(1112),他学习诗词的青少年时期,正是俗词发展的黄金时期,北宋亡后他一直在北方,先创教后传教。王重阳填词的主要目的在于传道说教、度化世人,他以诗词传道,为了尽可能地扩大全真教在各阶层的影响力,其词以俗为美。全真教对佛教禅宗思想吸收较多,特别是上述黄庭坚等著名文人用俗词来援佛理道义,给他以很大的启发。与雅词相比,他明显地感受到普通民众更喜爱俗词,所以爽直俚白、口语化便成为王重阳的道教词的一大特色。在语言方面,王重阳等道教词人的词作成为由词的典雅蕴藉到元曲的通俗口语转变过程中的过渡桥梁,这在词曲的发展史上是值得特别留意的事。

从王词可以看出,他的语言是相当地爽直俚白的,能运用当时的口语。爽直俚白的词从前二部分已可感觉到,此处不再赘述,这里要介绍的是《重阳全真集》的几首《换骨骰》,因为它们每一首都用到当时的口语——"兀底",现举一首《换骨骰·欢脱过不改过》为例:

> 昨遇饥年,为甚累增劝教。怎奈向、人人忒惚。越贪心,生狠妒,百端奸巧。计较。骋风流卖俏。也兀底。　　忽尔临头,却被阎王来到。问罪过、讳无谈娇。当时间,令小鬼,将业镜前照。失尿。和骨骸软了。也兀底。

起句"昨过饥年,为甚累增劝教。"反映出在战祸绵延不断的时代背景下,人们生活极度贫困,只能在精神上寻求寄托的境况,"乱世兴教",此时也正是传教布道的好时机。第三句以后则指出人性的"贪婪狠妒、百般奸巧",使满怀热心的传道者感到忧心。下片搬出当时传说中专门惩罚穷凶极恶之徒的阎罗王,来吓阻人们继续为恶,并劝人早日修道改过,免得大限来临,后悔莫及了。"失尿,和骨骸软了"这样的句子,在宋代文人的诗词当中,是从未见过的。"酒色财气,恋也兀底"意为"这未免太迷恋酒色财气了"! 整首词从正反两方面劝道,直截了当,语言爽直俚白，表现手法畅快，用字口语俚俗，颇能代表王词的风格。尤其词中充满曲的特点，不论是表现手法的畅快，还是用字的口语俚俗，都与北曲颇为相近。此类例子还有很多。王重阳以爽直俚白、口语化入词，主要是为了拉近与中下层百姓的距离，更好地吸引他们入道。此外，与第一部分所论相同的是，词中还有铺陈手法的特点。

三、仿宋代俗词的体裁形式——填一些有趣味性的俗词以引人入道

为了配合传道时歌唱，使演唱者易唱，听众易懂、易记、易唱，除了在遣词造句上力求口语化、通俗化、尽量少用典故外，王重阳进一步学习宋代民间俗词，不太讲词的格律，还填一些有趣味性的俗词以引人入道，亦称为"俳体词"，这些有趣味性的俗词已具有曲的一些特点。

（一）咏物体

前面已介绍，佛、道二教为了使自己的宗教理论为广大中下层民众所接受，常常用俚白、口语化的语言传教。徽宗崇道，因此北宋末年道教异常兴盛，词又是当时人们所喜闻乐见的文学样式，一些道士就用词来证道布教。在王重阳之前，流传词作最多的是正一道的张继先，他是嗣汉的第 36 代天师，《全宋词》存其词 56 首，张继先词中有许多浅俗的作品。如徽宗曾戏问张继先所带的葫芦为何不开口，张继先便作《点绛唇》回答：

> 小小葫芦，生来不大身材矮。子儿在内，无口如何怪？藏得乾坤，
> 此理谁人会？腰间带，臣今偏爱，胜挂金鱼袋。

这首词从题材来看是咏物词，所咏之物又是针对徽宗的提问。徽宗的问话本来就带戏谑成分，词人以同样语调作答，最能博取皇帝欢心，利于传道。咏物之作在宋词中有不少，道教词中这类咏物之作大多意带谐谑，王重阳咏物词继承的主要是张继先这类词。如王词《蓦山溪·欢驴儿》：

> 驴驴模样，丑恶形容道。长耳嘴偏大，更四支、脚儿轻快。肌夫鹿
> 偻，佗处不能留，挨车买，更驮骑，拽遍家家矶。　　任鞭任打，肉烂皮
> 毛坏。问你为何因，缘木求鱼个甚、于斯受罪。忽然垂泪，下语向余言，
> 为前世，忒蹊跷，欠负欺瞒债。

以驴的丑恶模样和模样现世报应，表现了全真教因果轮回的思想，从反面教

导信徒要行善积德。受张继先词启发,王重阳题为咏物或明显咏某物的作品有20多首,所咏之物包括驴儿、牛、神龟、纸衣、棋、骷髅、葫芦、铁罐、雪、烧香、琴棋书画、斧、针、紫燕、笔、瓦罐、围棋等。词中不论是咏何物,全都是借题为喻,总是不离修道证真的主旨,可见王氏不愧是一心向道、热情洋溢的修道传教者。后来元曲中"代牛诉冤"、"代马诉冤"、"代羊诉冤"之类作品很多,多由此而来。

(二)"同字韵"体

王重阳词在体式方面,值得一提的是有多首"同字韵",或称之为"福唐独木桥体"。"福唐独木桥体"亦简称为"福唐体"或"独木桥体",是指全词用同一字押韵或同韵字占半数以上的一种特殊词体。王兆鹏、刘尊明二先生的《宋词大辞典》的"福唐体""福唐独木桥体"对之论述甚详。

《全宋词》有无名氏的两首反映北宋节序风俗的《阮郎归·端五》,其一云:

> 及妆时结薄衫儿。蒙金艾虎儿。画罗领抹缬裙儿。盆莲小景儿。
> 香袋子,撺钱儿。胸前一对儿。绣帘妆罢出来时。问人宜不宜。

词作以口语化的语言描绘了一个身着节日服装的少女形象,活灵活现,有着鲜活的艺术生命力。这二首词都押"儿"韵,增强了生活气息,增加了读者或听众的兴趣。

王重阳词对此类词有所继承,下面看其押"儿"韵的词:

> 见个惺惺真脱洒,堪比大丈夫儿。莫项灯下俊娥儿。坏了命儿。
> 早早回头搜密妙,营养姹女婴儿。道袍换了皂衫儿。与太上做儿。

(《俊蛾儿·劝吏人》)

王重阳词作中,共有8首为"同字韵",其他几首是《卜算子·此个真真也》(押"也"韵)、《望蓬莱·醴泉觅钱》(押"儿"韵)、《登仙门·归也归也》(押"也"韵)、《爇心香·从杀王风》(押"风"韵)、《爇心香·这个王风》(押"风"韵)、《爇心香·谑号王风》(押"风"韵)、《蕊珠宫·粟子二三个》(押"个"韵)。全词同一字押韵,便于中下层信徒记忆,便于传道布教。此后这类词在金词中较常见。

(三)嵌字体

此体主要是各句中嵌同一字,一般以数字及五行字中为多。如《全宋词》有《柳梢青》(贺生第三女,全用三女事):

> 家近闽南。三姑姊妹,秀揖仙岩。须女精神(中条夫人第三女),

玉卮标格（王母第三女），谪下尘凡。　　他时佳婿成双，红丝应牵第三（郭元振第三女）。倚看樽前，团栾六子，三女三男（易系辞）。

王重阳词对此类词同样有所继承。如其《蓦山溪》：

> 玉堂三老。唯识王三搔。复许辨三台，更能润、三田倚靠。自然三耀，攒聚气精神，运三车，依三教，永没沈三道。须通三宝。方见三清好。真性照三峰，陡免了、三焦做造。休论三世，诸佛现前来，得三乘，游三昧，莹莹归三岛。

王氏的这类词还有不少，又如《蓦山溪》（一灵真性）等。

（四）集谚体

此类词是集合谚语、成语而成。如王重阳《浣溪沙》：

> 空里追声枉了贤，水中捉月串同然。隔靴抓痒越孜煎。　　纽石作弦何日抚，钻木待火几时然。恰如撅地觅寻天。

其中"空里追声"、"水中捉月"、"隔靴抓痒"、"纽石作弦"、"钻木待火"、"撅地觅天"都是当时的成语，能更好地表达对道的追求。

（五）反复体

句中的字面，颠倒重复，反复言之，有趣味性或巧妙表达主题的作用。如王词《减字木兰花》：

> 青山绿水，自与今朝长是醉。绿水青山，得道之人本要闲。　　清风明月，占得逍遥无可说。明月清风，共是三人我便同。

"青山绿水"与"绿水青山"颠倒重复，"清风明月"又与"明月清风"颠倒重复。这样更好地表达了"得道之人本要闲"、"占得逍遥无可说"的主题。

以上词对文化程度较低的信徒而言，肯定比文人词更具有吸引力，因为它既有趣味性又便于记忆，从而进一步增强传道布教的作用。

四、承宋代俗词余韵——其词具有音乐性

自唐以来，佛教以变文方式传唱教义，以传唱来传教已普遍盛行。词本来就是当时的流行歌曲，借词的传唱，可以达到宣扬教义、招揽信徒的目的。王重阳等全真道士填词的目的，主要是以歌唱的形式宣扬教义、传道布教。所以以王重

阳词为首的道教词是可歌的、具有音乐性的。王词富于音乐性更是足以引人注意的地方。从文献上的记载,可知王重阳确实是一位爱唱歌的传道士。《全真教主碑》曾记载:"大定丁亥(1167)四月,忽自焚其庵,村民惊救,见先生狂舞于火边、其歌语传中具载。"《重阳教化集》卷三《青莲池上客》有序:"但词中有喝马,令丹阳行行坐坐要唱。"可见王重阳不但自己喜爱唱歌,也教导他的弟子要经常以唱歌传道。我们可以从其词作领会其音乐性。他不用实字填入词中的泛声,而仍记其乐声,又于词调的前后加上和声。以下从几方面分析:

首先,看其乐声的记载。如《捣练子》:"捣练子,真了了。闲行闲坐任歌叫。啰哩凌,哩啰凌。"词末这一句"啰哩凌,哩啰凌",就是乐声,即所谓泛声。词发展到宋代,已很少有乐声的记载,王重阳是由北宋入金的,而在他的词中仍有乐声的记载,值得注意。双调的《捣练子》也是如此,限于篇幅,不再引全词为例。在唐圭璋《全金元词》中,王词《捣练子》记其乐声的就有38首,在第204-205页,245-246页。为节省篇幅,下面仅把王词之外、记乐声的"啰哩凌"列表如下(为节省篇幅,序号从33开始,"页次"指唐圭璋《全金元词》上册,中华书局,1979年):

序 号	词 句	作者	词牌	页 次
33	逍遥坦荡啰哩凌	马钰	捣练子	0359
34	住行坐卧啰哩凌	马钰	洞中天	0376
35	啰哩凌	谭处端	捣练子	0416
36	啰哩凌	谭处端	捣练子	0416
37	啰哩凌	谭处端	捣练子	0416
38	啰哩凌	谭处端	捣练子	0416
39	啰哩凌	谭处端	捣练子	0416
40	啰哩凌	谭处端	捣练子	0416
41	啰哩凌	谭处端	捣练子	0416
42	啰哩凌	谭处端	捣练子	0416
43	啰哩凌	谭处端	捣练子	0416
44	啰哩凌	谭处端	捣练子	0416
45	终日啰哩凌	无名氏	满庭芳	1275

可见这种乐声是一个不容忽视的重要现象。

其次,是有关"喝马"的记载。王重阳的词中并未具体地记载和声,一般只是在词后或词牌下加上一句案语,如《重阳全真集》中《卜算子·黄庭经上得》后云:"前后各带喝马一声",《卜算子·妙觉寺僧索》后云:"前后各带喝马声",《重阳教化集》中《黄鹤洞中仙》词牌下注云:"俗喝马《卜算子》",《黄鹤洞中仙》词牌下注云:"前后各喝马一声"。所谓"喝马",陆游诗亦有所提及,诗云:"至今孤梦里,喝马有遗声。"原注云:"'喝马'皆七字韵语,闻之悲怆动人。"本部分开始一段提到"但词中有喝马,令丹阳行行坐坐要唱"。可知王重阳不但自己喜爱唱歌,也教导他的弟子要经常唱歌。陆游与王重阳是同时代人,陆诗所云"喝马"当与王重阳词的"喝马"为同一性质的东西,应该都跟演唱有关的。

再次,从研究道教音乐学者的论文来看,以王词为首的全真道教词也具有音乐性。甘绍成先生有较多研究全真教音乐的论文,如《正一道音乐与全真道音乐的比较研究》一文,介绍了王重阳、刘处玄、丘处机等人对于传统道教音乐"承上启下"的作用,以及全真道音乐在金代流传的情况。全真道音乐的流传,可以说是"天下流布"、"全国通用"。这些都可以说明以王词为首的全真道教词是相当重视音乐的。

最后,还有其他大量资料表明这一点。王重阳传教的时候往往通过歌词去阐明全真道的道理。至于平居兴到的时候,他更会引吭高歌,抒发情怀。《黄鹤洞中仙》下自注云:"在金莲堂,每自唱此词,须自顶礼。谓丹阳曰,我临化时,说与汝等。"由此可见其词是可以唱的。《全真道祖碑》亦记王重阳歌唱的事,云:"三年之后,别有人来修此庵。口占诗有'修庵人未比我风流'之语。"又如,《重阳全真集》的《五更出舍郎》和《五更令》很有自己的特色。《五更出舍郎》共七阕,组成一套;《五更令》共五阕,亦组成一套。它们都咏五更,一更一阕。此组词共五篇,每篇分上下两片:

　　一更初,鼓声傻。槌槌要,敲着心猿意马。细细而、击动铮铮,使俱齐擒下。　　万象森罗空里挂。泼滔滔神辉,惺惺洒洒。明光射入宝瓶宫,早儿娇女姹。

《五更出舍郎》更多前后两阕,作为一始一结。它们应该也是拿来歌唱的。《五更出舍郎》更有乐声的记载。兹从第二阕至末阕首句如下:

　　一更哩啰出舍郎。离家乡。前程路,稳排行。便把黑飚先捉定,入皮囊。牢封系,任飘扬。

　　二更哩啰出舍郎……三更哩啰出舍郎……四更哩啰出舍郎……五更哩啰出舍郎。……

　　认得五般出舍郎。黑白彰。当中赤,间青黄。哩啰啰凌哩啰哩,妙玄良。玲珑了,便打踮。

这五首是一组联章词，一至五首起句三四字"哩罗"，便是记载乐音的拟声词，我们可以清楚地从文字领会其音乐性。由于实字减少，模拟乐声之字增多，我们可以想象当这组词在传唱时，其音乐声势浩大的效果，更充分发挥得淋漓尽致，我们可以把"哩啰"看成是音乐和声的记录。

从《重阳全真集》中可以看出，标明"歌"的就有25篇，如《得得歌》、《惺惺歌》、《劝道歌》、《自叹歌》、《秘秘歌》、《定定歌》、《逍遥歌》、《玄玄歌》、《达达歌》、《赠友歌》、《铁罐歌》(10篇)、《悟真歌》等20篇，此外还有《了了歌》、《竹杖歌》、《窈窈歌》、《元元歌》……这足以说明王重阳喜欢时常歌唱。词本来就是拿来唱的，宋金之际是词极盛的时代，又是戏曲初兴之时，以王重阳的豪放洒脱的性格，受到当时社会风气的影响，因而喜欢唱歌是很自然的事。他既然能做诗填词，在作品里记载乐声和注明和声以便歌唱也是可以理解的。

综上所述，最后需要说明两点：首先，王重阳词主要继承的是北宋俗词的艺术形式。受传统的"崇雅黜俗"观念的影响，俗词在词史上评价较低，原因之一是俗词内容以写艳情和戏谑为主，格调不高。而以王重阳词为主的道教词，在内容上总是万变不离传道布教、修道证真，开辟了俗词的新天地，与普通俗词内容迥异。其主要原因是王重阳十分重视道教词对普通民众潜移默化的教育、启迪和训诫作用，其《重阳全真集》、《重阳教化集》和《重阳分梨十化集》就有许多劝人入道、修真养性的词作。他指出："且夫至道之妙，不得以声色求，而不得以形迹窥。必赖至人为驯致计，去缛章摘句，俾得传诵之，歌咏之，而渐能游圣域而造玄门者也。"王重阳深知，借助于继承俗词特点的道教词，可以使全真道的义理玄机朗朗上口、好唱好记，广泛传播于文人士大夫和普通民众之间，从而推动全真道的进一步发展。在王重阳词继承宋代俗词艺术形式的影响之下，"全真七子"以及王丹桂、侯善渊、尹志平等再传弟子继承了这一点，于是全真道教词人的词作蔚为大观，从而进一步推动了全真教的发展，使其成为道教流传至今的两大流派之一。

其次，以王重阳词为主的道教词除继承俗词外，已经有曲的特点，这在词曲的发展史上具有一定的意义。上面所论王重阳词的俚白、口语化等特点，能看出它在从词到曲演变过程中的上下继承的作用，显示从词到曲的过渡性。任讷先生在《词曲通义》中认为："词源于诗，而流为曲；曲源于词，而流为小曲。"刘永济先生《元人散曲选》进一步认为："散曲由词衍变……元祐间王齐叟、政和间曹元宠，皆以滑稽语噪河朔，则又以女曼戏污贱为词，益与曲沈瀣矣。而其前则有耆卿柳氏，务敷衍而情，驰誉一世。《乐章》一集，屡见称于散曲中，固已俨然为之开宗矣。余人如山谷、少游，皆喜以方言俚语入词。"赵山林先生对此有进一步的论述。以王重阳词为主的道教词主要继承俗词,又有曲化的特色。由词演变为曲,经历了一个长期而复杂的过程,在这个转变过程中,继承俗词的道教词是重要的一环,以王重阳为首的道教词具有桥梁作用,值得我们进一步研究。

本文是在恩师杨先生"找找金元道教词与唐宋词有什么关系"的指示下,在杨先生具体指导的博士后出站报告《元代道教文学探析》基础上的学习心得。

杨先生是海内外公认的词学巨擘,高山仰止,景行行止;虽不能至,心向往之。很多门下弟子皆为著名词学研究者,而自己读研太晚,根基不牢,能有幸忝列杨门,是二十年来求学生涯中最大的幸事!

谨以此祝杨先生七十华诞!

35

唐代河东柳氏与古文运动

李建华　苏州大学博士后　南京人口管理干部学院

　　柳氏自秦时迁入河东,后以此为郡望,与裴氏、薛氏并称河东三著姓。河东地处崤山之东,本属于唐代以前的山东。由于河东柳氏于西魏时较早加入宇文泰集团,故被视为关中士族。魏晋以降,河东地区文学兴盛,唐代河东柳氏文学家辈出,至中唐更是出现了柳宗元这样的古文巨匠。

　　唐代文坛骈文占据主流,至中唐韩愈、柳宗元领导了轰轰烈烈的古文运动后,古文才逐渐受到重视。中唐出现柳宗元这样的古文大家不是偶然的,这与柳宗元的家族文化有关。古文运动与河东柳氏密切相关,河东柳氏的家族文化与文学创作对古文运动有着深远的影响。

一、河东柳氏的古文理论与创作

　　唐代河东柳氏人才辈出,在史学、文学、书法等方面表现尤为突出。柳识是早期的文学家,以古文知名于世,《新唐书·柳识传》载:“(柳识)字方明,知名士也。工文章,与萧颖士、元德秀、刘迅相上下,而(柳)识练理创端,往往诣极,虽趣尚非博,然当时作者伏其简拔。”①有《草堂记》、《琴会记》、《茅山白鹤庙记》等古文名篇存世。

　　柳识弟柳浑亦善属文,据柳宗元《柳浑行状》载:“(柳浑)凡为学,略章句之烦乱,采摭奥旨,以知道为宗;凡为文,去藻饰之华靡,汪洋自肆,以适己为用。”②柳浑为文“以知‘道’为宗”,“去藻饰之华靡”,与当时文坛浮靡竞丽、华而不实的骈俪之风迥异,已经与日后古文运动的宗旨近似。

　　在现存中唐文字中,柳冕是讨论文学问题最密集的古文家。他传世的 14 篇文章中,论文作品占了 8 篇。柳冕抱持极端的儒家教化思想,对屈宋以下的辞赋、诗歌一概否定,认为

① 欧阳修、宋祁:《新唐书》,中华书局,1975 年,第 4673 页。
② 董诰:《全唐文》,上海古籍出版社,1990 年,第 2648 页。

有德行的人才可能写出好文章，风俗淳美则文学自盛。柳冕主张复古、敌视近世文风的程度，远过于一般的古文家，其作品如《谢杜相公论房杜二相书》中要求"尊经术，卑文士"①，鄙视当时文士。另外，他在《答荆南裴尚书论文书》中说：

> 文与教分而为二。以扬、马之才则不知教化，以荀、陈之道则不知文章。以孔门之教评之，非君子之儒也。夫君子之儒，必有其道，必有其文。道不及文则德胜，文不知道则气衰。文多道寡斯为艺矣。《语》曰："文质彬彬，然后君子。"兼之者，斯为美矣。昔游、夏之文章与夫子之道通流，列于四科之末，此艺成而下也。苟言无文，斯不足征。小子志虽复古，力不足也，言虽近道，辞则不文。②

柳冕推崇"古人之文"，主张文道结合，反对"道不及文"、"文不知道"。他针对当时"文多道寡"的现象，更强调"道"。柳冕是鼓吹古文的理论家，仅存文章多为书信体文论，以古文写成，其理论和创作实践是一致的。

柳伉的《请诛程元振疏》是唐代政论文名篇，慷慨激昂，言辞激烈："陛下若纳臣此言，行臣所请，一月之内，天下兵马若不云集阙下，臣请阖门寸斩以谢陛下。"③该文章全用古文散句写成，是宋人举子学习的范文，对后世影响深远。

柳公绰是著名书法家柳公权之兄，"家甚贫，有书千卷，不读非圣之书。为文不尚浮靡"④，其文与当时流行的浮靡文风迥异。

柳宗元从父弟柳宗直于唐宪宗元和年间赴柳州追随柳宗元，以疾卒于柳州。其为文据柳宗元《志从父弟宗直殡》载："作文辞，淡泊尚古。"⑤柳宗元《祭弟宗直文》又称宗直"墨法绝代，知音尚稀"。⑥ 柳宗直所喜好的正是不合时宜的古文，其追随柳宗元也是由于志趣相投的原因。

大多数古文家的复古运动并不是站在文学革新的立场而是站在儒学复兴的立场之上的，他们提倡古文，目的是为了发扬古道。柳宗元主张文章应该有益于世，"然圣人之言，期以明道，学者务求诸道而遗其辞"，反对"贵辞而矜书，粉泽以为工，遒密以为能"（《报崔黯秀才论为文书》）。⑦ 其《答韦中立论师道书》载：

① 董诰：《全唐文》，上海古籍出版社，1990 年，第 2371 页。
② 同①，第 2372 页。
③ 同①，第 2070 页。
④ 刘昫：《旧唐书》，中华书局，1975 年，第 4300 页。
⑤ 同①，第 2646 页。
⑥ 同①，第 2655 页。
⑦ 同①，第 2577 页。

夫道也,本之《书》以求其质;本之《诗》以求其恒;本之《礼》以求其宜;本之《春秋》以求其断;本之《易》以求其动。此吾所以取道之原也。参之谷梁氏以厉其气;参之孟、荀以畅其支;参之庄、老以肆其端;参之《国语》以博其趣;参之《离骚》以致其幽;参之太史以著其洁。此吾所以旁推交通而以为之文也。①

柳宗元论文主张"文者以明道",反对六朝至唐代的浮靡文风,推崇秦汉文章,他在《柳宗直西汉文类序》中认为:"殷周之前,其文简而野,魏晋以降,则荡而靡,得其中者汉氏。"②

柳宗元的古文创作十分丰富,其山水游记与寓言在中国文学发展史中占据重要地位,如著名的"永州八记"和《三戒》等都是古文名篇。柳宗元散文语言明丽峻洁,诗意盎然,已臻化境。他与韩愈的出现说明古文运动在艺术上已经成熟。

二、河东柳氏家学家风对古文运动的影响

(一)重视史学的家学传统与古文创作

骈文往往过于强调声律形式美,在叙事和议论上难以与古文抗衡。古文叙事能力强,适宜于记载历史和创作小说。史家一向有不废古文的传统,即使在骈文盛行的六朝时期,史书亦以古文写成。

唐代古文运动与初盛唐史学的繁荣密不可分。骈文不宜叙事,骈文兴起后撰史书除了论赞外仍用散文,姚察、姚思廉父子修《梁书》、《陈书》时不仅叙事全用简约质朴的散文,甚至论赞亦多用散句,故清人赵翼认为"古文自姚察始"。③

唐代贞观时期的魏徵是一位很有造诣的史学家,也是贞观年间重要的古文家,曾主持修撰《群书治要》和梁、陈、齐、周、隋五朝史,并且亲自撰写了《梁书》、《陈书》、《齐书》的总论以及《隋书》的序论。魏徵在《隋书·文学传序》对南北文风作了总结与回顾,他说:"江左宫商发越,贵于清绮;河朔词义贞刚,重乎气质。气质则理胜其词,清绮则文过其意,理深者便于时用,文华者宜于咏歌,此其南北词人得失之大较也,若能掇彼清音,简兹累句,各去所短,合其两长,则文质

---

① 董诰:《全唐文》,上海古籍出版社,1990年,第2575页。
② 同①,第2583页。
③ 赵翼著,王树民校证,《廿二史札记校证》,中华书局,1984年,第196页。

斌斌,尽善尽美矣。"①

魏徵在这里提出了"文质斌斌"的文学观,看似调和南北文风。实际上,在南方文风盛行的贞观年间,魏徵将南北文学对等起来,还是为了提高北朝文学的地位,批判"其意浅而繁,其文匿而彩,词尚轻险,情多哀思"的南方"徐庾"体文风。魏徵散文以《十思疏》、《十渐不克终疏》等著名,虽用偶句,但无典故堆砌之病,已表现出由骈文向散文过渡的倾向。

论及唐代史学,我们不得不提及刘知几父子。刘知几"幼喜诗赋,而壮都不为",并且"耻以文士得名,期以述者自命"。② 刘知几对靡丽繁缛的文风非常厌恶,对艳丽的史体亦十分反感,力主实录直书,其《史通·载文篇》载:"爰洎中叶,文体大变,树理者多以诡妄为本,饰辞者务以淫丽为宗。譬以女工之有绮縠,音乐之有郑、卫。盖《语》曰:'不作无益害有益。'至如史氏所书,固当以正为主。"③这种注重实用的文学观和史学观与古文运动的代表人物韩愈如出一辙。

中国古代一向有文史不分的传统,复古运动很大程度上是以史学的"质实"对抗文学的"浮华"。陈子昂在罢职居乡之时,政治上不得志,乃有志于修史,卢藏用《陈子昂别传》说他"尝恨国史芜杂,乃自汉孝武之后,以迄于唐,为《后史记》"。④ 陈子昂在唐代文学复古运动中占据重要地位,曾为陈子昂编集、撰序、作传的卢藏用最先对陈子昂文学成就与贡献作出高度评价,他在《右拾遗陈子昂文集序》中说:"宋齐之末,盖憔悴矣。逶迤陵颓,流靡忘返,至于徐(陵)、庾(信),天之将丧斯文也。后进之士,若上官仪者,继踵而生,于是风雅之道扫地尽矣……道丧五百岁,而得陈君。"⑤明胡应麟也认为:"唐初承袭梁、隋,陈子昂独开古雅之源。"⑥

古文运动的先驱者萧颖士也精通史学,"(萧颖士)通百家谱系、书籀学……尝谓:'仲尼作《春秋》,为百王不易法,而司马迁作本纪、书、表、世家、列传,叙事依违,失褒贬体,不足以训。'乃起汉元年讫隋义宁编年,依《春秋》义类为传百篇"。⑦ 古文家梁肃亦曾于唐德宗建中年间担任史官,韩愈则是《顺宗实录》的作者,在当时也被认为有史才。可见,史学与古文运动关系十分密切。

---

① 魏徵:《隋书》,中华书局,1973年,第1730页。
② 刘知几著:浦起龙释,《史通通释》,上海古籍出版社,1978年,第292页。
③ 同②,第123-124页。
④ 董诰:《全唐文》,上海古籍出版社,1990年,第1065-1066页。
⑤ 同④,第1061页。
⑥ 胡应麟:《诗薮》,上海古籍出版社,1979年,第35页。
⑦ 欧阳修、宋祁:《新唐书》,中华书局,1975年,第5768页。

河东柳氏是唐代著名的史官世家，出现了柳芳、柳登、柳冕、柳珵、柳玭、柳璟、柳璨等著名史家。柳芳家传史学，历任史职，为唐代著名史家，所撰史著甚多，尤精于谱学。贞观年间唐朝纂修了大型的官书《氏族志》，柳芳对此书论著甚详，并于天宝年间与韦述受诏添修吴兢《国史》，又撰写《唐历》、《大唐宰相表》、《永泰新谱》等。

柳芳子柳冕是古文运动的先驱，同时也是著名史学家。柳冕承家学，"且世史官，父子并居集贤院。历右补阙、史馆修撰"。① 柳冕子柳珵也继承了家传修史传统，撰《常侍言旨》一卷，记其伯父柳登之言。柳珵另著《柳氏家学要录》，"采其曾祖(柳)彦昭、祖芳、父冕家集所记累朝典章因革、时政得失"，被晁公武称为"小说之尤者"②，近似古文创作的小说。

柳宗元、柳宗直兄弟亦精通史学，柳宗直撰有《西汉文类》40 卷，柳宗元在该书的序言《西汉文类序》中称："文之近古而尤壮丽，莫若汉之西京班固书传之，吾尝病其畔散不属，无以考其变……幸吾弟宗直爱古书乐而成之。"③柳宗元和韩愈曾关于修史的问题进行过直接的争论，他本人在谪居南荒、"朝夕就死"的境况下，还写成《段太尉逸事状》，寄给身为史官的韩愈，请求采录该文。

柳仲郢之子柳玭曾于僖宗文德元年(888)以礼部侍郎修国史，并著史书《续贞陵遗事》、《柳氏叙训》，前者记宣宗朝故事，后者记其祖柳公绰以次朝野事迹。

柳璨于昭宗光化二年(899)登进士第后就入史馆为直学士，亦长于史学，尤精于汉史。柳璨曾撰《史通析微》，讥评刘知几《史通》辩驳经史过当之处。

散文不讲究辞藻、声律，便于记事。史家纪实之笔与文学不同，散文以其便于记事为史家所喜好。古文在叙事艺术上所取得的成就，是原先存在于子、史领域中的叙事方式回归文学的结果，故史家对古文之复兴贡献良多。河东柳氏是唐代著名的史官世家，通过修史扩大了古文的影响。

（二）重礼法、尚质实的家风与古文创作

柳氏始祖柳下惠曾以坐怀不乱、严守礼法而知名于后世。自东汉以降数百年间，河东柳氏家风不坠。如柳氏西眷后裔柳奭，曾为高宗朝宰相。柳奭父柳

---

① 刘知几著：浦起龙释，《史通通释》，上海古籍出版社，1978 年，第 4537 页。
② 晁公武撰：孙猛校证，《郡斋读书志校证》，上海古籍出版社，1990 年，第 570 页。
③ 董诰：《全唐文》，上海古籍出版社，1990 年，第 2583 页。

则，为隋左卫骑曹，"因使卒于高丽。（柳）奭入蕃迎丧枢，哀号逾礼，深为夷人所慕"。①

柳公绰家族是唐代著名的礼法世家，兹举数例：

> （柳公绰）每私居内斋，束带正色，服用简素。父子更九镇，五为京兆，再为河南，皆不奏瑞，不度浮屠。急于摘贪吏，济单弱。每旱潦，必贷匮赡负，里无逋家。衣冠孤女不能自归者，斥禀为婚嫁。在朝，非庆吊不至宰相第。其迹略相同。家有书万卷，所藏必三本：上者贮库，其副常所阅，下者幼学焉。仲郢尝手钞六经，司马迁、班固、范晔史皆一钞，魏晋及南北朝史再，又类所钞它书凡三十篇，号"柳氏自备"。②

> 柳公绰善张正甫，柳之子仲郢尝遇张于途，去盖下马而拜，张却之，不从。他日，张言于公绰曰："寿郎相逢，其礼太过。"柳作色不应。久之，张去，柳谓客曰："张尚书与公绰往还，欲使儿子于街市骑马冲公绰耶？"张闻，深谢之。寿郎，仲郢小字也。③

柳公绰弟柳公权亦保持质实家风，"公权博贯经术，于《诗》、《书》、《左氏春秋》、《国语》、庄周书尤邃，每解一义，必数十百言。通音律，而不喜奏乐"。④

柳仲郢亦有父风，"以礼法自持，私居未尝不拱手，内斋未尝不束带。三为大镇，厩无名马，衣不熏香，退公布卷，不舍昼夜"，以至于牛僧孺叹曰："非积习名教，安及此邪？"⑤

古文运动反对浮艳文风，重视先秦两汉朴实的古文传统，主张宗经，实际上是传统儒家思想的回归。这与河东柳氏重视儒家礼法、尚质实的家风相契合，其精神实质是一致的。

三、河东柳氏家族与唐代古文运动的关系

（一）与山东高门的关系

唐代山东高门主要包括清河、博陵崔氏、陇西、赵郡李氏、荥阳郑氏、范阳卢

---

① 刘昫：《旧唐书》，中华书局，1975 年，第 2681－2682 页。
② 欧阳修、宋祁：《新唐书》，中华书局，1975 年，第 5025 页。
③ 王谠撰：周勋初校证，《唐语林校证》，中华书局，1987 年，第 203 页。
④ 董诰：《全唐文》，上海古籍出版社，1990 年，第 5030 页。
⑤ 同②，第 5023 页。

氏、太原王氏等五姓七家。唐代山东五姓最重视婚姻，其通婚对象主要在"五姓"婚姻圈内，用他们的话来说叫做"欲令姊妹为姒娌"。① 一些新兴士族和次等士族由于讲礼法也受到山东高门的青睐，初盛唐时期与山东高门通婚的房玄龄、魏徵、李敬玄、张说等人皆讲礼法。如张说处处以儒者自居，并重用礼法之士。李敬玄家族三娶皆山东士族，又与赵郡李氏合谱，史载李敬玄"该览群籍，尤善于礼"。② 如果说初盛唐山东士族与新兴士族通婚还看重他们的政治地位，中唐山东士族掌握政治权力后，他们所看重的则主要是婚姻对象的礼法精神。

路随（《新唐书》作路隋）出自寒门，其父路泌"通五经，尤嗜《诗》、《易》、《左氏春秋》……以孝悌闻于宗族"。③ 路泌早逝，"路相随幼孤。其母问：'汝识汝父否？'曰：'不识。'母曰：'正如汝面。'（路）随号绝久之，终身不照镜。李卫公慕其淳素笃行，结为亲家，以女适路氏"。④ 李卫公即出自山东五姓的赵郡李德裕，他所看重的正是路随严守儒家礼法的家风。

河东柳氏严守礼法的门风与山东高门近似，因而与山东高门关系十分密切，《旧唐书·柳公绰传》载：

> （柳）公绰天资仁孝，初丁母崔夫人之丧，三年不沐浴。事继亲薛氏三十年，姻戚不知公绰非薛氏所生。外兄薛宫早卒，一女孤，配张毅夫，资遗甚于己子……凡六开府幕，得人尤盛。钱徽掌贡之年，郑朗覆落，公绰将赴襄阳，首辟之，朗竟为名相。卢简辞、崔玙、夏侯孜、韦长、李续、李拭皆至公卿。⑤

柳公绰家族与山东高门互通婚姻，柳公绰母崔氏，出自山东五姓，公绰女嫁荥阳郑氏，《唐语林》载："荥阳郑还古，俊才嗜学，性孝友……妻柳氏，仆射元公（柳公绰）之女，有妇道。"⑥柳公绰在襄阳所辟幕僚有郑朗、卢简辞、崔玙、李续、李拭等，多出自山东高门。李德裕被贬后，柳公绰子仲郢受到牵连，"宣宗初，德裕罢政事，坐所厚善，出为郑州刺史"。⑦

对此，陈寅恪先生认为："考柳氏虽是旧门，然非山东冠族七姓之一，公绰、

① 王谠撰：周勋初校证，《唐语林校证》，中华书局，1987年，第665页。
② 欧阳修、宋祁：《新唐书》，中华书局，1975年，第4052页。
③ 刘昫：《旧唐书》，中华书局，1975年，第4190页。
④ 同①，第16页。
⑤ 赵翼撰：王树民校证，《廿二史札记校证》，中华书局，1984年，第4304－4305页。
⑥ 同①，第16页。
⑦ 同②，第5024页。

仲郢父子所出,亦非柳氏显著之房望,独家风修整,行谊敦笃,虽以进士科仕进,受牛僧孺之知奖,自可谓之牛党,然终用家门及本身之儒素德业,得见谅于尊尚门风家学之山东旧族李德裕。"①

柳宗元母范阳卢氏、宗元姊适博陵崔氏,皆出自山东五姓。另据柳宗元《伯祖妣赵郡李夫人墓志铭》载:"夫人生于良族,巖然殊异。及笄,德充于容,行践于言。"②可见,河东柳氏与赵郡李氏亦互通婚姻。

山东五姓以诗礼传家,是中古时期的礼法高门。唐代山东士族的门风与古文运动的宗旨近似,因而山东士族积极参与并领导了古文运动。随着山东士族在中唐的复兴,古文运动在中唐时期发展至巅峰。古文运动双子星座韩愈和柳宗元家族都与山东五姓互通婚姻,山东五姓与韩、柳通婚的原因是因为他们皆属于礼法之门。韩愈在嫂子荥阳郑氏的教育下长大,柳宗元则是在母亲范阳卢氏的教育下成人,这对他们日后成为古文运动的领导者有密切关系。

(二) 与古文家的交往

在文学发展过程中,与文学家的交往常常对文学的发展起到很重要的作用,河东柳氏通过与古文家的交往参与并影响了古文运动。

盛唐时期的柳识为文反对浮靡文风,享重名于玄宗天宝年间,与萧颖士、元德秀、刘迅相上下。古文家李华兄事元德秀,将萧颖士、元德秀、刘迅称做三贤,作《三贤论》颂其贤德。该三人皆以古文著称,如《新唐书》本传称元德秀"性纯朴,无缘饰,动师古道……率情而书,语无雕刻"③,李华《三贤论》称其为文"与古同辙,自为名家"。④ 萧颖士与李华齐名,被称做"萧李",为众所周知的古文运动先驱。刘迅是史学家刘知几第五子,以学术著称,梁肃《给事中刘公墓志铭》称刘迅"以述作之盛,德行之美,追踪孔门"。⑤

柳中庸名淡,以字行,为柳宗元族兄弟,天宝中师事古文家萧颖士,萧颖士以女妻之。

史学家柳芳与赵晔、殷寅、颜真卿、陆据、萧颖士、李华、邵轸同志友善,故天

---

① 陈寅恪:《唐代政治史述论稿》,上海古籍出版社,1997 年,第 92 页。
② 董诰:《全唐文》,上海古籍出版社,1990 年,2655 页。
③ 同②,5050 - 5051 页。
④ 同②,第 1421 页。
⑤ 赵翼撰:王树民校证,《廿二史札记校证》,中华书局,1984 年,第 2342 页。

宝年间八人齐名于世。① 颜真卿、李华、萧颖士为同年进士,以古文知名。

柳公绰子仲郢亦以守礼法著称,与古文运动的领导者韩愈有交往,其文章得到韩愈的赏识。《新唐书·柳公绰传》载:"(柳仲郢)字谕蒙。母韩,即皋女也,善训子,故仲郢幼嗜学,尝和熊胆丸,使夜咀咽以助勤。长工文,著《尚书二十四司箴》,为韩愈咨赏。"②河东柳氏与韩愈家族昌黎韩氏有婚姻关系,柳仲郢母亲即为韩皋之女。

柳宗元与韩愈交厚,终生保持亲密的友谊。韩愈作《毛颖传》、《师说》曾遭攻讦,柳宗元都主动为其鸣不平。柳宗元去世前,曾向韩愈托孤。去世后,韩愈为之作《柳子厚墓志铭》、《祭柳子厚文》、《罗池庙碑》,尽管有褒贬失宜之处,仍不失为评价柳宗元一生功绩的上佳作品。

(三) 对古文运动的影响

唐代以科举取士,科举中的进士科尤为士林所重。由于唐代科举未实行糊名制度,考试结果取决于知贡举者以及考场外"通榜"之风,古文家正是利用科举影响了古文运动。③

河东柳氏曾数次掌礼部知贡举权,唐武宗会昌元年(841)、会昌二年(842),史学家柳芳之孙、柳登之子柳璟以礼部侍郎权知贡举,"(柳)璟为人宽信,好接士,称人之长,游其门者它日皆显于世"。④ 柳璟亦精于史学,由于他累迁吏部、礼部,其古文观必然影响到士林文风。

柳仲郢之子柳玭于僖宗光启三年(887)、光启四年(888)两度知礼部贡举。柳玭亦精通史学,善古文,他同样通过科举影响了古文运动。另外,河东柳氏还利用科举取士向知贡举者灌输古文思想,由此推广了古文的影响。权德舆于德宗贞元年间三知贡举,古文家柳冕写书信(《与权侍郎书》)与之探讨"取士之道",反对进士科"以诗赋取人,不先理道明经"⑤,主张三代两汉的用人之道。两人的往来信件中对"近者祖习绮靡,过于雕虫"的科举文风深恶痛绝。

唐代河东柳氏有三人为相,分别是柳奭相高宗、柳浑相德宗、柳璨相昭宗。三人皆出自礼法之门,柳浑、柳璨皆精于史学,反对浮靡文风,其政治地位必然影

---

① 刘昫:《旧唐书》,中华书局,1975 年,第 4907 页。
② 欧阳修、宋祁:《新唐书》,中华书局,1975 年,第 5023 页。
③ 李建华:《唐代科场"通榜"之风与古文运动》,《北方论丛》,2009 年第 1 期。
④ 同③,第 4537 页。
⑤ 董诰:《全唐文》,上海古籍出版社,1990 年,第 2370 页。

响到士林风尚。

柳宗元除了自身创作了大量古文作品外,还与诸多古文家过从甚密,如刘禹锡、吕温、韩晔、凌准、韩泰等。杨凌、杨凭、杨凝为柳宗元的岳父、叔,皆以文章名重于唐德宗贞元年间。柳宗元还与古文家吴武陵交厚,在《与杨京兆凭书》中称吴武陵"才气壮健,可以兴西汉之文章"。① 吴武陵则通过科举考试提携了杜牧等古文家。

柳宗元还通过奖掖提携后进为古文运动建立了广泛的群众基础,由此扩大了古文运动的影响。韩愈在《柳子厚墓志铭》中曾这样评价过柳宗元:"衡湘以南,为进士者,皆以子厚为师。其经承子厚口讲指画为文词者,悉有法度可观。"②柳宗元在遭贬斥后仍利用进士科考试宣传推广其古文观,向柳宗元讨教为文方法的包括:冯翊、严厚舆、袁君陈、吴武陵、崔策、杨诲之等人,有的后来成为了古文家。

中唐古文运动,实际上是指从安史之乱前后开始的一个持续性的批判近代华丽文风、主张文章复古的潮流。古文与骈文相对,骈文讲究音韵和对称美,是艺术本位思想在文学创作中的体现,但骈文文辞往往浮艳,内容常常空虚贫乏。唐代古文运动带来了散体文的复苏与创新,对后世文学创作产生了重要的影响。在创作思想上,古文家力倡文章当为政教服务的儒家功利主义,强烈地打击了流行于六朝时期的艺术本位心态。

在"文"与"道"的问题上,古文家往往反对文学浮华之风,成为卫"道"士。古文家在鄙视文学的同时,往往十分重视经史,很多古文家具备深厚的经学和史学基础。史学和经学对古文运动有重大影响。

河东柳氏是东汉以来绵延数百年的大族,至唐代仍能保持礼法传统,严守重儒家礼法、尚质实的家风。作为礼法高门和史官世家,河东柳氏反对浮华风气和浮靡文风,参与并影响了古文运动。柳宗元这样的古文大家的出现不是偶然的,这与河东柳氏的家学家风是密不可分的。

① 魏徵:《隋书》,中华书局,1973 年,第 2565 页。
② 董诰:《全唐文》,上海古籍出版社,1990 年,第 2523 页。

36

李东阳（1447—1516），字宾之，号西涯，一生著述宏富，"朝廷大著作多出其手"（《明史》本传）。钱振民先生曾经在《李东阳著述考》一文中，对李东阳的存佚作品作了全面的考论，用力甚勤，搜罗甚夥，这对于李东阳及茶陵派的研究提供了极大的方便。

然挂万漏一，笔者在撰写博士论文当中，意外发现了李东阳编著的一部作品——《联句录》目前在学术界尚未得以流传，李东阳的研究者们亦没有注意到本著作的存在。有鉴于此，笔者不揣浅陋，试抛砖引玉，对该书作全面介绍，以飨同好。

一、《联句录》基本概况

目前我所见到的《联句录》，珍藏于南京图书馆和上海图书馆，在两馆都属于古籍善本，借阅时均需开具介绍信才能一睹其真容。国家重点古籍整理项目《四库全书存目丛书》编纂出版委员会在整理时，收录了此书，其题目为《联句录一卷》，题下标作者名："[明]李东阳编"。作者名下标注了是书版本："南京图书馆藏明成化二十三年周正刻本"，丛书收录者之所以断言其为"明成化二十三年周正刻本"，其主要依据是此书后所附《书〈联句录〉后》一文中落款标识为"时成化二十三年仲秋之吉，云南等处承宣布政使司左布政使文江周正识"，书后还有"周正"的篆刻印章。据本人考证（详尽考证一文另著），该书就是李东阳在《与顾天锡书》中所言云南周子建本，也就是钱振民先生在《李东阳著述考》一文中所提到的今亦不存的云南周子建刻本，周子建就是周正。

原书并序跋共86页，缺第45页，未分卷。现存诗歌255首，残缺诗3句，如果周正所写书跋中统计数字"……起自成化纪元乙酉，讫于己亥，凡十余年诗共二百五十八首"无误，则所遗缺书页有三首诗在上面（《书〈联句录〉后》）。《联句录》整体保存还是比较完好，除了缺页和少数字、诗句因年代久远、保存不当等因素导致模糊不清外,大部分诗歌内容清晰完整,不过笔者在识别和整理过程中,由于字迹模糊可能会出现"豕亥鱼鲁"的现象。

本书首有李东阳于成化甲午(即成化十年,1474)夏六月二十四日亲笔提写的《联句录·序》一文,书后附周正成化二十三年仲秋所写《书〈联句录〉后》。《四库存目丛书》编委在收录该书时还在本书后附《〈四库全书总目·联句录五卷〉提要》一文。不过此提要实为李东阳《联句录五卷》所写,五卷本《联句录》并非本文所言的《联句录》一书,五卷本《联句录》确实如钱振民先生一文中所言,今已不存。

据笔者统计,书中涉及不同诗人达44人之多,分别是:罗璟、计礼、谢铎、刘淳、刘大夏、张泰、彭教、陆釴、倪岳、李东阳、焦芳、程敏政、吴希贤、陈音、宋应奎、傅瀚、潘辰、吴宽、姜谅、萧显、吴珵、沈钟、陈璚、李仁杰、李杰、王佐、周庚、张升、冯仲兰、屠勋、朱守孚、杨光溥、吴原、王臣、柳琰、马绍荣、陈洵、谢迁、洪钟、奚昊、蒋廷贵、陆简、刘大夏、王汶。据考证(考证文见笔者博士毕业论文《茶陵派研究》第二章"茶陵派作家考"),这些诗人中大部分属于茶陵派成员,因此本书比较鲜明地反映了茶陵派成员的酬唱情况。

二、《联句录》主题研究

从内容上看,《联句录》一书是李东阳官翰林时与同年进士及交往的士大夫在斋居游燕时所作的联句诗,诗歌集中反映了当时文人集会倡和的盛况,内容丰富,涵盖斋居、宴饮、赠别、怀人、游览、赏花、庆祝、戏谑等方面,其主旨正如李东阳在自序中所言:"凡所代晤,语通情愫,标纪岁月,存离合之念,早箴规之义。"意即为了抒发友人之间的情感,在岁月长河中烙上友谊的痕迹,以诗歌作为聚散离合的标志,同时也是以诗歌表达与朋友的共勉之情。联句诗作为联系茶陵派成员、密切他们相互关系的载体,已经成为他们文娱笔墨、壮大声势的重要手段,也是其流派得以在明代中期诗坛占有一席之地的重要原因。李东阳与友人所创联句诗歌具体而言主要有如下几个方面的思想:

(一) 写斋居宴饮之乐,畅友朋聚会之欢

流派一般有聚会,聚会往往有宴请,宴请必然诗酒酬唱,这是文人骚客雅集之常情。茶陵派成员时常隔三差五地聚集在一起宴集饮酒,《联句录》中有不少诗歌描写了李东阳与友人(这些友人大都是茶陵派成员)相约聚会、开怀畅饮、清谈文艺、赋诗比赛的场景,宴饮之乐,欢愉之情跃然纸上,"良朋喜会合,高论

共峥嵘"(《斋居寄答鼎仪》)。据《联句录》统计:成化十三年(1477)这一年时间里,茶陵派成员聚会饮酒、酬唱和诗达14次之多。《联句录》首篇就是《斋居》一诗,此诗作于成化乙酉(1465)年正月。"斋居"一词语出《论语·乡党》:"齐,必有明衣,布。齐必变食,居必迁坐。"齐,同斋。此语本义是孔子在斋戒时要具备的礼仪:斋戒沐浴的时候,必具备用布制作的浴衣。斋戒的时候,必须改变平常的饮食,不饮酒,不吃葱、蒜等刺激味强的食物。居住也必须从内室迁到外室居住,不可与妻妾同房。通过全诗来看,本诗题中的"斋居"已脱离本意,是家居、闲居之意,诗云:"城南千载情,及此同脍炙",一起喝酒吃肉,畅饮欢谈。诗中所提及的李东阳诸友:既能即兴赋诗,一比高下,促进诗歌的创作:"自负各不凡,豪吟肯相亚",又能促进彼此友谊,其乐融融。

  《联句录》中反映的茶陵派聚会在性质上属于谈文论诗的文人雅集,其名目却非常繁多,不仅有李东阳闲居在家时与朋友们的小酌,"厨空无宿肴,炉深有遗火铎。劝杯君意勤,耽句我情颇璟"(《鸣治崇澹轩小饮》)。虽无佳肴,亦无炽火,但相逢时的浓浓情意,写诗时的快乐使诗人们兴趣盎然;也有三五友人聚会时的畅饮,"高兴蔼堂坳,歌声振林樾钟……明河闪半倾,冻鼓迭三代。漏下惊鸣鸡,霜清动栖鹊铎"(《夜酌》)。喝得高兴,大声歌诗,一直唱到半边银河隐没了,钟鼓敲响了三次,公鸡即将打鸣,虽酒已尽,诗已终,但诗人们仍意犹未尽,兴致勃勃:"酒尽诗复终,余怀尚嶙峋东阳。"(《夜酌》)既有皇帝所赐庆成宴,虽场面浩大,也是聚会,诗人们却无嬉戏之趣,在联句诗中满怀感激涕零之心,诗歌台阁气息很浓:"龙墀春色满华筵宽,环佩声来集众仙东阳。雉尾分班瞻九五岳,鳌头专席领三千铎。庆成有赋人争献宽,近侍无才我亦联东阳。共喜华夷同雨露岳,太平今日自年年铎。"(《赐庆成宴有述》)庆成宴是皇帝祭祀、封禅礼毕时庆贺成功的筵宴。此诗是李东阳、吴宽、倪岳、谢铎四人联句而作,诗歌语词华丽,馆阁近臣的应制心态比较明显:"庆成有赋人争献,近侍无才我亦联。"歌功颂德的语气也多有体现:"共喜华夷同雨露,太平今日自年年。"也有在宫内值勤时与友人饮酒驱寒,虽仅一二人,气氛不热烈,但谈笑作诗间流露出君恩难忘的馆阁心态还是非常明显:"坐怯冬寒念酒樽东阳,暖襄高拥更重门铎……遭逢此日皆涓滴铎,伴食难忘侍从恩东阳。"(《内直大寒留官酝小酌》)既有朋友之间的促膝谈心:"促席移灯共夜阑,小堂风露溢清寒简"(《夜饮·其一》),朋友间频繁聚会,有感于光阴似箭,惜浮生难会:"两日城东三燕会东阳,多情非是惜年光简"(《夜饮·其二》),"世事坐来双鬓短,匆匆那敢尽交欢东阳"(《访姜用贞小酌》);也有友朋之间饮酒解闷,借酒消遣,排除心愁:"展转为君中夜话东阳,梦回心事各茫然铎"(《斋夜有感兼柬院署九寅长》),"信宿倾肝肠,世路从欺绐士实"(《夜酌,在李若虚宅作》)。

明代中期文坛流派繁荣,以李东阳为宗主的茶陵派成员众多,斋居宴饮是他们诗歌唱和、密切成员之间的联系、促进感情的重要手段之一。相互比赛,能促使朋友们竭尽才能,表现学识,对于明中期诗歌的发展有推动作用,同时也使茶陵派在明中期诗坛大放光彩。在这种联句作诗、饮酒酬唱的情况下,聚会是形式,联诗是纽带,将李东阳与友人紧密相连,对李东阳诗学理论的传播有非常重要的作用。

(二) 寄赠别怀友之情,叙相知相遇之意

李东阳与朋友交往中,斋居宴饮之乐虽多,但离别的场面也不少,很多时候是刚刚相聚又要离别:"晓望旌麾出饯迟东阳,相逢何意复分岐铎。"(《寄送戴廷节太守,廷琛宪副之兄也》)以相互离别的形式表现出来,在以往的联句诗中比较少见。同年进士,同游大夫,这份难得的友谊在诗人看来是非常可贵的,正如李东阳在自序中论其编著《联句录》的目的时所言:"窃以为是亦交义所系,不宜遽泯没,乃与鸣治掇其存者,得若干篇成卷。"(《联句录序》)李东阳非常珍惜与友人的交往,由于古代交通落后,对于每一次的离别朋友们都十分重视,以联句诗的形式相互勉励,述说相知相遇的友谊之情。诗集中写赠别怀友的诗非常多,有的怀友甚至联句作了数首之多,如《宿别顾天锡》就为赠别顾天锡写了 10 首,《李若虚席上饯别天锡》又是联句 6 首送顾天锡。

虽都是赠别联句诗,但离别的原因却是多种多样。在诗中,既有送别朋友回家乡扫墓的诗作《夜窗话别》,此诗作于壬辰(成化八年,即 1472 年)正月,是李东阳与潘辰(字时用)所联的诗。成化八年,李东阳任翰林编修,这一年曾请假陪父亲李淳回湖南扫墓。这次南行历时 7 个月,是他平生唯一的一次故乡之行,沿途所写诗文编为《南行稿》。此诗是李东阳将回湖南前夕,友人也是茶陵派成员的潘辰与之联句所作赠别之诗。诗中不仅对李东阳作为茶陵派宗主的才气给予了高度的赞颂:"李白风流更可怜辰",把李东阳比作李白,赞其英俊杰出,富有文采,又充满了依依不舍之情:"满堂离思绕冰弦东阳",同时对友人的洒脱自然表达了钦佩:"潘郎潇洒似神仙东阳",以潘安比潘辰,对朋友之间的友谊特别珍惜:"聚散有期交谊重,为君倾倒夜灯前东阳"。又有送朋友即将去边塞时的联句诗:《送李士仪归宣府》。宣府,卫名,驻兵之地,明朝时设,治在今河北宣化,为近畿防卫要地。此诗作于戊戌(成化十四年,即 1478 年)四月,在李东阳家所作。联句者也是李东阳与潘辰。诗中赞扬了李士仪、李士常兄弟俩的才气:"将家门阀士林风东阳"、"兄弟有名真二陆辰",交代他们虽出身武将之家,但不

乏文人之气，把他们比作陆机、陆云，同时对李士仪远赴边防、施展才华、建功立业表达了良好的祝愿："孤凰求树得梧桐东阳。"对他们的离去满怀留恋，恨时光太匆匆、人生散多聚少："离筵夏日看犹短东阳，客路年光觉未穷辰。"既有对远在异乡朋友的怀念：《寄汪时用》，时汪时用罢官归家，李东阳、谢铎途经汪时用故宅时在马上所联诗。诗中怀念以前交往时的快乐情景："御水东流忆暂分铎，酒杯诗卷几斜曛东阳"、"江雁过时空有札铎，菊抱开尽不逢君东阳"，同时对汪时用罢官归家感慨万端，叹世事无常，官场如梦："仕路百年真幻梦铎"，伤感朋友的离别："错识辋川诗里画，不胜离思乱如云东阳。"；也有送朋友出使外地时所作的诗歌：《送顾天锡使浙江二首》。此诗是顾天锡即将出使浙江时所联。诗句一开始就奠定了全诗的送别基调："我友将远行，离歌暮当发东阳"，即将远行，互诉友情，但时间飞逝不等人："肝肠几倾吐，岁月莽超忽钟"，一方面为朋友远行道路艰险表示担心："值兹冰雪交，适彼山水窟钟"，另一方面也对朋友的才能极为称赏，对他能委以重任、展示自己才华表示由衷的高兴："家声起三吴，才名动双阙。骨奇天厩龙，翩健秋空鹘士实。"既有对远在他乡朋友的思念：《怀舜咨》，诗中充满了对远方朋友的思念和牵挂，希望朋友能经常有书信往来，怀念在一起赋诗的情景；也有即席赋诗时想念缺席的朋友的联句诗：《即席怀鸣治二首》，朋友聚会，谢铎（字鸣治）没有参加，李东阳、潘辰、萧显、周庚、陈璚5人为谢铎而作，诗中对谢铎的缺席深表遗憾，满怀想念之心。

李东阳与朋友们经常聚集在一起，充分展示了茶陵派成员之间的密切交往，一旦分离，就生发无限思念之情："广平离思逼残年希贤，把酒都亭各怅然仁辅。"（《酬别邦用去后有怀并发小兴三首·其一》）怀念一起聚会联诗的日子，离别的心情虽然沉重，但诗中所透露出来的伤感气息并不浓，充分享受聚会带来的乐趣，珍惜在一起的日子："人生须信早行乐仁辅，何用区区妻子忧东阳。"（《酬别邦用去后有怀并发小兴三首·其二》）但更多的是对友人的牵挂与关心，同时对朋友的安慰与勉励在诗中也常有表现。《联句录》中也有一首是悼念友人早逝的作品——《哭罗应魁》，这首诗是李东阳、谢铎为怀念死去的朋友而写，感情真挚，痛惜朋友的早逝，心情异常悲痛。不过，全书中仅此联句诗是为悼念死去的朋友所写的。除此，赠别怀友的联句诗都脱离不了上述几种分别的场景。

（三）绘怡游玩赏之悦，祈回归山林之愿

《联句录》中除了斋居宴饮、赠别怀友的诗歌外，怡游玩赏方面的诗歌占据了相当比重。在诗集中，士大夫无论在朝或在野、得势与失势，大都喜欢以山林为乐，以郊游为趣，借助灵山秀水寄托个人情怀。"惟余江山兴，岁岁无穷休"，

四处赏景就成了茶陵派成员活动中不可缺少的一部分,抒写山林怡游之悦,叙说赏花写景之趣,祈复归自然之愿,寄世外桃源之志,于是结伴出游、赏花写景所作的联句诗歌随处可见。

在李东阳的文集中就有不少反映他与朋友游览赏玩的诗歌,尤其是其作品中大量风景组诗的创作在当时茶陵派成员中产生了比较大的影响,虽成就高低因各人才情的不同出现差异,但派中风景组诗群的出现却是文学史上其他文学流派少有的现象,形成茶陵派一道独特的风景线,也就构成其流派特色之一。

同样,在李东阳所编著的《联句录》中,记游作品大都是茶陵派成员在仰拾俯取中捕捉到的各地景色的不同特点,有对故园小居旖旎风光的描绘:"亭亭池面一枝红璟,隔卒香传别院风铎"(《曰川宅赏莲四首·其二》),也有对灵山秀水神来之笔的形容:"望尽江南水接空东阳,满湖烟雨正冥濛辰"(《东湖》),同时又在写景中杂以述怀和用典,或借道路妙景来抒发山林之愿:"江山极目无尘土铎,云雾何年更郁蒸。退直几人逢此景东阳,咏诗今日愧吾能铎"(《云后过西苑内直道中作》),或因历史名胜而引出对古人事迹的缅怀:"题诗尚恨潘邠老东阳,醉酒谁同石曼卿。洞里乾坤今日别铎,春来风雨几时晴东阳"(《游大德观答陆鼎仪》)。有时在较逼仄的范围内将景色尽情展现在读者面前,使人应接不暇:"远凝缃色正钑,近昵垩光殷。喜甚应黐麦璟,愁深是腊蠹。饥离沟壑半铎,娇怯绮貂群。冻雀争枝啅东阳,窃狐失冗猬。截肪随岭断钑,散黐逐溪分毛。咏絮才何妙璟,移舟意独动。眩疑摇地轴铎,青识露山筋东阳"(《咏雪》);有时又在较长距离的行程中写尽途中景色的复杂变化,让人流连忘返:"碧山凉雨过城西东阳,约伴追欢信马蹄显。十里薰风乘爽气泰,六街晴日走芳泥东阳。市槐官柳参差见显,水寺林亭点检题泰。"(《游慈恩寺七首·其一》)这些诗独立欣赏,就恰似诗人运用"蒙太奇"手法构筑出的一幅幅风景秀丽的山水画,使人叹为观止;而一组诗贯穿起来看,就如众多画面连贯成的幻灯图片展览,美不胜收。

茶陵派怡游玩赏,赏花也是他们的主要活动之一。春天感受茶花的芳香:"意倾葵藿诚,芳袭兰蕙醮教"(《海榴》);夏天催促荷花的开放:"三年曾记看花期东阳,重到君家未后时铎……我亦种花花负我音,不妨长此醉深厄瀚"(《曰川盆茶未花,以诗促之》);秋天欣赏丛菊的乐趣:"丛菊有佳趣,寻盟开我怀璟"(《对菊有作》);冬天慨叹梅花的傲骨:"清益梅花骨璟,寒空瘴海氛铎。"(《咏雪》)

赏花聚会不仅促成茶陵派成员相互交流,增进友情,而且能促进文学发展,使他们在聚会时能暂时忘却尘世的喧嚣,避开官场的困扰;能自由抒写性灵,畅达心灵的情致,与应景之作有很大的区别。正如杨一清所言:"诸君吟讽玩赏各极其趣,虽体裁音节言人人殊,要之畅舒性情,模写风物,不作雕镂叱咤语。"

景色是优美的,心灵是畅达的,在怡游玩赏之时,诗人们寄情山水之意,就是希望能够脱离官场的纠缠,摆脱尘世的纷争,在山水间释放情怀:"林壑可能忘国虑显"(《寄丘苏州时雍二首时雍罢官居饶州在文明席上作》),能够使自己"客底且判今日醉大夏,世途休问向时炎铎"(《与时雍仁辅小酌鸣治宅予赋未竟复赴吴道本燕三君续成二首·其一》),在山水中忘记人世的烦恼与忧愁,在山水中寻求心灵的自由。

所以,《联句录》一书在李东阳看来,是其与同年进士以及朋友"斋居游燕"时所作,"往复倡和,兴出一时,而感时触物,喜怒忧佚,不平之意或错然有以自见"(《联句录序》),所作联句诗不是细细推敲之作,而是朋友们"要其兴之所至,不能皆同,亦不必皆同"(《联句录序》),诗人率意而为,"当对垒时,各出己意,不相管摄"(《怀麓堂诗话》),所以诗人们所作联句诗歌"未尝校多寡,论工与拙"(《联句录序》)。

三、《联句录》存世意义

《联句录》是一部鲜为人知的作品。尽管在艺术上它没有特别的创新之处,甚至有的诗歌从艺术欣赏的角度看,纯粹是一时消遣游戏之作,对此,李东阳也有清醒的认识,他在序言中评价有的联句诗歌"然时出豪险,亦不之禁,如明仲有云'磊块铜盘蜡',鼎仪有云'暗噤隐灭霎当得'句,时皆抚几矍坐,击指节,铿锵不休,谈谑相传,至为故事"(《联句录序》)。但它的出现在思想内容上补充了茶陵派的诗歌主题,而且还具有不可低估的文献价值。

(一)确定茶陵派存在的历史史实

有学者曾提出茶陵派是一个松散、自发的文学交往和认同,不能称其为一个流派。通过《联句录》的分析可知,联句写诗不仅涉及茶陵派众多成员,而且也反映出成员在交往上非常密切。李东阳在其中起了很重要的纽带作用,他的诗歌创作给成员起了示范作用:"吾诗到日评应遍东阳,谁是轻寒第一篇铎。"(《再寄汪时用在内直作》)可见在宗主李东阳的倡导和示范作用下,茶陵派成员紧密联系在一起。虽是联句写诗,但联句并不好作,明代徐师曾在《文体明辨序说》中言参与联句之人,须"意气相投,笔力相称,然后能为之,否则狗尾续貂,难乎免于后世之议矣"。故联句作诗时,参与者诗歌的艺术风格和主题思想能够尽可能与其领袖人物相一致,这对于茶陵派诗学理论的传播有非常重要的作用,也推动了茶陵派在明代中期文坛的光大,有利于它在整个明中期诗歌的发展中占有一席之地。因而,从《联句诗》集子中可以明确茶陵派作为一个诗歌流派所体现出来的群体性特征和共同的诗歌创作倾向以及审美特性。

(二) 反映明中期文人集会的盛况

《联句录》充分反映了明中期文人集会的盛况,文人们时常隔三差五地聚集在一起饮酒唱和,几乎无时不聚、无事不和。故毛纪在《联句私抄引》中不无感慨地说:"近时西涯、方石联句有录,二公之道义,相与名重于时,其所论著亦盛矣哉!"集会吟诗已经成为茶陵派成员的家常便饭:"诗句留连向晚频东阳。"(《时雍初至小酌时以父艰服阕在鸣治宅作》)除李东阳所编著的《联句录》外,明代诗人毛纪也编有一本《联句私抄四卷》,此本作品中涉及诗人亦有 32 人之多,还有就是李东阳散佚的《联句录五卷》,参与的诗人达 69 人之多,这些联句诗歌大部分都是"夫顾惟诸公之在当时,皆卓然朝著之英俊。公务之暇,相率有作,特出于一时偶然之兴,信口而成者"(毛纪《联句私抄引》)。《联句录》一书的出现充分展示了明代中期在社会经济条件允许的情况下,诗人们集会的盛况,正如《〈联句录五卷〉提要》中所称:"说者谓明之风会以成宏为极盛,即此亦可想见也。"

(三) 填补李东阳年谱的空白

《联句录》中所收录的大部分诗作都标注了确切的创作时间,这在李东阳其他文集中非常少见。钱振民先生在编著《李东阳年谱》一书时,由于忽视了《联句录》一书的存在,故在撰写李东阳生平事迹过程中,就把这部分事迹漏掉了,造成了李东阳这段时间不少事迹语焉不详,人生轨迹不清晰,而《联句录》正好可以填补李东阳年谱中这段时间上的空白,丰富他的生平,从而对于我们全面认识与研究李东阳的学术活动和生平事迹有很大的帮助。

37

明代传奇戏《金兰记》，全本已佚，仅存散出。迄今，学者们多不明其叙写何事、源自何处。所以，庄一拂将它列入"明清阙名作品"，并云："此戏未见著录。《藏书楼书目》有此本。明人戏曲选集《群音类选》、《月露音》中均存有此剧散出。"王森然主编的《中国剧目辞典》"金兰记"，全承此说，未作任何补充。盖因未曾见到《乐府红珊》本的《金兰记》，而不明剧中人物关系和剧情。亦有学者虽然见到了《乐府红珊》，但在著录《金兰记》时却也说：

> 此剧写刘观愤恨权奸误国，上书言"恢复"，却被贬官台州。初春出游郊野，巧遇舟中女子，惊艳，掷帕传情。适此女之父登岸去，两人得谐其愿。父归，移舟他处。七夕之夜，"任教碧汉星双渡，论心好把金兰诉"。

这是误认为刘观是剧中主要人物，且不明其故事所本，遂作出了有违作品内容实际的判断。有鉴于此，我们完全有必要对该剧的具体情节进行重新探究，并考述其故事来源。

一

《金兰记》现存佚曲见收于明代三种曲选，共有 6 个曲目，实为 5 出：胡文焕《群音类选·官腔类》卷二〇选该剧 4 出曲文，即《金兰结义》、《舟中掷帕》、《得谐私愿》、《七夕宴会》，而《月露音》卷二《骚集》所选的《金兰记·掷帕》一出，经比对，全同于《群音类选》之《舟中掷帕》，系重出。而万历曲选《乐府红珊》卷四选有《金兰记·刘观训子》，为完整的一出戏。这一出是曲白兼录，颇有利于对该传奇的整体剧情了解及本事考证，所以具有重要的文献价值。

《金兰记·刘观训子》一出：叙写刘观，本舒州人氏，选官平江（今苏州）许浦监税，岁营榷酤之利，与夫人同在任所。有一子刘尧举自幼不凡，天资聪敏，年 18 岁，"今从晦庵朱夫

《金兰记》剧情与本事考论

张文德　徐州师范大学

子台州崇道观讲学",时值残春,一年未回,父母想念,差人去接回家。其母觉得他年已长成,"期当婚娶",但宦囊萧条,"百年秦晋,谁是门楣",甚是忧虑。尧举暂回平江问安,虽然知道"父母高年","望庭帏日月伤神",但"从师乐道遵严命,把膏火时亲,陶熔性真",惜寸阴,不敢分心。并告诉父母:在台州,他与罢职闲居的李显忠结为金兰友:"愿期为国建勋,并勒彝鼎。"其父刘观云:"久闻此公干城重器,社稷忠良。今虽淹滞台城,终当召还金门。今虽结拜,如近芝兰,久当俱化。但当努力潜修,不可漫游是好。"其母却关心他的婚事,希望他婚姻早结:"蓝田白玉由天定,绣带红丝有早牵。"而尧举表示:"功名事行藏天判,论婚姻分缘非浅,当乾乾不息如天健,敢偷闲把岁月迁延。定期北海鹏抟,欲拟南山豹变玄。"认为功名由天定,婚姻论缘分,唯期自强不息、刻苦自励,以实现为国建功立业的远大志向。

据此出可知,戏中刘观是"外"扮,刘尧举是"小生",刘观夫人是"净"扮。则另一位重要人物李显忠,自应是"生"角。正是因为李显忠与刘尧举"义结金兰",故剧名《金兰记》。可见,此剧主要人物是李显忠和刘尧举,而不是刘观。刘观是男配角,故由"外"扮,其戏份亦甚少,唯见此出,其他存出曲唱皆与他无关。由于《刘观训子》一出的存在,我们可以很方便地对《群音类选》中所选《金兰记》各出作出合理的剧情分析,并考知其本事。

《群音类选》之《金兰结义》一出:写南宋初,刘尧举在台州从师朱熹,时值春光烂漫,便"离书帏把工夫暂辍,寻芳去,西郊外,尽有无穷趣",踏青沽酒,恰与郊游散闷的李显忠相遇相识。李显忠因见"权奸窃柄,陷忠良私交房庭",致使中原板荡、神州陆沉,"乘舆迁播江宁,因此上言恢复冀澄清,安置台州气未平",忤秦桧、贬官台州。刘尧举虽然今在台州"向师门潜心圣经",但希望有一日"一朝来济风云会,万言上、诛除奸佞"。于是,二人志趣相投、感情相契,便在"桃花深坞"的刘隐士庄上,歃血为盟,义结金兰,"愿如平勃济安危"、"定挽天河洗甲兵"。

《群音类选》所选的《金兰记》4出,皆为曲唱而无说白,不利于对剧情的直观了解。但在《乐府红珊》本的《金兰记·刘观训子》中,刘尧举曾明确地对刘观夫妇说:

孩儿在台州,春天偶有西郊之行,不意与招讨李显忠相遇。问及行藏,他道:"上言恢复,致忤权奸,因此安置台州。"孩儿见此人英迈盖世,忠义满腔,不觉义气相投,就在刘隐士庄上结为金兰之契。

这段话正是追述李显忠与刘尧举在台州踏青郊游、义结金兰之事,与《群音类选》之《金兰结义》，恰可印合。故可知："愤恨权奸误国，上书言恢复，却被贬官台州"的一定是李显忠，而不会是刘观或其他人。

以上两出所涉及的剧情内容，尚有其他文献材料可以佐证。据考，《金兰记》所叙故事多有所本，并非凭空虚造。如朱熹（1130—1200），南宋大儒、理学宗师。《宋史》卷四二九有传：字元晦，号晦庵，南宋安徽婺源人，于高宗绍兴十八年考中进士，为泉州同安主簿。淳熙元年，始受命"主管台州崇道观"。剧作云刘尧举师从朱熹，"从晦庵朱夫子台州崇道观讲学"，当本此。

李显忠（1110—1178），南宋著名抗金将领，年69卒于官，谥"忠襄"。见《宋史》卷三六七《李显忠传》：绥德军，青涧人。初名世辅，南归后，赐名显忠。17岁即随父李永奇出入行阵，忠勇特异，因此知名。金人陷延安，显忠自谓宋臣，曾设计擒执金帅撒里哈，欲拘押归宋，因无外援，全家皆遇害，显忠仅以26人逃至西夏。复引兵至延安，聚马步军4万，于绍兴九年归宋。高宗召见抚慰，赐名"显忠"，授宣抚使，加保信军节度使、浙东副总管，被嘉许为："忠义归朝，惟君为第一"。

·显忠熟西边山川险易，因上言恢复策，忤秦桧意。金使言：显忠私遣人过界。遂降官奉祠，台州居住。

又据《秦桧传》："绍兴十八年五月，李显忠上恢复策，落军职，奉祠。"由此可知，李显忠"上言恢复"、"降官台州"的确切时间是绍兴十八年五月。不久，李显忠便从台州起复，被任命为宁国军节度使，升都统制，积战功，授淮西制置使、京畿等处招讨使，擢太尉，"开府仪同三司，殿前都指挥使，妻周氏封国夫人"。可见，剧中"刘观训子"时所说"久闻此公（李显忠）干城重器，社稷忠良，今虽淹滞台城，终当召还金门"，亦是本于《宋史》所下的准确断语。

刘观与刘尧举父子之事，不见《宋史》，只见于文人笔记与小说，但亦有相当的真实性。南宋郭彖《睽车志》卷一"刘尧举"条即云："龙舒人刘观，任平江许浦监酒，其子尧举，字唐卿，因就嘉禾流寓试，僦舟以行……观夫妇一夕梦黄衣二人驰至报榜，云：郎君首荐。"明万历初《鸳渚志余雪窗谈异·天符殿举录》即叙刘尧举与船女事，当为剧情所本；此后，吴大震《广艳异编》卷八《幽期部·投桃录》、冯梦龙《情史》卷三《情私类·刘尧举》，亦本此，但文字略有异同。剧作叙写刘观自报家门："自家姓刘名观，舒州人氏，官选平江许浦监税。岁营榷酤之利，日叨升斗之储。孩儿尧举……"且刘尧举有父有母，居于平江官署。凡此皆可与小说互相印证。

二

《群音类选》之《舟中掷帕》写刘尧举赁船赴考，奇逢舟人女"溪边邂逅遇芳容"，而船女"野花偏冶"，天姿娇媚，"好似一朵芙蓉映水红"。刘尧举虽然"暂时相见意冲冲"，但船女"玉润冰清迥不同"，"天涯咫尺难相共"。所以，刘尧举只好慨叹"今宵添上相思梦，争得诗题一叶中"。但他情急生智，设计调开船女之父，两人在船中得以"掷帕传情"，故有下面的一段对话：

> 女：你是阀阅名家，须信书中自有似玉娇娃，不记得瓜田李下，纳履非宜，整冠不雅。将咱认路柳墙花。
> 男：谁教你莲脸生春，柳眉如画，卿家，心绪难拿。仗此传情罗帕，早和谐，原贮伊金屋，是言非假。
> 女：郎君识见差，作事多奇诧，耳属垣墙，你全不担惊怕。老父来时遮藏无暇，若知情，怎与你甘休罢。
> 男：嫌疑莫避他。论女貌郎才，二美非虚诈。须知道，好色胆天来大。

二人调情时，船女之父应是在江岸上拉纤："曲曲江涛千里程，行尽长亭复短亭"，"披星戴月；晓夜苦劳形"，"夕阳已向疏林挂"，"且在此维舟暂作家"。正因舟人离船甚近，所以船女担心老父若见时"遮藏无暇"，尧举也才会自嘲"好色胆天来大"，"嫌疑莫避他"，亦是碍于老父能见，二人才没有过分的亲昵举动。

《群音类选》之《得谐私愿》写刘尧举到科场应考，"才共群英鏖战，向文场出放居先，严如弩箭乍离弦，匆匆行步，为寻画船"。找到画船之后，恰女父"适才登岸"、不在船上，尧举觉得机不可失，"为求素娟，急忙早向中流泛"，并说"和伊夙有缘，使我空神乱，千里线相牵，今日早成姻眷也，我心中如愿。在文场才华独擅，应首选、便做个状元，怎胜这并头莲"。二人终于"得谐私愿"："喜今朝共效鸾凰"，"鱼水相投岂偶然，但愿天长地久共百年"。

素娟之父归来后，发现船已不在原处，"扁舟却向何方往"，便审问女儿"可把真情道出，休得遮藏"，而女儿谎称是大风将船吹走的，"乘风怎不随流放"。其父并不相信："此是孩儿调谎，无根言语，一味荒唐。"因为河上根本没风浪，"河滨风静水悠扬"，所以父亲为了防闲"只得移舟他处，于理全无所伤"。船女父亲强分连理，间阻鸳鸯，遂致刘尧举下次再访，一时便无法找到。

刘尧举与舟人女艳情事，古代文人笔记与通俗小说中多次述及。其事最早见于宋郭彖《睽车志》卷一《刘尧举》，云：

> 龙舒人刘观，任平江许浦监酒，其子尧举，字唐卿，因就嘉禾流寓试，僦舟以行。舟人有女，尧举调之。舟人防闲甚严，无由得间。既引试，舟人以其重扃棘闱，无他虑也，日出市贸易。而试题适唐卿私课，既得意，出院甚早，比两场皆然，遂与舟女得谐私约。

这一故事其后盛传，如《宋稗类钞》卷七"报应"类、《夷坚丁志》卷一七"刘尧举"、《鸳渚志余雪窗谈异·天符殿举录》、《广艳异编》卷八《幽期部·投桃录》、《情史》卷三《情私类·刘尧举》、《初刻拍案惊奇》卷三二《入话》、《古今闺媛逸事》卷八《榜人女》等，皆叙此事。如《情史》卷三《情私类·刘尧举》：

> 刘尧举，字唐卿，舒州人也。淳熙末，父观、官平江许浦，尧举从之行。是年，当秋荐，遂僦舟就试嘉禾。及抵中流，见执楫者一美少艾，年可二八。虽荆布淡妆而姿态过人，真若"海棠一枝斜映水也"，唐卿心动，因窃访之，知为舟人子。乃叹曰："有是哉，明珠出此老蚌耶！"
>
> 唐卿始碍其父，不敢频瞩。留连将午，情莫能已，驾言舟重行迟，促其父助纤。父去，试以眼拨之。少艾或羞或愠，绝不相酬。及唐卿他顾，则又睨觑流情，欲言还笑。唐卿见其心眼相关，神魂益荡。乃出袖中罗帕，系以胡桃，其中绾同心结，投掷女前。女执楫自如，若不知者。唐卿慌愧，恐为父觉，频以眼示意，欲令收取，女又不为动。及父收纤登舟，将下舱，而唐卿益躁急无措。女方以鞋尖勾掩裙下，徐徐拾纳袖中，父不觉也，且掩面笑曰："胆大者，亦踧踖如此耶！"唐卿方定色，然亦阴德之矣……自是两情虽洽，终碍于父，咫尺不能近体。
>
> 及抵秀州，唐卿引试毕，出院甚早。时舟人市易未还，遂使女移舟他处，因私恳曰："仆年方壮，秦晋未谐。倘不见鄙，当与子缔百年之好。"女曰："陋质贫姿，得配君子，固所愿也。第枯藤野蔓，难托乔松。妾不敢叨，君请自重。"唐卿抚其肩曰："噫！是何足较，两日来被子乱吾方寸久矣！恨不得一快豪情。今天与其便，而子复拒执如此，望永绝矣。英雄常激而死，何惜此生。即当碎首子前，以报隐帕之德。"言毕，踊跃投身于河。女急牵其衣裾，曰："姑且止，当自有说。"唐卿回顾曰："子真怜我乎？"遂携抱枕席间，得谐私愿。女起，自饰其鬌，且为生整衣，曰："辱君俯爱，冒耻仰承，一瞬之情，义坚金石。幸无使剩蕊残葩，空付余香于游水也！"唐卿答曰："苟得寸进，敢负心盟？必当贮子金屋！"两相笑狎而罢。

《金兰记》所叙刘尧举赁船赴试，奇遇船女素娟；计诱女父助纤，舟中掷帕定情；尧举科考顺利，急访美女；适女父离船登岸，二人迅速将船移开，以避人耳目，成其好事……种种情节，皆与《雪窗谈异》《情史》等所载刘尧举故事若合符节。更有甚者，《金兰记》中的"舟中掷帕"、"文场出放居先"、"急忙早向中流泛"、"得谐私愿"、"愿贮伊金屋"、"好色胆天来大"、"好似一朵芙蓉映水红"等语句，或直接出自小说原文，或略作变说而意思完全相同。这充分说明《金兰记》剧情的直接来源是万历初小说中的"刘尧举"故事。

三

《群音类选》所选的《七夕宴会》一出，叙写李显忠、刘尧举二人"金兰重聚首"，李显忠于牛郎、织女相会的"七夕"夜晚，在淮西官署设宴款待挚友刘尧举，为其排遣"婚宦两稽迟"的闷怀愁绪："牛女夜、莫轻觑，况一年一度诚奇遇"，"画堂开燕喜、解尘虑，客署应将怀抱舒"；希望友人能够借酒解忧："须尽醉，且休拒"，"共欢豫，一笑应将口角舒。"其友尧举则悲秋伤感："彩霞明耀、流萤光吐，客思逢秋凄楚。梧桐叶陨、飘然恍惚踟蹰，更有蛩声啾唧、聒噪难除，搅得无情绪。喜金兰重聚首、荷垂注，饫德宁辞眉黛舒"，"只恐光阴快如梭，谩将七夕空辜负"，"任教碧汉星双渡，论心好把金兰诉"。

这出戏笼罩着一股浓郁的悲愁和感伤情绪，原因盖为：

第一，刘尧举"在文场才华独擅，应首选"，做了状元"一朝济会风云"，便血气方刚，欲行夙志"万言上、诛除奸佞"。忤秦桧，贬官淮西戍所。因壮志未酬，迭遭打击，故悲秋伤感。

第二，刘尧举客居异乡，又恰值牛女相会之七夕："笑天孙久恋欢娱，废机杼，天心谴恶、致银河梗阻，杳无归路。因构平林鹊羽、云汉浮桥，缥缈通仙驭"，而自己与情人素娟相会难期，婚事蹉跎。所以，触景伤悲，情怀难遣，只好慨叹："只恐光阴快如梭，谩将七夕空辜负。"

第三，刘尧举虽然"婚宦两无成"，但在"秋景愁煞人"的异乡，尚有"他乡遇故知"的情感慰藉。挚友李显忠在其"官署画堂"盛设酒筵，为他排遣忧愁。所以尧举唱道："喜金兰重聚首、荷垂注，饫德宁辞眉黛舒"，"任教碧汉星双渡，论心好把金兰诉"。

上述推断，亦有文献佐证。南宋洪迈《夷坚丁志》卷一七"刘尧举"条云："绍兴十七年，京师人刘观为秀州许市巡检，其子尧举买舟趋郡，就流寓试……又三年，从官淮西，果魁荐。"

李显忠也有在淮西击败金主完颜亮的经历。绍兴二十九年，"金主亮犯淮西，朝廷命王权拒于合肥。权退保和州，又弃军渡江，和州失守"，"朝廷诏以显忠代（王）权"，"显忠选锐士万人渡江，尽复淮西州郡"，"诏赐显忠五子金带。授显忠淮西制置使、京畿等处招讨使，擢太尉、宁国军节度使、主管侍卫马军司公事"。

可见，李显忠与刘尧举皆曾官淮西，虽然时间上不相合，但亦可谓事出有因。至于尧举与船女素娟的别后暌隔，久不相会，实是传奇戏"好事多磨"、悲欢离合的情节预设使然。同时，亦有小说依据。如《情史》卷三"刘尧举"即云："唐卿感女夙约，遍令求访，竟莫能得。盖或流泛他所，而唐卿遂及第。"而《金兰记·得谐私愿》则写素娟父亲审问女儿之情事无果，即说："只得移舟他处，于理全无所伤。"两者恰可印合：正因"移舟他处"，刘尧举才会遍觅船女不得，以造成二人相会难期的情感阻荡。

此外，《金兰记》还应有标志传奇收煞的"团圆封赠"一出戏。这一推断，并非空穴来风，而是既有前此剧情预设的依据，又有传奇戏曲体制的俗成规约：

其一，以前的文人笔记和小说载录刘尧举故事，均是渲染刘尧举和船女的一次风流艳遇，最终是劳燕分飞的离散结局，尧举遭到了神谴与报应。而《金兰记》中的刘尧举则与以往迥然不同。剧作说他"规矩端严德自崇"，一旦"得谐私愿"，即承诺："但愿天长地久共百年。"同时，《金兰记》还虚构他是理学大师朱熹的高足、抗金名将李显忠的盟友。有如此的良师益友，刘尧举自然不会干出不负责任、有伤风化的事情。所以，剧中刘尧举与船女素娟的爱情，最后必然是走向婚姻的殿堂，以团圆终结。

其二，历史上的李显忠，以其出生入死、抗金御侮的辉煌战功，多次受到宋王朝的嘉奖和褒封。而刘尧举虽也有及第做官的说法，然与李显忠相比，实难相提并论。但剧作却虚构了李显忠、刘尧举义结金兰，在淮西和衷共济、共抗金兵，践行了誓词中"愿如平勃济安危"、"定挽天河洗甲兵"、"为国建勋，并勒彝鼎"的宏图大略。据此，李显忠和刘尧举全家受到朝廷封赠，自是顺理成章的事。否则，二人结拜时的誓词盟言就成了无的放矢，没了着落。由此可知："团圆封赠"应是《金兰记》中不可或缺的剧情内容。

其三，《金兰记》写刘尧举从师朱熹"台州崇道观讲学"，并与贬官台州的李显忠"义结金兰"。这不仅在时间上不能与事实相合，而且史无明文，显系该剧作者的刻意杜撰。而传奇戏演出时为了避免观众感觉单一表演的太过寂寥，非常讲求文场与武场的劳逸均衡，以营造冷热相间、缓急错落的审美效果。所以，李显忠与刘尧举这一文一武的捏合作法，虽与历史记载不符，但却适应了传奇戏曲必具的文武场搭配和大团圆结局之舞台演出的实际需要。因此,这一虚构是合理的,它充分满足了广大民众的欣赏习惯和娱乐需求。

综上可知,《金兰记》现存散出的先后顺序依次当为:《金兰结义》、《刘观训子》、《舟中掷帕》、《得谐私愿》、《七夕宴会》。据此,可以梳理出《金兰记》的剧情:南宋初,李显忠力主抗金、反对议和,忤秦桧,贬官台州;因春游遣闷,恰与从学朱熹的刘尧举相识,义结金兰,共除奸党、抗金兵,"为国建勋,并勒彝鼎"。同时,剧中穿插了刘尧举与船女素娟的悲欢离合的爱情婚姻故事,以"团圆封赠"终结。其本事来源于《宋史·李显忠传》和《雪窗谈异》、《情史》等小说中的刘尧举故事,二者本是各自独立、毫不相关的两个故事,剧作以"义结金兰"的方式,将其串合在一起,以成就一部满足民众娱乐需求、适应舞台演出实际的传奇剧作。

38

南宋刘克庄曾言："元祐后，诗人迭起。一种则波澜富而句律疏，一种则煅炼精而性情远，要之不出苏、黄二体而已。"这个论断同样适用于对苏、黄二人七言律诗的评价。尽管在同一种字数有限、章法严密的诗体中，两位诗人仍然以自己高妙的才情和独立的个性，创作出了截然不同的两种诗风，从而将七言律诗在继杜甫、白居易、李商隐后，又推向了一个高峰。那么，既然体式相同，他们在创作技法上，就应当有很多相似之处；而风格各异，又使得他们在相同的格式限定下，呈现出自己独特的面貌。因此，创作手法对诗风的影响就显得非常重要。苏、黄七律的创作手法在继承前人的基础上，都有比较明显的变化。这种变化体现在七律的用语、炼字、句法、对仗、用典、章法、格式等各个方面，限于篇幅，此处只从句式、炼字、用典、虚词、格式等几个角度，比较二人的异同，并对其所体现的诗学意义作简要论述。

一

首先，从句式、句法及对仗方面进行分析。在这些方面，苏、黄二人体现了比较一致的变化。如就句式而言，他们都打破了七律常规的前四后三句式，而在诗中大量使用了二五式、一六式等，使意思的表达显得更加灵活多变。聊举数条以为例：

一六句式如：

　　洁似僧巾白氍布，暖于蛮帐紫茸毡。（苏轼《次韵柳子玉二首》之《纸帐》）

　　人竞春兰笑秋菊，天教明月伴长庚。（苏轼《送张轩民寺丞赴省试》）

　　翁从旁舍来收网，我适临渊不羡鱼。（黄庭坚《池口风雨留三日》）

　　润到竹根肥腊笋，暖开蔬甲助春盘。（黄庭坚

《次韵张秘校喜雪三首》)

二五句式如：

> 梦回只记归舟字，赋罢双垂紫锦绦。（苏轼《宋叔达家听琵琶》）
>
> 闭门野寺松阴转，欹枕风轩客梦长。（苏轼《病中游祖塔院》）
>
> 黄流不解涴明月，碧树为我生凉秋。（黄庭坚《汴岸置酒赠黄十七》）
>
> 三釜古人干禄意，一年慈母望归心。（黄庭坚《初望淮山》）

五二句式如：

> 恨无负郭田二顷，空有载行书五车。（苏轼《送乔施州》）
>
> 明朝郑伯降谁受，昨夜条侯壁已惊。（苏轼《景贶履常屡有诗督叔弼季默倡和已许诺矣复以此句挑之》）
>
> 天上麒麟来下瑞，江南橘柚间生贤。（黄庭坚《送徐隐父宰余干二首》）

二五式、一六式，音节前段短促，后段舒缓，给人以顺畅流走之感。五二句式前长后短，仿佛突然截流，语势顿断，给人以异峰突起之感。这种由音节不同而造成的句式变换，在苏、黄七律中都有明显表现，显示了二位诗人在句式上的讲究。

就句法而言，除了一般语序较顺畅的语句外，苏、黄七律诗中都比较注重倒装句法、错综句法的运用。这两种句法，基本以杜甫七律为开创。它们都打乱了正常的语序，有意造成语势上的错综转折。倒装句只是主语或宾语等颠换一下位置，而错综句则以老杜"香稻啄余鹦鹉粒，碧梧栖老凤凰枝"为例，是整个语序的错乱，看似毫无章法，却不影响其意趣表达，反而因其新奇而更引人注目。倒装句法在苏黄诗中较多，如黄庭坚之"携手河梁愁欲别，离魂芳草不胜招"（《送彭南阳》），"万事不理问伯始，藉甚声名南郡胡"（《闻致政胡朝请多藏书以诗借书目》）；苏轼之"瓦屋寒堆春后雪，峨眉翠扫雨余天"（《寄黎眉州》），"千章古木临无地，百尺飞涛泻漏天"（《广州蒲涧寺》）等皆如此。错综句法如苏轼《送乔施州》一诗中的"鸡号黑暗通蛮货，蜂闹黄连采蜜花"，黄庭坚《次韵张昌言给事喜雨》诗中的"垤漂战蚁余追北，柱击乖龙有裂文"皆是。由此可见苏、黄七律在句法上的求新求变。

以上只是简单说明二人在句式、句法上求新的相同之处。黄庭坚常言及"从老杜处得句法"，他对于句法的钻研可见一斑。而后，江西诗派在学黄、学杜中也以讲究句法为主要学习方向之一。

就对仗而言,对仗技巧在七言律诗中可谓最为重要的一环。对仗的好坏,直接关系到七律的成败。二人在对仗上,亦可谓极力求新。有刻意求工的,如"严安召见天嗟晚,贾谊归来席更前"(黄庭坚《次韵奉答廖袁州怀旧隐之诗》),"空闻韦叟一经在,不见恬侯万石时"(苏轼《姚屯田挽词》),皆以汉事对汉事;有看似不工而工的,如"翁从旁舍来收网,我适临渊不羡鱼"(黄庭坚《池口风雨留三日》),"肯来传舍人皆说,能致先生子亦贤"(苏轼《张先生》);有句中对的,如"肯对红裙辞白酒,但愁新进笑陈人"(苏轼《述古以诗见责屡不赴会复次前韵》),"紫燕黄鹂驱日月,朱樱红杏落条枚"(黄庭坚《和答赵令同前韵》);还有人名对、数字对、曲名对、动物对,等等,不一而足。尤其东坡七律中的对仗更是变化多端,令人应接不暇。前人有的,沿之,前人无的,创之,从而使其七言律诗成为对仗艺术中的瑰宝。

其次,苏、黄七律在用语、炼字方面也有比较明显的趋同性。从这一点上可以说,他们以相同的心思,创造了不同的风格。也即是说,尽管诗风各异,但在具体的创作手法上,二人却有相似之处。

苏、黄二人的七律,无论顺畅流走也好,曲折拗峭也好,都有一个比较明显的特征,就是语言的平淡简净。这种七律语言的平淡,一般会溯源到杜诗,但杜诗汪洋海涵,无所不包,所以这种追溯就有泛认祖之嫌。到白居易,才使七律语言真正变得浅切明白、通俗易懂。这是白居易对七律语言的最大改造。这一改造对宋人影响深远。但富于学识的宋人显然不能满足于这种"老妪能解"的语言,所以在此基础上,又变"平易"为"平淡",这是欧阳修、梅尧臣等庆历诗人为七律语言奠定的基本基调。苏、黄在此基础上,又有所继承和发展。

苏、黄二人语言的平淡主要表现在下字用语的日常化上。他们的诗作中,基本都是人们习见常用之字,而很少用及难字、僻字。就算用及僻典,也尽量将它用日常语言加以提炼概括,所以显示出用字平淡无奇的特色。如"倦客再游行老矣,高僧一笑故依然"(苏轼《书普慈长老壁》),"十年且就三都赋,万户终轻千首诗"(苏轼《杭州牡丹开时仆犹在常润周令作诗见寄次其韵复次一首送赴阙》),"孤松早偃原非病,倦鸟虽还岂是休"(苏轼《行宿泗间见徐州张天骥次旧韵》),"三过门间老病死,一弹指顷去来今"(苏轼《过永乐文长老已卒》),"落木千山天远大,澄江一道月分明"(黄庭坚《登快阁》),"清谈落笔一万字,白眼举觞三百杯"(黄庭坚《过方城寻七叔祖旧题》)。这些诗句或自然流畅,或含思深婉,或高洁清旷,或豪放洒落,风格摇曳多姿,但看其用字,却无一不是人们所熟知常用,甚或老妪能解之字。其整体风貌已与同样善用常字之白居易七律大相径庭,根本原因就在于作者的熔铸之功。这些诗句中用语基本都有出处,可以说是"无一字无来历"，但在读者看来，似乎句句清新警拔，即便不知道典故出处，也不妨碍对诗意的理解和对它的审美性感受。这种以人人熟知之字，经过作者的精心锤炼，打造出人人所难言之意，正是苏、黄下语用字的一大特色。所以用典繁复的李商隐、西昆体被元好问称为需要"郑笺"，但人们却很少说几乎字字都求来历出处的苏、黄之诗也需要"郑笺"，原因正在于此。唯有知者才能感叹"甚矣，公之诗不易读也"。

近体诗尤其讲究"争价一字之奇"，所以有"字眼"之说，也即一句诗中应该有一个字，醒目突出，能够提起一篇之精神。简言之，就是炼字。七言律诗当然也不例外。苏、黄七律都非常讲究炼字。后世有论者往往认为，东坡诗一气流走，所以不讲锻炼之功。如《瓯北诗话》言："坡诗有云：'清诗要锻炼，方得铅中银。'然坡诗实不以锻炼为工，其妙处在乎心地空明，自然流出，一似全不着力，而自然沁入心脾，此其独绝也。"这段话对苏诗总体印象的概括大致不错，但苏诗并非不以锻炼为工。正如苏轼自己所言"清诗要锻炼"一样，苏轼七律语言很讲究炼字，甚或有锻炼太过之嫌。像"白衣送酒舞渊明，急扫风轩洗破觥"（《章质夫送酒六壶书至而酒不达戏作小诗问之》）一句中的"舞"字，《蛮溪诗话》就有这样一段论述："人有疑'舞'字太过者，及观庾信《答王褒饷酒》诗'未能扶毕卓，犹足舞王戎'，'舞'字盖有所本。"此论虽然是从"以学问为诗"的角度，为"舞"字所作的辩解，但也说明了东坡七律对语言锤炼的重视。黄庭坚对语言用字的精细程度，远远超过东坡，可谓一字不轻出，所以在他们的七律诗中有很多句子都体现出作者的苦心经营之处，也显示出作者在语言锤炼上的造诣。以下略举数例，简要说明。

东坡诗中炼字之例如：

> 梦里青春可得追，欲将诗句绊余晖。（《和子由四首》之《送春》）
> 仰看鸾鹄刺天飞，富贵功名老不思。（《和晁同年九日见寄》）
> 粗缯大布裹生涯，腹有诗书气自华。（《和董传留别》）
> 清风偶与山阿曲，明月聊随屋角方。（《余去金山五年而复至次旧诗韵赠宝觉长老》）

山谷诗中炼字之例如：

> 客兴不孤春竹叶，年华全属拒霜丛。（《陈季张有蜀芙蓉长饮客至开辄剪去作诗戏之》）
> 南阳令尹振华镳，三月春风困柳条。（《送彭南阳》）
> 稍见燕脂开杏萼，已闻香雪烂梅枝。（《次韵清虚同访李园》）

秋入园林花老眼，茗搜文字响枯肠。(《次韵杨君金送酒》)

风乱竹枝垂地影，霜干桐叶落阶声。(《宿广惠寺》)

从以上所举诗例来看，东坡、山谷都比较注重动词的锤炼，但二人的锤炼方法却不尽相同。东坡多是直接选用动词进行加工，使原本呈静态的诗句灵动起来，如第一句中的"绊"字、第二句的"刺"字、第三句的"裹"字皆起到画龙点睛的作用。而山谷更注重对词性的改造，也即多为词性活用。这一点在东坡诗中亦有，如第四句的"曲"和"方"字，皆是形容词作动词使用，但不如山谷诗中普遍。在上述山谷诗句中的"春"字，是名词作动词用，而"烂"、"老"、"乱"、"干"等，则是形容词动用。这种词性活用，对于诗歌来说，更增加了语言的表现功能，使读者必须深入体会，才能意识到作者措辞之妙。这种炼字方法上的微妙差别，也是影响东坡、山谷七律风格差别的重要因素之一。因为直接锻炼动词，往往呈现出的是作者的奇思妙想和灵活飞动的一面；而词性活用，却常常体现出作者的精心构思和思绪缜密的一面，因此不可小觑。

二

用典在苏、黄七律中已成为最鲜明的特色。二人七律几乎都讲究"无一字无来历"，但用典的范围和方式却各有不同，以下就这两方面略作论述。

先考察二人用典范围的异同。笔者以《苏轼诗集》和《黄庭坚诗集注》为主要参考书，就二人七律的用典范围作了统计，其结果如下：

苏轼七律的用典范围：

经部：《诗经》、《周礼》、《易经》、《易传》、《礼记》、《尚书》、《论语》、《韩诗外传》。

史部：《史记》、《汉书》、《晋书》、《左传》、《后汉书》、《三国志》、《南史》、《晋春秋》、《陈书》、《国语》、《宋书》、《隋书》、《唐书》、《吴越春秋》、《一统志》。

子部：《老子》、《庄子》、《荀子》、《扬子》、《抱朴子》、《韩非子》、《列仙传》、《淮南子》、《搜神记》、《搜神后记》、《世说新语》、《烟花录》、《酉阳杂俎》、《国史补》、《山海经》、《南部新书》、《唐摭言》、《九州春秋》、《杨妃外传》、《管子》、《晏子春秋》、《吕氏春秋》、《北梦琐言》、《纂异记》、《赵后外传》、《神仙传》、《唐朝传记》、《海路碎事》、《法苑竹林》、《小说》、《诸香名谱》、《东观汉记》、《天宝遗事》、《十洲记》、《吴兴掌故集》、《襄阳记》、《异闻录》、《汉武故事》、《荆楚岁时记》、《风土记》、

《四时宝鉴》、《述征记》、《古今乐录》、《甘泽谣》、《颜氏家训》、《青琐集》、《续仙传》、《四时月令》、《稽神异苑》、《博济方》、《拾遗记》、《录异记》、《南方草木状》、《晋安海物异名记》等。

集部:《楚辞》、《文选》、《文心雕龙》、《玉台新咏》、王羲之《笔势论略》,陶渊明、杜甫、白居易、韩愈、孟郊、柳宗元、刘禹锡、李商隐、欧阳修、梅尧臣等诸家诗文集。

佛经道书类:《楞严经》、《传灯录》、《维摩经》、《高僧传》、《庐山莲社录》、《法句经》、《大智度论》、《观音普门品经》、《大还秘契图》等。

黄庭坚用典范围:

经部:《尚书》、《周礼》、《诗经》、《周易》、《礼记》、《韩诗外传》、《乐记》、《孟子》、《春秋》。

史部:《史记》、《汉书》、《晋书》、《左传》、《后汉书》、《三国志》、《北史》、《南史》、《国语》、《战国策》、《唐书》、《续汉志》、《汉官仪》、《越语》、《史通》等。

子部:《庄子》、《晏子春秋》、《襄阳记》、《北里志》、《文中子》、《古今五行记》、《世说新语》、《唐摭言》、《东观汉记》、《学记》、《古今五行记》、《神仙传》、《永嘉郡记》、《西京杂记》、《真诰》、《述异记》、《朝野佥载》、《青箱杂记》、《唐语林》、《博物志》、《云溪友议》、《列女传》、《本事诗》、《幽闲鼓吹》、《四注起事》、《续仙传》、《洞仙传》、《北山录》、《零陵记》、《太平寰宇记》、《齐民要术》、《水经》、《茶经》、《难经》、《本草》等。

集部:《楚辞》、《文选》、《乐府》、《玉台新咏》,陶渊明、杜甫、白居易、韩愈、孟郊、柳宗元、刘禹锡、李商隐、欧阳修、梅尧臣、苏轼等诸家诗文集。

佛经道书类:《莲经》、《达摩传》、《法华经》、《华严经》、《维摩经》、《智度论》、《金刚经》、《四十二章经》、《黄庭经》、《园觉经》、《遗教经》、《传灯录》、《黄庭内景经》、《法书要录》、《祖庭事苑》、《参同契》、《老君六丁符图》等。

类书:《初学记》。

以上统计结果虽然可能受到注书者的影响而有偏差,但从结果中我们还是大致能看出苏、黄二人用典取向的异同。从所列书目的数量繁多、种类丰富而言,苏、黄二人七律之"资书以为诗"是无可辩驳了。但在总体书目的使用及同类书的使用频率上,二人还是显示出了一定的差别。

从以上资料可见:就经部而言,二人对经部的使用,基本都以《诗经》为主。

可能是因为《诗经》本来就属于诗歌类，化用起来比较方便。就书目总体使用数量而言，黄庭坚的范围略广一些，比东坡多出的三部，分别为《乐记》、《孟子》、《春秋》，却少一部《论语》。东坡家学为《易》，诗中不用《春秋》，或许与王安石新学多注重《春秋》而东坡于新学颇不能容有关。

就史部而言，二人的使用范围相差不大。但在史书的使用频率上，却有区别。东坡诗中多用《晋书》，其次为《后汉书》、《汉书》、《史记》等，这当与东坡本人风流潇洒的个人气质有关。诗人对所谓的"魏晋风度"似乎情有独钟，所以诗中大量使用了这一时期的典故，连诗中出现的人物，也以此期为多，如"正平独肯从文举，中散何曾靳孝尼"（诗中人物依次为祢衡、孔融、嵇康、袁淮，《次韵曹九章见赠》），"北牖已安陶令榻，西风还避庾公尘"（《次韵王廷老退居见寄》），"孟嘉嗜酒桓温笑，徐邈狂言孟德疑"（《太守徐君猷通守孟亨之皆不饮酒以诗戏之》）等，由此亦可见出作者的审美情趣和精神风貌。山谷诗则用《史记》、《汉书》、《后汉书》典较多，诗中也不像东坡那样大量出现历史人名，而是化用事件，如"藤萝得意干云日，箫鼓何心进酒樽"（《徐孺子祠堂》），用《后汉书》典；"陆沈霜发为钩直，柳贯锦鳞缘饵香"（《叔父钓亭》），用《史记》典。此处举例聊以说明因性格爱好不同，苏、黄二人在七律中使用史书典故倾向性的差别所在。

从子部用书来看，苏黄的差异性较大。虽然二人用书都比较繁复，且有很多交叉之处，但其间的差别还是比较明显的。如先秦子部书中，黄诗多用《庄子》，而苏诗却不拘一格，除《庄子》外，还有《老子》、《荀子》、《扬子》、《抱朴子》、《韩非子》，几乎包括了先秦诸子。由此亦可看出，东坡用典方式和山谷用典方式的不同。东坡用典，正如后世评论所谓随意所之，手到擒来，不见牵强凑泊之痕，所以在范围使用上，也多呈开放性格局。而山谷更注重典故本身的含义，多咀嚼出之，所以在用典上比较慎重，就范围而言，自然也就没有东坡那样挥洒自如。二者子部用书中还有一个比较明显的不同之处，即在东坡七律中，好用奇闻轶事，所以用《世说新语》及志怪类书目较多，如《搜神记》、《搜神后记》、《烟花录》、《山海经》、《纂异记》、《神仙传》、《异闻录》、《汉武故事》、《续仙传》、《稽神异苑》、《拾遗记》、《录异记》等，使七言律诗显示出一种前所未有的丰富和生动。而山谷虽也用《世说新语》和部分志怪类书目，但其大体还是以笔记类为主，如《北里志》、《唐摭言》、《永嘉郡记》、《西京杂记》、《朝野佥载》、《青箱杂记》、《唐语林》、《博物志》、《云溪友议》、《本事诗》、《幽闲鼓吹》、《北山录》、《零陵记》、《太平寰宇记》、《齐民要术》、《水经》、《茶经》）、《难经》、《本草》等。这一倾向最鲜明地体现了二人意趣之不同，一个外向、好奇，一个内敛、征实，性格亦可见一斑。

就集部而言,苏、黄用书范围大致相同,以上所列也只是就其主要倾向而言。在诗中,就语言使用的实际情况而言,二人七律都受杜甫影响极深。苏轼的580首七言律诗中,近180首用到杜甫诗句,约占总数的31%,可谓数量惊人,几乎每三首就有一首用到。黄庭坚七律用杜诗比例则高达53%。由此,我们也可看出他们的七律渊数。东坡诗中用到韩愈和白居易诗句也较多,山谷诗中韩诗较多,白诗相应较少。就此亦可见北宋诗人对中唐诗人诗风的认可。这就不仅仅是个人喜好问题,而是与整个大文化背景相联系。文化背景和身份地位的相似性,使北宋诗人对中唐诗人在精神上更易沟通,所以对他们的诗歌意趣就更容易接受,这种接受则打破了诗体的界限,而渐入语言和精神层面。

　　从佛经类书目而言,黄庭坚不仅在范围上超过苏轼,在诗中的使用频率亦远远高于东坡。这一点当与二人对待佛学的态度相关。虽然苏轼和僧人交往很多,但从其诗中多反映的意趣来看,他并不是一个虔诚的佛教徒,偶尔还会流露出戏谑的态度。黄庭坚对佛教的态度要认真虔诚得多,所以七律诗中用佛经的语汇也比较多。

　　以上就二人的用典范围略作了统计分析,我们再来看苏、黄用典方式的异同。使用典故的方法很多,或正用,或反用,或明用,或暗用。一般以正用、明用为易,反用、暗用为难。七律中典故的使用,起初以杜诗为显著,发展到李商隐,已有"资书以为诗"的嫌疑,但仍能以情意婉附之;到北宋初的西昆体学习李商隐,却完全成了"獭祭鱼",被认为是"务积故实"。但此后却奠定了宋诗"以学问为诗"的大方向。到北宋后期的苏、黄,在七律创作中典故的使用上可谓登峰造极。

　　典故分语典和事典两种。此处我们以分析二人诗中的事典为主。典故的使用可以深化诗意,增大诗歌内容的含量,起到"四两拨千斤"的作用。但同时又是一把"双刃剑",用得不好,往往使诗意晦涩难读,造成骂声一片。西昆体就是鲜明的例子。七言律诗在典故的使用上,发展到苏、黄,已经积累了丰富的经验,也留下了大量的教训。如何能将人人熟知的东西作出不同的花样,是两位才气横溢的诗人共同面对的课题。清人赵翼在《瓯北诗话》中对苏、黄二人的用典有一段精到的论述:"北宋诗推苏、黄两家,盖才力雄厚,书卷繁富,实旗鼓相当,然其间亦自有优劣。东坡随物赋形,信笔挥洒,不拘一格,而不见有矜心作意之处。山谷则专以拗峭僻俗,不肯作一寻常语,而无从容游泳之趣。且东坡使事处,随其意之所之,自有书卷供其驱驾,故无掇撦痕迹。山谷则书卷比东坡更多数倍,几于无一字无来处,然专以选材庀料为主,宁不工而不肯不典,宁不切而不肯不奥,故往往意为词累,而性情反为所掩。此两家诗境之不同也。"这段论述尽管非常精彩,可以说是切中要害,但对山谷的批评却未免苛刻。

东坡、山谷七律，的确都是书卷繁富，从我们上文所列书目亦可见一斑，而且都很讲究典故使用的恰切，因此其间并无优劣，只有异同。用典方法上，苏、黄都是极力求新，除了一般的引用外，还采用了很多翻案、歇后等手段。就这种典故的具体使用方法而言，两者有相同之处。但由于二人诗风差异较大，所以，虽然使用典故的具体手段类似，但从典故中提炼语意的方式却并不相同。如东坡用典，最善于抓住典故最精彩的部分，加以提炼熔铸，使典故本身极富有形象性。以"无人可诉乌衔肉，忆弟难凭犬附书"为例，"乌衔肉"用《汉书》中黄霸事，言黄霸为颍川太守时，欲遣一官吏出去伺察，官吏于道旁用餐，有乌鸦来啄其肉食，正好有人看到告诉黄霸。等官吏归来，黄霸言其辛苦，并提起道边用食有乌啄肉事，官吏大惊，以为黄霸完全掌握其行藏，因此对伺察所见，不敢有任何隐瞒。"犬附书"用《晋书》陆机事，言陆机有骏犬，甚爱之，在羁寓京师时，久无家中消息，陆机便笑问爱犬，是否能传书给家人，爱犬摇尾表示可以，陆机就系书于其项上，犬沿旧路，果然送到了家中，以后则往返为常。这两句的意思是说，我纵然想要将自己的所见所闻完全上报，又到哪里去找黄霸这样的人物去听呢？我非常想念子由你啊，却没有陆机那样的骏犬替我传书。从诗意上讲，前一句还是反用黄霸典，更见出诗人的提炼功夫。类似的诗句还有"穿杨自笑非猿臂，射隼长思逐马军"（《次韵和子由闻予善射》）、"已遣乱蛙成两部，更邀明月作三人"（《次韵述古过周长官夜饮》）、"诗人老去莺莺在，公子归来燕燕忙"（《张子野年八十五尚闻买妾述古令作诗》）等，不胜枚举。

这种形象化的语言，既有文雅典奥的一面，又有妙趣横生的地方。不仅充分显示了诗人的博学多识、才气横溢，还显示了诗人幽默诙谐的一面。也即赵翼所谓，"随物赋形，信笔挥洒，不拘一格，而不见有矜心作意之处"。这种随物所赋之形，正是典故的形象性所在，用在诗中就会有"信笔挥洒"的流宕飘逸之感，而不会艰奥晦涩。

山谷七律之用典和东坡用典方式有很大区别。从某种程度上讲，东坡用典，讲究"奇"，讲究"趣"，往往令人耳目一新。山谷用典却比较"巧"，比较"新"，常常令人惊叹不已。一个妙在外部，一个妙在内部。如山谷之用典，在构思上往往比东坡要精细很多，他不光使用典故的本意，还善于将典故与现实的诗意相结合，或者通过典故的本意影射现实，或者将原典的意思加以延伸来和现实相接，造成诗意的曲折深晦。如果不能仔细体察，实在难以把握作者究竟要说什么，所以有"意为词累"、"性情反为所掩"之嫌，但如果能体会到诗人的良苦用心，就往往会对他的精妙构思拍案叫绝。

此处以《次韵马荆州》一诗中的诗句，来简略分析，以体会山谷用事之精妙。

原诗为：

> 六年绝域梦刀头，判得南还万事休。
> 谁谓石渠刘校尉，来依绛帐马荆州。
> 霜髭雪鬓共看镜，茱糁菊英同送秋。
> 他日江梅腊前破，还从天际望归舟。

此诗作于山谷远贬荆南之时。"六年绝域梦刀头"，"六年"言自己从绍圣元年（1094）始，远贬涪州、黔州、戎州，后又辗转到荆南，其间已有六年之久了。"绝域"用《汉书》中语："耿育上书讼陈汤：'讨绝域不羁之君。'""梦刀头"用古乐府词："合当大刀头，破镜飞上天。"还借用了王濬"梦三刀"事，作为外贬官员回迁的吉兆。其事见《晋书·王濬传》，言濬为广汉太守时，夜梦三刀悬于梁上，须臾又益一刀，部下为之解释：三刀为州，又益一刀，表示将迁官益州，后濬果为益州刺史。就字面言，真可谓"无一字无来处"。就诗意而言，"六年"言远谪岁月已久，"绝域"言所迁地境之远，"梦刀头"则言心情之热切盼归。但是这些心绪，从诗句上却很难看出来。他的绵密思绪，全部隐藏在字面背后，须透过一层，转过一弯，才能读出。尤其吴曾在这首诗的《题解》中，还揭示："刀头有环，问何时当还也。"更加深了诗意的折叠。由此，我们可以看出山谷构思的深严精细。7个字中，不仅包含了大量的文献信息，体现了作者深厚的学识，更显示了其遣词用语的熔铸功夫。心思之细致精微，令人惊异。难怪连才气逼人的东坡先生也连连赞叹不已。

"谁谓石渠刘校尉，来依绛帐马荆州。""石渠刘校尉"用《汉书·刘向传》典，刘向曾"讲论五经于石渠"，又曾为中垒校尉。而山谷也从馆阁迁贬，经历类似，因而用以自况。"绛帐马荆州"，用《后汉书·马融传》典，马融汉桓帝时为南郡太守，曾坐绛帐，前受生徒，后列女乐。南郡正是指荆南，也即山谷所贬之地。此句正切所赠之人"马荆州"，而且用当家故事，可谓极为巧妙。诗句前的"谁谓……来依……"4个字又将两个看似毫不相干的人贯穿一气，结合当前的实际情况，就是谁能想到当年的自己还曾亲近天颜，得以在馆阁编书，而今却沦落僻壤，不得不依附先生您了。从字面解释，却成了谁能想当年西汉的刘向却来依靠东汉的马融呢？现实和诗句都是意想不到的事。而诗句表面意思中的意想不到似乎还要更荒诞，更不可能，这种荒诞和不可能却在现实中真正地发生了！这就更加深了作者对身世流落的悲叹，真可谓步步关联，层层递进，现实与事典结合得天衣无缝。

从以上分析来看，山谷的用典，不仅要切合当时的人事，更重要的一点是，还要发掘典故本身所蕴涵的深层意思，并用关联词巧妙地将这几层意思融合在一起，使得诗作极有深度，极有立体感。遣词用语绝不虚发，不光是让 56 个"贤人"每个都能起到自己的作用，不令一个闲置，而且还要让他们一人兼数职，拓展诗歌的容量，以便在有限的空间内包含尽可能多的内容。就用典来看，虽然字字征实，却不是典故的叠加，也不是珠串式顺畅而下，而是如珠花一般，曲线穿联，最终浑然一体，不露痕迹。真可谓大巧若拙，达到了《艺概》所言之"锻炼而归于自然"，也即山谷所自言之理想境界："平淡而山高水深"。这就是典型的山谷用典方法。

因此，《载酒园诗话》论山谷使事，虽说有"实阴效杨刘而外变其音节，故多矫揉倔倨，而少自然之趣"的嫌疑，却不能不肯定其"气清味洌，胸中亦自有权衡，故佳篇尚多"。

39

试论新闻记者的问题意识

薛蕾 《无锡日报》社

提问,对记者而言是家常便饭。但善于发现问题、调查问题、揭示问题,要求记者有一种专业精神和理性思维,其核心就是培养新闻记者直面现实、直指问题、保持质疑的问题意识。

新闻的本质呼唤问题意识

哲学求真,道德求善,艺术求美,新闻求什么? 从新闻的要义出发,除了求新、求快、求客观之外,新闻还求"明"。新闻之所以成立,就在于它体现了一种"去蔽"的社会性功能,释疑解惑,探求真相,揭露时弊,弘扬正气。新闻把问题放在大众的眼皮底下,把社会从暗处带到明处,因此新闻从根本上说需要记者有一种问题意识。

现实社会里存在的问题数不胜数,其中大量的问题被记者过滤了,而有的问题像大海捞针般被筛选出来,原因何在? 在于问题本身有没有普遍意义,有没有公共性,是不是具备社会性。也就是说,新闻所关注的问题不仅是某个独立的问题,而且是超越了问题的自然形态而社会化了的问题;这个问题不仅是此时的问题,它也是关涉未来的问题。

从新闻不可或缺的五要素来说,何事、何人、何时、何地、何因,这 5 个 W 本身就是一连串的问号。每一次的采访都是由问题的提出、问题的求证、问题的解决来完成的。问题的开始就是采访的开始。你带着细节去问,被采访者就会给你细节,带着情节提问,就会给你情景。在反复询问、追问、反问的过程中,问号一个一个打开,事实一点一点呈现出来,事件的意义一步一步变得清晰。

从受众的阅读心理分析,一个新闻事件发生了,人们不但想知道事实是什么,还想知道事件怎样发生,背景是什么,后果会怎样,其他人如何评价,这一系列的问号都需要记者带着问题意识去采访和解答。问得越巧妙,答得越准确,新闻的价值就越高。所以问题意识的运用实际上是新闻价值的"增值"

过程。提不出任何有新意的问题,通篇都是人云亦云的东西,那读者对这篇新闻也不会有阅读的期待。

与以事件为主的报道相比,调查性报道为了揭示公共利益中通常被掩盖或隐瞒的问题和疑点,更加依赖记者层层剥笋、步步追问的意识和采访,直至揭露出深层次的问题,得到触目惊心的事实。问题,在调查报道中起到主线的作用,如同故事片里的侦探,带领读者走进事件的核心,去解开疑问。

其实,并非只有调查性报道或者是负面报道才需要问题意识,中性报道甚至是正面报道也需要质疑的态度和调查的手段。例如,央视《新闻调查》栏目做主题性报道《宏志班》时,采取了"三段式"的结构。首先提出问题:宏志班引发了越来越多的社会关注;然后分析问题,宏志班是如何运作的;最后总结问题,宏志班路在何方。每个问题的讨论都倾听了不同的声音,形成一种思想的交锋。通过这种交锋,节目在纷杂纠结的问题中梳理出清晰的条理,新闻主题也由此步步深入。

以质疑风格著称的央视记者王志,即使在对姜瑞峰、方永刚这样的"时代先锋"做访谈时,也是带着审慎的态度进行采访。"告诉你吧,我不相信。要我相信,就得经得起我挑剔。就算是正面题材,也要经得起反面推敲。"他把质疑作为新闻的切入点。你怀疑,对方就要表白,这样环环相扣,被采访者就会讲出更多的心里话,信息也更透明了。

问什么样的问题

追问的意识、提问的水平是记者职业特征的体现。

记者是社会的行者,是观察者,是记录者,也是预警者。面对新闻事件和社会现象,你能提什么样的问题,很大程度上意味着你的报道能到达什么样的深度和高度。独家新闻来源于独家思索、独家发现和独家问题,因而有相当的难度。

什么样的问题才是好问题,很难给出一个操作性的定义。但至少应该符合三个特征:时代性、复杂性和深刻性。

一个好的记者应该善于提时代的问题。美国约瑟夫·普利策认为"国家与新闻同兴衰"。他所设立的普利策新闻奖,最重要的一条评选标准是"关注国家命运"。新奥尔良洪水、税务制度漏洞、"9·11"事件、伊拉克战争、儿童福利系统改革……通过剖析可以发现,这些获奖报道不是靠简单的说教或吹捧,更多的是通过严肃尖锐地提出问题,给予揭露与抨击,以达到消除毒瘤和缺陷的目的,使美国社会不断走向健康。难怪有专家说,从普利策奖作品中,可以了解美国

20世纪以来的社会政治发展史。

经济学家汪丁丁认为,"新闻被认为是思想史的一部分"。近十年来,中国的社会和经济发生了巨大的变化,进入了一个新的时代。"三农"问题、知识产权、公共安全、社会正义、环境生态……许多人对当代中国的复杂现象迷惑不解:这是一个什么样的时代? 这个时代的人们如何自我认同? 这个时代的精神生活呈现什么样的特征? 这个时代的核心价值和公共文化是什么? 这一切,都是我们无法绕过的当代的大问题。一个有作为的记者应该善于提具有时代特征的问题,以提问为调查和思考的起点,采写意蕴深刻的报道,使新闻在历史进程中彰显生命力。

其次,一个好的问题应该有利于揭示真相。一个问题之所以成为问题,是因为面对复杂的事实或观点,至少还有一部分人对它存有模糊、片面或错误的认识。记者应该针对似是而非、似非而是的问题发问,以此展开对新闻事件中未知或被遮盖的部分的重新调查和阐释,还读者一个真相。在这里,记者不断追问、反问甚至是质问,其目的不仅仅是找出漏洞,而是通过追问观察并剖析出一个更加丰富、自然也更加深刻的事实。

美国哥伦比亚广播公司的《60分钟》是全美家喻户晓的电视新闻栏目,在制作"美军士兵虐待伊拉克战俘"专辑时,美军驻伊拉克最高将领巧舌如簧,将矛盾的中心由"士兵虐待俘虏"置换成"拍照的人的行为是可耻的"。主持人本·华莱士一针见血、不留丝毫情面地追问甚至是质问:"那那些做了这些事的人呢?"这一极其精彩、容易让观众永久记忆的场面不来自于画面的惊心动魄,不来自于故事情节的曲折离奇,也不来自于当事人绘声绘色的描述,这种魅力完全来自于记者对真相的执著,来自于思考的深度,来自于智慧和胆略。

再次,一个好的问题还应该是耐人寻思、隽永回味的。对一篇新闻来说,不光要讲究遣词造句,真正使作品有价值的是这篇报道的内涵。好新闻总是能给人以启发和感悟,对阅读者有用。近年来,获得中国新闻奖的作品,如《70亿维修基金的困惑》、《3000小考生"妖魔化"妈妈》等,几乎每一篇都能作为读者的谈资而引发议论,因此注定了其生命力的旺盛。成就这些佳作的原因之一,就是记者能从题材中提炼出精辟的问题,从一个侧面披露出弊端,引发社会各方参与讨论,共同寻找解决的途径。新闻不一定要有轰动效应,但一定要耐人寻味,让人看出一点不寻常的东西。

2003年5月17日,北京市人民医院解除隔离的当天,央视新闻栏目对该院为何成为最大的污染源进行深入采访。被彻底清理前,医院的环境一派零乱,护士坐在台阶上流泪叙述她去抢防护服的经历,这些镜头把一家专业医院如何建立应急机制的问题展现了出来。最让人震撼的是，在采访的末尾，柴静问急诊科科长："如果再经历一次非典，我们能不能打赢?"科长说："如果还是这个样子，我们还是会失败。"柴静的这个问题，已经不是在采访"非典"本身，而是在引发对中国公共卫生应急体系的讨论和反思。从这个意义上说，新闻要做到大气、主流，标准之一就是它要比一般的社会思潮提出更有洞察力的问题，体现更成熟的思想。

锤炼问题意识

一个成熟的记者，问题意识应该贯穿于其整体工作过程当中，选题、采访、写作，对真相的探寻和对现实的思考都体现于如何提问上。有意识地知道该问什么、该怎么问，这不仅仅是技巧，更是一种新闻的主体意识。一个有问题意识的记者，是一个有很大成长空间的记者。

培养问题意识，首先要树立责任感。没有责任感的人往往会被假象蒙蔽，蜻蜓点水，触及皮毛，只有真正有责任感的记者才会不断提出质疑，直到探寻到真相。以央视的名牌栏目《新闻调查》的记者为例，没有责任感，王利芬就不会跳进那些形式主义的渗灌工程，从地里拔出塞着木头的水管——不起任何作用的摆设。同时，曲长缨也不会在太平间逐一核实阳泉沟矿难中死者的名单，经历横跨3个省、半个多月的调查，揭露矿主恐吓死者家属"私了"的过程，由此撕开一个精心编织的骗局。没有还公众一个真相的强烈责任感，柴静不会在北京市人民医院的地下室发现黑板上"非典"患者被写成普通感冒病人，杨春也不会在益鑫泰路派出所对证人的行走路线、对跳楼现场作深入准确的分析。

面对扭曲的意义和隐藏的事实，有责任感、正义感的记者应该睁大双眼，做一个坚定的真相的守望者，以追问和质疑的态度去接近每一个新闻事件，弄清新闻内核中相关联的因素和环节。以问题为线索，对事件的发生、发展作清晰准确的解释，努力开掘新闻事件中隐藏的新闻点、典型价值。

其次，问题意识来源于现实把握力。大量的新闻实践表明，一个记者，如果对实际工作中存在的问题不关心，对群众关注的问题没兴趣，头脑中不装着问题，不研究问题，那他是断然写不出有新意的报道来的。在日益丰富与复杂的实践环境下，记者除了具备较高的政治理论与政策知识修养外，还要有参透与把握现实的能力，要有对历史、现实的反省力，能透过微观现象觉察到宏观问题，根据时代的特点判断新闻价值。

近年来，中国矿难频发，如果记者仅仅满足于报道伤亡人数，报道的新闻价值是有限的。事实上,这些矿难不仅仅是局限在某个地方的事情,而是反映这个时代的现实。中国经济的高速发展建立在对能源的高度依赖之上,而中国使用的能源70%是煤,千万煤矿工人以他们的辛勤劳动为中国经济输送血液。一次次的矿难让更多的人了解这个产业群体的处境,经济发展不能再以牺牲人命为代价。记者从这个时代的高度出发,去关注和反映重大事件,追问、调查事件背后的原因、责任、出路,新闻就会更有分量。

再次,独立思考是记者最宝贵的品质之一。运用科学的立场、观点、方法分析事物,作出自己的正确判断,这就是独立思考。在此基础上哪些是真问题,哪些是伪问题,哪些需要浓墨重彩,哪些要惜墨如金,都需要判断后做出恰当的把握。

以第十四届“中国新闻奖”消息一等奖作品《非典型肺炎病原是衣原体?》为例,这篇报道的记者在非典型肺炎的病原体争论中,没有随波逐流,而是实事求是,尊重科学,独家如实报道了广东专家的观点。从这篇报道的成功可以看出,记者要善于独立思考,有自己的特色和视角,敢于提出新问题、新见解,在主旋律一致的前提下,先声夺人,敢开“第一腔”,敢问第一个“为什么”。新闻凝结着记者的思想,只有思考才能产生问题,一个好的新闻报道是在有思考背景、有透彻想法的前提下,通过新闻故事的形式表达出来的。如果记者本人对一个新闻事件所蕴含的问题没有“意在笔先”的思考,只是堆砌事实,那么写出的只能是一篇显得茫然的报道。

当然,新闻所要调查、揭示的不是一般社会学意义上的社会问题,也不是深沉的哲学命题,它首先是新闻,应该具有新闻所要求的一切特性。记者面对问题,不是意气用事地狠狠批判,也不是高高在上地生硬说教,而是用理性审视和积极引导,努力促成问题的解决,促进社会健康发展。

(原载于《城市党报研究》2007 年第 6 期)

【后记】 离开安静的校园投身忙碌的传媒业,一眨眼已经 13 年。读博士、当教授,或者干新闻、做记者,都是各有各的辛苦,也各有各的精彩。表面上看,采写“本报讯”那样的稿子,离唐宋诗词的世界很远,可是也有很多次,我觉得自己和这个专业有着不解之缘。从杨老师那里受到对治学修身的启发与熏陶,对语言文字的尊重与敏感,对世事人情的体会与感悟,都若隐若显地影响我对新闻的判断和表达,影响我对新闻职业的理解和追求。这一篇三年前完成的论文,原是对自己十年记者生涯的一次总结,和各位师长的学术成果相比,无疑非常稚嫩和浅显,谈不上分享和交流,就算是学生交给老师的作业吧。一路走来,感谢杨老师的栽培和师兄师姐的支持,祝大家继续前行继续收获。

40

许金华　浙江树人大学

李清照(自号易安居士)作为女性大词人,较之一般男性词人可能更热衷于描述花卉,在她现存的40余首词中,或作为歌咏的主体,或作为环境氛围的营造,或作为情感的烘托,写到梅、菊、桂、海棠和芭蕉之类的词作约占三分之二。

花卉在古代诗词中非常多见,古代的诗家词客常常引以自喻,或作为其人格的象征,或表达其人生的追求。屈原的"扈江离与辟芷兮,纫秋兰以为佩"(《离骚》),陶渊明的"芳菊开林耀,青松冠岩列,怀此贞秀姿,卓为霜下客"(《和郭主簿》其二),李白的"风吹芳兰折,日没鸟雀喧"(《送裴十八图南归嵩山》),杜甫的"葵藿向太阳,物性固难夺"(《自京赴奉先县咏怀五百字》),苏轼的"故作小红桃杏色,尚余孤瘦雪霜姿"(《红梅》),等等,无不是其内在品格的形象呈现。而女性作家写花不仅用花来象征其精神品质,而且还用花来比喻其外表形象,正如李白所说的"美人如花隔云端"(《长相思》)中的"美人如花"。因而这种内涵与外表相统一的花卉自拟的写法更能表现女性的特点和魅力。李清照作为大词人的女性更是如此。

黑格尔说:"在艺术里,这样感性的形状和声音之所以呈现出来,并不只是为着它的本身或是它的直接现于感官的那种模样、形状,而是为着要用那种模样去满足更高的心灵的旨趣,因为它们有力量从人的心灵深处唤起反应和回响。这样,在艺术里,感性的东西是经过心灵化了,而心灵的东西也借感性化而显现出来了。"①因此,通过对易安词中花树意蕴的探求,我们更可以窥见其内心世界和人生的心路历程:绿肥红瘦的海棠少女怀春之情思,暗香消魂的菊花夫游妻闺之恋愁,没人堪寄的梅花夫亡妻孤之怨痛,向人酝藉的桂花气闲神定之静安。

---

① 黑格尔:《美学》第 1 卷,人民文学出版社,1962 年。

一、海棠之感

李清照的《如梦令》词云：

> 昨夜雨疏风骤，浓睡不消残酒。试问卷帘人，却道海棠依旧。知否？知否？应是绿肥红瘦。

此词是女词人少女时期抑或少妇时期所作尚难定夺，然其惜春、恋春的情愫昭然在目。问题在于，如果女词人仅仅是对"花事"的关切，对青春的珍惜，对时光流逝的感叹，一如晏殊"夕阳西下几时回"[《浣溪沙》(一曲新词酒一杯)]的情感，那么女词人的个性和独特的感受又在哪里呢？

首先探讨海棠的寓意。苏轼《海棠》诗云："东风袅袅泛崇光，香雾空蒙月转廊。只恐夜深花睡去，故烧高烛照红妆。"此诗引用了唐明皇和杨贵妃的一段故事："上登沉香亭，诏太真妃子。妃子时卯醉未醒，命力士从侍儿扶掖而至。妃子醉颜残妆，鬓乱钗横，不能再拜。上皇笑曰：'岂是妃子醉，真海棠睡未足耳。'"(《太真外传》)"闺房之秀，故文士之豪也"(沈曾植《菌阁琐谈》)的李清照对李隆基和杨贵妃爱情的一些传说和遗事应是耳熟能详。如她的《瑞鹧鸪》词写道："谁教并蒂连枝摘，醉后明皇倚太真。"即为显例。由海棠而作婚嫁之想，女词人早盼佳偶(词为少女时作)或早盼育儿(词为少妇时作)，追求美妙婚姻生活的心理隐含在海棠之中。一个有着正常生理、心理需求的女性，并生活于早婚早育的封建社会里，产生如此特别的感受是正常不过的事。

其次，此词被认为与唐韩偓的《懒起》诗相似，其诗云："昨夜三更雨，临明(一本作"今朝")一阵寒。海棠花在否？侧卧卷帘看。"在这首诗里，闺怨之意尚不明显，但若根据韩偓"香奁体"诗的特点，它的含义还是清楚的。韩偓的《效崔国辅体四首》第一首说："淡月照中庭，海棠花自落。独立俯闲阶，风动秋千索。"诗通过春夜庭院清冷孤寂环境的描写，渲染烘托了独居妇人的"闺怨"之情。这种借助环境景物来表达人物情感的写法在韩偓"香奁体"诗中非常常见，如他的《已凉》诗："碧阑干外绣帘垂，猩色屏风画折枝。八尺龙须方锦褥，已凉天气未寒时"，就是很好的一例。吴小如先生在《说李清照〈如梦令〉二首》一文中说："但妻子却说，不见得吧，她该是'绿肥红瘦'，叶茂花残，只怕青春即将消逝了。这比杜牧的'绿叶成阴子满枝'来，雅俗之间判若霄壤，故知易安居士为不可及也。"(《诗词札丛》)杜牧《叹花》诗中的这句"绿叶成阴子满枝"就是比喻妙龄少女随着时间的推移已经生儿育女。吴小如先生唯独以杜牧的"绿叶成阴子满枝"来比较,可能吴先生也觉得李清照的"绿肥红瘦"有着特殊的含义,只不过与杜牧的"绿叶成阴子满枝"雅俗不同罢了。

从李清照"应是绿肥红瘦"中的"应"字可见女词人并非心伤"绿肥红瘦",其言外之意是:海棠(亦暗喻其自身)"应是""绿叶成阴子满枝"(亦暗喻结婚或生子)而红花稀瘦,但自己却"海棠依旧"(即未婚或未育),故心生遗憾之情。由此看来女词人并非为"绿肥红瘦"而伤心,相反,她倒是为自己未能"绿肥红瘦"即"海棠依旧"而遗憾。这从"知否?知否"的语气也可揣摩一二,这是在问"卷帘人"为何没能发现"绿肥红瘦"。如果李清照为"绿肥红瘦"而伤心,那么,"知否?知否"就是语气较为严厉的指责。显然这并不符合此词之原意,正如吴熊和所说:"这首词表现了对花事和春光的爱惜以及女性特有的关切和敏感。"(《唐宋诗词探胜》)也如杨敏如所评:此词"流露了女词人惜春而不伤春的情愫"。[1] 他们似乎心有同感,只是未作进一步探究。

感情丰厚的人不一定是词人,但词人一般都多愁善感、情感丰富。李清照比普通女性的感情应当更为丰富,比男性词人的感情应当更为细腻而敏锐。这首词不会仅仅是泛泛的平淡惜春之作。女词人对"绿叶成阴子满枝"的向往不一定是本词的全部内容,但应该是其重要组成部分。前人也意识到这一点,明张缢说:"结句尤为委曲精工,含蓄无穷之意焉,可谓女流之藻思者也。"(《草堂诗余别录》)黄了翁也说:结句"无限凄婉,却又妙在含蓄。短幅中藏无数曲折"(《蓼园词选》)。男性作家也有很多写到为落花而伤心的。晏殊《浣溪沙》(一曲新词酒一杯)词曰:"无可奈何花落去,似曾相识燕归来。"辛稼轩《摸鱼儿》(更能消几番风雨)词说:"惜春长怕花开早,何况落红无数。"如仅为惜春而无特别婉曲含义,何来"女流之藻思"、"藏无数曲折"之说?

由于女词人对海棠意象的特殊感情,所以总是特别记得海棠。其《好事近》(风定落花深)词云:"风定落花深,帘外拥红堆雪。长记海棠开后,正伤春时节。"作者为海棠花开而春天将要离去而感伤,从另一个侧面写出了她对海棠(特别点出了"长记海棠")意象的属意和向往。

二、菊花之恋

李清照婚后度过一段甜美的夫妻生活。她在《金石录后序》中描述道:"赵、李族寒,素贫俭,每朔望告出,质衣取半千钱,步入相国寺,市碑文果实归,相对展

---

[1] 唐圭璋:《唐宋词鉴赏辞典》,江苏古籍出版社,1986 年。

杨海明先生七十华诞纪念集

上

玩咀嚼,自谓葛天氏之民也。"文中又叙写"屏居乡里十年"的生活"仰取俯拾衣食有余",而"甘心老是乡矣"!据此,我们宁可把她的《如梦令》(常记溪亭日暮)看成她婚后生活的写照,而不置其于少女词作之列,正因为婚后生活的和谐美满,所以即使夫妇的小别暂离也化成一片忧云愁雾。据元伊世珍《瑯嬛记》所载,李清照曾在锦帕上书《一剪梅》词一首送给将负笈远游的丈夫赵明诚,词云:

> 红藕香残玉簟秋,轻解罗裳,独上兰舟。云中谁寄锦书来?雁字回时,月满西楼。 花自漂零水自流,一种相思,两处闲愁。此情无计可消除,才下眉头,却上心头。

这种由少妇体验到的并暂时失去的夫妻生活所引起的"闲愁"较之于少女时对"并蒂连枝"生活的向往所引起的"惜春"情绪可能更为浓郁。因此,女词人的如花的人生心灵之旅从海棠"绿肥红瘦"的意境走到了菊花"人比黄花瘦"的意境,这就是她的《醉花阴》词。词中写道:

> 薄雾浓云愁永昼,瑞脑消金兽。佳节又重阳,玉枕纱橱,半夜凉初透。 东篱把酒黄昏后,有暗香盈袖。莫道不消魂,帘卷西风,人比黄花瘦。

女词人日夜思念外出的丈夫,尤其在重阳佳节,更是陷入了难以自拔的对丈夫的恋情中。这就是造成她"人比黄花瘦"的原因,其中融合了夫妻情感各方面的因素,包括精神、物质和生理等方面的需求。"玉枕纱橱,半夜凉初透",反衬了夫妻同床共枕的和暖美好,类同此意的词句有:"凉生枕簟泪痕滋。起解罗衣,聊问夜何其?"[《南歌子》(天上星河转)]"角声催晓漏,曙色回牛斗。春意看花难,西风留旧寒。"[《菩萨蛮》(归鸿声断残云碧)]"被冷香消新梦觉,不许愁人不起。"[《念奴娇》(萧条庭院)]白居易在《长恨歌》中描写李隆基失去杨贵妃后的感觉是"鸳鸯瓦冷霜华重,翡翠衾寒谁与共",亦同此理。若非如此,词人首先感觉到的或许不是枕凉簟冷,而是如同辛稼轩的"潭空水冷,月明星淡"[《水龙吟》(举头西北浮云)]。因此,杨慎评易安词"被冷香消新梦觉,不许愁人不起"为"二语绝似六朝"(《杨慎批点本草堂诗余》)。明吴从先也认为李清照的"征鸿过尽,万千心事谁寄"(《念奴娇》)词句"言有寄而情无方,玩之自有意味"(《草堂诗余隽》)。话说得委婉,含义还是清楚的。封建时代的女子,尤其如李清照这样有才学、有修养的高雅的女性根本不可能像某些男性词人的艳情词写得那样直露低俗,一如她在其《词论》中指责柳永的词所说的"词语尘下"。毫无疑问,李清照的词情雅意洁,但如果其中没有隐含男女情事"俗"的成分,恐怕难以如此打动古往今来众多的读者,拨动他们心中的情弦。据说赵明诚看到李清照的《醉花阴》词后，"叹赏自愧弗逮，务欲胜之。一切谢客，忘寝者日夜，得五十阕，杂易安作，以示友人陆德夫。德夫玩之再三，曰'只三句佳'。明诚诘之。曰'莫道不消魂，帘卷西风，人比黄花瘦'"（元伊世珍《琅嬛记》），这除了说明赵明诚的文学素养不及妻子外，更主要的是他缺少妻子那样的情感体验。这里的黄花（即菊花）的"瘦"，并非说菊花随着气候变冷而逐渐凋谢，恰恰相反，重阳节正是菊花旺开之时（故农历九月有"菊月"之称），所谓"瘦"是菊花花瓣纤细，给人以瘦弱之感。女词人以菊花自比，既表达内在的情感诉求，又描绘外在的神似，有令人怦然心动之美。

越是贵重的物品越是害怕丢失，感情亦然。女词人凄清愁苦的情怀可能还来自"秋扇见弃"的心理阴影。陈祖美《李清照评传》有这方面内容述评。我们从女词人的"咏菊词"《多丽·小楼寒》（《乐府雅词》题《多丽》为《咏白菊》）也许可以找到些许踪迹。词中写到："渐秋阑，雪清玉瘦，向人无限依依。似愁凝、汉皋解佩，私洒泪、纨扇题诗。"其中词意应不难理解。这不但显示了女词人对夫妻感情的珍惜，而且很可能隐含了女词人的"无嗣"见弃之忧。

菊花是李清照纯洁高雅品格的象征："细看取，屈平陶令，风韵正相宜。"（《多丽·小楼寒》）但全面地看，菊花更是凝聚了女词人婚后生活的万千情愫。

三、梅花之怨

梅花也是李清照的心爱之花，就其咏花词而言，以咏梅词为最。词人前期咏梅词充满了对梅花的爱慕和钟情。其《满庭芳》（小阁藏春）词云："莫恨香消玉减，须信道，扫迹情留。难言处，良宵淡月，疏影尚风流。"《清平乐》（年年雪里）词写道："年年雪里，常插梅花醉。"《渔家傲》（雪里已知春信至）词说："雪里已知春信至，寒梅点缀琼枝腻。"在词人的笔下，梅花呈现出千姿百态，万种风情。女词人也以赏梅为乐事，"要来小酌便来休，未必明朝风不起"[《玉楼春》（红酥肯放琼苞碎）]，希望趁美景当前，尽兴观赏。

然而，靖康之变后，李清照随夫南渡，不久，丈夫赵明诚因疴而亡。伴随着这个巨大的变故和不幸，李清照陷入了无比痛苦的泥潭之中。此时的她赋予梅花以新的意蕴。请看其《孤雁儿》（藤床纸帐朝眠起）词：

藤床纸帐朝眠起，说不尽，无佳思。沉香短续玉炉寒，伴我情怀如水。笛里三弄，梅心惊破，多少游春意。　小风疏雨萧萧也，又催下千行泪。吹箫人去楼空，肠断与谁同倚！一枝折得，人间天上，没个人堪寄。

如果仅仅是丈夫不在身边,那总还有个指望,而现在却是人去楼空,希望见到丈夫的情景如同白居易在《长恨歌》中所描写的"上穷碧落下黄泉,两处茫茫皆不见"。女词人虽折得梅花一枝,然而即使寻遍"人间天上",也没有可能像南朝宋诗人陆凯赠梅花于范晔(陆凯《赠范晔诗》云:"折花逢驿使,寄与陇头人,江南无所有,聊赠一枝春")一样有个人"人间天上""堪寄"。此时,梅花成了表达哀怨的意象,象征内心的哀怨之情:"梅心惊破"一语即以"梅心"拟己心,折梅相寄,既寓寄托想念之意,又寓托付人生之心,也是以梅喻人而人梅俱怨。

梅花除了用来象征不畏严寒、坚贞不屈、敢于拼搏的品格外,还常常用来表达友人或情人之间的思念之情。如南朝民歌《西洲曲》曰:"忆梅下西洲,折梅寄江北。"因此,李清照的折梅寄人与其说是引用陆凯的赠梅念友诗,不如说是意袭《西洲曲》的寄梅盼偶。同时,女词人还将亡国之恨和失夫之痛结合起来,再就是李清照的这首词还可能引用了李白的《与史郎中钦听黄鹤楼吹笛》,其诗云:"一为迁客去长沙,西望长安不见家。黄鹤楼中吹玉笛,江城五月落梅花。"《梅花落》是古代流行的悲伤的乐曲。李白在诗中由《梅花落》笛乐想到梅花的飘落,抒发了去国怀乡的悲情愁绪,女词人南渡客居他乡,对此感同身受。她在《永遇乐》(落日熔金)中写道:"落日熔金,暮云合璧,人在何处?染柳烟浓,吹梅笛怨,春意知几许?元宵佳节,融和天气,次第岂无风雨?来相召、香车宝马,谢他酒朋诗侣。"这充分反映了女词人孤苦伶仃的艰难处境。苏轼在他的《西江月》咏惠州梅花的词里,用梅花来比喻他的爱妾朝云,歌咏了象征其爱妾的梅花有着美丽风姿和胜韵高标。李清照由于遭受到深重的磨难,于是就用头上所佩梅花的凋谢[《菩萨蛮》(风柔日薄春犹早)词云:"睡起觉微寒,梅花鬓上残"]比喻自身的衰弱憔悴。以花比拟女人,确实可以更显形胜兼备,倍增动人的力量。

由于兵荒马乱、明诚亡故、宾朋离散,李清照的悲伤哀痛无以复加,在这萧瑟的时节,甚至以前与丈夫一起踏雪观赏的梅花现在再也没有情绪去观赏了:"看取晚来风势,故应难看梅花。"[《清平乐》(年年雪里)]她要与梅花告别,其实也是与标格如梅的自身作无可奈何的沉痛诀别,甚至觉得自己似乎也行将告别人世,没有活下去的勇气:"挼尽梅花无好意,赢得满衣清泪"[《清平乐》(年年雪里)],"风住尘香花已尽,日晚倦梳头,物是人非事事休"[《武陵春》(风住尘香花已尽)]。这与《红楼梦》中的林黛玉葬花相仿佛,读之令人心碎。

李清照这个时期的词作与前期相比,类似"枕孤被冷"的词显然已经缩减,这与年岁已长有关:青春活力不再,则更注重精神的需求,即如俗话所说"年轻夫妻老来伴"。论者以易安词为雅词,举例大多取这个时期的词作亦可说明问题。她此时的情感可能不仅仅是怀念丈夫赵明诚,而是对年轻时夫妻共处同游美好生活的眷恋,赵明诚不过是寄托感情的载体。女词人《孤雁儿》(藤床纸帐朝眠起)词原有小序云:"世人作梅词,下笔便俗。予试作一篇,乃知前言不妄耳。"此虽为谦词,但也说明她无法超脱常人的情感,就此而论,女词人晚年再适张汝舟应该可信,也完全合情合理,没有必要"辩诬",更没有理由去贬责。

李清照举梅自拟,既有形神相映之美,又具意蕴交错之丰,融亡国之痛、失夫之哀、缺偶之怨为一体,正如其《玉楼春》词所云:"不知酝藉几多香,但见包藏无限意。"梅花成了她心灵征途的重要驿站。

四、桂花之闲

随着年齿趋老,经历种种磨难和感情折磨的女词人却迎来了一个平静安闲的心境,犹如狂风暴雨后天蓝云白、水明山静。此正同陶令之采菊东篱、悠见南山,白居易之灯灭卧迟、雨声睡美(白居易《秋雨夜眠》诗曰:"凉冷三秋夜,安闲一老翁。卧迟灯灭后,睡美雨声中")。这或许是李清照年享古稀的重要原因之一。(据王学初《李清照集校注》考证,李清照寿命"至少七十岁"。)

此时,静美安闲的桂花成了女词人垂老之年心境的象征。她的《摊破浣溪沙》(病起萧萧两鬓华)词云:

> 病起萧萧两鬓华,卧看残月上窗纱。豆蔻连梢煎熟水,莫分茶。
> 枕上诗书闲处好,门前风景雨来佳。终日向人多酝藉,木犀花。

木犀花即桂花。桂花在古代诗文中常常展现一种静美安闲的意境。王维的《鸟鸣涧》诗曰:"人闲桂花落,夜静春山空。月出惊山鸟,时鸣春涧中。"诗人所营造的静谧、优美、空寂的景色引人入胜,令人心境平和,杂念尽除。白居易的《忆江南》词曰:"江南忆,最忆是杭州:山寺月中寻桂子,郡亭枕上看潮头。何日更重游?"关于"山寺月中寻桂子",《南部新书》里说:"杭州灵隐寺多桂。寺僧曰:'至今中秋望夜,往往子堕,寺僧亦尝拾得。'"这是何等优美的传说!山寺静立,明月高悬,秋桂飘香,仿佛作者"寻桂"的身影沉浸在月光桂香之中,心中静静流淌着汩汩的山泉,闲情逸致"妙处难与君说"。

从李清照《摊破浣溪沙》(病起萧萧两鬓华)词来看,她晚年的心境亦仿佛如此。"枕上诗书闲处好,门前风景雨来佳",以前看书也许是为了某种抱负和梦想,而现在逍遥自在,看书完全是一种享受,只是为了消遣,所以书本如同"闲处"(即闲着)。以前是"梧桐更兼细雨,到黄昏、点点滴滴,这次第,怎一个愁字了得"[《声声慢》(寻寻觅觅)],是"萧条庭院,又斜风细雨、重门须闭。宠柳娇花寒食近,种种恼人天气"[《念奴娇》(萧条庭院)];现在却是在门内即可轻松观景,而有雨则最佳! 前后的心境有着巨大的反差。桂花含蓄宽容(即"酝藉"):"终日向人多酝藉,木犀花",这是女词人平静闲适内心世界的反映。因而她在《鹧鸪天》(暗淡轻黄体性柔)词中称颂桂花为"花中第一流",尽管没有鲜艳的色彩,但"何须浅碧轻红色"? 梅和菊是女词人以前曾歌咏过的,现在她觉得梅花定会嫉妒桂花,菊花在桂花面前该会感到害羞:"梅定妒,菊应羞",因而似乎带有一定自省的意味,甚至似乎后悔当时为何没有发现如此标格的桂花,虽然词中表面上说的是屈原:"骚人可煞无情思,何事当年不见收。"

说到桂花这个意象,还得谈及李清照一首失题诗残句"露华倒影柳三变,桂子飘香张九成"的含义。王学初认为:"张九成对策,辞藻华丽而意极沉痛,李清照以之与柳三变吟风弄月作品相提并论,实为失当。"(《李清照集校注》)百密一疏,王学初的这个说法有值得商榷之处。李清照虽然批评柳永的词"词语尘下",但不见得在这里一定是贬论柳永,因为她也说柳永"变旧声做新声,出《乐章集》,大得声称于世"(《词论》)。退而言之,即使李清照在这里贬论柳永,也无法得出她一定是贬低张九成的结论,因为一联之中除了正比之外,还有反比。"失当"之说考虑欠周,至少从残存数句无法判定,但联系李清照晚年心境来看,她颇为欣赏张九成"澄江为练,夜桂飘香"的诗句则是肯定的。

桂花朴实无华,却"酝藉"平和,是女词人晚年超脱物外、宁静安闲的心灵的象征。俗话说,拎得起,放得下。没有理由要求一个词人尤其是一个女词人与社会,甚至与自己的情感作殊死的抗争(尽管有时这种抗争值得称道)。"酝藉"不是屈服,与卑鄙无涉。与时推移,能够从巨大的痛苦中解脱出来,从一定的角度看可能更值得称道,为何要把她强捆在感情的"贞节"树上呢?"暗淡轻黄体性柔,情疏迹远只香留"[《鹧鸪天》(暗淡轻黄体性柔)],这就是"花中第一流"李清照的写照,这就是"花中第一流"易安词的写照!

纵观李清照的一生和她的词作,我们可以发现她如"花"般的心灵历程。她既高雅,同时又符合人性需求和隐含女性特点的所谓"低俗"(其实并不低俗),空洞玄虚的称颂和"闾巷荒淫之语"(王灼《碧鸡漫志》)的贬斥都有违其实际。我们应以平常之心去亲密接触这位如棠似菊像梅胜桂、可亲可敬的伟大词人。

(原载于《东岳论丛》2005 年第 4 期)

41

陈 娟 上海师范大学

　　如果说易安词中的主人公是一个怀抱幽怨、多愁善感的女子,那么,易安诗中的主人公则是一个忧国忧民的政治家和叱咤风云的英雄。她的词轻柔婉曲、清丽含蓄;她的诗中则具有一种雄姿英发的英雄气概与激越明朗的情感色彩。但尽管她的诗词在风格上有巨大差异,却又具有一些共同的审美特征,都具有意境美、形象美和语言美的艺术特点,可以说有"异曲同工"之妙。

　　第一,意境美。

　　意境,是中国古典诗歌所追求的艺术境界。美的境界,能在有限的文字中展现无限的艺术天地,能给人以充分想象的余地,含蓄隽永,余味无穷。因而含蓄蕴藉是意境美的第一大特征。清照词,向来被称为婉约派的正宗,体现了当行本色。她的词,无论是写哀愁,还是写快乐,或者是写自己的远大理想,往往都不把话说"尽",说"透",而是留有余地,让人想象补充。因而她的词不是直露的,而是含蓄的;不是豪放开朗的,而是婉约蕴藉的,具有很高的艺术审美价值。这在她的词中比比皆是,在她的诗中也有所表现,如《题八咏楼》一诗:

> 千古风流八咏楼,
> 江山留与后人愁。
> 水通南国三千里,
> 气压江城十四州。

　　首句点题,直接赞颂。但次句就奇,如画的美景,壮丽的河山,后人何愁之有? 愁什么? 为什么愁? 作者并不点破,而意在其中。最后两句,气象更是宏伟开阔,人们不禁联想到孟浩然的"气蒸云梦泽,波撼岳阳楼"(《望洞庭湖赠张丞相》)以及杜甫的"吴楚东南坼,乾坤日夜浮"(《登岳阳楼》),但同时这两句的感喟也愈加深沉厚重。作者正是通过美丽的河山和雄阔的气象,含蓄委婉地表现她的一腔爱国之情。

　　为表现这种含蓄隽永、韵味无穷的意境,李清照用得最多的是寄情于景的手法,她的抒情往往都借助于景物,而像"怎一个愁字了得!"这类宣泄式的抒情极少。李渔在《窥词管见》中说:"词虽不出情景二字,然二字亦有主客,情为主,景是客。说景即是说情,非借物遣怀,即将人喻物。"也即王国维所说的"一切景语皆情语"(《人间词话》)。试举《浣溪沙》略带说明:

> 小院闲窗春色深,重帘未卷影沉沉,倚楼无语理瑶琴。　　　远岫出山催薄暮,细风吹雨弄轻阴,梨花欲谢恐难禁。

上片,深深的春色中,一座娴静的庭院,透过未曾卷起的帘幕,依稀可见一娇弱女子斜倚阑干,轻抚瑶琴。下片,日薄黄昏,斜风细雨吹打着梨花,梨花在风雨中飘摇欲坠……全词几乎全是景语,上下片各构成一幅图画,上片是少女春怨图,下片是风雨吹花图,娇弱的少女与欲谢的梨花,互相衬托,互相点缀。人们读了,不仅要怜伤春的少女,也会怜欲谢的梨花,而读者的这种怜惜之情之所以会产生,正因为此词写景中便蕴含了无限的怜惜之情。关于情景交融、寄情于景这一点,上面的《题八咏楼》一诗也可说明。再如她的《春残》诗,这是一首思乡诗,最后两句"梁燕语多终日在,蔷薇风细一帘香",借家燕绕梁细语以抒自己的思乡之情,又借风中蔷薇香的绵长以示自己怀乡之情的无可休止。

与此相联系,李清照往往用烘托的手法来表现意境美。如《好事近》上阕:"风定落花深,帘外拥红堆雪,长记海棠开后,正伤春时节。"前两句写风吹花落、"拥红堆雪"的不忍目睹之惨状,第三句低落的感情似乎有所回升,似乎又出现了花开时节妍丽悦人的美景,可是这毕竟是"记"啊,充其量不过是虚空的往日幻景罢了。这实的惨状与虚的美景,对比十分强烈,早已使人产生失落怅恨之情。一句"正伤春时节"的吟出,便在前面的渲染烘托下有了坚强的"根基",同时这渲染烘托下抒发出的"恨"也便更凝重更深厚。这种烘托手法的运用还有很多,如《行香子》(草际鸣蛩)用牛郎织女的故事烘托自己对丈夫的哀思,如《渔家傲》(天接云涛)以壮阔的仙境来衬托自己远大的抱负,由此我们不禁想到她的《晓梦》诗也是如此运用烘托对比的一个范例。

人们常说:"文似看山不喜平",诗词亦复如此。李清照的词在宋代就被人称作"能曲折尽人意,轻巧尖新"(《碧鸡漫志》),前面论及的《念奴娇》、《点绛唇》等皆可借以说明。再如《小重山》(春到长门)一首也可称为曲折跌宕的代表。上片先写春草吐绿,江梅破蕾,品茶赏春——极写闲雅喜悦的心情,煞拍处却突来一句"留晓梦,惊破一瓯春",此为一折,过片写重门花影,疏帘淡月,不禁脱口而发:"好黄昏!"此为二折。但紧接着却又发出"二年三度负东君"的慨叹,此为三折。结拍处"归来也,著意过今春",热情呼唤,充满希望,此又为一折。

短短小词,却来如此四折,不可不谓曲折之代表。这样曲折跌宕的表述,使得辞章的意境也随之而曲折深幽。曲折跌宕,在她的诗中也有表现,最突出的是《和中兴诗碑》和《上韩公枢密胡尚书诗》等几首长诗。《和中兴诗碑》其二,先写"中兴碑上今生草"以回应上首对刻石铭功的嘲讽。继之,一会儿责备张文潜"不知负国有奸雄,但说成功尊国老",一会儿又写统治者的荒淫腐朽与安史之乱的发生,一会儿又回过头来嘲讽"峰头凿出开元宝"以纪功;一会儿说唐玄宗的悲惨境况,一会儿说高力士的意外留名后世,最后则点明任用奸人的恶果。透过这种曲折跳跃的文字,我们仿佛看到了一颗为国家民族的前途命运而不能平静的心。

为表现美好的意境,李清照有时又借助于典型细节的描写加以渲染刻画。如《蝶恋花》(泪湿罗衣)这首词下片说"惜别伤离方寸乱,忘了临行、酒盏深和浅",忘记酒盏的深和浅这在日常生活中只是个不被人注意的小小的细节,但词人把它放在送别这一特定的场合,"给它特别一提,就动人"(鲁迅《且介亭杂文二集·什么是"讽刺"》)。再如《春残》诗前二句:"春残何事苦思乡,病里梳头恨最长",前一句虽有直露之嫌,后一句却非常别致,她抓住了病里梳头、浑身无力、头发长乱、难以梳理这一细节,准确细腻地表达了对自己悲苦身世的无奈凄凉之情以及无法排解的思乡之情,而且具有很鲜明的形象性。

第二,形象美。

李清照现有的诗词作品不多,却给我们留下了许多生动鲜明的艺术形象,尤其是女性形象更是动人。词,从其合乐以及抒写的题材内容看,当属于软性文学、女性文学。先前传统的词作也大多描写女子的闺情怨恨、伤春悲秋等,但终因是男性词人所作,有代人立言之感。而词到李清照,其则以自己女性的心灵、女性的思想、女性的感情以及女性的遭遇,去刻画作品中的女性形象,使之有血有肉、风神兼备、栩栩如生,这才成为真正意义的女性词。

李清照对人物形象不作具体细致的描摹,而主要是靠准确传神的特点加以点染。如写少女,有"见客入来,袜刬金钗溜。和羞走,倚门回首,却把青梅嗅"(《点绛唇》)的羞涩而调皮,也有"怕郎猜道,奴面不如花面好,云鬓斜簪,徒要教郎比并看"(《减字花木兰》)的追求爱情、聪明而有心机,更有"兴尽晚回舟,误入藕花深处,争渡,争渡"的充满生机活力、热爱生活、热爱自然。再如她笔下最多的思妇形象,有"重帘未卷影沉沉,倚楼无语理瑶琴"这样幽独无语的,也有"柔肠一寸愁千缕"、"倚遍栏杆,只是无情绪"那样肠断神伤的;既有"一种相思,两处闲愁,此情无计可消除"(《一剪梅》)那种无法排解的,也有"好把音书凭过雁,东莱不似蓬莱远"(《蝶恋花》)的自我开解;既有"独抱浓愁无好梦,夜阑犹剪灯花弄"(《蝶恋花》)、"人比黄花瘦"(《醉花阴》)的深怀愁苦、心力交瘁,也有"醉里插花花莫笑,可怜春似人将老"(《蝶恋花》)的因怀愁肠而将衰老,更有"如今憔悴,风鬟雾鬓,怕见夜间出去"(《永遇乐》)的孤苦冷落,等等。这些女性形象,都不是一个个死板的书面形象,而是一个个活生生的人,她们都以其不同的情怀打动读者,使读者与她们产生心灵的撞击,发生感情的共鸣,从而获得艺术的美感。在她的诗中,有"不自猜"的"子仪光弼",有"虽生已被姚崇卖"的张说,有"西蜀万里尚能返,南内一闭何时开"的唐明皇(《和中兴碑颂》),有"意妙语亦佳,嘲辞斗诡辩,活火细分茶"的梦境中的"翩翩坐上客"(《晓梦》),也有"生当作人杰,死亦为鬼雄"的项羽,还有"至死薄殷周"的嵇康(《咏史》),等等。这些形象与她词中表现的一样,不是具体展开,而是以点带面,抓住一点加以点染,从而留给人以深刻的印象。

李清照诗词中的物象也相当鲜明,且时有新意,如人所称的"绿肥红瘦"、"宠柳娇花"等,不仅新丽奇俊,而且细致入神,它们生动地刻画了风吹雨打后的惨绿愁红之景与寒食将至时的春花喜人之态。这样的摹物之例在她的诗词中很多。另一特点是把人与物融合在一起,写物即写人,写人亦写物,互相交融,相映生辉,这类代表作当为她的咏物词,其他散见于诗词篇章中的如"莫道不消魂,帘卷西风,人比黄花瘦"(《醉花阴》),如"风住尘香花已尽"(《武陵春》),如"满地黄花堆积,憔悴损,如今有谁堪摘?"(《声声慢》),等等。透过这些写景状物的凄婉伤感的文字,人们无疑会看到一个消瘦憔悴、日渐衰老的妇人影像。她的《夜发严滩》诗也可算是人与物结合较好的一例,通篇写"巨舰"、"扁舟",实则就是在写那些追慕功名的小人。

李清照诗词的形象化有时候还表现在感情上。比如李清照词中表现得最多的"愁",有人评价说"善于化抽象为具体",其实也就是感情的形象化。"愁"这种只能意会的内心感情,被李清照用一种生动准确的语言描绘成了有形、可感的事物。"愁"可以有长度:"从今更添一段新愁"(《凤凰台上忆吹箫》);"愁"可以有浓度:"更谁家横笛,吹动浓愁"(《满庭芳》);"愁"有形体:"独抱浓愁无好梦"(《蝶恋花》);"愁"可以用船载:"只恐双溪蚱蜢舟,载不动许多愁"(《武陵春》)……(杨燕《浅谈李清照词的艺术特色》)仅此一斑,可见全豹。至于她的诗,《感怀》一首可以为例,以题而言,抒的是情怀,可是全诗写的却不是抽象的感情,而是具体的形象。

第三,语言美。

李清照诗词的最大特点即是浅显易懂,清人彭孙遹在《金粟词话》中说她"皆用浅俗之语,发清新之思,词意并工",此就词而论,其实她的诗亦复如此,如《夏日绝句》、《咏史》、《春残》、《偶成》诸诗的语言都很浅显,却有深意。

李清照诗词的这种语言美,首先表现为以口语入诗词。词是入乐的,因而在文字上就要求流畅通俗、自然清新,李清照于此特别善于提炼民间口语入词,如"愁损北人,不惯起来听"(《添字采桑子》)、"甚霎儿晴,霎儿雨,霎儿风"(《行香子》)、"乍暖还寒时候,最难将息"(《声声慢》)、"如今憔悴,风鬟雾鬓,怕见夜间出去,不如帘儿底下,听人笑语"(《永遇乐》),等等,全是口语,似乎信手拈来,全无雕琢,但又全是经过提炼的,故不像她所批评色柳永的"词语尘下"(《词论》)。她的几首小诗也都成功地运用了口语,形成了一种文不甚深、语不甚俗的语言风格。李清照诗词的语言美,还表现为她善于造语。如受人激赏的《声声慢》中的叠词连用,如"绿肥红瘦"、"宠柳娇花"、"柳眼梅腮"(《蝶恋花》)和"落日熔金,暮云合璧"中的形容词、名词和动词的准确而形象的运用等等,皆可成造语工丽的典型,都在平易中见功力,在浅近中见精美,从而产生优美生动的艺术效果。

她的诗词在艺术上具有以上三个共同点,也可算是她诗词的共同审美特色。但比较起来,无论在意境的优美上,还是在形象的生动上以及语言的浅近活泼上,她的诗都要远远逊色于她的词。这可能有两方面原因:首先,相对于词来说,她存诗不多,故后人不能完整全面地发现她诗的艺术性,但这不是主要原因。其次,她比较注重诗的功利性。我认为这是造成她诗与词艺术差异的主要原因。她的几首长诗都是政治性极强的,而在艺术上则比不上她的小诗,哪怕是同是政治性的小诗,当然更比不上她的词了。这或许也是后人多论她的词而较少论她的诗的一个原因吧。

但从科学的眼光来看,李清照的诗词并不能断然割裂开来。可以这么说,她的词以艺术性见长,而她的诗则以思想性著称。就艺术性而言,她的诗词是同中见异,大同而小异。但无论如何,她的诗和词以及义必须结合在一起才能反映其全部思想感情,才能体现其整个文学创作的艺术特色和审美追求。

42

托塔天王成因初探

崔小春 苏州大学

前 言

　　托塔李天王是中国神魔小说中的重要角色,其历史原型是唐代开国元勋李靖,神话原型是佛教中的毗沙门天王。郭绍林先生在《托塔天王何以是李靖》一文中详细考证了唐代毗沙门崇拜的情况和李靖的军事才干,揭示了两者之间的渊源关系,旁征博引,启发良多。但是从凡人到天王,从史传到神话,这一变化过程显然具有丰富复杂的多重影响因素,而郭先生仅仅从李靖的军事贡献和汉族身份来论证李靖为什么会被国人附会为托搭天王,其结论尚显单薄。本文拟从李靖本身神化的过程和毗沙门信仰的变迁等方面作进一步的探察,以期了解李靖成为托塔天王的深层原因。管窥之见,俟教高明。

一、仆射陂显圣和李靖的神化

　　李靖的神化非一日之功,从唐到宋经历了一个漫长的演化过程。在这个过程中产生了很多相关的传说故事,其中最负盛名的是《虬髯客传》。这个故事塑造了虬髯客、李靖和红拂三个栩栩如生的艺术形象,风尘三侠成为古今艺术家绝好的表现素材。其次要算李靖行雨故事。这个故事流传亦广,清人杨潮观曾据此创作短剧《李卫公替龙行雨》。现存于山西襄垣县城以南的李卫公庙,大殿东西山墙上的大幅壁画,内容为龙神施雨,也与这个故事有着明显的关联。第三要数李靖过华山庙故事。这个故事因后人伪托作《李药师上西岳文碑》而影响颇广。此外还有山中老人自称李靖、黑山之阴有李卫公庙、仆射陂李靖显圣等故事。这些故事既是李靖神化过程的反映,一经产生以后,又对李靖的神化过程产生了进一步的推动作用。其中仆射陂李靖显圣的故事尤为值得关注。

乙未岁，契丹据河朔，晋师拒于澶渊。天下骚然，疲于战伐。翰林学士王仁裕，奉使冯翊，路由于郑，过仆射陂。见州民及军营妇女，填咽于道路，皆执错彩小旗子，插于陂中，不知其数。询其居人，皆曰："郑人比家仆射陂，梦李卫公云：'请多造旗幡，置于陂中。我见集得无数兵，为中原剪除戎寇，所乏者旌旗耳。'是以家别献此幡旗。"初未之信，以为妖言，果旬月之间，击败胡虏。及使回，过其陂，使仆者下路，访于草际，存者尚多。

这个故事出自五代时期王仁裕的杂事小说集《玉堂闲话》。和"红拂夜奔"、"李靖行雨"不同，这个故事无论在艺术性还是在影响力方面均不如前者，因此论及者较少。但是从民俗学的角度来考察，这个故事却有它的特殊意义。

首先这个故事情节结构很简单，故事性不强，与重视虚构、讲求文采的唐代传奇有很大区别。鲁迅批评徐铉的一段话同样适用于王仁裕，"然其文平实简率，既失六朝志怪之古质，复无唐人传奇之缠绵，当宋之初，志怪又欲以'可信'见长，而此道于是不复振也"。"可信"的代价是牺牲了作品的文学性，然而"可信"正是民间传说的一个重要特点。从民俗学的角度讲，神话传说与文学故事的不同之处就在于前者有较强的严肃性。讲述者努力要造成故事真实可信的感觉，并因此赢得受众的信任，这样才能达到将神仙的形象人格化和将凡人的形象神格化的目的。

其次，传说故事总有一个中心点。"传说的核心，必有纪念物。无论是楼台庙宇、寺社庵观，也无论是陵丘墓冢、宅门户院，总有个灵光的圣址，信仰的靶子，也可谓之传说的花坛发源的故地，成为一个中心。"这个故事的中心点是仆射陂李卫公庙。很有意思的是，李卫公庙最初供奉的并不是李靖。仆射陂的得名本出于北魏孝文帝朝的仆射李冲。由于李靖的官位也是仆射，而名声又大于李冲，所以在当地的民间信仰中，李冲逐渐被李靖所代替。到后唐明宗天成二年（927）时，朝廷正式加封李靖为太保，并改仆射陂为太保陂。李冲变李靖就经由国家认命的形式确定下来。这对李靖显圣助战的故事产生了直接影响。否则，显圣的英雄就该是北魏的李冲而不是唐代的李靖了。而显圣故事的流传反过来又强化了李靖的庙主地位。

最后，后晋至北宋，都城全在开封。仆射陂地近京师，对扩大李靖的影响大得地利之便，特别是宋真宗时，皇帝亲自为李靖书碑，更成为一个阶段性的标志。澶渊会盟之后，宋真宗为掩饰军事外交上的失利而神道设教，用鬼神的力量来巩固自己的统治权威，亲自导演了一场神降天书的闹剧，并因此改年号为大中祥符。从此以后，道教日益崇盛，至北宋末年发展到极致。宋徽宗自称"教主道君皇帝",沉湎道术,迷信鬼神,终至国破家亡,身死他乡。在这个背景下,李靖的神化过程也沾染上了道教的色彩。如欧阳修主持修订的《新唐书·李靖传》说:"世言靖精风角、鸟占、云祲、孤虚之术,为善用兵。是不然,特以临机果,料敌明,根于忠智而已。俗人传著,怪诡礻几祥,皆不足信。故列靖所设施如此。"修传者对这种离奇说法并不认同,但也从侧面透露出,在当时李靖形象的道教化已初具规模。如成书于宋仁宗朝的《云笈七签》,将李靖纳入道教相承次第录中,列为第三十八代李淳风的弟子,而李淳风的《乙巳占》正是研究星占和风角的专著。又《黄帝太一八门逆顺生死诀》称:"昔贞观三年(628)八月,李靖将兵40余万与突厥战,夜至三更,九天玄女赐孤虚法与李靖。"尽管今天看来李靖比李淳风大31岁,拜李淳风为师的可能性较小,九天玄女授经更是无法置信,但这并不妨碍当时的道教信众对李靖的崇拜。

要之,到北宋时期关于李靖的传说故事已经很多,但尚未发现与托塔天王有直接关联的记录。这一方面可能是笔者读书未周,有所疏漏;另一方面至少说明,在当时要么还没有产生"托塔天王李靖"的说法,要么即使有也仅仅存在于一个非常狭窄的范围。因此这一时期李靖的神化,主要是为后来托塔李天王的故事流传打下了基础。

二、于阗李氏与李天王

毗沙门信仰对民间崇拜的影响并不限于李靖,据胡小伟先生考证,"宋军中的关羽崇拜实为沿袭唐代毗沙门信仰之遗绪,直到金代犹存"。也就是说,托塔李天王有可能变成了托塔关天王。众所周知,一般寺庙山门之后就该是天王殿,而湖南省津市古大同寺却用关圣殿取代了天王殿,似乎可以算作是毗沙门天王向关圣演化过程中遗留下的一个历史证据。但是最终托塔天王是姓李而不是姓关,显然,除了军事贡献和汉族身份以外,还有一些更重要的因素在发挥作用。

毗沙门原是印度古神话中北方的守护神,也是施福神,其受到特别的尊崇则是在传入到西域以后。徐梵澄根据毗沙门造像中手执戟槊这一特点指出,"印度自古所常用之兵器,有弓、箭、圆饼、金刚杵、刀、棒、斧等,很少有'戟'或'矛肖'(即'槊'),戟、槊皆长柄,利于马战,多用于北方。不似……倘是印度之神流传到了西域,至少已是大大出俗化了"。古正美更进一步指出,"于阗的毗沙门信仰,自6世纪或更早出现于于阗立国之后,几经发展,形成了毗沙门天王共于阗国王护持于阗国土及国主的信仰主题"。在于阗产生了大量与毗沙门有关的传说故事,其中于阗国王自称是毗沙门后胤的传说对李天王的产生可能产生了较大的影响。

传说于阗王族尉迟氏出自毗沙门之后，其祖先是从毗沙门神像额中剖出——有点儿类似雅典娜的出世，并且不饮人乳，而是由神像前土地隆起如乳，哺育成长，故名地乳。这个故事流传很广，不少汉藏典籍都有记载，在当时也有较大影响。唐高宗上元元年，于阗国王尉迟伏阇雄亲率子弟70人朝唐。上元二年，高宗为赏其击吐蕃之功，以于阗国为毗沙都督府，授伏阇雄为都督。其后毗沙都督府都督皆由于阗国王担任，可见毗沙都督府的设置正与此传说有关。又据宋代郭若虚记载，唐玄宗曾遣画家车道政远赴于阗学画毗沙门天王像，也说明当时人们深信毗沙门信仰的正宗源头在于阗。

唐代前期，于阗与内地联系密切，不少王族成员来到长安，其中不乏知名人士，如画家尉迟乙僧，音乐家尉迟青、尉迟章等。“安史之乱”爆发，当时的于阗国王尉迟胜亲率于阗军5 000人赴难，乱定后不愿回国，老于京师。此时的于阗尉迟氏在中原的影响很大，但是一则当时去古未远，毗沙门信仰仍保持比较本真的面貌；再则“安史之乱”后，陇右空虚，吐蕃趁势扩张，吞并于阗，进行了长达半个多世纪的统治，于阗与中原联系中断，所以没有产生托塔尉迟天王的说法。

唐武宗会昌二年(842)，吐蕃赞普郎达磨遇刺身亡，吐蕃王庭发生内乱，政权瓦解，尉迟氏恢复了对于阗的统治。912年，尉迟僧乌波继承于阗王位，他自称“唐之宗属”，并以唐朝国姓李氏为姓，取名李圣天。后晋天福三年(938年)，于阗国王李圣天派出使臣马继荣等朝贡后晋皇帝石敬瑭，并接受册封。宋朝定鼎以后，李圣天及其子李从德又多次遣使朝贡。加上李从德本人曾长期在敦煌居住，并曾亲自出使中原。因此，五代至北宋初期，在中原特别是在西北地区，于阗李氏王族产生了较大影响。

虽然于阗尉迟氏曾一度失国，没有了实际的权力，但在吐蕃统治期间依然被赐予王号，享有王者的威仪。这使得于阗王族为毗沙门后胤的传说能够延续下来，并且在复国以后有所发扬。在莫高窟第九十八窟有一幅于阗国王李圣天的供养像，榜题为“大朝大宝于阗国大圣大明天子”，画中的李圣天头戴冕旒，身穿龙袍，足登高履，腰佩长剑，一手执香炉，一手拈花。其中最重要的细节是，其脚下有一半身女神从地涌出，用双手托住李圣天的双足。这个女神应当是地天，也作坚牢地神，是表示毗沙门后代的一个重要的身份标志。这幅画像说明，于阗李氏王族为毗沙门后人的传说在当时依然是深入人心的。

一方面，在汉语系统里，晚唐五代以后，于阗王族由尉迟氏改为了李氏；另一方面，于阗王族为毗沙门后胤的传说仍然广为流传。加上各种取经故事正好在敦煌会聚揉合并向内地迁移，时间地点等诸方面因素的凑合，为“李天王”的产生准备了充足的条件。据此似可断定最初的"李天王"与李靖无关,而与李圣天父子有直接的关联。

三、毗沙门造像的改变和托塔天王故事的定型

唐宋时期毗沙门天王的形象,多为身穿甲胄的武将,一手托宝塔,一手持戟。也有一手叉腰,由身边夜叉托塔的,这是后来托塔天王神话形象的来源。但是元明以后,毗沙门天王的托塔像在内地寺庙中几乎消失不见了。这个变化对托塔天王故事的演变和定型产生了直接的作用。

(一)四天王造像的改变

南北朝时期是民族大融合时期,毗沙门信仰也在此时传入我国,出现了早期的毗沙门画像。如据《宣和画谱》记载,宋徽宗的藏画中,还有南朝刘宋时期的宫廷画家陆探微创作的《托塔天王图》、《北门天王图》等作品。7世纪中叶,印度高僧无极高(即阿地瞿多)携经籍入华,居慈恩寺助玄奘师徒译经,"于慧日寺从《金刚大道场经》中,撮要而译,集成一部名《陀罗尼集经》一十二卷"。《陀罗尼集经》的翻译为唐宋时期四天王造像提供了基本依据:

> 提头赖吒天王像法:其像身长量一肘作,身着种种天衣,严饰极令精妙,与身相称。左手申臂垂下把刀,右手屈臂,向前仰手,掌中着宝,宝上出光。毗噜陀迦天王像法:其像大小衣服准前。左手亦同前天王法,申臂把刀,右手执槊。槊根着地。毗噜博叉天王像法:其像大小衣服准前。左手同前,唯执槊异,其右手中而把赤索。毗沙门天王像法:其像大小衣服准前。左手同前,执槊拄地,右手屈肘擎于佛塔。

这种形制的四天王造像今天已经很难在汉地庙宇中见到,但是很多文物古迹仍然保留了当时的印记。如建造于南唐时期的南京栖霞寺舍利塔第一层塔身上的高浮雕天王像、苏州瑞光寺出土的北宋方四天王木函彩画,四天王手中所持的塔、剑、槊、杖都与今天迥异,而接近《陀罗尼集经》所述。又如代表日本天平文化佛像艺术的东大寺戒坛院的四天王像,手中所持宝塔和赤索也与经中记载相符,反映了鉴真东渡前后唐代佛教文化对日本的直接影响。

元明以后,随着毗沙门信仰的衰落,单独供奉的毗沙门像逐渐消失,而四天王群塑像的形制也发生了较大变化。这是由于元代萨迦派高僧沙罗巴从藏密中翻译出《药师琉璃光王七佛本愿功德经念诵仪轨供养法》取代了《陀罗尼集经》

而成为四天王像法的新标准:

> 东方持国大天王,其身白色持琵琶。守护八佛东方门,供养赞叹而敬礼。供养等同前至回向众生及佛道;南方增长大天王,其身青色执宝剑。守护八佛南方门,供养赞叹而敬礼。供养等同前至回向众生及佛道;西方广目大天王,其身红色执罥索。守护八佛西方门,供养赞叹而敬礼。供养等同前至回向众生及佛道;北方多闻大天王,其身绿色执宝叉。守护八佛北方门,供养赞叹而敬礼。供养等同前至回向众生及佛道。

这里我们可以看出,元代的四天王像已与唐代大不相同,而更接近今天我们在汉藏等地寺庙中看到的形象。《陀罗尼集经》译自《金刚大道场经》,可能更贴近中印度佛教的古老密法。而《药师琉璃光王七佛本愿功德经念诵仪轨供养法》传诸藏密,这中间自然有很大区别。其取代前者,广泛流布的原因是,一方面在于萨迦派在元代的地位十分显赫,教派领袖八思巴、胆巴、沙罗巴、达益巴等人先后被尊奉封为蒙古帝师、释教总统等,长期掌管宗教大权;另一方面,沙罗巴本人不是一般的译经师,他是八思巴的亲传弟子,长期随侍在八思巴身边,通晓大小佛乘,精通各国文字,奉敕译经,表现突出,元世祖特赐以"大辩广智"的称号,在当时影响很大。除了译经以外,沙罗巴还先后担任了江浙、福建等处释教总统,亲自参予了江南佛教的整顿和管理工作。由此可知,沙罗巴和其他藏密宗师的努力,必然对汉地寺庙中四天王造像产生了较大影响。

沙罗巴以后,四天王像又发生了一些变化,广目天王的罥索变成了蛇索,多闻天王的宝叉变成了宝幢,最终奠定了后世汉藏两地佛寺四天王标准像的基础。这一个工作的完成,当不迟于元明之际,因为《西游记》多闻天王的武器已经变成了一把伞,而且出现了四天王象征风调雨顺的说法,"正叹息处,又到了二层山门之内,见有四大天王之相,乃是持国、多闻、增长、广目,按东北西南风调雨顺之意"。其中,增长天王象征"雨",正是因为他手持一把伞的缘故。

其实在藏传佛教中,宝伞张开如盖,跟我们日常所见并不一样。多闻天王手持的不是宝伞而是宝幢。他是北方的保护神,也是世上一切财富的守护者,转动手中的宝幢就会产生无尽的珠宝。但普通信徒不能领会,因形附会而称之为伞。

从托塔到持叉再到持幢(伞),毗沙门的形象发生了根本的变化,这使得托塔天王的身影迅速从佛教信仰中淡化,而在道教和世俗小说中获得新生。

(二)托塔天王故事的演变和定型

由于元代以后,无论单独供奉还是四天王群塑中的毗沙门天王托塔像都逐渐从人们的日常视野中消失,人们对"天王托塔"的来历产生了困惑,因而诞生了一些专门针对"托塔"二字的解释性传说。

1.《水浒传》中的"托塔天王"故事

《水浒传》中"智取生辰纲"是一个脍炙人口的故事。这个故事是作者在《大宋宣和遗事》的基础上进行铺张渲染、加工改造而成的。时间、地点、人物都作了较大改变。其中时间改在赤日炎炎的夏日,地点改在强人出没的黄泥冈,人物押运的一方由籍籍无名的马县尉改为精明强干的杨志,劫宝的一方少了秦明、燕青,添了公孙胜、白胜。晁盖的家乡由石碣村搬到了西溪村,绰号由"铁天王"改成了"托塔天王"。这里要讨论的就是最后这个变化。

较早的《大宋宣和遗事》中叙述比较简单:晁盖等劫了十万贯金珠的生辰纲以后,官府前来缉拿,抓住了酒店老板花约。花约供道:"为头的是在郓城县石碣村住,姓晁名盖,人号唤他做'铁天王'。"

《水浒传》描写就比较详细:

> 郓城县管下东门外有两个村坊,一个东溪村,一个西溪村,只隔着一条大溪。当初这西溪村常常有鬼,白日迷人下水在溪里,无可奈何。忽一日,有个僧人经过,村中人备细说知此事。僧人指个去处,教用青石凿个宝塔,放于所在,镇住溪边。其时西溪村的鬼,都赶过东溪村来。那时晁盖得知了大怒,从溪里走将过去,把青石宝塔独自夺了过来东溪边放下。因此人皆称他做托塔天王。晁盖独霸在那村坊,江湖上都闻他名字。

从"铁天王"到"托塔天王"是有内在联系的。宋元之际画家龚开所作《宋江三十六人赞》,其中"铁天王晁盖"的赞词为"毗沙天人,证紫金躯,顽铁铸汝,亦出洪炉"。是"铁天王"当为铁铸之毗沙门天王,反映了宋末元初毗沙门信仰的余波。则晁盖"托塔天王"的称号也应当本于毗沙门天王,但到《水浒传》成书之时,作者不了解这一个过程,而另外生造出一个故事。"夺塔过溪"的故事虽然形象地反映了晁盖勇武多力的特点,但是考虑到唐宋时期毗沙门信仰的鼎盛和毗沙门天王本身所具有的"拔山决海、护法降魔"的象征意义,就会发现这个故事拘泥于"托塔"二字而附会成辞,并不能为人物性格作更多的补充,有点画蛇添足的意味。

2.《西游记》和《封神演义》中的"托塔天王"故事

针对托塔天王手中的宝塔,《西游记》和《封神演义》有一个相似的传说故事,其中《西游记》所载故事比较简约,而《封神演义》则是长篇累牍精心结构。

考虑到两书所述故事大体接近，为节约篇幅计，故只引《西游记》中所载的内容：

> 说不了，天王轮过刀来，望行者劈头就砍。早有那三太子赶上前，将斩腰剑架住，叫道："父王息怒。"天王大惊失色。噫！父见子以剑架刀，就当喝退，怎么返大惊失色？原来天王生此子时，他左手掌上有个"哪"字，右手掌上有个"吒"字，故名哪吒。这太子三朝儿就下海净身闯祸，踏倒水晶宫，捉住蛟龙要抽筋为绦子。天王知道，恐生后患，欲杀之。哪吒奋怒，将刀在手，割肉还母，剔骨还父，还了父精母血，一点灵魂，径到西方极乐世界告佛。佛正与众菩萨讲经，只闻得幢幡宝盖有人叫道："救命！"佛慧眼一看，知是哪吒之魂，即将碧藕为骨，荷叶为衣，念动起死回生真言，哪吒遂得了性命。运用神力，法降九十六洞妖魔，神通广大，后来要杀天王，报那剔骨之仇。天王无奈，告求我佛如来。如来以和为尚，赐他一座玲珑剔透舍利子如意黄金宝塔，那塔上层层有佛，艳艳光明。唤哪吒以佛为父，解释了冤仇。所以称为托塔李天王者，此也。今日因闲在家，未曾托着那塔，恐哪吒有报仇之意，故吓个大惊失色。却即回手，向塔座上取了黄金宝塔，托在手间问哪吒道："孩儿，你以剑架住我刀，有何话说？"

在这里，托塔天王手中的宝塔成了李靖防备哪吒报仇的护身符。而在唐代的有关传说中，塔是捧在哪吒手中的。"奉佛教敕。令第三子那吒捧塔随天王。三藏大广智云。每月一日。天王与诸天鬼神集会日。十一日第二子独健辞父王巡界日。十五日与四天王集会日。二十一日那吒与父王交塔日。其日须乳粥供养。无乳则用苏蜜粥供养其天王。有天灵异奉敕宣付十道节度。所在军领令置形像。祈愿供养。天宝元载四月二十三日。内谒者监高慧明宜天王第二子独健。常领天兵护其国界。天王第三子那吒太子。捧塔常随天王。"

需要说明的是，《毗沙门仪轨》和另外两部同样署名不空翻译的经书《北方毗沙门天王随军护法仪轨》、《北方毗沙门天王随军护法真言》，因不载于《贞元新定释教目录》中而受人质疑为伪经，但从其流传日本的情况来判断，即使是伪经，其产生的年代亦不会晚于公元 9 世纪，因此可以反映唐代毗沙门信仰的一些真实情况。

从哪吒捧塔随侍天王，到天王托塔提防哪吒，故事发生 180 度的转折。这种离经背典的变化同样反映了毗沙门信仰衰落和毗沙门造像改变以后，原有的故事迷失和艺术家的重新创作。也正是在这种情况下，托塔天王与李靖最终碰上了头。元版《搜神广记》翻刻的《三教源流搜神大全》中记载："哪吒本是玉皇驾下大罗仙,身长六丈,首带金轮,三头九眼八臂,口吐青云,足踏盘石,手持法律,大喊一声,云降雨从,乾坤烁动。因世间多魔王,玉帝命降凡,以故托胎于托塔天王李靖。"这可能是李靖成为托塔天王最早的记载。

结　语

民间信仰的形成和流传过程往往显得十分复杂和混乱。托塔天王的形成过程更是如此,其中涉及佛道二教,涉及敦煌学和小说史学。个人的认识总归有限,因此对其源流变迁的考辩需要审慎,既要厘清史料,明辨首尾,又要留有余地,以待新材料的发现或新观念的产生。基于这一认识,本文提供了三个方面的考证:第一,唐宋时期,李靖逐渐被神化和道教化,但与毗沙门信仰无关。第二,最初的"李天王"应当与于阗李氏有关,跟李靖没有关系。第三,元代以后,毗沙门造像发生根本改变,李靖最终成为托塔天王。以上只是对托塔天王形成过程的大致轮廓进行了初步的勾勒,许多细节尚需进一步的充实。聊为引玉之砖,尚祈方家指正。

参考文献

[1] 蔡铁鹰:《唐僧取经故事生成于西域之求证》,《明清小说研究》,2004年第2期。

[2]《大正新修大藏经》网络版,中华佛典宝库. http://www.fodian.net/in-dex1.htm。

[3] 古正美:《于阗与敦煌的毗沙门天王信仰》,《2000年敦煌国际学术讨论会文集》。

[4] 郭绍林:《托塔天王何以是李靖》,《洛阳大学学报》,2002年第3期。

[5] 徐梵澄:《徐梵澄集》,中国社会科学出版社,2001年。

[6] 柳存仁:《和风堂文集》,上海古籍出版社,1999年。

[7] 李昉等:《太平广记》,中华书局,1961年。

[8] 松本文三郎:《兜跋毗沙门天考》,金申译,《敦煌研究》,2003年第5期。

[9] 王汝涛:《全唐小说》,山东文艺出版社,1993年。

[10] 玄奘:《大唐西域记》,上海人民出版社,1977年。

【后　记】　2004年,文学院教职工赴浙江天台山春游,余从杨师之后焉。游览国清寺,见四天王像,有所感触,归来撰成此文。以后诸事纷更,此文藏于笥中,未尝问津。今逢杨师七十华诞,国安师兄索文,岂敢草草塞责。因思此文曾经杨师审阅,以为尚有可取之处,故不揣浅薄,聊以应命。

43

一字一词总关情

看韦庄的相思与思乡词

——许春燕 苏州工艺美术职业技术学院

词在五代已渐趋成熟，并出现了我国第一部文人词总集《花间集》，堪称"倚声填词之祖"。花间词人中，温庭筠与韦庄并为两大名家，在推动文人词的发展中功不可没。其中，温庭筠素有"花间鼻祖"之称，以其精绝绮丽成为花间词风的典型代表。而韦庄词清空善转，情深语秀，尤能适密入疏，寓浓于淡，使词从歌舞筵席间的秾艳歌曲，一转而为抒情吐性之写意篇什。陈洵《海绡说词》中说到："词兴于唐，李白肇基，温歧受命，五代缵绪，韦庄为首。"①韦庄词风格迥异于其他花间之作，可谓开词之题材内容一大转变，而历来为论词者所看重的，则是其中对相思与思乡这两大主题的不断摹写与描述。

韦庄，字端己，京兆杜陵（今陕西西安）人，出生于世家大族，至五代时早已中落。《唐才子传》记载他"少孤资力学，才敏过人"。45岁那年到长安应举，时值黄巢起义，陷兵中大病几死，此后在颠沛流离之中尝尽了人间辛酸，直至晚年方否极泰来，位及人臣。可以说，花间词人中论贫困穷厄，莫有过于韦庄者，论显达荣贵，也莫有出其右者。他历经了唐帝国从衰落到灭亡，又目睹了五代十国的分裂混乱，一生饱受离乱漂泊之苦。也许正是因为有着如许坎坷艰辛、大起大落的人生经历，才使其词作具有与花间词人一味剪红刻翠不同的艺术风貌，可谓是让人耳目一新的词中别调。

韦庄现存词作48阕，内容题材十分广泛，既有相思相忆的悲喜交结、漂泊游子的天涯归思、人生苦短的无奈吟叹，也有民俗风情的白描写照、深宫寂寞的凄楚幽怨、悲欢离合的道尽心曲。如此广泛复杂的题材在花间诸作中还是不多见的，而其中所占比重最大的是相思与思乡之词，正是在对相思与思乡这两大主题的反复吟咏中，端己词的独特魅力才凸显出来。

---

① 陈洵：《海绡说词》，见唐圭璋《词话丛编》，中华书局，1986年，第4837页。

一

相思之作,自《诗经》肇其始便不绝如缕,成为中国古代文学盛久不衰、时久弥笃的主题。无论是"一日不见,如三秋兮"(《诗经·王风·采葛》)的自然流露,还是"所谓伊人,在水一方"(《诗经·秦风·蒹葭》)的深婉动人;无论是"身无彩凤双飞翼,心有灵犀一点通"(李商隐《无题》)的溢于言表,还是"忆君心似西江水,日夜东流无歇时"(鱼玄机《江陵愁望寄子安》)的惆怅满怀,相思之诗以其曼妙婉转、动人肺腑而使古今文人为之倾心。在古典诗歌的格律化进程中,在由诗向词的过渡中,相思这一主题不仅以其内在的情韵调节了文学与声律的关系,更使相思主题凭借着词体而相得益彰。《乐府指迷》说:"作词与诗不同,纵是花卉之类,亦须略用情意,或要入闺房之意……不着些艳语,又不似词家体例。"①《赌棋山庄词话》称:"夫词多发于登临送归,故不胜其缠绵悱恻,即当歌对酒,而乐极哀来,扪心渺渺,阁泪盈盈,其情最真,其体亦最正矣。"②由此可见,男女之情爱与寄托见长的词之体性有着难于言说的内在相通性。也正因为这个原因,《花间集》中五分之四的篇幅为相思之作,而就单个作家而言,温庭筠以相思之作为主,韦庄亦复如是。经过千年的演化,到了词中,相思之情,一跃而占据了半壁江山。

然而同是相思之作,审美风貌却不尽相同,《诗经》的纯朴本色,乐府的浅语深情,李商隐的朦胧诡异,温庭筠的华丽精巧,无不让人叹为观止。在"镂玉雕琼,拟化工而迥巧,裁花剪叶,夺春艳以争鲜"(欧阳炯《花间集序》)的花间词中,韦庄却显示出一种独特的清简疏淡,并以这种独特的词风与温词分庭抗礼,开词家清疏一派之先声。

试看这首《荷叶杯》:

> 记得那年花下,深夜,初识谢娘时。水堂西面画帘垂。携手暗相期。　　惆怅晓莺残月。相别,从此隔音尘。如今俱是异乡人,相见更无因。

词的上片假"记得"二字,追忆初欢,下片再写离别情景,往事皆历历在目,结尾抒发了漂泊天涯、重聚无由的慨叹。全词造语淳朴,声口如见,融注了极为

---

① 李义山:《乐府指迷》,见唐圭璋《词话丛编》,中华书局,1986年,第281页。
② 谢章铤:《赌棋山庄词话》,见唐圭璋《词话丛编》,中华书局,1986年,第3451页。

深挚的思恋怀念,读来顿觉凄怆无穷。《古今词话》载:"韦庄以才名寓蜀,王建割据,逐羁留之。庄有宠人,资质艳丽,兼擅词翰。建闻之,托以教内人为词,强庄夺去,庄追念悒怏,作小重山空相忆……情意凄怨,人相传播,盛行于时,姬后传闻之,逐不食而卒。"①这虽是小说家言,却也可使读者一窥词人的情深义重。

离别本是人生常有的际遇,在那种离乱的时代里更不足为奇,而作者却以其深刻的感悟力和独特的艺术表现形式,使这种人之常情显得格外动人。他善于从内在的角度契入,选择意象的内涵偏重于主观情思的直接传达和有关事件的详明记叙,甚至直接关注到人的形容举止与心理变化的过程。他的词作以情的表达为主,所谓的景,则是依人而设,为情所设,甚至可以成为主观情感的外化形式和外在象征,这就不同于温庭筠多专注在铺排客观事物以牵引烘托。同时,韦词的意象组合空疏,时空过渡发展层次也井然有序。所以词的脉络神理清晰连贯,设色敷彩清丽淡雅而绝少当时的腻丽浓重,造成整体境界发露直白而不深隐委曲,中间却处处涌腾着感情的潮流,那悲伤,那思念,甚至那惆怅迷茫的叹息都发自内心深处,厚重深挚,令人品味不尽,使人想见风度。

吴衡照《莲子居词话》里评道:"韦相语空善转,殆与温尉异曲同工,所赋《荷叶杯》真能摅摽撇之忧,发踟蹰之爱。"②后之论词者评价温韦的不同时,都有精辟的论述,如叶嘉莹在《从〈人间词话〉看温韦冯李四家词的风格》一文中指出:"端己的词从外表看来,虽然仍不脱《花间词》的风格,可是他却把在《花间词》中被写得极滥了的闺阁愁绪、相思离别的情景,注入了新鲜的生命和个性,已不仅是徒供歌唱的艳曲而已,而是切实可以抒情写意的个人创作了……这种真切、极具个性的风格,不仅为端己词的一大特色,而且也当是晚唐五代词在意境方面的一大演进,使词从徒供歌唱的、不具个性的艳曲,转而为可供作者抒写情意的极具个性的文学创作了。"③不难发现,韦庄的确是在词中融入了自己的真情实感,从而能以浅语造深情,只需寥寥几笔便使作品充满生命气息。

除此以外,韦庄词还有凭劲直真切取胜者,其述情表意,但求酣畅淋漓、明白吐露,而绝不用半点曲笔,绝不留一点余地,作决绝语亦堪称道,如这首《思帝乡》:

> 春日游,杏花吹满头,陌上谁家年少足风流。妾拟将身嫁与一生休。纵被无情弃,不能羞。

---

① 杨湜:《古今词话》,见唐圭璋《词话丛编》,中华书局,1986 年,第 20 页。
② 吴衡照:《莲子居词话》,见唐圭璋《词话丛编》,中华书局,1986 年,第 2401 页。
③ 叶嘉莹:《从〈人间词话〉看温韦冯李四家词的风格》,见叶嘉莹《叶嘉莹说词》,上海古籍出版社,1999 年,第 136 页。

这首词从民间文学中吸取了养料,继承了传统的白描手法,从明媚春光的描述发端,以下全是女主人公坚持强烈的内心独白。这些直切透骨的痴情语一泻尽吐,往而不复,天真质朴、热情真挚都臻至极尽,真可谓填词中之古诗19首。

二

如果说如"弦上黄莺语"(韦庄《菩萨蛮》)般清丽婉转的相思之词正是唐五代词人花大笔墨所在,那么韦庄的思乡之词与同时代的词人相比则显得较为特殊。

游子思乡,这是常见的文学题材之一。热爱乡土、看重亲情是中华民族传统的文化心理,也是历来受重视的忠孝思想的折射。中国古代的文人总有难以摆脱的眷眷乡怀,商旅游客、仕子走卒,无论走到哪里,魂牵梦绕的总是家园、乡土、故国。"孤灯燃客梦,寒杵捣乡愁"(岑参《宿关西客舍寄东山严许二山人》),"若为化得身千亿,散向峰头望故乡"(柳宗元《与浩初上人同看山寄京华亲故》),这种强烈的怀乡之情源自于中华民族视乡土为生息之地的观念,因而,"鸟飞反故乡兮,狐死必首丘"(《屈原《九章·涉江》),"羁鸟恋旧林,池鱼思故渊"(陶渊明《归园田居》),这便成为古今炎黄子孙系之于心的愿望。这一主题是个人内在的生命力和社会宗族伦理道德规范之间某种必然联系的集注灌发,因其极强的吸附力而贯穿文学史的始终。

思乡的主题,因其时代背景的不同而有着一定的区别。《诗经》中体现的是血缘伦理观念,屈原则在故土之思中寄托了政治理想的失落,此后因征戍徭役、游宦求仕而起的故土之思渐渐占了相当大的比重。虽然思乡缘起众多,却大都寓意着个体在现实中的寂寞与彷徨、失意与落拓。表面上的情感看似是对故园乡土的追恋,实际多是一种内心失意情绪的寄托。当诗人在生活中遭遇坎坷不幸时,遥远的故乡往往被赋予理想化的色彩,离开得愈久,其吸附力往往越大,从而成为诗人诗意的栖居空间。

几乎任何一种体裁都有大量的怀乡之作,词也不例外。当词还在民间孕育时,便"有边客游子之呻吟"(王重民《敦煌曲子词乐自序》)。然而到了晚唐五代,便成了"绮筵公子,绣幌佳人,递叶叶之花笺,文抽丽锦,举纤纤之玉指,拍按香檀",其内容都无非樽前宴享,儿女情长。在那样一个"满耳笙歌满眼花,满楼珠翠胜吴娃"(韦庄《隋金陵府相中堂夜宴》)的畸形繁华的时代,在这样一种思乡恋土的纯挚感情几近被湮没掉时,当我们为词的浮艳绮靡而慨叹时,韦庄却能别开生面,把笔触及到内心深处的思乡情绪,给一片香艳的词坛注入了新鲜的血液,恰如清风拂面,让人清新神怡,又不乏值得深思体味的深沉内蕴。

其中,以《菩萨蛮》最为著名:

> 人人尽说江南好,游人只合江南老。春水碧于天,画船听雨眠。
> 垆边人似月,皓婉凝霜雪。未老莫还乡,还乡须断肠。

词的上半片描绘了江南怡人的景色,美的人物,俨然的生活,似有劝留之心。而言外之意却又不难看出:游子的本意仍是要还乡的,未言及其思乡,而思乡之情、还乡之意已跃然于纸上。全词语言直切,看似浅白易懂,又寓含深意于其中。尤其是"还乡须断肠"一句,引发了读者深沉的思索,可谓言尽意不尽。同样的还有"此度见花枝,白头誓不归"(《菩萨蛮》),难怪《白雨斋词话》中说:"韦端己词似直而行,似达而郁,最为词中胜景。"①

与大多数诗人一样,韦庄在他的思乡词中,寄寓的也是他在现实中的困惑、矛盾和失意之情。韦庄一生饱历艰辛,读书时数米而炊,秤薪而爨,又早尝寇乱,间关顿踬,漂泊流浪之苦、去乡怀国之痛的深刻体验在他的诗作中表现得淋漓尽致。"明日五更孤店月,醉醒何处泪沾巾"(《东阳酒家赠别二绝句》),"若见青云旧相识,为言流落在天涯"(《送人归上国》),"声声林上鸟,唤我北归秦"(《遣兴》)……复杂的生活经历使他不同于长期流连于都市歌楼舞榭、沉溺于酒色声妓的温庭筠,他不必过多考虑如何以歌娱人的传统,也相对淡漠了词佐欢酬宾的实用功能,而别能将诗的价值观念引入到词这种新兴的文学样式中来。于是可以极力摆脱缘调赋题的束缚,直接抒写自我情怀思绪,充分表现出特定的人生内容,寄寓对故国家乡的深沉眷念。这样的词在他的作品中占有近五分之一,如这首《清平乐》:

> 春愁南陌,故国音书隔。细雨霏霏梨花白,燕拂画帘金额,尽日相
> 望王孙,尘满衣上泪痕。谁向桥边吹笛,驻马西望销魂。

词人只用简单的几笔便勾勒出一个尘土满面饱经沧桑的浪子,面对着如画的春景,思忆故国,在笛声中黯然神伤。在这里,思乡已经转而为恋国。韦庄历游诸地,举目有山河之异,流淌漂泊,寓目缘情,一咏一觞之作,都能感人肺腑。他有一首著名的《台城》诗:"江雨霏霏江草齐,六朝如梦鸟空啼。无情最是台城柳,依旧烟笼十里堤。"故国黍离之悲,凄怆悲凉,动人情怀。正如杜甫《吹笛》中由吹笛而联想到的"故园杨柳今摇落,何得愁中曲尽生",二者的难言隐痛如出

① 陈廷焯:《白雨斋词话》,见唐圭璋《词话丛编》,中华书局,1986 年,第 3779 页。

一辙。

少年时的生活困顿、流离失所，中年时的求仕坎坷，游宦中的矛盾痛苦，通过他的思乡之词，一一展现于我们面前。他前逢黄巢农民大起义，后遇藩镇割据大混战，自称"平生志业匡尧舜"（《关河道中》），因而，对唐王朝的赤诚忠心是他思想的核心所在，忧时伤乱则是他诗歌的重要题材。他对战乱中人民所遭受的苦难深表同情，对唐室"中兴"持有热切的期待，对离乱中的君主皇族多有眷念，更在诗作中抚今追昔，为唐王朝的衰微唱出了深沉的挽歌。因此，即便到晚年仕蜀，"托在腹心，首预谋画，其郊庙之礼，册书赦令，皆出庄手"（《唐才子传》），他仍然无法忘记故国河山，终其一生都难以摆脱浓重的恋乡情结。壮年时的韦庄以一句"内库烧为锦绣灰，天街踏尽公卿骨"而被誉为"秦妇吟秀才"，名传天下，而老年时的韦庄却将此诗束之高阁，绝口不提，空自在哀怨的伤感中遥思故国，这不能不说是一个诗人的悲哀。陈廷焯《白雨斋词话》谓："端己《菩萨蛮》云：'未老莫还乡，还乡须断肠。'又云：'凝恨对斜晖，忆君君不知。'《归国遥》云：'别后只知相愧，泪珠难远寄。'《应天长》云：'夜夜绿窗风雨，断肠君信否？'皆留蜀后思春之辞，时中原鼎沸，欲归不能，端己人品未为高，然其情亦可哀矣。"①此说受常州派比兴寄托之说的影响，难免有牵强附会之处，但不可否认端己确有一部分词存在这样的情况，这也是自古至今文人的传统心理模式和思维定向使然。这也使我们可以洞悉，韦庄的思乡之作饱含着复杂而矛盾的情感，有个人的一己之伤，亦有家国的愁恨绵绵。

三

相思与思乡成为在特定的民族文化心理及思维形式下的中国文人长期吟唱不止的两大题材。相思是两情相悦，一己之思，是一种自我意识的情感流露；而思乡则是带有血缘家法制度积淀痕迹的内心情结，是维系邦族群体的巨大情感纽带，具有伦理规范性。相思可以使人刻骨铭心、凄楚绝望乃至断肠而死，为情而亡；而思乡却多是凄怆悲凉，终了一生。"相思重视的是未来的憧憬，企冀早日与异性对象或广义中的意中人幸晤，思乡则痴迷于童年生活与昔日故里桑梓的甜蜜可亲，热望重新回归旧的文化环境之中，二者虽都属于亲属体系的情感派生物，但这体系分夫妻型与父子型，相思带有夫妻型的不连续性、独占性与选择

---

① 陈廷焯：《白雨斋词话》，见唐圭璋《词话丛编》，中华书局，1986 年，第 3779 页。

性,思乡则带有父子型的连续性、包含性与权威性。"①乍一看相思和思乡有着很大的差别,其实二者又有着内在的有机联系,有着一定的共通性和相互融合性。

一方面,这两大主题的表达,或通过抒怀,或借助咏物,比兴寄托,大有相通之处。尤其是在意象的选取上,表现出了惊人的一致。在韦庄的词中,许多惯常的意象,依傍着两大主题共有的惆怅伤感之情而成为特有的文化符号载体,"月"成为其中出现最多的原型意象。月光因其阴晴圆缺象征着时间的流逝、生命的珍贵;月光因其千里相共而使有情之人可以逾越空间,相伴相随相抚相慰。月光给予人们的是一个臆想无穷的境界,人们得以在月光中寄托种种不尽相同的情感。"露从今夜白,月是故乡明。"(杜甫《月夜忆舍弟》)"海上生明月,天涯共此时。"(张九龄《望月怀远》)前者是望月思乡,后者是因月怀人。"月出皎兮,佼人僚兮"(《诗经·陈风·月出》)是以月喻美人,"月上柳梢头,人约黄昏后"(欧阳修《生查子》)则是月夜人相思。韦庄词中"月"这一意象常常伴随着黯淡而低沉的情绪。"梦觉半床斜月,小窗风触鸣琴。"(《清平乐》)"露冷月残人未起,留不住,泪千行。"(《江城子》)

此外,雨、灯、滴漏等意象也频频出现,成了词人抒发个人感慨的有效载体,象征着词人在思乡与相思中内心的孤独与寂寞难诉。"何处,烟雨,隋堤春暮"(《何传》),"闷杀梧桐残雨,滴相思"(《定西番》),"惆怅梦余山月斜,孤灯照壁背窗纱"(《浣溪沙》),"夜夜相思更漏残,伤心明月凭栏杆"(《浣溪沙》)……这些意象原本都是不带有任何主观情意的自然物象,在中国文学中却被刻意营造成传统的抒情意象,融注了作者特有的感受、体验、情绪和心态,具有丰富的人生意蕴和审美价值。

另一方面,相思与思乡因其文化上的同源特质,而呈现出了一定程度上的融合性。在屈原那里,相思求女意指企慕贤君,恋土怀乡则是故国难辞。他使相思与思乡的主题共同染上了政治的色彩,使后代的诗人把仕途理想的怅惘迷茫以比兴寄托的手法在思乡怀人的主题中婉转道来。善言词者,常假闺房儿女之言,通之于《离骚》、变雅之义,而古往今来不得志于时者,更是寄情于此。这便是古人常可以借相思来表达思乡之情、借思乡来表达中国文人在建功立业中的内心纠葛的缘故。这样,相思与思乡便常常暗合了某种共同的情愫。

在端己词中,除了直陈思念故国家园之作外,也不乏此类有寄托深意之作,如《归国遥》其二:

① 张猛等:《人的创世纪》,四川人民出版社,1987年,第137页。

金翡翠，为我南飞传我意，罨画桥边春水，几年花下醉。　　别后只知相愧，泪珠难远寄，罗幕绣帏鸳被，旧欢如梦里。

吴梅在《词学通论》中说："端己《菩萨蛮》四章，惓惓故国之思，最耐寻味，而此词南飞传意，别后知愧，其意更为明显。"①这首词明显是借男女欢情抒发词人眷恋故国的感情。开头作者借金翡翠这一传说中的飞禽来传达他的心意，正如李商隐之"青鸟殷勤为探看"，增添了词作浪漫的气息。接着便是回忆过去的美好时光，春色旖旎里两情相悦的幸福生活以反衬别后的凄凉寂寞。下阕则直陈相思之苦、愧疚之情。因为如今天涯异乡，难以重温旧梦，作者的离悲与泪珠难以远寄，明天相见无期，却仍然难以割舍这段感情。全词语淡情深，悲苦自见。这与他晚年的遭遇不谋而合，有黍离之悲却不得不作强忍之态，故国之思，已隐然于情词之下。韦庄借恋情抒怀国之情的词大多有着显疏的意象境界和淡秀清丽的审美风格，其中又蕴涵着深挚真率的情意，凄然悱恻，让人了然于目，神会于心，而又不流于程式化的浅白，仍是"寄托深远"，别具耐人体会的胜境。

在相思与思乡这两大主题中，一字一词总关情。韦庄词的思想性和艺术性融会贯通，凸现出了中国古代文人情感系统所特有的心理特征，其成就毫不亚于温庭筠。刘熙载《词概》中说："温飞卿词精妙绝人，然美不出乎绮怨，韦端己、冯正中诸家词，留连光景，惆怅自怜，盖亦易飘扬于风雨者，若第论其吐属之美，又何加焉？"②韦庄词有韵、有味、有骨，清丽自然，文质彬彬，堪称花间冠冕。他晚年作为中原名士入蜀，年辈既高，官居相位，在当时的西蜀文坛自然是执牛耳的盟主，也因此影响了周围一大批作家，乃至后世的李清照和苏轼。

①　吴梅：《词学通论》，华东师范大学出版社，1996年，第56页。
②　刘熙载：《词概》，见唐圭璋《词话丛编》，中华书局，1986年，第3689页。

44

隐与名

浅谈陶渊明的『身名』之思——

王　鹏　南京三江学院

　　从陶渊明的同时人颜延之开始,对陶渊明的推崇多源于他作为隐士的人格魅力。颜延之说他:"道不偶物,弃官从好"、"畏荣好古,薄身厚志",①称赞他的归隐是"高蹈独善",对他的诗则只一句"文取指达"带过。南齐沈约作的《陶渊明传》在《宋书》中置于《隐逸传》,后《晋书》、《南史》皆沿其例。梁代萧统不仅欣赏陶渊明作为隐士的"高趣"和"真率",而且喜爱他的诗文:"其文章不群,词采精拔;跌荡昭章,独起众类;抑扬爽朗,莫之与京……加以贞志不休,安道苦节,不以躬耕为耻,不以无财为病,自非大贤笃志,与道污隆,孰能如此者乎?"②钟嵘在《诗品》中也视陶渊明为"古今隐逸诗人之宗"。③ 至宋代苏轼对陶渊明的为人及创作更是追慕不已,以至要对陶诗篇篇和作。他在给苏辙的信中说:"吾于诗人,无所甚好,独好渊明之诗。渊明作诗不多,然其诗质而实绮,癯而实腴……然吾于渊明,岂独好其诗也哉? 如其为人,实有感焉……(吾)半生出仕,以犯世患,此所以深愧渊明,欲以晚节师范其万一也。"④苏轼爱陶渊明之高蹈辞世,对陶诗的品评也细致入微,读到"采菊东篱下,悠然见南山",他情绪激动地说:"近岁俗本皆作'望南山',则此一篇神气都索然矣。古人用意深微,而俗士率然妄以意改,此最疾。"⑤此后陶渊明似乎就定格在"采菊东篱下,悠然见南山"式的淡远闲适之中了。然而在阅读陶诗的过程中,人们还是注意到了陶渊明的另外

　　① 萧统:《文选》卷五七,上海古籍出版社,1986 年,第 2471 - 2472 页。
　　② 萧统:《梁昭明太子文集》卷四,见《四部丛刊初编·集部》,商务印书馆,1926 年,第 43 页。
　　③ 钟嵘著,陈延杰注:《诗品注》,人民文学出版社,1980 年,第 41 页。
　　④ 苏轼:《东坡续集(卷三):追和陶渊明诗引》,见《苏东坡全集》下,中国书店出版社,1986 年,第 70 页。
　　⑤ 苏轼:《苏轼文集》第 5 册,中华书局.1986 年,第 2092 页。

一面。如朱熹说:"陶欲有为而不能者也,又好名。"①顾炎武称:"栗里之征士,淡然若忘于世,而感愤之怀,有时不能自止,而微见其情者,真也。"②鲁迅《题未定草》七说:"现在之所以往往被尊为'静穆',是因为他(陶渊明)被选文家和摘句家所缩小,凌迟了。"③这些见解启示我们对陶渊明内心世界的认识应该建立在对其作品更全面而深入的解读之上。笔者反复研读陶集,认为除了人们常提到的"平淡"、"静穆"之外,陶渊明的作品还真实地反映了他内心的矛盾和痛苦,这集中表现为对"生"与"死"、"隐"与"名"等种种人生矛盾的深思反省。这很值得我们进一步深入地研究分析。

一、生死之思:岂止是"应尽便须尽"

"死生亦大矣",陶渊明诗中处处表现出对生死问题的思虑。因为有死,才有对生的意义的思考。"有生必有死,早终非命促"④(《挽歌诗》),陶渊明清醒地意识到这一点,常常流露于笔端:"天地赋命,生必有死;自古圣贤,谁能独免"(《与子俨等疏》)、"运生会归尽,终古谓之然"(《连雨独饮》)、"自古皆有没,何人得灵长"(《读山海经》之八)、"老少同一死,贤愚无复数"(《神释》)。生之短暂与死之必然令陶渊明对生命的盛衰变故特别敏感,如其《杂诗》十二首、《岁暮和张常侍》等作。陶渊明注意到死亡对生命的颠覆力量,笔下常流露出感伤和无奈,在《拟古》之"迢迢百尺楼"中,诗人登楼远眺,四际茫茫、高低不齐的坟丘让敏感的诗人想到沉睡在这里的人也曾经意气昂扬、慷慨争雄,然而"一旦百岁后,相与还北邙",现世的一切功名荣华也都随之化去,至多留下一座座无主土堆,死亡的虚无性彻底颠覆了活着的意义,"颓基无遗主,游魂在何方",这是多么的可悲可伤!因此及时行乐之想也时有发生,如其《己酉岁九月九日》:"从古皆有没,念之中心焦。何以称我情,浊酒且自陶。千载非所知,聊以永今朝。"《游斜川》诗:"且极今朝乐,明日非所求。"《酬刘柴桑》诗:"今我不为乐,知有来岁否?"……惧死而重生,因重生而享乐,这是大多数重视生命却又无法掌握自己命运的人的无奈,陶渊明亦以此缓解生命中的焦虑和痛苦。

① 黎靖德:《朱子语类》卷一四〇,中华书局,1986年,第3327页。
② 顾炎武:《黄汝成集释》下,《日知录集释》中册,上海古籍出版社,2007年,第1095页。
③ 鲁迅:《鲁迅全集》卷六,人民文学出版社,1982年,第430页。
④ 陶渊明著,逯钦立校注:《陶渊明集》,中华书局,1979年,第141页。(本文所录陶渊明作品均引自此书。)

《形影神》组诗对生死的思考是最具哲学意味的,历来被视为陶渊明自然主义生命观的体现:"甚念伤吾生,正宜委运去。纵浪大化中,不喜亦不惧。应尽便须尽,无复独多虑。"但陶渊明对道家生死观的理解也是有限的,他并未达到庄子齐生死、等寿夭的境界,所谓任天委命,只是出自理性的认同或是刹那间的感悟,是他充满矛盾和疑惑的内心在刹那间的所得,这代表了人的精神领域所能到达的高度。因此,在纷扰多难的世间,陶渊明的"平淡"就如夜航时的灯塔给人以人格精神上的指引。也许正因为此,人们才对他"不平淡"的一面不甚着意。事实上诗中借形影神之口表达不同人物对死亡的不同认识,是陶渊明内心斗争的反映,对死亡的焦虑、感伤与坦然、理性在他心中此起彼伏,互为表里,否定任何一方,都会有所偏失。如其《自祭文》虽称自己"乐天委分,以至百年",最后却又叹"人生实难,死如之何"。《挽歌诗》三首更是愈写愈悲。第一首"有生必有死,早终非命促"的开篇似乎参透生死,但紧接着描述亲朋的痛哭和死者的无知又令人无限伤感,作者的矛盾在此诗结尾又悄悄流露,无知无觉的死者竟为生时"饮酒不得足"而情绪激动。正如清陈祚明所评:"言理极尽,故言哀极深。末故以放语引令远,可知一息尚存,得失是非不泯泯也。"①第二首"在昔无酒饮"因酒承上,表现的却是死对生的嘲弄,生前好饮而无酒,死后酒生浮蚁却无力品尝。"欲语无音"、"欲视无光"、"昔寝高堂,今宿荒草"、生为"出门"死是"归来",这些不正是死对生的彻底颠覆吗?第三首"荒草何茫茫"以荒草、白杨等述"归来"时的悲凄,而不是归家的欢乐。"幽室一已闭,千年不复朝"的大悲哀只能以"贤达无奈何"来冲淡。面对送葬还家后的欢歌,死者也只能以"托体同山阿"的超然姿态去接受幽室中永久的寂静。旷达只是表象,沈德潜评其"音调弥响,哀思弥深"②,可谓得其真。

　　更多的时候陶渊明对活着的"无为"感到遗憾。如其《杂诗》第二:"日月掷人去,有志不获骋。念此怀悲凄,终晓不能静。"在《荣木》诗序中写道:"荣木,念将老也。日月推迁,已复九夏,总角闻道,白首无成。"《饮酒》诗第十六:"少年罕人事,游好在六经。行行向不惑,淹留遂无成。"均以"无成"为憾。从他笔下所咏的诸多人物来看,他所景仰的是如伯夷、叔齐、荆轲、四皓、二疏、三良、杨伦、邵平、袁安、荣启期、张仲蔚等"遗烈"。这些都是有为留名的先贤君子,是他精神的楷模,也是他心灵的慰藉:"何以慰吾怀,赖古多此贤。"(《咏贫士》二)在歌咏

---

　　① 陈祚明:《采菽堂古诗选》卷一四,见《续修四库全书·集部·总集类》第1591册,上海古籍出版社,2008年,第101页。
　　② 沈德潜:《古诗源》卷九,中华书局,1963年,第210页。

这些人的诗中我们所看到的作者绝不是"不喜亦不惧"、"应尽便须尽"的平静，而是感慨激情、"念之五情热"的。

这些都体现了对生命意义的思考和选择，儒家的"三不朽"便是正面肯定这种人生理想和追求的："太上有立德，其次有立功，其次有立言。虽久不废，此之谓不朽。"①即永垂不朽的生命境界，应该包括"立德"、"立功"、"立言"三种境界，这都是生命的"有为"。这种生命意识对后人产生了深远的影响。陶渊明在感情上也不能完全摆脱，但辞去彭泽县令的同时也就消解了儒家仕途经济也即"有为"、"事功"对于追寻生命价值的意义。在"无为"的田园生活中，生命的意义和价值到底是以何种形式得以体现呢？我想，这就是陶诗中时时流露苦闷、孤独、狂狷和无奈等种种不平之气的原因所在。

二、何有于"名"：浮烟与高世名

对生死问题的切切思索显现出陶渊明对个体价值的重视，他最终试图以精神生命的永存来弥补肉体生命的局限，以对人格理想的追求代替腾化求仙之术。这在作品中集中体现为对"名"的思考。留名后世也许是唯一能与死亡相抗衡的办法，是唯一能印证"无为"的人生仍有意义的办法。

陶渊明对"名"的看法似乎充满了矛盾，有时出以否定的语气："吁嗟身后名，与我若浮烟"（《怨诗楚调示庞主簿邓治中》），有时又倍加肯定："生有高世名，既没传无穷"（《拟古》二）。对这种矛盾心态前人早有所评，如清温汝能评《饮酒》之十一曰："陶公一生志节如是，其顾惜身名为何如耶！篇中言身世不足惜，不过就世人之见反言之，以自写其一时达趣云尔。不然饮酒之余，身名不惜，何以为靖节哉！"②"吁嗟身后名，与我若浮烟"两句似乎看破一切，生前身后全无挂碍，全诗如下：

> 天道幽且远，鬼神茫昧然。结发念善事，僶俛六九年。弱冠逢世阻，始室丧其偏。炎火屡焚如，螟蜮恣中田，风雨纵横至，收敛不盈廛。夏日抱长饥，寒夜无被眠。造夕思鸡鸣，及晨愿乌迁。在己何怨天，离忧凄目前。吁嗟身后名，与我若浮烟。慷慨独悲歌，钟期信为贤。

诗中回顾自己自幼向善，却遭逢不偶，家庭不幸，生活困窘，饱受饥寒。天道幽

---

① 洪亮吉：《春秋左传诂》下，中华书局，1987年，第567页。
② 温汝能：《陶诗汇评·和陶合笺》卷三，嘉庆写刊本，第27页。

远,鬼神茫昧,似不必怨天,虽说自己选择固穷守节必得美名传世,但人间种种忧苦长伴己身,活着尚不得其乐,身后之名与己又何干邪?不过结尾的慷慨悲歌,对钟子期一类人物的期盼才揭出诗人的真实情感。正如杜甫感叹"千秋万岁名,寂寞身后事",只是一种感慨,感慨"有意义"的"名"对自己却"无意义"的怪诞。《饮酒》十一之"虽留身后名,一生亦枯槁"表达的是同样的感慨。这似乎是命运的嘲弄,又似乎是上天出自善意的考验。明张自烈辑《笺注陶渊明集》卷二评《怨诗楚调示庞主簿邓治中》:"语气楚楚。只缘抛不得身后名,尽他智勇,俱受此中劳攘,渊明若能忘情,《五柳先生》一传,何以至今犹存?以此知名不可没,但无取盗名欺世耳。"[1]温汝能亦指出:"没世而名不称,夫子疾之。人无身后名,直与草木同腐耳。渊明不过一时感怀,发为此语,非真谓身后名不足重也。"[2]这实是中的之评。如《拟古》之六所写:"万一不合意,永为世笑嗤。"《饮酒》之九:"恐此非名计,息驾归闲居。"足见陶渊明对身后"浮烟"的重视。

陶渊明笔下也有对"名"的彻底否定,但所否定的"名"不是生前身后的"高名",而是现世荣名之"空名"。如其《杂诗》四:"孰若当世时,冰炭满怀抱。百年归丘垄,用此空名道!"前引《拟古》之四结尾叹道:"荣华诚足贵,亦复可怜伤!"现世的荣华诚然可贵,而与一旦归北邙之后的虚无相比,亦足令人黯然神伤。陶渊明漫游乡野,对那些默默的坟茔和败落的荒宅特别敏感,在《归园田居》之四、《诸人共游周家墓柏下》等诗中都表现出面对坟茔和荒宅时的深沉感慨。这些东西最能提醒人思量活着与死去、繁华与凄凉之间的巨大变化,最能令人在刹那间生出空幻感,觉得生命的意味只是虚无,现世的所得只是幻象,为了这种虚无和幻象而羁羁行役是多么目光短浅。因此陶渊明否定现世的名利,努力寻找与这种虚无相抗衡的东西,身体的永生是不可能,精神的长存却有可能。陶渊明在阅读中遇到了许多在这方面可资效仿的人物,他称之为"遗烈"、"先贤"。这为他孤独寂寞平庸的乡间生活注入了不凡的因素。

三、超越平庸:赋诗与固穷

陶渊明的乡间生活似乎是闲适的,却不能摆脱内心的孤独感,《癸卯岁十二月中作与从弟敬远》、《连雨独饮》、《读山海经》等诗所展示的都是这种貌似平静却倍觉孤独寂寞的心态。他渴望有朋友有知音,然而现实中的人们并不能完全

---

① 北大中文系、北师大中文系编:《陶渊明资料汇编》下册,中华书局,1962年,第74页。
② 温汝能:《陶诗汇评·和陶合笺》卷二,嘉庆写刊本,第17页。

满足这种精神上的需要，"好读书"、"性好异书"引领他寻到了古圣贤遗烈，也启发他期待身后的知音。在清静寂寥的乡间庭院中，他为自己营就了高朋满座的精神殿堂。有伯夷、叔齐等隐士；有袁安、黔娄等贫士；有孔子、庄周等圣哲贤人；有三良、荆轲等忠臣义士。这些人各不相同，或避世而隐，或守志固穷，或仁义知道，或忠诚义勇，都是千载知名对后世有绵绵影响的人物，是陶渊明所欣赏慨慕的对象，他们启示陶渊明如何做才能得到真正的身后名。

《扇上画赞》集中表现了陶渊明对隐士的追慕之情。诗中涉及荷蓧丈人、长沮、桀溺、於陵仲子、张长公、丙曼容、郑次都、薛孟尝、周阳圭诸隐，诗人视他们为"达人"。他们为了守护自我的真淳，或偶耕自欣，或甘于灌园，或寄心清尚，或渔钓闲居，诗书为伴，心无旁求。诗人最后慨叹："缅怀千载，托契孤游。"表白自己的隐亦复如此，而非范晔所描述的"硁硁沽名者"或"饰智巧以逐浮利者"那些"假隐"。① 联系《五柳先生传》，可以看出陶渊明心中无法泯灭的自怜自傲之气，自己是孤独的，又是千载后的唯一，对于后世人而言，"不详姓字"的五柳先生未尝不能跻身于自己所深慕的前贤之列，事实也确实如此，而且五柳先生即是陶渊明也为后人所共识。真正的隐士应该是完全淹没，不为人知，也不求人知，心迹合一的，但陶渊明却要为己明志："常著文章自娱，颇示己志。"(《五柳先生传》)"示"的对象是他人，对自己而言是不需特意"示"的，只要自知即可，但《有会而作》中却说："今我不述，后生何闻哉？"因此他既写出《五柳先生传》又写了《自祭文》，既写了南亩躬耕又写了琴书消忧，才说了"应尽便须尽，无复独多虑"转又"悲日月之遂往，悼吾年之不留"，才说了"百年归丘垅，用此空名道"转又思"不赖固穷节，百年谁当传"，这种矛盾疑虑固因其归隐之举无法逃过世人耳目，亦难说不因他对自己在他人面前将竖起何种"身名"不能释怀吧。

陶渊明的隐居生活使他饱尝生活的艰难，《咏贫士》组诗很能透露个中情怀。"贫士"显然不同于"穷人"，用孟子的话说他们是"无恒产而有恒心"的人。这组诗写了众多深处穷困却心志坚定的士。其中一人不能不特别指出，即其《咏贫士》之六所写的张仲蔚：

> 仲蔚爱穷居，绕宅生蒿蓬。翳然绝交游，赋诗颇能工。举世无知者，止有一刘龚。此士胡独然，实由罕所同。介焉安其业，所乐非穷通。人事固已拙，聊得长相从。

① 范晔：《后汉书(卷一一三)·逸民列传第七十三》，见《景印文渊阁四库全书·史部一一·正史类》第253册，"台湾"商务印书馆，第615页。

张仲蔚甘贫穷,绝交游,工赋诗,判然独立,相知只有一人也泰然处之。陶渊明对他钦慕不已,视为长期效仿的榜样,在《归去来兮辞》中说"归去来兮,请息交以绝游"、"临清流而赋诗",《和郭主簿》中称"息交逝闲卧,坐起弄书琴",《五柳先生传》说"常著文章自娱",《饮酒》序称"既醉之后,辄题数句自娱",其六云"伊怀难具道,为君作此诗"。直到生命将尽之时还不能辍笔,写了《自祭文》、《挽歌诗》三首,最终留给世人一百余篇诗文,俨然如张一样"介焉安其业",将写作视为自己的事业。可见咏张仲蔚的诗简直可视为陶渊明自述。这也说明陶渊明虽居于乡间甚至躬耕南亩,但他在精神上只是一个文人一个诗人,完全不是农夫,甚至不是隐士。正如他的《移居》二诗所描述的:"邻曲时时来,抗言谈在昔;奇文共欣赏,疑义相与析"、"春秋多佳日,登高赋新诗"。寻求素心人为友,读书,论道,赋诗,饮酒,多么洒脱自在。诗末句称"衣食当须纪,力耕不吾欺"。可见其归隐是为守志,而躬耕则是衣食之计。《读山海经》之一说"既耕亦已种,且还读我书",《自祭文》中称自己"春秋代谢,有务中园。载耘载籽,迺育迺繁。欣以素牍,和以七弦。冬曝其日,夏濯其泉"。就这样在平凡的事务中守护不同俗流的心志,在小人之事中修养君子之德,这是陶渊明的平易之处,也是其高超之处。正如他在《辛丑七月赴假还江陵夜行涂口》中所称:"养真衡茅下,庶以善自名"、"诗书敦宿好,林园无世情"。他始终以琴书相伴,以笔墨述怀。他孜孜记下在乡间的所见所闻所思所感,有田园美景,有辛苦农事,更多的是对自我的检视,检视自己是否真的淹没于农事,变成芸芸众生中世俗的一员。因此他虽知道"力耕不吾欺",但又说"过足非所钦"(《和郭主簿》),说"耕织称其用,过此奚所须"(《和刘柴桑》)。"君子食无求饱,居无求安",他似乎不断地提醒自己不必在意生活的艰难,也许是因为"先师有遗训,忧道不忧贫"(《癸卯岁始春怀古田舍》),陶渊明对"饥寒饱所更"的生活并非觉得难耐,相反每提及贫穷,言辞之间多有些孤傲放旷之态。《乞食》应是这方面的登峰造极之作:

> 饥来驱我去,不知竟何之。行行至斯里,叩门拙言辞。主人解其意,遗赠岂虚来。谈谐终日夕,觞至辄倾杯。情欣新知欢,言咏遂赋诗。感子漂母惠,愧我非韩才。衔戢知何谢,冥报以相贻。

诗虽以迫于饥饿而乞食的羞惭之态开始,但很快乞讨者与施主之间却形成了如逢故知的亲热场面,双方诗酒交欢,谈笑终日,刚出场时的羞惭则变成对知音的感恩之情,不仅没有低人一等之感,反有亢然之气。温汝能评此诗曰:"因饥求食,是贫士所有之事,特渊明胸怀,视之旷如,固不必讳言之耳……盖渊明耻事二姓,自甘穷饿,不乞于权贵,而乞于田野,所谓富贵利达,不足以动其中也。

渊明之乞,其诸异乎人之乞与?"①这样的乞食之客岂是寻常之辈?他清醒地知道自己有才华、孤独、拙于人事,但他不以为悲而以为傲,"啸傲东窗下,聊复得此生"。陶渊明作品中多次用到"固穷"这个词来表白自己的心声。也许他自认不能做到如孔子等圣贤,但做一个如张仲蔚这样与众不同的贫士、诗人而留名后世却是可能的,事实上他做到了并且可以说是大大超越了自己所钦慕的对象,这应该能令诗人感到欣慰吧。

陶渊明从精神和实践两方面竭力追随隐士和穷诗人。圣贤义士们的种种所为对陶渊明来说则更多是精神上的吸引。如《咏荆轲》云:"其人虽已没,千载有余情。"《咏二疏》云:"谁云其人亡,久而道弥著。"《拟古》之二赞田子泰:"斯人久已死,乡里习其风。生有高世名,既没传无穷。"正是这些千载留名的人支持他甘于孤独寂寞和穷困。《癸卯岁十二月中作与从弟敬远》是陶渊明的自白:

> 寝迹衡门下,邈与世相绝。顾盼莫谁知,荆扉昼长闭。凄凄岁暮风,翳翳经日雪。倾耳无希声,在目浩已洁。劲气侵襟袖,箪瓢谢屡设。萧索空宇中,了无一可悦。历览千载书,时时见遗烈。高操非所攀,谬得固穷节。平津苟不由,栖迟讵为拙。寄意一言外。兹契谁能别。

诗人在现实中是孤独的,在物质上是穷苦的,但内心深处他对此却并非排斥,"高操非所攀"四句在谦逊的言辞之间甚至带有肯定自我的矜夸之气。在寒冷的雪夜,在寂寥的屋宇中,他的精神生活是丰富高远而热烈的,他从"遗烈"身上得到现世难得的温暖,发现了更有意味的生存方式,但这些又是难向世人道的,"兹契谁能别"仍是对世人不能了解自己的遗憾。《饮酒》之"少年罕人事"亦与此诗同类。陶渊明的矛盾和真实之处正在于此。

陶渊明就是这样用平淡自然之笔展示了自己隐居生活的窘迫和优雅,记录了对生命的思考。在困境中固穷守节,在污浊的环境里一意守护自我的洁净。他因此留下了"浮烟"一样的身后名,也完成了他生命的永恒,给后人不息的启迪与指引。

(原载于《苏州大学学报(哲学社会科学版)》2009 年第 4 期)

---

① 温汝能:《陶诗汇评·和陶合笺》卷二,嘉庆写刊本,第16页。

45

江
湖
派
、
江
湖
体
及
其
他

季品锋　无锡芬芳语言教育培训有限公司

　　钱锺书关于江湖诗派的一些论述,虽已见于《谈艺录》、《宋诗选注》,却一直未引起大家的注意。商务印书馆 2003 年出版的《钱锺书手稿集·容安馆札记》(以下简称《札记》)中存在着大量的与江湖诗派研究相关的资料,由于种种原因,目前似尚未得到很好的利用。下面笔者就这些资料,结合已有的江湖诗派研究,谈一点不成熟的看法。其有违失,识者正之。

一、问题的出现

　　《札记》第 452 则(卷二,第 1046 页):

　　　　刘过(改之)《龙洲道人诗集》欲为豪雄,徒得粗犷。《瀛奎律髓》卷二十四评其《送王简卿归天台》(集卷五)谓太欠针线者,是也。古体学太白,近体不江西不江湖,自成野调。《札记》第 494 则(卷二,第 795 页)。

　　刘过《龙洲道人诗集》十卷,前第 452 则论《南宋群贤小集》第 16 册已及。改之诗七古七律五古较为擅场,气机壮浪,于江湖游士诗中差为别调。《札记》第 438 则(卷二,第 1002 页):

　　　　(《南宋群贤小集》)第八册:刘仙伦(叔拟)《招山小集》。粗豪尚气,似龙洲道人,非江湖亦非江西也。《贵耳集》卷中记当时有二庐陵二刘之号,洵非不伦。

　　这与我们对江湖派的已有研究结果是相冲突的。张宏生的《江湖诗派研究》(中华书局,1995 年)、张瑞君的《南宋江湖派研究》(中国文联出版社,1999 年)是两部江湖诗派研究的代表性专著,这两部著作都将刘过作为江湖诗派的代表性诗人来专节讨论。但在上述几则札记中,钱锺书反复指出刘过诗歌"不江西不江湖"、"于江湖游士诗中差为别调",甚至在评论刘仙伦诗歌时,也不忘带一笔"似龙洲道人,非江湖亦非江西也"。一个诗歌特色上呈现"非江湖"风貌的诗人,能作为江湖诗派的代表人物吗?

这是"大人物",再举《札记》中论及的几位"小人物":《札记》第438则(卷二,第1002页):

> (《南宋群贤小集》)第八册:黄文雷(希声)《看云小集》,五七古颇动荡,非江湖体也。《札记》第446则(卷二,第1 026页)。

> (《南宋群贤小集》)第十二册:敖陶孙(器之)《臞翁诗集》二卷。纯乎江西手法,绝非江湖体,虽与刘后村友(《诗评》自跋云自写两纸,其一以遗刘潜夫),却未濡染晚唐。观《江湖后集》卷十八《借山谷后山诗编》分明自道宗尚矣(第453则)。《小石山房丛书》中有宋顾乐《梦晓楼随笔》一卷,多论宋人诗,有云臞翁虽不属江西派,深得江西之体,颇为中肯。

黄文雷、敖陶孙及刘仙伦,都为张宏生《江湖诗派研究》确定的138位江湖诗派成员,钱锺书却认为他们的诗歌"五七古颇动荡,非江湖体也"、"纯乎江西手法,绝非江湖体"、"粗豪尚气,似龙洲道人,非江湖亦非江西也"。既然诗歌作品都呈现出非江湖体的特色,那作者能属江湖诗派吗?《札记》第366则(卷一,第586页):

> 王迈《臞轩集》十六卷。实之以谠直名,词章其余事也。虽出真西山门,无儒缓妪煦之态,气盛言泷,然嚣浮乏洗炼,故出语每俗。如卷五《真西山集后序》"一片赤诚"等句是也。诗亦慷慨流走,乃江湖体中气势大而工夫不细者。最推诚斋却不相似。《札记》第420则(卷二,第970页)。

> 蒲寿宬《心泉学诗稿》六卷。卷一有《投后村先生刘尚书》,卷二有《古意答胡苇航》、《送远曲别苇航》、《送梅峰阮监镇东归》,卷四有《和胡竹庄韵》、《寄胡苇航料院》、《友人余兄归小诗寄胡苇航》,卷五有《再用韵和苇航》,可以考见其吟朋啸侣,与胡仲弓尤友善。所作近体亦江湖滑薄之体,而笔力开展,颇能自振拔,然未得为陈宗之所网罗也,声名寂寞,遂更在二胡下矣。

《札记》第490则(卷二,第791页):

> 郑震(叔起)《菊山先生清隽集》一卷,只四十首,仇山村选自《菊山

倦游稿》者,亦南宋晚唐体,可入《江湖小集》。

《札记》第 509 则(卷二,第 832 页):

> 董嗣杲《庐山集》五卷、《英溪集》一卷。亦江湖派,尖薄而未新警。

《札记》第 541 则(卷二,第 912 页):

> 刘黻《蒙川遗稿》四卷。声伯虽笃志洛闽之学,时以性理语入诗,至和紫阳《感兴》二十首(卷一),然实得法于四灵,《四库提要》乃云:"其诗亦淳古淡泊,虽限于风会,格律未纯,而人品既高,神思自别,下视方回诸人,如凤凰之翔千仞矣。"盖蒙然莫辨其为江湖派之晚唐体也。

《札记》第 562 则(卷二,第 927 页):

> 姚勉《雪坡舍人集》五十卷。述之诗为江湖体之近晚唐者。

《札记》第 587 则(卷一,第 655 页):

> 连文凤《百正集》三卷,即月泉吟社征诗第一名之罗公福也。江湖派晚唐体,琢润而无警策,惟《春日田园杂兴》一律(卷中)为佳。

王迈、蒲寿宬、郑震、董嗣杲、刘黻、姚勉、连文凤,在张宏生《江湖诗派研究》附录一《江湖诗派成员考》的 138 位诗派成员名单中没有他们的名字;在"不属江湖诗派成员"的 32 人名单中也没有他们的名字;在已有的江湖诗派的著作或论文中,也没有人提及上述几位诗人。《札记》或直言"亦江湖派"、"江湖派晚唐体",或言"可入《江湖小集》",都传达这样一个信息——这 7 位诗人都与"江湖诗派"有莫大的关系,为何我们已往研究却将他们集体疏漏了?

今人研究与前人研究的矛盾,就这样呈现在我们面前。如何解释,问题又出现在什么地方?

二、江湖体

问题的解决还得从源头入手。诗派成员判断上的争执,还是源于江湖诗派自身界定的模糊。据现有的资料,最早明确提出"江湖诗派"这一说法的应该是《诗家鼎脔》的"小序"。

> 宋季江湖诗派以尤杨范陆为大家,兹选均不及,稍推服紫芝、石屏、后村、仪卿,其余人各一二诗止,隘矣。疆事日蹙,如处漏舟,里巷之儒

犹刊诗卷相传诵。且诸人姓名，有他书别无可考、独见之此编者，存以
征晚宋故实也。倦叟。《诗家鼎脔》二卷，不著选辑人姓名，四库馆臣
以为"其书乃宋末人所录南渡诸家之诗"，又云："卷首有小序，署曰倦
叟，亦无姓氏。案：倦圃为曹溶别号，此序当即为溶所题。"（《诗家鼎脔
提要》）

曹溶是清初人，卒于康熙二十四年。小序的作者"倦叟"是否为曹溶有待进
一步考证，但从"宋季江湖诗派"的说法看，"倦叟"为宋以后人应该是可以肯定
的。在"倦叟"提出"江湖诗派"这一概念后，四库馆臣始大量地使用。

可以说"江湖诗派"是个"后视性"概念，即后人对这段存在过的诗歌历史做
出叙述时提出的概念。与宋代另一诗派江西诗派相比较，江湖诗派没有明确的
宗派成员，也没有提出明确的诗歌主张。作为南宋后期真实存在过的一个诗歌
流派，它的复杂与流变，超出我们的想象。笔者以为，要对江湖诗派作出科学的
界定、客观的描述，离不开两个因素：一是人，一是诗。换句话说就是要做到作家
研究与作品研究的紧密结合，这是将江湖诗派研究深入进行下去的唯一可选择
的路径。作家研究中，我们已经认识到："江湖诗人"、"《江湖》诸集收录的诗
人"与"江湖派诗人"三个概念有着密切的关联，但绝对不能完全等同。以往对
江湖诗派的界定中，将这三个概念交叉、混合使用的现象屡见不鲜，造成了一些
不必要的麻烦。关于这一点，张继定的《论南宋江湖派的形成和界定》（《浙江师
范大学学报》，1994 年第 1 期）已经有清晰的阐述，可参看，本文不详加讨论。刘
过的例子就是混淆了"江湖诗人"与"江湖派诗人"的概念。

作品研究中，现存最大的问题就是我们往往偏重诗歌作品的收录考察，轻诗
歌作品的文本分析与解读，夸大了《江湖》诸集在诗派界定与成员判断中的作用。

《江湖》诸集对江湖诗派的界定有重要意义，但不是决定性的。如果将其作
为判断的唯一标准，就混淆了"《江湖》诸集收录的诗人"与"江湖派诗人"这两
个概念，最著名的例子是梁昆的《宋诗派别论》。梁将四库本《江湖小集》和《江
湖后集》所载 109 位诗人，统统列为江湖诗派成员。这一做法，已得到当代众多
学者的修正。

但在实际的研究中，江湖诗派的诗歌本体研究的缺失，使得我们对江湖派诗
歌到底呈现哪些特色，在其发展进程中又有哪些变化，还远未描述清楚。这种模
糊，导致研究者在遇到具体的成员判断问题时，往往回避从作品的风格入手，而
选择比较"硬性"的标准——作品入选情况来做判断。这样还是无法摆脱对《江
湖》诸集的依赖。如张宏生《江湖诗派研究》附录一的《江湖诗派成员考》就明确
地说："据目前所知，残本《永乐大典》中保存着九种江湖诗集，明清人的影、抄、

刊本江湖诗集,也有十一种以上……在没有其他材料的情况下,这些江湖诗集,连同当时一些笔记、诗话、书目中的记载,就成为我们确定江湖诗派成员的原始依据。"这与梁昆的只据《江湖小集》和《江湖后集》相比,似乎是进了很大一步。而且研究者也认识到"收入诸江湖诗集中的诗人,不一定就是江湖诗派成员",剔出了一些诗人。但这似乎忽视了问题的另一方面——未收入江湖诸集中的诗人,就一定不是江湖诗派成员吗?

这样,像王迈、蒲寿宬、郑震、董嗣杲、刘黻、姚勉、连文凤等作品没有入选《江湖》诸集的作家,自然是不会进入研究范围的。

从这意义上说,钱锺书提出的"江湖体"这一诗歌本体概念,意义就显得尤为重大。它使得我们从对《江湖》诸集的依赖中摆脱出来,回归到对诗歌流派自身风格特征的判断上来。它提醒我们回到对诗歌作品本身的注意,这正是我们当前研究界的薄弱环节。在方法论上,它提醒我们从偏于作家研究回归作品研究,从作品收录转向作品分析,从求证走向解析。

例如在归属问题上争论较多的方岳,张瑞君的《南宋江湖诗派研究》认为把他说成江湖诗人可以,但不应该归于江湖派,理由是方岳很少与江湖派的其他成员来往唱酬,方岳的诗不见于《江湖》诸集及其他与江湖派有关的诗集;而张宏生的《江湖诗派研究》则主张列入,并且作为江湖派的后期代表人物专节论述,但对于方岳没有作品入选《江湖》诸集的问题,他在附加的 5 条判断标准安排了一条"传统看法"。

我们来看一下钱锺书的判断:

《札记》第 252 则(卷一,第 410 页):

> 方岳《秋崖先生小稿》三十八卷。巨山为江湖体诗人后劲,仕宦最达,同时名辈,惟戴石屏姓字挂集中……盖放翁、诚斋、石湖既殁,大雅不作,易为雄伯,余子纷纷,要无以易后村、石屏、巨山者矣。三人中后村才最大,学最博;石屏腹笥虽俭,而富于性灵,颇能自战;巨山写景言情,心眼犹人,唯以组织故事成语见长,略近后村而逊其圆润,盖移作四六法作诗者,好使语助,亦缘是也。

在这一则中,钱锺书没有拘泥于方岳诗集是否入《江湖》诸集,而是直接从方岳诗歌风格入手,直言"巨山为江湖体诗人后劲",同时将方岳与江湖诗派的刘克庄、戴复古作了简要的诗风比较,并推他们三人是继陆游、杨万里、范成大后的三大家,并且指出方岳与刘克庄存在着诗歌创作上的相似之处:"以组织故事成语见长,略近后村而逊其圆润"。

随后在征引、剖析了方岳诗学近人的 7 个例证后，钱锺书论述到：

拈此六七例以概其余，亦征江湖诗派之渊源不远，蓄积不厚矣。方虚谷《瀛奎律髓》卷二十七选《咏杨梅》一首，尊之曰："吾家秋崖先生，其诗不江湖不江西，自为一家云。"盖回护掩饰之词也。

刘克庄作为江湖诗派的领军人物，是得到大家公认的，而方岳诗风与刘克庄诗风有相似性，除了上述的以组织故事成语见长外，"渊源不远，蓄积不厚"也是一个通病，《宋诗选注·刘克庄小传》中钱锺书就指出刘克庄"作诗备料"的毛病。最后钱锺书指出方回在《瀛奎律髓》中"吾家秋崖先生，其诗不江湖不江西"的说法是"回护掩饰之词"，进一步肯定了方岳的江湖体诗风。

当然，我们已经提到，诗派成员的判定得结合作品与作家两个因素。"江湖体"（作品因素）是必要条件，如刘过、刘仙伦、黄文雷等人没有满足这一必要条件，理应被剔出江湖诗派行列；而"江湖体"也非判断的充分条件，上面提到的那些"江湖体"诗人，是否归属"江湖诗派"，还得考察作家的身份、交游等情况。在方岳这个例子上，钱锺书也提到了"仕宦最达，同时名辈，惟戴石屏姓字挂集中"，从他的身份、交游看，是否归属"江湖诗派"，还是有待进一步讨论的。

从方岳这个例子，钱锺书为我们研究江湖诗派提供了一种新思路。他提出的"江湖体"这个依据更具文学意味，更注重文学分析，有助于我们摆脱单纯依靠作品是否收入《江湖集》作为判断的唯一标准。

以上是《札记》中的一些关于诗派成员判断的问题，以及江湖体概念的问题。下面我们再看一下钱锺书对江湖诗派的论述与分析，这有助于我们更全面、更真实地理解"江湖体"。

三、江湖派与江西后派的关系

《札记》第 453 则（卷一，第 705 页）：

（《南宋群贤小集》）第二十八册：赵师秀（紫芝）《清苑斋集》，虽仍苦拘露，四灵中推巨擘矣，方虚谷之言是也（见《律髓》卷四十七《桃花寺》批，又卷四十八《一真姑》批）。然以江西与江湖、四灵与二泉分茅设蕝，一若矛盾水火者，却非情实。虚谷甚推曾茶山，而当时称茶山者有赵庚夫仲白，则四灵同声也（参观《律髓》卷十四，又《梅涧诗话》）。江湖派集中多与二泉唱酬，二泉所作亦不主江西手法，涧泉尤为江湖体（集中与水心、四灵、巩仲至唱酬甚多，卷八《昌父题徐仙民诗集因和韵两首》其一云:"眇眇三灵见,萧萧一叶知。"自注谓灵芝、灵渊、灵舒及水心也。卷十四有《江湖集钱塘刊近人诗》七律一首)。紫芝即有《敬谢章泉赵昌甫二十韵》、《访韩仲止不遇题涧上》、《寄赵昌父》、《贵溪夜泊寄赵昌父》诸作。《芳兰轩集·题信州赵昌甫林居》且明曰:"谱接江西派,声名过浙间。"

历来研究南宋诗歌史,都以江西、江湖两派并称,且多着眼于两派各自的发展过程,而较少注意到两派之间的关系。其实,在文学发展的过程中,各个不同流派的作家在创作方面相互间仍然有着联系和影响,艺术上也是既相互排斥又相互吸引,这是复杂而具体存在的现象。这种论点对理解宋诗各种流派的形成、发展中所出现的许多问题,也是适用的。《宋诗选注·徐玑小传》中有一段话论述江湖派与江西派的关系:"江湖派反对江西派运用古典成语、'资书以为诗',就要尽量白描、'捐书以为诗','以不用事为第一格',江西派自称师法杜甫,江湖派就抛弃杜甫,抬出晚唐诗人来对抗。"

这一段话,在以往研究中引起过颇多的争议。现在,结合《札记》看来,钱锺书对江湖派、江西派的认识是很全面的。他既看到了江湖派在开创时期对江西派诗歌创作上的反思:"反对江西派运用古典成语、'资书以为诗'";也注意到了两派之间的相互吸引。以尊茶山为例,既有方回也有赵庚夫。从交往来看,江西后派的代表人物"二泉"与江湖派的交流还是比较密切的,既有江湖派前期代表人物四灵,也有江湖派后期中坚力量刘克庄与戴复古,钱锺书在上面列举的大量唱和之作即是有力的证明。从创作上说,江西派也受到了江湖派的影响,除了上面的"二泉所作亦不主江西手法,涧泉尤为江湖体",此外还有裘万顷。

《札记》第265则(卷一,第447页):

> 裘万顷《竹斋诗集》三卷、附录一卷。朱竹垞、宋牧仲等序皆以元量江西人而不作江西派诗为言……不知南宋中叶以后,章贡间作者每不乐土风,诚斋、白石是其显例。与高菊涧、宋伯仁等唱和,已是江湖体而仍有江西句法也。元量词致疏爽,非江西之襞积,然格调槎枒,仍时露江西句法也。陈元晋《渔墅类稿》卷五《跋裘元量〈竹斋漫存诗〉》云:"某生晚,不及识竹斋裘公。尝见章泉老先生言公之诗气和韵远,当入江西后派"云云。

从江西人裘万顷身上,我们可以看到江西、江湖两派的融合与相互吸引。一方面裘万顷的诗歌"词致疏爽,非江西之襞积",虽"不乐土风",但"格调槎枒,仍时露江西句法也",所以赵章泉以为裘万顷诗"气和韵远,当入江西后派";另一方面裴万顷与江湖派的高翥、宋伯仁却有着唱和,而且他的唱和诗已不知不觉染上了江湖风味,已是"江湖体"。

这一现象也同样发生在江湖诗派成员身上。以戴复古为例,"他活到八十多岁,是江湖派里的名家。作品受了'四灵'提倡的晚唐诗的影响,后来又掺杂了些江西派的风格;他有首《自嘲》的词说:'贾岛形模原自瘦,杜陵言语不妨村。'贾岛是江湖派所谓的'二妙'的一'妙',杜甫是江西派所谓'一祖三宗'的一'祖',表示他的调停那两个流派的企图"。(《宋诗选注·戴复古小传》)对江湖派诗与江西诗派的这种微妙的关系的探析,也许有助于我们认识江湖派的诗风。《札记》第346则(卷一,第554页):

> 南宋江湖派诗,盖出入于晚唐、江西二派之间,然不无偏至,秋崖则偏于江西,后村则偏于晚唐。

这是对江湖诗风的高度概括,据此,钱锺书将江湖诗风大致划分为两类。各举三例,近晚唐者:

《札记》第584则(卷一,第646页):

> 戴复古《石屏诗集》十卷,弘治时马金(汝砺)编本。石屏诗亦江湖派诗中之近晚唐体者,特才情较富,于小家中卓为雄长,终苦根据浅薄。《瀛奎律髓》卷二十数斥其轻俗,是也。然言"高处颇亦清健,不至如高九万之纯乎俗",则未为公允。菊涧有脆辣处,鲜爽醒心。石屏较为甜熟,且有伧鄙气,七绝尤无一可采。

《札记》第438则(卷二,第1001页):

> 张弋(彦发)《秋江烟草》,与赵紫芝最善,刻意守二妙四灵家法者,如《江楼饮客》云:"老菜羹迟熟,冻油灯屡昏。"《移菊》:"稍觉微根损,须迟数日开。"皆寒瘦语,惜未臻深微耳。

《札记》第438则(卷二,第1001页):

> 张至龙(季灵)《雪林删余》,亦姚、贾体,心思颇□刻,易成纤佻。

近江西者。

《札记》第530则(卷二,第881页):

> 萧立之(斯立)《萧冰崖诗集拾遗》三卷。谢叠山跋谓江西诗派有二泉及涧谷,涧谷知冰崖之诗。夫赵、韩、罗三人已不守江西密栗之体,傍江湖疏野之格,冰崖虽失之犷狠狭仄,而笔力峭拔,思路新辟,在二

泉、涧谷之上。顾究其风调，则亦江湖派之近江西者耳。

《札记》第438则（卷二，第996页）：

> （《南宋群贤小集》）第一册：危稹（逢吉）《巽斋小集》，已参江西派，古诗颇老健，近体寒薄。

《札记》第438则（卷二，第1000页）：

> 陈鉴之（刚父）《东斋小集》，较典重，稍参江西法者。观其《题陈景说诗稿》第一首，足见不以晚唐自域矣。

江湖诗派一向被认为是"亲四灵"、"反江西"的，江湖诗派中诗学晚唐的现象不会引人异议。而当我们认识到江湖、江西复杂的关系后，江湖诗派中出现诗风近江西者也就不足为怪了。

四、江湖派好作理学语

《札记》第302则（卷一，第508页）：

> 陈杰《自堂存稿》四卷。好于近体诗中作理学语。如卷二《题濂溪画像》云："翠叶红莲地，光风霁月天。几神千载悟，纸上更须圈。"《和叶宋英》云："风叶静千林，归根深复深。江山皆本色，天地见初心。"《归梦》云："人事扰多智，天机行不言。"《天人》云："圣贤惟任道，两不系天人。"《醉乡》云："酒亦有何好，离人而趋天。"卷三《携碧香酒赏红白桃因观江涨》云："言之浅矣乾坤大，逝者如斯昼夜滔。"《恶讲义不逊者》全首。《天命》全首。《穷举》云："幸生朱鹭相鸣后，犹忆羲文未露前。"山谷虽偶有此类句，江西社中人只作禅语，放翁则喜为之，江湖派遂成习气。

（行间注）《刘后村大全集》卷一一一《吴恕斋诗稿跋》谓："近世贵理学而贱诗，间有篇咏，率是语录讲义之押韵者耳。"（卷九四《竹溪诗序》云："皆经义策论之有韵者尔，非诗也。"）浑忘专骛吟咏者亦每作此体也。

《札记》第453则（卷一，第712页）：

> （《南宋群贤小集》第四十册）卷二十四陈起（宗之）《夜听诵太极西铭》："六经宇宙包无际，消得斯文一贯穿。万水混茫潮约海，三辰焕烂斗分天。鸢鱼察理河洛后，金玉追章秦汉前。遥夜并听仍暗昧，奎明谁敢第三篇。"

按，纪文达《瀛奎律髓刊误序》斥方虚谷论诗三弊，其二曰"攀附洛闽道学"，诚中其病。然此乃南宋末年风气，不独虚谷为然，江湖派中人亦复如是，芸居此诗其一例也。

《札记》第464则（卷一，第730页）：

卫宗武《秋声集》六卷。淇父华亭人，宋之遗老，卷二有《和家则堂韵》七古一首，即家铉翁也。诗亦沿南宋江湖体，颇纤滑，时以理学语掺入［舍卷一《理学》、《赠潘天游》等五古外，如同卷《钱竹深招泛西湖值雨即事》云："烟霭渺无际，宛类太极初。"《赋南墅竹》云："有体兼有用，迥异凡草木。"卷四《春日》云："化工溥至仁，生机运不停。"《望霁》云："重明丽乎正，万象生辉光。"正复当时结习（参见第四百五十三则）］。

《札记》第438则（卷二，第996页）：

（《南宋群贤小集》）第一册：罗与之（与甫）《雪坡小稿》二卷，好以七律为理语，如卷二之《动后》、《文到》、《卫生》、《谈道》、《默坐》、《此悟》诸首，皆《击壤集》体之修饰者。

《札记》第346则（卷一，第554页）：

吴龙翰《古梅吟稿》六卷。式贤奉刘方为师……而所作以濡染晚唐处为多，却无新秀语可采，多袭本朝人词意。《四库提要》谓其好言金丹炉火，未及其好攀附道学。如卷二《天目道中》之"三色俨如严父面"，即道学作怪，不特同卷《读先曾大父遗文》之"道参太极本无极，易论先天与后天"而已。

学界提出了对江湖诗派的研究要放在一定历史时期的社会、文化的大环境下去进行，去体认，也做了许多工作，如张宏生关于江湖诗人行谒的分类考析就是很好的尝试。而《札记》中提到的"江湖诗派与理学"，这是一个新的话题。诗歌中作理学语，"山谷虽偶有此类句，江西社中人只作禅语，放翁则喜为之，江湖派遂成习气"。为什么会形成这种习气？这种习气对诗歌创作的影响如何？从上面列举的诗人来看，江湖派中的诗人好作理语的不在少数。看来，我们的江湖诗派研究还有很长的路要走。

以上是阅读《札记》过程中发现的一些问题。此外，与江湖诗派有关的各则笔记中，钱锺书还作了许多其他的工作。比如有关江湖派诗歌的辑补考辨；比如摘录了许多艺术上有特色的诗篇或诗句，数量远远超过《宋诗选注》中的相关部分。这些诗歌本体的研究也许更值得我们关注，限于篇幅，对此将另文探讨。

46

试论姜夔的自恋人格对其作品美学风貌的影响

石 英　苏州幼儿高等师范学校

　　人天生地、本能地有实现自我、完善自我的需要,利用自己的全部潜能,使自己越来越接近自己的理想。姜夔自然也不例外,他并没有远大的政治抱负,其求仕之举不是上策论,而是上《大乐议》,足见其在气质上是为一艺术家而非政治家,他所想要的只是其艺术才华得到认同肯定,其清雅的艺术情趣得到满足。但自我的实现依赖许多外在的条件,当其所依赖的经济、社会、政治环境不能成为个人实现自我的基础时,则自我实现便成为不堪承受的负担,姜夔的痛苦也正来于此。南宋的社会环境并没有提供给他自我实现的条件,而且与此同时,所有维系他心灵平静与精神安全感的外在条件和关系也被破坏了。

　　庆元三年,43 岁的姜夔向朝廷上《大乐议》和《琴瑟考古图》各一卷,欲正雅乐。《庆元会要》记其事云:"饶州布衣姜夔上书论雅乐事,并进大乐议一卷、琴瑟考古图一卷。诏付奉常。有司以其用工颇精,留书以备采择。"但后来,却因为"时嫉其能",所以"不获尽其所议,人大惜之"。两年以后,他又向朝廷进献《圣宋铙歌鼓吹曲》12 章,这次他终于被重视,得到了直接参加礼部的进士考试的机会,但遗憾的是,他没有考中。因此,怀才不遇便成了姜夔作品中反复出现的主题。"万古西湖寂寞春,惆怅谁能赋","惆怅西村一坞春,开遍无人赏",这还只是自怜自叹之意,而在《玲珑四犯》中,就简直是在发牢骚了:

　　　　叠鼓夜寒,垂灯春浅,匆匆时事如许。倦游欢意少,俛仰悲今古。江淹又吟恨赋。记当时,送君南浦。万里乾坤,百年身世,惟有此情苦。　　扬州柳垂官路。与轻盈换马,端正窥户。酒醒明月下,梦逐潮声去。文章信美知何用,漫赢得、天涯羁旅。教说与,春要来、寻花伴侣。

满腹的文章才华只换来了永无尽头的江湖漂泊和无休无止的离别。诗人似乎想把一生的痛苦都倾吐出来,有对羁旅生活的倦怠,有对少年情事的追念,往昔的一切都如酒后的一场大梦,酒醒后孑然一身,只有月下的潮声陪伴。

因为有如此多的痛苦和压力,对姜夔来说,生活本身便成了难以承受的重负。姜夔是一个敏感而脆弱的人,对于最初的理想,他纵有"虽九死而犹未悔"的念头,也不会真有"虽九死而犹未悔"的行动。对于颇为狼狈的生活状态,他也一直在反省,寻找解脱的办法。在进《大乐议》不获用后,姜夔曾作过一首五言古诗《和转庵丹桂韵》:

> 野人复何知,自谓山泽好。来禅奉常议,识笳鼓羽葆。谁怜老垂垂,却入闹浩浩。营巢犹是寓,学圃何不早。淮桂手所植,汉甓躬自抱。花开不忍出,花开不忍扫。佳客夜深来,清尊月中倒。一禅两居士,更约践幽讨。

"来禅奉常议,识笳鼓羽葆",显然是指求仕而不果之事。"谁怜老垂垂,却入闹浩浩"便是对求仕之举的反省了,既有自怜之意,也有自嘲之意。既然求仕是可笑而不可当的,那么就出世隐居,享受清风明月吧,"一禅两居士,更约践幽讨"。因此,姜夔那种为人们所熟悉的风流自赏、放任自然的浪漫生活,实际上是求仕不成后不得已而作出的选择。

外在的压力还来自经济上的困窘。姜夔一生贫困不堪,始终依人而食。父亲去世后依姊于山阳,后又依萧德藻于潇湘之地,而在好友张鉴处竟居住了10年之久。贫困造成了与亲人的死别,"钩窗不忍见南山,下有三雏骨未寒"(《湖上寓居杂咏》)也造成了与爱人的分离。① 更造成了姜夔死后贫不能葬的事实。姜夔的贫穷是完全意义上的,他连基本的退隐的条件也没有。这种状况对极其注重独立人格尊严的姜夔来说是一种莫可奈何的痛苦。虽然他从来不作乞索之相,甚至在寿词中也无阿谀之态,誓志守节守贫,但是下层平民的生活水平与士大夫的精神境界始终是冲突着的,姜夔便一直在这个矛盾中挣扎,忍受来自心灵的痛苦煎熬。他曾在杭州寓舍被毁后作过一首《念奴娇》:

> 昔游未远,记湘皋闻瑟,澧浦指襟。因觅孤山林处士,来踏梅根残雪。獠女供花,伧儿行旧,卧看青门辙。一邱吾老,可怜情事空切。
> 曾见海作桑田,仙人云表,笑汝真痴绝。说与依依王谢燕,应有凉风时节。越只青山,吴惟芳草,万古皆沈灭。绕枝三匝,白头歌尽明月。

---

① 据考,姜夔遇合肥恋人当在其22岁至32岁这10年间,从他在此之前依姊山阳,在此之后随萧德藻至湘的行踪来看,与合肥恋人的分离也是由于经济上的原因。

从流浪湘澧到定居临安,本想就此终老,却不料寓舍被毁,词人成了无枝可依的乌鹊。姜夔对此事的态度相当有趣,他说:"曾见海作桑田,仙人云表,笑汝真痴绝。"世间的沧海桑田之变,在云表仙人看来,只是一瞬,世间却耿耿于怀,实在是痴绝之举。王谢堂前的燕子总有南飞的时节,"万古皆沈灭",一切事物的盛衰成毁,都有其自然之理无需牵挂。姜夔似乎取得了云表仙人的立场,对毁舍小事可以事不关己地一笑而过。但实际上,姜夔并不是超然事外的仙人,他有必须要面对的现实。在毁舍的同年,他还作过一首七绝《临安旅邸笑苏虞叟》:"垂杨风雨小楼寒,宋玉秋词不忍看。万里青山无处隐,可怜投老可长安。"此当是寓舍毁后,寄宿在旅社时所作。寄宿的小楼难挡春日风雨带来的寒意,此时简直无处安身的诗人对悲士之不遇的宋玉秋词产生了强烈的共鸣。可叹大宋有万里青山,却没有诗人的安身之地,诗人已垂垂老矣,寄宿在临安的客栈,其景凄凉,诗与词所表达的情感可谓相去甚远,对比诗中的凄凉,词中表现出来的超脱只能看做强颜欢笑,故作洒脱。

贫困的折磨,尚可用"一箪食,一瓢饮,在陋巷,人不堪其忧,回也不改其乐"的儒家安贫乐道精神来自我安慰,贫困所带来的漂泊之苦却是无法摆脱也无法解脱的。姜夔生于鄱阳,幼年侍父宦至汉阳,父死依姊山阳,后又随萧德藻至长沙,后来,在临安"始获宁处"后,姜夔便作了《昔游诗》记"早岁孤贫,奔走川陆"的经历:

> ……九山如马首,一一奔洞庭。小舟过其下,幸哉波浪平。大风忽怒起,我舟如叶轻。或升千丈坡,或落千丈坑。回望九马山,政与大浪争。如飞鹅车炮,乱打睢阳城。又如白狮子,山下跳掌掌。须臾入别浦,万死得一生。始知茵席湿,尽覆杯中羹……天寒白马渡,落日山阳村。是时天霜雪,万里风奔奔。外禂吹已透,内纩冰不温。吹马马欲倒,吹笠任飞翻。不见行路人,但见草木蕃。忽看野烧起,大焰烧乾坤。声如震雷震,势若江湖吞。虎豹走散乱,麋鹿不足言。夜投野店宿,无壁亦无门。此行值三厄,幸得躯命存。明发见老姊,斗酒为招魂……

旅途的艰险叫人恐惧战栗,洞庭湖恶浪滔天,"或升千丈坡,或落千丈坑",白马渡野火趁风,"声如震雷震,势若江湖吞",大自然完全成为暴力的化身,欲将行客吞没,所谓昔游,简直是九死一生。姜夔之所以用如此夸张的笔法表现旅途的艰险,或者说,之所以如此敏感于旅途的艰险,并不是没有道理的。漂泊江湖是他不得不采取的生活方式,是在社会不能容其一展其志不得已而为之的,这种时候,社会便站在了他的对立面,成为压迫个人的暴力。旅途中自然环境的险恶实际上是姜夔生存状态的反映，理想不可实现，人生失去依托，诗人感到自己如狂风巨浪中的一叶轻舟，不再有任何目标和信念足以维系安全感，给自己以把握命运的勇气和希望。

社会是为人们实现个体价值提供机会、场所的领域，而现在，这个领域相对于姜夔是封闭的，诗人的个体价值无法实现，个体便与社会发生了冲突。就姜夔来说，经济上的困窘造成其隐之不能，他所向往的道人居士的隐居生活未能实现，礼部考试的失败又造成其仕之不能，修正雅乐的理想不得实现。这就造成了姜夔在社会无法将自身定位的尴尬，传统的价值观念不足以维系个人与社会的联系，其自身的存在价值受到了威胁，他迫切地感到对理想精神境界的把握和依赖的需要，只有更加的自我夸张才能获得暂时的心理平衡。于是，他从要求社会的肯定变成自我肯定，从对纯净高洁的品性及自然放任的生活状态的追求转变成了自我中心主义和自我肯定的形式。

姜夔有一首十分有名的《过垂虹》诗："自作新词韵最娇，小红低唱我吹箫。曲终过尽松陵路，回首烟波十四桥。"人们欣赏的不仅是语言的柔媚、格调的轻灵及风恣秀逸的韵致，而且是那种仿佛神仙眷侣般的浪漫的生活状态。明张羽的《白石道人传》记："过垂虹，大雪，红为歌其词，夔吹洞箫和之，人羡之如登仙云。"清末许赓扬在《双白词序》中也说："载小红而归，夜学犹泛，虽在逆旅，不啻飞仙。"但在诗中表现出来的生活状态与诗人实际面对的现实相去甚远。对比之前提到的《昔游诗》可知道，羁旅生活对诗人来说是一种痛苦的回忆，给身体和精神带来了双重的压力和折磨。《昔游诗》与《过垂虹》的差异叫人不得不佩服艺术的魔力，它是可以卸去现实重负的。《昔游诗》作于诗人暂得安宁，以为可以终老之时，此时回忆往昔可喜可愕之事仿佛大梦一场，有劫后余生的庆幸感。而《过垂虹》却作于羁旅途中，漂泊无依不是往昔的回忆，而是生活的本身，因而它需要艺术化。艺术化了的生活不仅叫后来人羡慕不已，也让诗人自己陶醉其中。诗人沉醉在《湘月》、《夜行船》等词创造的不类人境的诗意环境中，乐而忘返，虽然只是消极的唯美主义的安慰，但现实的痛苦仿佛真的完全消失了。就这样，诗人由向外在世界的开创进取转向了向内在精神世界的深入，忘怀得失，超越现实，怡情山水，以冲淡的襟怀、清雅的情趣、孤傲的心境来面对外在世界。

姜夔在七绝《三高祠》中写到："越国霸来头已白，洛京归后梦犹惊。沉思只羡天随子，蓑笠寒江过一生。"三高指的是范蠡、张翰、陆龟蒙。姜夔不羡慕范蠡的功成身退，不羡慕张翰的明哲避祸，却独独羡慕陆龟蒙散发弄扁舟、来往江湖间的萧散的隐居方式。他希求的是自由自在、了无牵挂的漫游之趣和隐逸之乐。

其实,姜夔所向往的"隐"并不能真正称之为隐。晋宋人士的隐是因为要逃避社会动乱或不满黑暗的政治,而姜夔虽然承担了社会的不公正待遇,却还没有否定社会、愤世嫉俗。宋初魏野、林逋等隐士隐居,是为了完全摆脱实用功利去体味山林间的幽独超逸之美,是完全自觉自愿的,家贫至衣食不足也不改其志。而姜夔希图遁迹山林,却是被动的,是遭遇不幸而希望得到抚慰和庇护时所采取的行动。

将兴趣由外在世界转向个人内心,必然会导致内心世界的极大丰富。姜夔作为一个纯粹的文人,或者说,作为中国较早的职业文人之一,他的专心于文艺必然会导致作品艺术性的极大增强。姜夔之词,后人或赞其雅,"填词最雅,无过石帚(石帚系白石之误)","字琢句炼,归于醇雅";或赞其韵高,"不但韵高,亦由笔妙","王无功称薛收赋'韵趣高奇,词义晦远,嵯峨萧瑟,真不可言'……唯白石,略得一二";或称其格高,"白石词清虚为体,而时有阴冷处,格调最高","古今词人格调之高无过白石"。所谓"雅"、"韵高"、"格高",都是以人格融入"词格"而引起的,"南宋绍兴年间,有识之士欲合苏诗的畅达与黄诗的瘦硬为一体,其创作或流动圆活,意脉贯通;或剥落铅华,孤峭雅洁,追求气格与人格相统一的格高"。姜夔之"格高",正是将气格与人格相统一的格高,"姜氏夔、周氏密诸人,始于博雅擅名。往来江湖,不为富贵所熏,是以其词冠于南宋,非北宋所能及"。

姜词在后来,主要有两个时期备受推崇,一是在宋末元初,一是明末清初。此时的文人都身遭国难,悲痛之余也极注重洁身自好,向往山林隐居、吟风诵月的生活。其代表有宋末的张炎,清初的朱彝尊、厉鹗。张炎原为南宋之承平贵公子,南宋灭亡后,他身负国仇家恨,但以其性情之软弱又绝无反抗新朝之可能,所以只能借词来寄寓家国之感,来表达自己的"高雅情思"。他极力称颂姜夔之清空、骚雅,正是取中了姜词中所表现出的孤独感和欲以高情雅致解脱现实重负的倾向。朱彝尊、厉鹗也正是于此处与姜夔产生了共鸣。厉鹗词"林净藏烟,峰危限月,帆影摇空绿"(《百字令》)与姜夔之《湘月》是何等相似的境界。

同时,过于专注自身也给姜夔的作品带来了不可避免的缺陷。由于他的作品大都抒写自身感受,自我吟哦,自我反复,所以他的笔触不到更广泛的领域。正如夏承焘所说:"他对生活、对政治的态度和辛弃疾一班人有很大的距离,他一生从来没有要求自己施展其才力以改变当时的现实。他的《扬州慢》、《凄凉犯》各词,虽然对现实有一定程度的反映,但所反映的主要不是当时的斗争内容,他的绝大部分只是用洗练的语言、低沉的声调来写他冷僻幽独的心境。"姜夔有一首《虞美人草》诗:"夜阑浩歌起,玉帐生悲风。江东可千里,弃妾蓬蒿中。

化石那解语,作草犹可舞。陌上望骓来,翻愁不相顾。"同时,萧德藻也有《咏美人草》诗:"鲁公死后一掊土,堆与竿头荐一殇。妾愿得生坟头上,日翻舞袖向君王。"辛弃疾有《浪淘沙·赋虞美人草》词:"不肯过江东,御帐匆匆。只今草木忆英雄。唱着虞兮当日曲,便舞春风。　　儿女此情同,往事朦胧。湘娥竹上泪痕浓。舜盖重瞳,堪痛恨,羽又重瞳。"通过比较,可见这三首几乎同一时代的作品有着不同的特色。一如辛弃疾在许多其他作品中所表现的那样,在这首《浪淘沙》词中,所表现的是词中之龙的英雄之气。"不肯过江东"是对生为人杰、死为鬼雄的项羽的赞许,点出"只今草木忆英雄",因为当时江南正需要这样的英雄,辛弃疾此词是借他人之酒杯浇自己胸中之块垒。萧德藻的《咏美人草》着重强调虞姬对知遇之恩的感激,其中或寄托了君臣之义也不可知。唯有姜夔的诗,读来颇似一首闺怨词,侧重对情思幽怀的抒写,其寄托之意遥深难解。诗句全以女子口吻说出,有幽怨之意,"江东可千里,弃妾蓬蒿中",不仅幽怨,竟颇有自怜之意了。这实际上是诗人将自我感入了对象,并在对象中自我欣赏的结果。自恋者往往自负。但当自我价值不被社会承认时,从对自我的肯定中生发出自怜之意也是理所当然了。姜夔的作品中也有关心民生之作,尤其在诗作中,如"煮干碧海知谁用,割尽黄云尚告饥"(《送王德和提举淮东》),"天边有饼不可食,闻说饥民满淮北"(《丁巳七月望湖上书事》),但到底非其作品的主流,只是偶尔见之。姜夔的作品中,也有许多伤时念乱的作品,这是其作品的一个重要组成部分,但这些作品与辛词相比,已是"同声笙磬,但清脆与铿嗒异响",如谭献所说:"此事自关性分。"后人称他为诗家之杜少陵,实在是过誉之辞。杜甫"完全执着于人间,关注于现实,不求个体解脱,不寻来世恩宠,而是不个体的心理沉浸融埋在苦难的人际关怀的情感交流中,沉浸在人对人的同情抚慰中,彼此'以沫相濡',认为这就是至高无上的人生真谛和创作使命"。姜夔却是要求解脱的,他不曾不心理沉浸融埋在苦难的人际关怀中,他写极有时代感的作品,亦如写心情故事,清虚为体,缠绵敦厚。读此类作品,可读出忧患感沉痛感,却读不出责任感使命感。

47

沈 燕 苏州工业园区友达光电公司

唐宋词在人们心目中一直是一种"香艳"的文学,然而对于"香"与"艳"这两个字,人们的关注程度却大不相同。当我们翻检历代词学评论资料时可以发现"词为艳科"、"词以艳丽为本色"这一类的评价不断出现,这些评论的重点都集中在"艳"字之上,而对于"香"字却甚少有人提及。事实上在整个唐宋词中,"香"是个频繁出现的字眼。据统计,在《全宋词》中一共有 6 491 句词句带有"香"字,"香"字出现的频率排在字频表的第 13 位,而带有与"香"字有关的"芳"字的词句也有 2 840 句,在字频表上排在第 99 位。当我们在阅读这些"香气缭绕"的词句时,可以明显感觉到这些芳香字眼的频繁出现不仅仅只是为了给绮艳的词风锦上添花,而且还在词中开辟出一种暗香浮动的词境,为整个唐宋词带来一种特殊的美感。词人们习惯并且擅长在词中添上一层香气,让这种美好的味道弥漫在词句之间,使得整个词境更加适于表达词人所要诉说的情感。再仔细研读,我们就会发现,词人们虽然不约而同地运用了一股香气来渲染词境,可是在这香气缭绕中词人们所传达的感情却有着细微的差别,这是因为"香"本来就是一种朦胧缥缈的气味,每个词人对于香气的感受、理解都不同,他们将这种不同的感受融入词中,就会创造出一个个散发着不同香气的词境。也正是因为词人们乐此不疲地创造着这样一种众香云集的芳香词境,也就影响了整个唐宋词的风格,更为词这种文体带来了不同于其他文体的特殊美感。所以,唐宋词中这股多变的香气值得我们进一步探讨和研究。

各自风流各自香——不同词人笔下不同的香世界

其实,不管是象征爱情的热烈暖香,还是象征出尘品质的孤傲冷香,都是一种执着信念的化身。这些味道在文人的笔下固执顽强地飘荡千年,这才有了唐宋词中芳香沁人的馨香世界。词人们将屈原笔下两种香气引入词中,并且赋予它们"理智"与"情感"这两种不同的象征意义,这两种象征意义就像两颗种子在唐宋词苑里生根发芽,开出了芳香四溢的花朵:

名为"情感"的种子开出了唐宋词中最绚丽的爱情花朵,它散发出的是一种缠绵悱恻的香气,它能够温暖人们孤寂的心灵,让人沉醉其中不能也不愿自拔,这种香气就像一层朦胧的帘幕一样笼罩住唐宋词,让词体能够自成一格,在言情的小路上越走越深、越走越远,试看下面这首词:

> 金炉犹暖麝煤残。惜香更把宝钗翻。重闻处,余熏在,这一番、气味胜从前。背人偷盖小蓬山,更将沉水暗同然。且图得,氤氲久,为情深,嫌怕断头烟。(苏轼《翻香令》)

金炉虽暖,麝煤已残。词人却依旧执着地翻动着残煤,不在乎宝钗污损。背人偷燃沉水,只图那袅袅的烟雾,暖暖地将自己包裹住。词人惜香、怜香的行为令人动容,但是这一切归根到底只是三个字——"为情深"。唐宋词以它善于言情的文体优势刻画着这种人类最美好的感情,在暖香飘散的时刻,词人们敏感地捕捉到自己心灵的波动,而这缕暖香也为整个词境增添了一层绮丽朦胧的面纱。

另一颗"理智"的种子开出的花朵名为"寄托",当花朵绽放的那一瞬间,人们看到的是词人最美好、最高洁的理想与期待。这朵花的香气没有爱情暖香的甜腻与缠绵,相反,它是一种会让人有超脱红尘之感的冷洌香味。它是词人清净精神的表白。这淡雅冷洌的香味一旦渗透入词中,便让词呈现出另一种风格,不同于暖香萦绕的爱情表白,这是一种冷艳的风流:

> 古涧一枝梅,免被园林锁。路远山深不怕寒,似共春相趓。幽思有谁知,托契都难可。独自风流独自香,明月来寻我。(朱敦儒《卜算子》)

如果说,我们从上面的《翻香令》中闻到的那股余香是让人沉醉其间的暖香的话,那么,这首《卜算子》中所散发出的寒梅香气就是一股冷香了。这种冷洌的香味象征着一种高洁品格,寄托着词人们对高洁品质的执着精神。

以上我们看到的是词人们对于屈原笔下冷与暖两种香气的继承。可是我们在唐宋词中所体会到的香气却不能简单地就用"冷香"与"暖香"来概括,这是因为词人们在香气中所表达的感情原本就是复杂多样的,"理智"与"情感"不能完全分开,当这两种感情混杂在一起的时候,就是"冷香"与"暖香"相互渗透的时候,于是在唐宋词中就会出现第三种介于冷与暖之间的香气,形成一种"各自风流各自香"的局面。本文将以温庭筠、李清照、姜夔为例,分别体味一下他们笔下所描写的三种不同的香世界。

"冷香飞上诗句"——姜夔笔下清冷的冷香世界

温庭筠精美华丽的词中弥漫的香味浓郁温暖,让人迷失沉醉;而李清照为我们描绘的则是一个饱含深情的世界,当中飘荡的淡淡幽香充满着女词人的似水柔情,虽然夹杂着几丝凄苦孤寂,但是词人无怨无悔的执着情感仍然使这种香味保留着几许暖意。因此这两位词人的香世界总体上都给人一种偏暖的感觉。但是姜白石的词却正好相反,试读他的两句名句:"高树晚蝉,说西风消息"(《惜红衣》)、"西窗又吹暗雨,为谁频断续,相和砧杵"(《齐天乐》),就可以体会到一种"清冷"的感觉。夏承焘先生曾经说过,白石词"大部分只是用洗练的语言,低沉的声调来写他冷僻幽独的个人心情",可见这种清冷的感觉就是他内心情感的一种写照。所以,在姜夔的词中,即使是香气也透着一股丝丝的寒意:

> 东风冷,香远茜裙归。(《小重山令》)
> 十亩梅花作雪飞。冷香下、携手多时。(《莺声绕红楼》)
> 回首江南天欲暮。折寒香、倩谁传语。(《夜行船》)
> 但怪得、竹外疏花,香冷入瑶席。(《暗香》)

在姜夔的词中,我们几乎找不到温庭筠和李清照词中那股发自深闺的薰香。白石词中的香气大多来源于室外的花香,而他最喜欢歌咏的两种花就是梅与荷。咏梅的词自不必说,姜夔最著名的两首词《暗香》与《疏影》就是咏梅的经典之作;而除此之外,从许多词的小序中我们还可以读到词人对于莲花的喜爱(如《惜红衣》、《念奴娇》等)。于是,词人便用他特有的"清空"、"古雅"的词笔为我们创造了一篇篇充满了冷香逸韵的辞章。先来看看这一首咏荷之作:

> 闹红一舸,记来时、尝与鸳鸯为侣。三十六陂人未到,水佩风裳无
> 数。翠叶吹凉,玉容消酒,更洒菰蒲雨。嫣然摇动,冷香飞上诗句。
> 日暮。青盖亭亭,情人不见,争忍凌波去。只恐舞衣寒易落,愁入西
> 风南浦。高柳垂阴,老鱼吹浪,留我花间住。田田多少,几回沙际归路。
> (姜夔《念奴娇》)

有人将这首词看成一出名为《荷韵》的舞剧:这一池水佩风裳随着"闹红一舸"的到来拉开了舞剧的序幕,它们率性的舞动只为吸引词人眷念的目光,舞到高潮之处,凉风徐来,细雨飘洒,雨随着荷叶的飞旋而溅起一片晶莹,随之飞扬的还有那

一缕冷香逸韵,这细细的、洁净的香味就这样飞至词人猝不及防的心底,激发起词人心头的诗兴。荷韵之舞虽然终已落幕,可是那飞旋的冷香却留在了词人的心上怎么也挥之不去,因为这香味早已凝结成这一阕充满了冷香逸韵的辞章,让写词的人和读词的人都能随时感受到这出舞剧的精彩。在这首词中,姜夔给我们带来的是一股与众不同的荷香。以往我们在词中闻到的香气大多是静静流淌、渐渐消散的"安静的香气",可是这一出《荷韵》之舞,却让我们感受到香气的灵动与飘逸。所谓"闻香识人",这一段舞动的香气其实也标示着词人清旷超逸的灵魂。

姜白石的性格中有着清旷超逸的一面,也有多愁善感的一面,在下面这两首词中,我们就能听到发自词人心底的那一声忧伤的叹息:

> 旧时月色,算几番照我,梅边吹笛?唤起玉人,不管清寒与攀摘。何逊而今渐老,都忘却、春风词笔。但怪得、竹外疏花,香冷入瑶席。江国,正寂寂,叹寄与路遥,夜雪初积。翠樽易泣,红萼无言耿相忆。长记曾携手处,千树压、西湖寒碧。又片片、吹尽也,几时见得?(姜夔《暗香》)

> 苔枝缀玉,有翠禽小小,枝上同宿。客里相逢,篱角黄昏,无言自倚修竹。昭君不惯胡沙远,但暗忆、江南江北。想佩环月夜归来,化作此花幽独。　犹记深宫旧事。那人正睡里,飞近蛾绿。莫似春风,不管盈盈,早与安排金屋。还教一片随波去,又却怨玉龙哀曲。等恁时、重觅幽香,已入小窗横幅。(姜夔《疏影》)

这是姜白石最有名的两首咏梅绝唱。在这两首词中,我们感受到的是一份缠绵的情思。这是咏梅词,同时也是恋情词。以往许多词人习惯用朦胧暧昧的暖香来为恋情词渲染气氛,可是姜夔却选择了这一股疏淡幽独的冷香穿插于词中,它的出现使得这份缠绵的感情充满了冷静幽雅的感觉,也使得整个词的风格摆脱了恋情词惯有的绮艳之感。词中的这股冷香来自风雪中盛放的那一剪寒梅,香气中包含的却是词人对恋情的眷念。这一股冷冽清雅的梅香不同于闺房内让人迷失的薰香,它不但能勾起词人脑海里的温馨往事,还让词人能够以一种冷静清醒的态度来面对悲欢离合。这时候冷香已经不仅是词人现实中闻到的一种气味,它已经成为词人心中的一种符号,这种符号象征着词人的真挚情感,象征着词人对感情的执着追求。它产生于词人心底,就像一声充满了忧伤的叹息,使词人的心湖中产生一圈圈涟漪,最终引发出词人的浮想联翩。

从上面几首词中,我们已经可以看出,在白石词中,冷香不仅仅被用来渲染词境、表达感情，更是词人灵魂的自白。清人刘熙载曾经用"幽韵冷香"这四个字来形容姜词，这是恰到好处的。"冷香"是姜词中的重要元素，它让姜词的风格表现出一种冷静型的缠绵情思，同时也代表了姜夔洁净的灵魂与气质。"幽韵"更是把姜夔词冷静幽独的风格表现了出来。而姜词之所以能够表现出这一股"幽韵冷香"，其原因也是很复杂的。

首先是时代的因素。当时，南宋朝廷偏安江南，统治阶级一方面过着纵情享乐的淫逸生活，一方面却还要追求风雅。与姜白石交往密切的大官僚张镃、张鉴兄弟就是这种生活的典型代表，《齐东野语》就记载过张镃的"园池声姬服玩之丽，甲天下"。与此同时，他也经常与像姜夔这样的文人雅士吟诗赋曲，追求风雅，姜夔在他的《齐天乐》词的小序中就曾这样写道："丙辰岁，与张功父会饮张达可之堂，闻屋壁间蟋蟀有声，功父约予同赋，以授歌者；功父先成，词甚美。"可见，当时文人们追求风雅已成风气。这种风气表现在词中使得一些词人有意识地摆脱绮艳的词风，姜夔就是其中之一。在他的词中，我们找不到充满绮艳色彩的薰香，他用一股清雅的冷香代替了温庭筠词中的绮色暖香，用一种冷静优雅的方式表达心中的缠绵情感，也使他的词充满了一种"雅韵"。

其次就是词人自身经历的原因。姜白石一生未曾仕宦，漂泊四方，行迹遍及湖南、湖北、江苏、浙江、安徽等地，生活上大多是依靠他人周济过活。但是词人并不像当时一些拿文字作干谒的江湖游士，他的品性高洁，加之有很深厚的文艺修养，故被当时的人们所推重。这样的高雅人品、这样的漂泊经历，使得白石词更加偏向"雅"的一面。上文我们也曾提过，姜夔词中的香气大多是室外的花香，而没有局限于一间闺房之内，这恐怕就与他比较开阔的人生视野分不开。张炎的《词源》说"姜白石词如野云孤飞，去留无迹"，这个评价就与白石的人生经历有关，因为漂流江湖的生活历程表现在他的词中会为其词增添一股放旷、空灵的味道，而漂泊如风的人也自然会"去留无迹"，这份"去留无迹"的空灵便让他的词中发散出一股冷香幽韵。

从上面的分析中，我们可以看出白石词中的这一段冷香已经不同于飞卿词中的暖香以及李清照词中的幽香。这两个词人笔下的香气侧重于表达闺中恋情，飞卿用一段充满"绮怨"风格的暖香描写了一批闺中女子的痴怨之情；而李清照用一股士大夫淑女型的幽香表达了自己个人的深挚情感；白石则较李清照更进一步，他笔下的清雅冷香不仅表达出他对恋情的执着，更表明了他清静洁白的灵魂，同时也让他的词风多出一份"骚雅"的品质。

从温庭筠到李清照，再到姜夔，唐宋词人们不约而同地在他们的词中运用了一股芬芳香气来表达他们的感情。随着唐宋词本身的发展，香气中所蕴含的感情也越来越丰富,其中既有类型化的痴怨和出自个人内心深处的真挚情感,也有对高雅品质的追求与执着。从这一点上看,香气已经成为词人们抒发情感的活跃元素之一。不仅如此,这些蕴含着丰富感情的香气还体现着唐宋词风的发展,如温庭筠的绮怨暖香正是当时普遍的香艳词风的体现,而李清照深情委婉的幽香也正好与她词"别是一家"的论点一致,姜夔的冷香幽韵则体现了词风的进一步雅化。由此我们可以看出,香气在唐宋词中已经成为了一种不可缺少的元素,而它的活跃也让唐宋词的风格变得更加多元化。

【后记】 2003 年的一个普通夏日,我第一次踏入向往已久的苏州大学,见到了恩师杨海明先生。自幼年受教以来,人生之中,接受了很多恩师教诲,从启蒙之学到人人向往的象牙塔,每一位老师都让我的人生有了不同的视野。其中,杨海明先生更是以其渊博学识、宽广胸襟让我的生命多了一些不同的能够思考的能力、能够潜心向学的动力。我自认为是杨老师的不肖子弟,自踏出学门,就基本离开了专业学习,职场毕竟不是学校清净之地,工作之中往往心浮气躁,每每此时,总会翻阅几篇唐宋词章,提醒自己专心、努力,方能堪破迷障,提升自己。

在老师七十之寿前夕,我不敢再多作拙文,只截取毕业论文之一章节,献给杨师,同样也提醒自己需时时向学,不忘恩师教导。

48

论李清照词的悲剧意识

刘宝侠

江苏省启东中学

李清照是中国文学史上一位富有艺术才能的杰出女作家,同时代人王灼说她"才力华赡,逼近前辈,在士大夫中已不多得。若本朝妇女,当推词采第一"。① 清代李调元说,易安"词无一首不工。其炼处可夺梦窗之席,其丽处直参片玉之班。盖不徒俯视巾帼,直欲压倒须眉"。② 这样一个有才学、有胆识、有个性、骄傲而又美丽的女子,走过的却是悲剧的一生。我们可以用白居易悲悼李白的诗句来概括李清照的一生:"但是诗人多薄命,就中沦落不过君。"③在李清照的词里,悲剧生命、悲剧生涯、悲剧时代与诗情画意达到了完美的结合,构成了意蕴无穷、感人至深的悲剧美境界。李清照词中的悲剧意识主要表现在以下几个方面。

一、美质难久的威胁感

李清照善于咏物,尤其善于写花。百花园中,被李清照采集入词的往往是那些格调高远的红梅、黄菊、荷花、梨花、桂花,透出清新淡雅的香气。花草之所以被采集笔下并寓以象征意义,不仅是因为它们具有美好纯洁的内质,还因为它们必然随着时间的消磨、季节的更替和大自然的风吹雨打而枯萎凋零,故清照词中这些花儿的象征体,经常处于一种风雨飘摇、美质难久的威胁中,呈现出一种残破的状态,表达的是一种以美质自豪而又无力自保使之免于威胁和侵害的伤感情绪。这些花给我们的是一种高尚纯洁的感召,表现的是一种对于洁美本质的珍惜,但总是渗透着一种无可奈何的忧伤情调和对于生存的无奈与无力感。我们以李清照不同生活时期的《如梦令》、《满庭芳》、《多丽》三首词加以说明:

① 王灼:《碧鸡漫志》,中华书局,1991 年,第 13 页。
② 唐圭璋:《词话丛编》,中华书局,2005 年,第 1431 页。
③ 白居易:《白居易全集》,上海古籍出版社,1999 年,第 246 页。

昨夜雨疏风骤,浓睡不消残酒。试问卷帘人,却道海棠依旧。知否?知否?应是绿肥红瘦。①

　　小阁藏春,闲窗锁昼,画堂无限深幽。篆香烧尽,日影下帘钩。手种江梅更好,又何必、临水登楼。无人到,寂寥浑似,何逊在扬州。　从来知韵胜,难堪雨藉,不耐风揉。更谁家横笛,吹动浓愁。莫恨香消雪减,须信道、扫迹情留。难言处、良宵淡月,疏影尚风流。②

　　小楼寒,夜长帘幕低垂。恨萧萧、无情风雨,夜来揉损琼肌。也不似、贵妃醉脸,也不似、孙寿愁眉。韩令偷香,徐娘傅粉,莫将比拟未新奇。细看取、屈平陶令,风韵正相宜。微风起,清芬蕴藉,不减酴醾。

　　渐秋阑、雪清玉瘦,向人无限依依。似愁凝、汉皋解佩。似泪撒、纨扇题诗。朗月清风,浓烟暗雨,天教憔悴度芳姿。纵爱惜,不知从此,留得几多时。人情好,何需更忆泽畔东篱。③

　　这三首词虽然是李清照在青年、中年、晚年三个不同阶段所写,然而这些花儿都处在风雨的摧残与威胁下,处在生存的困境中。面对"雨疏风骤"后"绿肥红瘦"的海棠,"难堪雨藉,不耐风揉"的江梅,被"无情风雨""揉损琼肌"的白菊,词人不禁发出了这样的悲叹:"纵爱惜,不知从此,留得几多时。"这是对花儿的叹息,也是对自己的自恋自悲自怜。

　　李清照将花儿的生存环境定位于风雨飘摇中,其实质是对自身生存处境的定位。作为一个如此富有才情的女性,李清照对花儿感伤,寄托的并不是一般意义上的美人迟暮的悲凉,而是因自身才情受到压抑和不公正待遇时的无奈和感伤。她清晰地看到,在这个男权的社会里,自己虽然有如花美质,但自己的命运也必将像那些美丽的花儿一样承受外界施加的风雨。李清照一生心头都笼罩着这种"美质难久"的威胁感。可以说,性别的悲剧是造成李清照这种美质难久的悲剧感的一个重要原因。

　　李清照生活在理学思想逐渐上升的时代。程颐就提出"饿死事小,失节事大"这种以理杀人的封建道德口号。到了南宋,朱熹更提出了"存天理,灭人欲"的礼教思想。在这样的社会环境中,女子的才学自然是受到轻视甚至鄙视的,"木秀于林,风必摧之",女性的"露己扬才"往往会招致恶意的攻击和毁谤。李清照纵然有压倒须眉的胆识和才华,终究只能被锁在寂寞的深闺,将一腔才情倾注于诗词创作。同时,她

---

① 李清照,王仲闻校:《李清照集校注》,人民文学出版社,1997年,第8页。
② 同①,第43页。
③ 同①,第11页。

的思想超脱了狭小庭院闺阁的束缚,不仅在词中不加掩饰地表达对爱情与幸福自由生活的向往,还将批判的眼光投向了广阔的社会现实。她在《词论》中对文坛老宿一一加以尖刻的指摘批评;在诗文中敢于将进士张自韶的对策嘲讽为"露花倒影柳屯田,桂子飘香张九成"。① 甚至对当时昏庸误国的当权派发出了"南渡衣冠少王导,北来消息欠刘琨"②的尖刻批判。李清照的锋芒毕露和才华横溢招来了诸多攻击,如同时代人王灼就云:"易安居士……晚节流荡无归,作长短句……闾巷荒淫之语,肆意落笔,自古缙绅之家能文妇女,未见如此无顾籍也……其风至闺房妇女,夸张笔墨,无所羞畏,殆不可使李戡见也。"③在这样窒息的环境下,李清照这样聪慧易感的女子,怎能不感到这个封建社会对女性的压制与轻视! 怎能没有美质难久的威胁感!

二、未来状态的忧惧感

在李清照后期的词中,再也找不到早年"溪亭日暮,沉醉不知归路"④的任性豪逸的生命活力和妙龄少女的青春骚动,更多的是一种对未来状态的莫名忧惧。词人的心灵总是无法摆脱自然的变幻不定和不可捉摸所带来的威慑和压力。这种思绪表现在创作中,便是常常描写天气的无常,以及在变幻不定的自然面前所表现出来的对未来状态的担忧和恐惧。例如李清照在《清平乐》中写道:"看取晚来风势,顾应难看梅花"⑤,《菩萨蛮》中写道:"春意看花难,西风留旧寒"⑥,《玉楼春》中写道:"要来小酌便来休,未必明朝风不起。"⑦客体的变幻无常往往对人生的现实状态构成潜在的威胁,人的心灵被这种不确定感与危机感所萦绕,这是对人的心理最沉重的压迫,常常影响着人对现实美的享受。李清照晚期词作中即明显地表现出作者对未来状态的忧虑和没把握,甚至是一种莫可名状的惶惑不安,这种对前途的焦虑使得词人在感受现实美的同时往往表现出谨小慎微的态度,有时甚至是一种犹疑不定的内敛心态。例如,李清照在《武陵春》下阕中先说"闻说双溪春尚好,也拟泛清舟",接下来却是辛酸语:"只恐双溪蚱蜢舟,载不动许多愁。"⑧这种焦虑和犹疑,其实是生活在战乱时代

① 李清照著,王仲闻校:《李清照集校注》,人民文学出版社,1997 年,第 142 页。
② 同①,第 137 页。
③ 王灼:《碧鸡漫志》,中华书局,1991 年,第 14 页。
④ 同①,第 7 页。
⑤ 同①,第 47 页。
⑥ 同①,第 14 页。
⑦ 同①,第 45 页。
⑧ 同①,第 61 页。

人们的共同心理,李清照在词中传达出来的这种悲剧性体验实乃是"常人皆能感之,而惟诗人能写之"①的普通人共有的心理体验。

李清照的这种对未来状态的忧虑心理,既是她自己的悲剧体验,也是那个时代所有人的悲剧体验,反映的是一个时代的悲剧。李清照生活在北宋末和南宋初期,这是一个最缺乏英雄气质、奴气很重的年代。徽钦二帝被掳北去,赵构南渡,偏安江南。李清照也随夫南渡,但两年后丈夫病亡,她完全陷入国破家亡的惨境,从此开始20余年颠沛流离的生活,直至客死异乡。时代的悲剧铸就了女词人的悲剧性格,她将这种悲剧意识深深地沉淀进她的灵魂深处。这种悲剧意识在其《永遇乐·元宵》中表现得最为明显,也最为感人:

> 落日熔金,暮云合璧,人在何处。染柳烟浓,吹梅笛怨,春意知几许。
> 元宵佳节,融和天气,次第岂无风雨?来相招,香车宝马,谢他酒朋诗侣。
> 中州盛日,闺门多暇,记得偏重三五。铺翠冠儿,撚金雪柳,簇带争济
> 楚。如今憔悴,风鬟雾鬓,怕见夜间出去,不如向,帘儿底下,听人笑语。②

全词以丽景写哀,一句"融和天气,次第岂无风雨"包含了女词人无限的悲伤和苦楚,与其说这类词描写的是对自然风雨的畏惧,不如说描写的是对人生风雨的畏惧,"同时也暗示着对国家时局的忧虑,这正是词人饱经沧桑后特有的心理感受"。③

这些词作的突出特点就是表现了女性独有的心态意识,带有浓重的主观色彩,它没有记录真实历史,没有再现"靖康之耻"和金戈铁马的战争,而是"以一种人性的自觉状态将自己投入社会,她以自己女性独有的眼光看待靖康之变的国家劫难"④,从内心感受和情绪上折射出时代社会的风云变幻与刀光剑影。如果说同时代的男性词人通过直接描写历史事件、直接抒发政治豪情来反映时代风云,那么"李清照则以女性固有的细腻敏感的视角,深刻地感知和记录了离乱中的人们特别是女性的情感波动和心灵创伤,间接反映了时代苦难"。⑤ 因而读李清照后期所写的词,我们除了感受到那个悲剧性社会和时代给词人心灵烙下的无法摆脱的创伤外,还能认识那个动荡的社会,可以想象在那个乱离社会中上演的弱小善良人物的生存悲剧。

① 王国维:《人间词话》,中华书局,2003 年,第 61 页。
② 李清照著,王仲闻校:《李清照集校注》,人民文学出版社,1997 年,第 53 页。
③ 胡益民、扬景龙:《婉约词精华评析》,解放军出版社,2003 年,第 137 页。
④ 沈家庄:《宋词的文化定位》,湖南人民出版社,2005 年,第 272 页。
⑤ 陆原理:《论李清照词的女性视角》,《名作欣赏》,2005 年第 16 期。

三、莫可名说的孤寂感

李清照的悲剧意识还体现在她的莫可名说的孤寂感。例如:《点绛唇》"寂寞深闺,柔肠一寸愁千缕"①;《转调满庭芳》"寂寞尊前席上,惟□□海角天涯"②;《满庭芳》"无人到,寂寥浑似,何逊在扬州"③;《浣溪沙》"辟寒金小髻鬟鬆,醒时空对烛花红"④;《蝶恋花》"独抱浓愁无好梦,夜阑犹剪灯花弄"⑤;《鹧鸪天》"甫能炙得灯儿了,雨打梨花深闭门"⑥……读李清照的词,这种无法言说的彻骨孤寂总是扑面而来。这种孤寂感既出于诗人的敏感天性,也出于其一生的遭际。

诗人的天性让李清照感到寂寞,艺术家的敏感让李清照分外敏锐。一朵花开,一声鸟啼,都会在她的心中掀起层层涟漪,尤其是当向外发展受到限制时,她只能更加关注自身的内心体验,这容易将人的内心体验导向寂寞。少女时代的李清照浪漫纯真的词作已经显出淡淡的孤独之感。《浣溪沙》中"黄昏疏雨湿秋千"⑦,微妙地传达出一个多情少女眼见秋千被黄昏暮色吞没,被细雨润湿而触发的淡淡的哀愁与寂寞,《如梦令》中"绿肥红瘦"的感叹是惜花,更是怜人,花儿在寂寞无人知的状态下枯萎凋谢了,自己的青春是不是也会如花儿无声无息地凋谢呢? 婉转娇媚中透露出一缕幽幽的幽怨、孤独与寂寞之情。

婚后的李清照更多的是因为爱而寂寞。新婚燕尔,成为人妻的李清照常因丈夫的不时远游而愁绪更浓,寂寞更深。例如,她在《凤凰台上忆吹箫》写道:

> 香冷金猊,被翻红浪,起来慵自梳头。任宝奁尘满,日上帘钩。生怕离怀别苦,多少事、欲说还休。新来瘦,非干病酒,不是悲秋。　　休! 休!这回去也,千万遍《阳关》,也则难留。念武陵人远,烟锁秦楼。惟有楼前流水,应念我、终日凝眸。凝眸,从今又添一段新愁。⑧

李清照与赵明诚相爱,这是人所共知的。但总是聚少散多,李清照便经常处在

---

① 李清照著,王仲闻校:《李清照集校注》,人民文学出版社,1997 年,第 70 页。
② 同①,第 3 页。
③ 同①,第 43 页。
④ 同①,第 14 页。
⑤ 同①,第 29 页。
⑥ 同①,第 94 页。
⑦ 同①,第 18 页。
⑧ 同①,第 20 页。

寂寞的等待中。更何况李清照没有子嗣,生存的威胁时刻折磨心性颇高的她,而此中隐情又不好明说,只能对着楼前的流水自言自语,这种深入骨髓的寂寞只有女性自己才能够深深体会。

中年之后的李清照,经历了人生的种种危机,生命流逝,红颜难驻,聚散不定,死生无常,这一切更是让她的心中无限感慨。然而她年事已高,词中曾经的激情澎湃、热情洋溢也只能化作一声无奈的叹惜,化作无人能懂的孤独和寂寞,这是一种深味了人间悲凉之后的人生荒漠感。《忆秦娥》中写道:"西风催补梧桐落。梧桐落,又还秋色,又还寂寞。"①秋色年年,寂寞年年,这是李清照晚年心境最准确的写照。将这种孤寂之情表达到极致的,当属《声声慢》:

> 寻寻觅觅,冷冷清清,凄凄惨惨戚戚。乍暖还寒时候,最难将息。三杯两盏淡酒,怎敌他、晚来风急!雁过也,正伤心,却是旧时相识。 满地黄花堆积,憔悴损,如今有谁堪摘! 守著窗儿,独自怎生得黑! 梧桐更兼细雨,到黄昏、点点滴滴。这次第,怎一个愁字了得!②

起笔"因愁惨而凄厉的氛围笼罩全篇,使读者不禁为之凝神"。③ 在这种基调的笼罩下,词中柔肠欲断的女性情感表达在北宋的婉约词中已经不仅仅是简单的闺怨情结了,词人的独特遭遇和社会的动荡不安使它的内涵更加复杂而深沉,一字一泪,缠绵哀怨,是无奈,更是深悲。若说早年之寂寞因为矜持而不能言明,那么晚年的寂寞则因为太深重太广阔而根本无法用语言来表达,也没有对象来诉说,只能独自"寻寻觅觅,冷冷清清,凄凄惨惨戚戚"。

四、叛逆人生的疲惫感

李清照词悲剧意识的真正内涵,就是通过对词人自我不幸人生的审美观照,从而揭示出人生的苦难和对这种苦难的反抗,是以一个黑暗时代的牺牲者的悲剧间接地体现历史的悲剧。李清照是一个个体人格独立性极强的女子,人生的种种不幸并没有将她同化为逆来顺受的软弱女性,相反迫使她站在更高的立场上重新审视自我的价值。然而,对于这样一个生在缙绅之家、养在闺房深处的弱质女流,这种叛逆的人生也让她感到深深的疲惫。环境如斯,遭遇如斯,她善感

① 李清照著,王仲闻校:《李清照集校注》,人民文学出版社,1997年,第48页。
② 同①,第64页。
③ 西渡:《名家读唐宋词》,中国计划出版社,2005年,第271页。

的心在与悲剧命运对抗的同时,也深感疲惫。这种疲惫感也从词作中不经意地流出。例如,《武陵春》中"风住尘香花已尽,日晚倦梳头"①,《好事近》之"魂梦不堪幽怨,更一声啼鴃"②,这其中的"倦"其实是对"物是人非事事休"的无常人生的深刻疲倦,这其中的"不堪"是对苦难人生难以承受的不堪。词人有时候会在感叹年华易逝时不自觉地流露这种疲惫感:"今年海角天涯,萧萧两鬓生华"③,"病起萧萧两鬓华,卧看残月上窗纱"。④ 岁月已逝,年华已老,鬓发已白,而人生的苦难却好像没有尽头。面对这种人生的疲惫,词人有时候会宕开笔触去,试图以一种潇洒淡泊的态度来淡化悲剧人生所带来的痛感冲击,所以词人会写出"不如随分尊前醉,莫负东篱菊蕊黄"⑤这样自我宽慰和排遣的词句。

李清照对人生的疲惫感更多地从愁与梦的个性化阐释中表现出来,她爱写愁,爱写梦,她心中盘根错节的离愁、乡愁、国愁在其词作中往往以梦的意象呈现出来。如南渡前的《怨王孙》是记梦的典型之作:"梦断漏悄,愁浓酒恼。宝枕生寒,翠屏向晓。门外谁扫残红? 夜来风。玉箫声断人何处? 春又去,忍把归期负。此情此恨此际,拟托行云,问东君。"⑥此词抒写的是因丈夫外任而引发的愁思,然而词人起笔就写梦断,可见梦是词人寄托离愁、抒发思绪的精神载体。它不仅排遣了词人内心的苦楚,而且还为其情感的释放提供了一个广阔的空间。在词中,李清照虽然没有直接描述梦中情境,但"梦"意象的运用已将其苦闷、抑郁的离愁别绪刻画得淋漓尽致,其中还包含了词人的期盼、希冀、重逢、团圆等希望。在李清照的情感世界中,梦已然成为其解愁、消愁的一种手段。

如果说在南渡前的写梦作品中,"梦"所消解的是李清照因爱与等待所产生的"离愁"的疲惫,那么南渡后,故国难回,家园难归,梦所承受的疲惫就更深厚与惨痛了。例如《蝶恋花》之"永夜恹恹欢意少,空梦长安,认取长安道"⑦;《青玉案》之"不枉东风吹客泪,相思难表,梦魂无据,唯有归来是"⑧;《浪淘沙》之"帘外五更风,吹梦无踪。画楼重上与谁同"⑨;《诉衷情》之"酒醒熏破春睡,梦

---

① 李清照:《李清照集校注》,王仲闻校,人民文学出版社,1997 年,第 61 页。
② 同①,第 39 页。
③ 同①,第 47 页。
④ 同①,第 72 页。
⑤ 同①,第 30 页。
⑥ 同①,第 79 页。
⑦ 同①,第 60 页。
⑧ 同①,第 97 页。
⑨ 同①,第 85 页。

远不成归"。① 在这些写梦的作品中,思乡之情、悼夫之绪和晚景之悲盘根错节地交织在一起,词人心中有说不尽、道不完的凄苦与悲凉。在其精神屡遭打击与重创之际,"梦"恰似一个温暖的家,虽然只是"被压抑欲望的化装满足"②,但仍使词人破碎的心得到片刻的温馨和抚慰。

以悲为美是中国文学的传统,词更是"悲剧性的精品"③,李清照在词中表达出强烈的悲剧意识与这种以悲音为最高审美理想的传统有关。同时,李清照的悲剧意识更是从一颗在苦难中挣扎的心灵中迸发出的渗着血泪的深愁剧痛,透过其词,我们不仅可以看见宋人共有的无法回避的时代悲剧,还可以看见李清照作为一个女性文人所独有的生存悲剧。

① 李清照:《李清照集校注》,王仲闻校,人民文学出版社,1997 年,第 40 页。
② 弗洛伊德:《梦的解析》,孙名之、顾凯华、冯华英译,光明日报出版社,2004 年,第 671 页。
③ 邓乔彬:《唐宋词美学》,齐鲁书社,2004 年,第 102 页。

49

论苏轼镇江词的题材内容

于咏梅　镇江市京口区教育局

刘熙载《艺概·词曲概》说:"东坡词颇似老杜诗,以其无意不可入,无事不可言也。"也就是说,苏轼词扩大了反映生活的领域。在苏轼现存三百余首词里,诸如咏史、游仙、悼亡、惜别、登临、宴赏,此外,山河风貌、田园风光、参禅悟道、哲理探讨等,几乎无所不写,无所不包。经过苏轼的创作,人们才真正看到词可以反映广阔的生活内容。也正是通过苏轼的创作,才开始摧毁词为艳科的狭小樊篱,改变了词为"诗余"、"诗高词卑"的传统偏见,苏轼对词题材与内容的拓展是空前的。只有南宋的辛弃疾,在新的时代精神与社会因素的激荡下,在这方面所作出的贡献方可与东坡臻美。苏轼镇江词的题材内容大体如下:

一、深情于生活的词篇

苏轼这样一位"富有创造力、这样守正不阿、这样放任不羁、这样令人万分倾倒而又望尘莫及的高士",他的"士大夫"气质,不仅表现在他关心政治、关心人民和有所抱负、欲有作为等方面,而且表现在他有着宽广的襟怀和宽厚的性格方面。像古代许多感情丰富的诗人墨客一样,苏轼似乎天生具有一种"泛爱"的性格特点。他不但"泛爱"亲人、"泛爱"友朋师生,甚至"泛爱"天下一切之人。贾似道《悦生随抄》就记载:"苏子瞻泛爱天下士,无贤不肖欢如也。尝言:'上可陪玉皇大帝,下可以陪卑田院乞儿。'子由晦默少许可,尝戒子瞻择友。子瞻曰:'眼前见天下无一个不好人,此乃一病。'"这段趣闻趣语,就说明了苏轼性格的"宽厚"和感情的丰富。不但如此,苏轼在"爱人"的同时,也"泛爱"天下一切之物。他爱山水,也爱生物;他爱故乡,也爱他乡;他爱登山临水的"清赏",也爱歌妓丝竹的"俗乐"。一句话,他热爱自然,热爱人生,他真是一位深情于生活的"赤子"。这在他途经镇江留下的词作中便有充分的体现。

（一）思念亲人

宋词因流行于花前月下杯酒之间，传唱于"十七八"歌妓之口，虽然以诉说情感见长，但所抒发的大都是文人或士大夫与歌儿舞女之间的游戏之情，往往是在一种逢场作戏的态度支配下创作出来的。与家人、与友人等比较真挚、庄重的情感，几乎很少入词，苏轼之前只有欧阳修等大词人才偶尔为之。到了苏轼笔下，却变得十分通常，处处可见。如苏轼在熙宁七年（1074）正月至四月杭州通判任期，往常、润、苏、秀等州赈济饥民期间在镇江就留下了4首思念家乡、思念亲人的词作：

> 雨后春容清更丽。只有离人，幽恨终难洗。北固山前三面水。碧琼梳拥青螺髻。　　一纸乡书来万里。问我何年，真个成归计。白首送春拼一醉。东风吹破千行泪。（《蝶恋花·京口得乡书而作赋》）

> 柳花飞处麦摇波。晚湖净鉴新磨。小舟飞棹去如梭。齐唱采菱歌。　　平野水云溶漾，小楼风日晴和。济南何在暮云多。归去奈愁何。（《画堂春·寄给弟弟苏辙，弟弟当时在济南》）

> 去年相送，余杭门外，飞雪似杨花。今年春尽，杨花似雪，犹不见还家。　　对酒卷帘邀明月，风露透窗纱。恰似姮娥怜双燕，分明照、画梁斜。（《少年游·润州作》）

> 轻云微月。二更酒醒船初发。孤城回望苍烟合。公子佳人，不记归时节。巾偏扇坠藤床滑。觉来幽梦无人说。此生飘荡何时歇。家在西南，长作东南别。（《醉落魄·一斛珠》述怀）

宋神宗熙宁四年（1071）苏轼因与王安石议论不合，乞补外郡，被朝廷派往杭州作通判。这对被党争的政治漩涡搅得晕头转向的苏轼来说，无异于是一种精神上的解脱。杭州的湖光山色，市民与同僚对他的尊敬，僧人与歌妓对他的崇拜，都使他感到从未有过的愉快。续娶的年轻的妻子与牙牙学语的儿女也使他感到惬意和温暖。杭州真的成了他的人间天堂，每一次因公而暂时离开杭州都使他依依不舍。熙宁六年冬天，他又被两浙转运使派往常、润、苏、秀等州赈济灾民，直到第二年入夏才回杭州。这是他离开杭州最长的一次，眷恋之情自然更为深切。《蝶恋花》中描写了春天的镇江，山青水绿，雨后景色更加清丽迷人，但这一切都挡不住宦游在外的作者对家乡和家人的思念，对无法及时回家的幽恨与无奈，得到家书，使他思乡之情更切。《少年游》更以"代人寄远"的形式，即借思妇想念行役在外的丈夫的口吻来表达他的思归之情。王文诰《苏诗总案》卷一一对此词作了说明:"甲寅(熙宁七年)四月,有感雪中行役作。公(苏轼)以去年十一月发临平(镇名,在杭州东北),及是春尽,犹行役未归,故托为此词。"上片以思妇的口吻,诉说亲人不当别而别,当归而未归。下片以月里嫦娥的怜爱双燕,反衬自己无人怜惜的孤寂,表达自己强烈的恋家思归之情。

苏轼对弟弟子由的深情确是非比寻常,他在写给好友李常的一首诗中说:"嗟余寡兄弟,四海一子由。"杭州三年任期届满时,他请调至密州,因为当时子由正任职济南,两地都在山东,相距不远。但熙宁九年,子由罢齐州掌书记回京,本来苏轼是为了弟弟子由而到密州的,现在又要远别,他写《画堂春》一词寄子由,追述熙宁四年(1070)与子由在陈州柳湖相聚的情景。柳花飞扬,麦波摇动,采菱船里,阵阵歌声。但现在子由即将远行,虽然风和日丽,但是"归去奈愁何",表达了兄弟俩的亲密情意。

(二) 怀念朋友

熙宁六年十一月,苏轼因公到常州、润州视灾赈饥,次年正月过丹阳、京口而怀念杭州诗友陈襄在杭州的美好时光。"陈襄字述古,福州侯官人……举进士后,调浦城主簿,治政有方,受富弼赏识,荐为秘阁校理、判祠部。后知常州、明州,又调同修起居注,知谏院,改侍御史知杂事。与王安石政见不合,出陈州,熙宁五年五月调知杭州,以枢密直学士知通进、银台司兼侍读,判尚书都省。神宗曾向陈襄询问启用人才事,陈襄推荐司马光、范纯仁、苏轼等三十三人。卒年六十四,赠给事中。"陈襄到杭州时,正是苏轼通判杭州,两人十分投契,他们与柳子玉、张先、杨元素、李公择、陈令举、刘孝叔等,是经常聚会在湖光山色之中的诗词朋友。以下两首词虽属酬赠之作,却是情真意真,含蓄而有诗意,表现了与友人的深厚情谊。

> 携手江村。梅雪飘裙。情何限、处处消魂。故人不见,旧曲重闻。向望湖楼,孤山寺,涌金门。　　寻常行处,题诗千首,绣罗衫、与拂红尘。别来相忆,知是何人。有湖中月,江边柳,陇头云。(《行香子·冬思》)

> 蜀客到江南,长忆吴山好。吴蜀风流自古同,归去应须早。还与去年人,共藉西湖草。莫惜尊前仔细看,应是容颜老。(《卜算子·感旧》)

词中多用忆旧和对照眼前孤独处境的穿插对比写法,触目兴怀,感想当初,抒写自己对杭州友人的相思之情。追忆熙宁六年作者与友人陈襄(字述古)"携手江村。梅雪飘裙"寻春事的美好；怀念他们在杭州西湖诗酒游乐的风景胜地——望湖楼、孤山寺、涌金门；回味两人游赏时"寻常行处，题诗千首"吟咏酬唱的情形；更用西湖、钱塘江和城西南诸名山的"湖中月，江边柳，陇头云"对他的召唤含蓄而有诗意地表达出词人对友人的绵绵情思。同年三四月仍在视灾赈饥途中的苏轼因"怀钱塘，再赋《卜算子》寄襄（即陈述古）"。词人直抒胸臆，"长忆吴山好"、"归去应须早"、"还与去年人，共藉西湖草"表达对友人的无比思念和想回到朋友身边共叙友情的急切之情。

（三）送别友人

熙宁六年（1073）十一月，在杭州任通判的苏轼往常州、润州一带赈饥，恰好柳子玉要到舒州（今安徽安庆）灵仙观，二人便结伴同行。第二年二月，苏轼在金山送别柳子玉，遂作此词以赠。"《诗集》卷六《次韵柳子玉见寄》查注：'柳子玉，名瑾，吴人。'"，"王文诰案：'柳瑾，丹徒人。其子仲远，为中都公婿，公之妹婿也。'"两人谊兼戚友。词人用"愁烟"和"飞絮"象征人世的漂泊不定，传达出他与友人之间迷蒙怅惘、拂之不去的眷恋之情：

> 谁作桓伊三弄。惊破绿窗幽梦。新月与愁烟。满江天。欲去又还
> 不去。明日落花飞絮。飞絮送行舟。水东流。（《昭君怨·送别》）

词的开头，以"桓伊三弄"的典故，用王徽之及桓伊互相慕名而吹笛作三弄的故事，表达相互敬佩之情。上片以新月、愁烟洒满江天的迷濛环境，烘托离别的愁思。下片遥想"明日"分别的情景，"欲去又还不去"，表达对友人的难舍。另外还有《南歌子·别润守许仲涂》、《临江仙·辛未离杭至润，别张弼秉道》、《菩萨蛮·与杨元素别，和元素词》、《西江月·昨夜扁舟京口》等，都表达了与朋友依依惜别的真挚感情。

（四）友爱歌女

苏轼作为一位封建时代的文人学士，在交往酬答中，与歌妓的往来是生活中正常的内容。他在对歌妓的描写过程中，体现出人物的外貌之美、内心之美以及艺术形式之美，他以情动人，在词中描写了这些不幸的人的生活、苦闷和悲哀，写出她们不同的遭遇和命运，表现苏轼对她们的同情和关怀，也反映了苏轼的爱憎感情。

宋神宗熙宁七年（1074）仲冬，东坡由杭州通判调知密州，途经润州（今江苏镇江市），与孙洙（巨源）、王存（正仲）集会多景楼赋《采桑子》：

多情多感仍多病，多景楼中。樽酒相逢，乐事回头一笑空。　　停杯且听琵琶语，细捻轻拢。醉脸春融，斜照江天一抹红。(《采桑子·与孙巨源、王存会多景楼而作》)

作者通过"细捻轻拢"句，赞美歌女弹奏琵琶的技艺；通过"醉脸春融"四字表现丽而不艳、媚中含庄的琵琶女的神态。曲折含蓄，有言外不尽之致。

还有一词描写琵琶女小莲：

小莲初上琵琶弦。弹破碧云天。分明绣阁幽恨，都向曲中传。
肤莹玉，鬓梳蝉。绮窗前。素娥今夜，故故随人，似斗婵娟。(《诉衷情·琵琶女》)

上片写她的弹奏，声音清脆激越，"弹破碧云天"，仿佛要冲破云霄。细细听赏，乐声分明是在诉说"绣阁幽恨"，这既赞美了她高超的技艺，也透露出她身世的不幸。下片写她的美丽，肤如美玉，梳着蝉鬓，仿佛月宫里的嫦娥，美丽可爱。

元丰七年(1084)八月，49 岁的苏轼改贬汝州，离黄州北上时，路经镇江。其晤许仲涂，赋《减字木兰花》求为郑容、高莹分别脱籍、从良。赋《南歌子》别许仲涂。

郑庄好客。容我尊前先堕帻。落笔生风。籍籍声名不负公。高山白早。莹骨冰肤那解老。从此南徐。良夜清风月满湖。(《减字木兰花·赠润守许仲涂》，且以"郑容落籍、高莹从良"为句首)

欲执河梁手，还升月旦堂。酒阑人散月侵廊。北客明朝归去、雁南翔。窈窕高明玉，风流郑季庄。一时分散水云乡。惟有落花芳草、断人肠。(《南歌子·别润守许仲涂》)

宋代陈善《扪虱新话》卷九："坡昔寓京口，官妓郑容与高莹二人侍宴，坡喜之。二妓间请于坡欲为籍，坡许之而终不为言，及别二妓之船所，恳之，坡曰：尔但持我此词以往。太守一见，便知其意，盖见郑容落籍，高莹从良八字也。"苏轼写《减字木兰花》给润守许仲涂，是为了帮助郑容、高莹脱离火坑，去寻找她们的幸福生活，所以他笔下生花，用她们的名字和愿望化成词章，赞扬她们"容我尊前先堕帻"、"籍籍声名不负公"，替她们表白"莹骨冰肤"的品格，并以"良夜清风月满湖"一句，象征她们所追求的从良之后的幸福生活。《南歌子》也同样表达了对两位歌女的赞美、同情与关切，还表达了他们之间如同朋友一样的离别之苦。

（五）陶醉自然

对大自然的热爱让苏轼每到一地,总是兴致勃勃地游览山水,陶醉其间,物我两忘。《行香子》中作者以追念与友人"携手江春"的难忘情景开始,引起对友人的怀念。风景依稀,又是一年之春了,去年初春,苏轼与陈襄曾到杭州郊外寻春。苏轼作有《正月二十一日病后述古邀往城外寻春》诗,陈襄的和诗则有"暗惊梅萼万枝新"之句。词中的"梅雪飘裙"即指两人寻春时正值梅花似雪,飘沾衣裙。友情与诗情,使他们游赏时无比欢乐,销魂陶醉。顺着思念的情绪,词人更想念他们在杭州西湖诗酒游乐的地方——望湖楼、孤山寺、涌金门。这三处都是风景胜地。这首《行香子》不仅表现了苏轼与友人的深厚情谊,也流露出他对自然景物的热爱。

在苏轼镇江词中,还提到落花飞絮、雨后春容、北固山前三面水、柳花飞处麦摇波、小舟飞棹、落红处处、飞雪似杨花、斜照江天等自然美景。另外在他所描绘的自然景物中,月亮是很有浪漫色彩的,很容易启发人们的艺术联想。一钩新月,可联想到初生的萌芽事物;一轮满月,可联想到美好的团圆生活;月亮的皎洁,更让人联想到光明磊落的人格。在月亮这一意象上就集中了很多美好的憧憬与理想。苏轼是一位性格豪放、气质浪漫的词人,当他抬头遥望中秋明月时,其思想情感犹如长上了翅膀,天上人间自由翱翔。在他的镇江词作中也多次写到明月,如"有湖中月,江边柳,陇头云"、"新月与愁烟"、"对酒卷帘邀明月"、"轻云微月"、"良夜清风月满湖"、"酒阑人散月侵廊"等。

体现苏轼情感丰富、热爱生活的词作,还可以举出很多例子。这许多例子都表现了苏轼深于情、笃于情的"多情"心态。虽然这种"多情"的心态,仍还偏于"柔"的一面,但是比之"批风抹月"之类,却是大有拓宽的。

二、感怀于人生的词篇

苏轼镇江词不仅充分反映了他热爱自然、热爱生活、多情深情的一面,也揭示了他复杂的内心世界。广义地说,任何文学作品都可以算做作者内心世界的一种反映,而这里所论,则主要是指苏轼的词扩大了反映内心世界的范围。他的词已不再局限于伤春伤别与离情相思,而是抒写了个人的政治理想、人生态度、内心苦闷和思想上的矛盾。我们据朱彊村编年、龙榆生校笺之《东坡乐府笺》可知,苏轼早年不喜写词,及至通判杭州才开始大量写词。他在《与族兄子明书》中曾说:"记得应举时,见兄能讴歌,甚妙。弟虽不会,然常令人唱为何词。"可见他年轻时即已接触歌词，但当时他却没有写词，其原因恐怕在于当时深怀儒家的用世之志，所写的主要是《上神宗皇帝》万言书，以及其《制策集》里的那些策论。而这些都是讲治国安邦之大计的，只有当他在政治上受到挫伤，受到打击以后，才以闲情闲笔来写小词的。故其词中自然会抒写人生的诸多感慨。

通过前面表格式的简介，我们知道苏轼在镇江写下的 16 首词和多篇诗文，都是他熙宁四年（1071）通判杭州后因外调赴任、赈济饥民、遭受贬谪途经镇江时而作的，其中充斥了他在中年遭受仕途挫折之后的种种人生感慨，简单概括主要有以下几种心绪：

（一）人生如梦、人生无常的苦闷

苏轼在 26 岁刚步入仕途之初，就写下了"人生到处知何似？应似飞鸿踏雪泥"（《和子由渑池怀旧》）的名句，表达了这位实际尚未深谙"世味"的青年知识分子对于人生究具何种意义的迷惘和怀疑之情。而随着他涉世越深，这种对于人生的冷漠感、消极感甚至是虚无感，也就有所增长。例如他在 28 岁时所作的《十拍子》词中，就首次出现了"梦"字："身外傥来都是梦。"而随后，这个"梦"字就像梦魇一样，紧缠住苏轼的词而不离了："休言万事转头空，未转头时皆梦"（《西江月》）；"巫峡梦，至今空有，乱山屏簇"（《满江红》）；"人生如梦，一尊还酹江月"（《念奴娇》）；"世事一场大梦，人生几度新凉"（《西江月》）……"梦"字的出现在诗、文、词中，当然并不是苏轼的"独创"，但如此频繁地反复凸现在苏词中间，毕竟也不是寻常现象。它标志着苏轼对于人生的思考，对于社会进程的忧患已经进入到比较深刻的阶段。而苏轼的镇江词中便多处存有这种人生感慨："莫惜尊前仔细看，应是容颜老"（《卜算子》）、"惊破绿窗幽梦"（《昭君怨》）、"梦破五更心欲折"（《蝶恋花》）、"觉来幽梦无人说，此生飘荡何时歇"（《醉落魄·一斛珠》）、"人生到处萍飘泊，偶然相聚还离索，天涯同是伤沦落"（《醉落魄·一斛珠》）、"小舟飞棹去如梭，归去奈愁何"（《画堂春》）、"此景百年几变，个中下语千难"（《西江月》）。这些词句抒发了苏轼人生漂泊、天涯沦落和人生易老、梦醒难眠的很多无奈。

（二）理想人生的热烈追求

"士当以天下为己任"，这是儒家思想中的一个美好的传统。这种抱负所有读书人几乎都怀有，苏轼也不例外。苏轼用世的志意，从他很小的时候读《后汉书·范滂传》被范滂为了理想、为了国家利益而付出生命的事迹所深深感动一事中即可见出，所以后来他不管受到什么样的政治迫害，遭遇多么多的贬逐，只要回到朝廷,仍然坚持政治上的理想,从中可以看出他儒家用世的志意和理想操守一直没有变,对于国家、对于人民的忠爱之心始终执着没有改变。所以尽管一生挫折一生坎坷,但在他的诗词中始终还是有"致君尧舜上"的人生理想和豪迈自信的精神风貌。苏轼的镇江词也不例外:"使君才气卷波澜,与把新诗判断。"(《西江月》)"俎豆庚桑真过矣,凭君说与南荣。愿闻吴越报丰登。君王如有问,结袜赖王生。"(《临江仙》)对才气卷波澜的使君的欣赏,对吴越丰登的祝愿便都反映了苏轼对于理想人生的追求和乐观昂扬的精神风貌。

(三)任天而动、随遇而安的旷达

对于旧日的中国读书人来说,"穷则独善其身,达则兼善天下",显达的时候怀有儒家"兼善天下"的理想,穷困的时候则改持道家超旷的襟怀。苏轼少年时即对《庄子》有特殊的兴趣。在蜀中曾与成都文雅大师惟度、宝月大师惟简交流。通判杭州时,喜听海月大师惠辩说法,"时闻一言,则百忧冰解,形神俱泰"(《海月辩公真赞》)。贬居黄州时,"惟佛经以遁日"(《与章子厚》),常到安国寺"焚香默坐,深自省察",感到"一念清净,染清汙自落"(《黄州安国寺记》)。在经镇江期间,也与金山寺的圆通、宝觉、佛印禅师多有交往,故其超尘遁世的佛道思想日有增益。他早年虽有批评佛老的言论,但随着宦海浮沉和阅世日深,其思想与眼界渐趋开阔,终于走向了博采众家、兼融佛老一途。这便使他虽历宦海沉浮却总能保持旷然遗世、游于物外的襟怀。他提出要"善于处穷",在逆境之中,虽也偶或流露忧惧灰冷的意绪,然而大多数场合则能悠游自得,处之坦然,即所谓"祸福苦乐,念念迁逝,无足留胸中者"(《与孙志康》)。这种超旷识度,给了他战胜恶劣环境的勇气,使他任天而动,随遇而安。另外,他还持有宏观的历史意识,感悟到只要把个人放在历史的大背景之中,很多事情便可以一笑了之。如其"尊酒相逢,乐事回头一笑空"(《采桑子》),"尊前一笑休辞却"(《醉落魄·一斛珠》),"昨夜扁舟京口,今朝马首长安"(《西江月》),"尘心消尽道心平"(《临江仙》)等作于镇江的许多词句便都可见出他的达观与圆通。

50

从典故人物看稼轩词

焦佳朝　江苏广播电视大学昆山学院

典故运用是一种传统的修辞方法,在古代诗歌、散文、骈赋等各种文体中被广泛运用。刘勰《文心雕龙·事类》论用典说"乃圣贤之鸿谟,经籍之通矩也"。但要"取事贵约,校练务精","凡用旧合机,不啻自其口出"。钟嵘在《诗品》序中说:"若乃经国文符,应资博古;撰德驳奏,宜究往烈。至乎吟咏性情,亦何贵于用事?"可见对于典故的运用古人也是持不可一概而论的看法的。

词之兴起本源于里巷之俗曲,晚唐五代及宋初之词人皆极少用典①,如后主李煜的《虞美人》(春花秋月何时了)、《乌夜啼》(林花谢了春红)、《破阵子》(四十年来家国)等词正是以白描的手法见长,晏殊的词同样是在口语化的诉说中写人生悄悄衰老的忧惧,直到苏轼和周邦彦相继出现,此风才日盛。苏子瞻"以诗为词",将词推至一个更为广阔的境界。周美成"以赋为词",不但开思索铺叙之风,亦多隐括唐人诗句且着漏无痕。但真正用典既多且广者,则非辛弃疾莫属。

辛词运用大量典故,其中自然有得有失。自南宋起,关于这个问题便意见不一。刘克庄虽赞美辛词"大声镗鞳,小声铿鍧,横绝六合,扫空万古,自有苍生以来所无。其秾纤绵密者亦不在小晏秦郎之下"②,但也以为辛词有"不事斧凿,高则高矣,但时时掉书袋,要是一癖"③之嫌。同代人刘辰翁则不然:

> 词至东坡,倾荡磊落,如诗如文,如天地奇观,岂
> 与群儿雌声学语较工拙;然犹未至用经用史,牵雅颂
> 入郑卫也。自辛稼轩前,用一语如此者必且掩口。
> 及稼轩横竖烂漫,乃如禅宗棒喝,头头皆是;又如悲

---

① 虽有人指出韦庄词已经大量用典,如翁淑芳的《韦庄词用典析论》,但这只是唐末五代词人中的极少数作家的情况。

② 刘克庄:《辛稼轩集序》,见邓广铭《稼轩词编年笺注》,上海古籍出版社,1998年,第597-598页。

③ 刘克庄:《跋刘叔安〈感秋八词〉》:"近岁放翁、稼轩,一扫纤艳,不事斧凿,高则高矣,但时时掉书袋,要是一癖。"

筛万鼓,平生不平事并厄酒,但觉宾主酣畅,谈不暇顾。①

后代就此一直争论不休。及至 20 世纪 80 年代以后,更多的学者从多个角度探讨了辛词用典之得失,包括不同风格类型词作中的用典、屈原、陶渊明对辛弃疾作品的影响以及典故人物的人格原型等。本文则以稼轩词中的典故人物为着眼点,拟先将辛词中的典故人物进行分类分析,进而更好地认识辛词的这种独特艺术手法及其词作。

一、两种类型迥异的典故人物

翻检稼轩词,会发现其中典故人物颇多,然多不出英雄人物与隐逸人物两类,试分而论之。

(一) 英雄人物

辛弃疾 23 岁渡江南归的当年(1162),高宗传位于孝宗,宁宗开僖北伐的次年,他逝于江西铅山漂泉别墅②,其间几乎与南宋前期偏安局面相始终。辛弃疾带着北方义民反金的豪杰之气和大智大勇的人格才具,南来投效却虎落平原,英雄失路,受制于南宋苟安的政治格局之中,只好以笔代剑,用以抒写郁结于胸间的豪杰之气与悲慨之情。这种生命存在方式便易于形成其寻找英雄的情结,看其词作:

过眼溪山,怪都似、旧时曾识。是梦里、寻常行遍,江南江北。佳处径须携杖去,能消几两平生屐。笑尘埃、三十九年非,长为客。吴楚地,东南拆。英雄事,曹刘敌。被西风吹尽,了无陈迹。楼观才成人已去,旌旗未卷头先白。叹人间、哀乐转相寻,今犹昔。③ (《满江红》)

这是一首写人生苦闷的抒情词,其苦闷之原因是对于抗金事业难以实现之失望。且看其中的典故人物"英雄事,曹刘敌",此用《三国志》之典:曹操常与刘备论时事,曰"今天下英雄,唯使君与操耳"(《三国志·蜀志·先主传》)。此两句谓英雄霸业者,唯曹操与刘备相与匹敌,明颂曹刘,暗扬孙权。盖当时堪与曹刘争雄天下者唯有霸居吴楚一带的孙权。再看典故人物出现的方式及效果:下片因地怀古,

---

① 刘辰翁:《辛稼轩词序》,见邓广铭《稼轩词编年笺注》,上海古籍出版社,1998 年,第599 页。

② 邓广铭:《辛弃疾传》,见《辛稼轩年谱》,生活·读书·新知三联书店,2007 年。

③ 唐圭璋编:《全宋词》,中华书局,1999 年,第 2416 页。

面对吴楚之地自然想到的是在这片土地上叱咤风云的孙权,暗含了作者对古代英雄的追慕之情,然而这一切都在一个强烈的转折——"被西风吹尽,了无陈迹"中更显其悲慨,强烈的价值虚无和幻灭感让人觉得冰凉透骨,这首词感情的巨大起伏,在显在感受与隐蔽感受之间形成了不可调和的矛盾。所以即使已开始用道家出世思想来医治自己的精神痛苦,却仍让人感受到其苦闷之无处不在。

再如《水龙吟·过南剑双溪楼》:

举头西北浮云,倚天万里须长剑。人言此地,夜深长见,斗牛光焰。我觉山高,潭空水冷,月明星淡。待燃犀下看,凭栏却怕,风雷怒,鱼龙惨。

峡束苍江对起,过危楼、欲飞还敛。元龙老矣,不妨高卧,冰壶凉簟。千古兴亡,百年悲笑,一时登览。问何人又卸,片帆沙岸,系斜阳缆。

"人言此地"三句,紧扣"南剑双溪楼"之故实,典故出自《晋书·张华传》用双剑之典,承继"举头西北浮云"之豪情,也为下文造成情绪之顿挫。紧接着却又"待燃犀下看",用《晋书·温峤传》:温峤过牛渚矶,人云水下多怪物,于是他燃犀角而照之。"双剑"之典为整个上阕的支撑,"燃犀"则反取表面意思,虽壮志受挫,仍不畏艰险竭力为之,情绪至此又重趋高昂。此处以张华、温峤两位英雄人物入词,造成情绪的千折百转,作者欲建立功业的深切用心于此可见,用典人物虽不甚明显,却大大扩充了词的内涵容量,词境也变得深广起来。"稼轩词仿佛魏武诗,自是有大本领大作用人语。"①气魄之大正于此见之也。

此外像为人悉知的"千古江山,英雄无觅,孙仲谋处"(《永遇乐·京口北固亭怀古》)、"天下英雄谁敌手? 曹、刘,生子当如孙仲谋"(《南乡子·京口北固亭怀古》)均用《三国志》中典故。

辛词中热力寻找的英雄人物尚有很多,如李广、谢安、屈原……此类英雄人物在辛词中比比皆是,这可以视为一种"英雄情结",辛词中这种不断寻找英雄的情结,是因为现实社会缺乏造就英雄的机制,只好将寻找的目光转向苍苍莽莽的历史烟云,从此种难寻英雄却又偏寻英雄的经久不衰的心灵冲动中,可知"英雄情结"的坚韧与执着。这种散逸着废墟感的"英雄情结",使稼轩成为继苏词之后豪放词风的最杰出代表,正如刘克庄所言:"大声鞳鞳,小声铿锵,横绝六合,扫空万古。"②

① 陈廷焯:《白雨斋词话》,人民文学出版社,1959年,第22页。
② 刘克庄:《辛稼轩集序》,见邓广铭《稼轩词编年笺注》,上海古籍出版社,1998年,第597－598页。

（二）"老来曾识渊明，梦中一见参差是"——隐逸人物

稼轩词中的典故人物，可以说在其心灵豪迈的一端是如孙权一般的英雄人物，而清闲的一端则是陶渊明式的隐逸人物。稼轩词中与陶渊明有关的全词及断句共有30多处①，从这些词作可以看出稼轩与陶渊明遥遥相契，莫逆于心。他已从性情生活中深切领会到陶诗的风味，他一方面说"须信此翁未死，到如今凛然生气"（《水龙吟》），一方面又说"空怅望，风流已矣，江山特地愁余"（《汉宫春》），这样反复咏叹，若有不能已于言者，与杜甫所谓"怅望千秋一洒泪，萧条异代不同时"（《咏怀古迹五首》）望古遥集，实有同感，且看其词《最高楼》：

> 吾衰矣，须富贵何时。富贵是危机。暂忘设醴抽身去，未曾得米弃官归。穆先生，陶县令，是吾师。　待葺个、园儿名佚老。更作个、亭儿名亦好。闲饮酒，醉吟诗。千年田换八百主，一人口插几张匙。休休休，更说甚，是和非。

此首表面骂子的词作，借题发挥，骂尽迫害他的当权派和追求利禄之辈，并表明因政治失意而打算归隐、求乐于田园的志趣。其典故人物分别为"穆先生"、"陶县令"。据《汉书·楚王传》：元王至楚国封地，用穆生等人为中大夫。穆生不嗜酒，元王每置醴以待。后王戊即位，渐忘设醴酒之事。穆生说："醴酒不设，王之意怠，不去，楚人将钳我于市。"于是称病归去。"陶县令"显为不为五斗米折腰而挂印归乡的陶潜。这两个典故人物的出现，既将作者那种因"暂忘设醴"、"未曾得米"而抽身欲隐的原因与决心表述得清清楚楚，又寄托了因世俗生活的谗害、诽谤而英雄无路的悲恨。

此外像《贺新郎》中"看渊明，风流酷似，卧龙诸葛"；《鹧鸪天》又说："千载后，百篇存。更无一字不清真。"就连朋友的建筑，也说"岁岁有黄菊，千载一东篱"、"都把轩窗写遍，更使儿童诵得，归去来兮辞"；哪怕种点儿花草也说"自有陶潜方有菊，若无和靖即无梅"。凡此种种无不包含对陶潜式隐逸生活的向往，简直可以称之为"慕陶癖"，其言语表达强度比起写了众多和陶诗的苏轼，有过之而无不及。

考察这些词作的创作时间，多作于稼轩被贬谪或村居之时，稼轩乡居既久，自然要把那份为官中的焦虑忧愁的心情加以调适和净化，于是便在回归自然中亲近陶渊明，因此这类典故人物在辛词中大量出现也是自然而然的。

---

① 邓广铭：《稼轩词编年笺注》，上海古籍出版社，1998年。

二、典故人物运用之效果:沉郁词风的定格

稼轩词中一系列典故人物展现了稼轩的"英雄情结"与"慕陶情结",这是其生命存在方式的形象展现。

英雄情结是稼轩一生叱咤风云的生命意志与苟且偷生的机制性环境之间包纳和对撞的结果,由此而形成了一种强烈的情感震荡的审美结构,升华出生命悲剧的力度美。这种对撞在《鹧鸪天》中体现得最明显:

> 壮岁旌旗拥万夫。锦襜突骑渡江初。燕兵夜娖银胡䩞,汉箭朝飞金仆姑。　　追往事,叹今吾。春风不染白髭须。都将万字平戎策,换得东家种树书。

正如陈廷焯在《白雨斋词话》卷一所言:"'都将万字平戎策,换得东家种树书。'哀而壮,将毋有'烈士暮年'之慨耶?"英雄失路、郁勃难平的情感在对往事的诉说中缓缓流出。

而慕陶情结却可以看做其英雄情结的生命转域,是对现实的转域。就拿上面所举的《鹧鸪天》而言,壮岁的功名之感,都在"春风不染白髭须"的时光流逝中被消磨得没有任何棱角,最后词人也只得在"都将万字平戎策,换得东家种树书"的自嘲中走向并面对现实的生存状态。尽管他不乏"战士的豪放"[1],"始终把社会责任的完成、文化创造的建树和自我价值的实现融为一体,并以此作为终身的奋斗目标"[2],然而在"进"不能、"退"又不甘的困境中,稼轩始终只能强作隐士式的豪壮,以排解壮志难酬的蹉跎伤感。这在中国传统的知识分子中间,是一种浓厚的"仕"文化情结,也是中国儒家传统的展现。

两种典故人物性格在辛词中的反复出现,使得其作品出现了一种沉郁顿挫式的悲美。概言之,此为一种内心情气的跌宕起伏:英雄情结是稼轩豪纵之气的流露;慕陶则相反,是反思人生的结果。前人以"沉郁顿挫"评杜甫的诗作,认为杜甫将内心的怨气在诗中反复地吟咏且不出于儒家的诗可以兴、观、群、怨之旨,其实稼轩词中的这种情感落差的持续起伏,未尝也不是一种异样的顿挫。

"寄托"、"意内言外"本是传统的文学批评方法,汉儒说《诗》固然失于穿凿附会,常州词派之张惠言、周济论词也太过比附,但诗词创作者运用典故人物时,

---

① 袁行霈:《辛词与陶诗》,《文学遗产》,1992 年第 1 期。
② 王水照:《苏辛退居时期的心态平议》,《文学遗产》,1991 年第 2 期。

常常蕴涵深意，不明说有各种各样的理由，却非不欲人知。辛弃疾穷其毕生之力作词，因遭际失意而将满腔感慨寄寓于词，荣辱不定，迁谪无常，所以哀怨郁愤常在言外，因此词作中的典故人物寄托了作者深沉复杂的思想情感。其效果在增强作品可读性的同时（因每一读者心中都有一系列历史人物的形象积淀，这些积淀是读者与作者产生共鸣的基础），无疑又使得词境得以深化与扩大。因此把这些典故人物的出现都视为掉书袋是不甚合理的。从文学尤其是韵文文学的含蕴性、形象性等特点来说，这也是辛词取得高度艺术成就的原因。于此，笔者很赞同那种认为辛词从精神上继承苏轼的道路，将宋词进一步取得雅化的观点①；而且在表现手法上将用典推向前所未有的高度，当然这里边也包含了其中的典故人物。

　　历代批评家多诟病南宋词坛好幽微隐晦、多用僻典，谓自辛弃疾始。实则稼轩天分才情远胜于寻常雕章琢句之后学者，虽用典极多而能以气贯穿，流转不滞。这亦是由于其平生遭际太过不凡，英雄失路，万感悲凉，于欲显欲隐中仍能见出沉郁顿挫之迹。正是由于这样，他的词作即使通篇用典，也透出劲直之气。这是后来的陈亮、刘过、韩元吉等人所不能比拟的。王国维《人间词话》中于南宋词坛独尚稼轩，以为能达"不隔"之境，殆非无因，也以此做到了于"剪红刻翠之外，屹然别立一宗，迄今不废"。②

① 李定广、陈学祖：《唐宋词雅化问题之重新探讨》，《湖北大学学报》，1998 年第 3 期。
② 《钦定四库全书总目》卷一九八，中华书局，1997 年。

51

宋词中的『桥』意象

王慧刚　河南师范大学

桥,作为中国文化中的一道美丽风景,有着悠久的历史和多样的形式,从它被创造的那一刻起,就不可避免地带有了人类情感的痕迹,也与文学结下了不解的渊源。《诗经》中就有记载:"造舟为梁,丕显其光。"(《诗·大雅·大明》)文王造舟为桥,以断渭水,周人称颂其英明。到了宋代,在被称为"一代之文学"的宋词中,更是有众多"桥"意象的描绘。

一、桥之万象

通过检索《全宋词》,关于"桥"的描写有1 300余处。从建筑材料来看,有石桥,"行到石桥闻细雨,听还住,风吹却过溪西去"(《渔家傲》);有木桥,"期思溪上日千回,樟木桥边酒数杯"(《瑞鹧鸪》);有竹桥,"自竹桥人去,青莲馥郁,柴门闭了,绿柳回环"(《沁园春》)。从桥的造型来看,有平桥,"平桥系马,画阁移舟,湖水倒空如镜"(《苏武慢》);有斜桥,"平湖烟远,斜桥雨暗,欲寄短书双燕"(《永遇乐》);有虹桥,"映虹桥倒影,兰舟飞棹,游人聚散,一片湖光里"(《早梅芳》)。

大致来讲,从数量上看,南方的桥要远远比北方多,如《苏州府志·桥梁》卷六:"吴郡号为泽国……故桥梁为多,唐白乐天诗云:'红栏三百九十桥',自宋以来,皆叠石礐礐,坚巧致密,始不用红栏矣……杨备亦云:'画桥四百',龚氏云:'三百六十',皆举其大概耳。"①杭州更多,城内不必说,仅看城外,《杭州府志·桥梁》卷四五记:"城外属仁和界者为桥凡四百四十……城外属钱塘界者为桥凡二百有七。"②唐宋词有鲜明的南方特色,杨海明先生认为"词中频繁出现'水'的意

① 卢熊:《苏州府志》,见《江苏省志》,成文出版社,1983年,第279页。
② 陈善等:《杭州府志》,见《浙江省志》,成文出版社,1983年,第2897页。

象群,说明了词的地域色彩是偏于'南方型'的"。① "桥"意象是与"水"意象紧密相关的一组意象群,因此,从某种意义上讲,桥意象也是唐宋词呈现南方特色的一个重要方面。

从风格上看,北方由于高山雄伟,平原辽阔,所建桥梁一般浑厚壮观、气魄宏大。南方则水网密布,河道纵横,所建桥梁一般轻盈灵巧、形态优美。如果看过《清明上河图》,仍然可以清晰地看到当时东京开封汴河上的虹桥。《东京梦华录·河道》卷一中记载:"自东水门外七里,至西水门外,河上有桥十三,从东水门外七里,曰虹桥,其桥无柱,皆以巨木虚架,饰以丹艧,宛如飞虹,其上、下土桥亦如之。"②书中引唐寰澄《中国古代桥梁叠梁拱》解释说:"水面通航和桥术的矛盾不论近代和古代都存在。近代桥梁跨度或达千米以上,桥墩仍须有防撞措施。况古代桥梁跨度在十米左右,船撞自所难免。唯有向大跨度发展,河中没有桥墩,方可免除撞船之患。因而有人建议造'无脚桥'。'无脚桥'即虹桥,因为没有桥柱,所以称为'无脚桥'"③。虹桥的设计显示了古代中国人民的高度智慧,大大方便了古代大型船只的通行,降低了船只相撞的几率,既有很高的实用价值,又因"宛如飞虹"的气势而具有很高的审美价值。江南水多河多,很多地方被称为"水乡",人家都依水筑屋、傍河而居,形成一条河两条街,河道拐弯街道也跟着拐弯的水乡格局,人家之间通过小桥连接,也就形成人们常说的"小桥、流水、人家"的江南水乡风貌和建筑格局。"小桥"同"流水"一样,共同构成了唐宋词独有的南方风情。"曲巷斜街信马,小桥流水谁家。"(《临江仙》)"映柳小桥,芳草闲庭,处处旧游如昨。"(《花心动》)"甚等闲、半委东风,半委小桥流水。"(《瑞鹤仙》)

若从桥有无装饰来看,则乡村郊野之桥大多朴素小巧,不求华丽。乡间小路,垂柳斜依,溪水小桥,相映成趣,词中云:"麦陇黄轻,桑畴绿暗,野桥新碧泱泱。"(《满庭芳》)"柳桥南畔。驻骢马、寻春几遍。"《薄幸》行走其间,自然有悠然不尽缠绵之意。欧阳修《踏莎行》开头云:"候馆梅残,溪桥柳细,草熏风暖摇征辔。"杨海明先生评曰:"起得何等的'心平气和'","最能体现欧词的那种极和婉、极细切的风格特色"。④ 相对而言,城市之桥则更注重造型及美观,大多有一定的装饰和雕琢,如"绿水红桥,琐窗朱户"(《七娘子》),"人在朱桥转曲西,

① 杨海明:《唐宋词纵横谈》,苏州大学出版社,1994年,第33页。
② 孟元老:《伊永文笺注》,见《东京梦华录笺注》,中华书局,2006年,第24页。
③ 同②,第30页。
④ 杨海明:《唐宋词史》,天津古籍出版社,1998年,第230页。

翠幕重重闭"(《卜算子》),"月桥花院,琐窗朱户。只有春知处"(《青玉案》)。这些桥梁的建造不仅满足了人们的生活需要,更为周围的城市环境增光添彩。人们可以从柳永《望海潮》中"烟柳画桥,风帘翠幕,参差十万人家"的描绘来想象当时杭州城的富庶繁华和秀美风景。在杭州西湖的苏堤六桥,更是桥桥如画,美不胜收。《武林旧事·湖山胜概》卷五记载:"第一桥,港通赤山教场南来,名'映波',第二桥,通赤山麦岭路,名'锁澜',第三桥,通花家山港,名'望山',第四桥,通茆家步港,名'压堤',北新路第三桥。第五桥,通曲院港,名'东浦',北新路第二桥。第六桥,通耿家港,名'跨虹',北新路第一桥。"①

作为人类创造的"第二自然",桥不断见证着人类的前进与发展,更在不同程度上反映着社会的风貌与特征,成为人类社会生活不可或缺的"点缀"。然而,不仅如此,在唐宋词中,"桥"意象有着更为深远的情感意蕴。

二、桥之风月

桥最主要的作用就在于沟通,这种沟通不仅仅限于人们的往来行走,更为人们情感或者说爱情的沟通提供了很大的方便。说起爱情与桥的"关系",人们首先就会想到一个词——"鹊桥"。这个人们早已熟知的牛郎、织女故事,也许没有人能搞清楚它到底起源于何时,但在文学作品中,最早的诗歌总集《诗经》中已经有其记载,《诗经·小雅·大东》说:"维天有汉,监亦有光。胶彼织女,终日七襄。虽则七襄,不成报章。皖彼牵牛,不以服箱。"此后,经过不断的发展,开始有了两人一年一度的"鹊桥相会"。唐韩鄂《岁华纪丽》引《风俗通》说:"织女七夕当渡河,使鹊为桥。"宋陈元靓《岁时广记》引《淮南子》说:"乌鹊填河成桥而渡织女。"

在宋词中,它甚至成为一个词牌名。秦观创作的一首《鹊桥仙》更成为千百年来有情儿女交口称颂的作品,试看:

纤云弄巧,飞星传恨,银汉迢迢暗渡。金风玉露一相逢,便胜却人间无数! 柔情似水,佳期如梦,忍顾鹊桥归路。两情若是久长时,又岂在朝朝暮暮。

这是把人间的爱情搬到了天上去写。在这里,既热情歌颂了专一、真挚的爱情,又为无数不能长相厮守在一起的多情儿女提供了无限的宽慰。

① 周密撰,李小龙、赵锐评注:《武林旧事》,中华书局,2007 年,第 137 页。

"鹊桥"这一虚构想象出来的媒介，成为人间牵线搭桥、促成爱情和美的重要代名词，更为中国文化创造了一个别具特色的"情人节"——七夕乞巧节。宋词中相关描写非常多："喜鹊桥成催凤驾。天为欢迟，乞与初凉夜"（《蝶恋花》）；"金风玉露。喜鹊桥成牛女渡。天宇沉沉。一夕佳期两意深"（《减字木兰花》）；"迢迢郎意，盈盈妾恨，今夕鹊桥欲度。世间儿女一何痴，斗乞巧、纷纷无数"（《鹊桥仙》）。

在宋词中和"鹊桥"意思大致相同的是"星桥"，"星桥鹊驾，经年才见，想离情、别恨难穷"（《行香子》），"怎知后约难再，牛女隔星桥"（《忆旧游》）。如果要说有所不同，那就是"星桥"在沟通的意味上减少了，更多代指相会之所，如"星桥畔、油壁车迎苏小"（《定情曲》），"灯火银花，何处是星桥"（《江城子》）。

不过，词人们更喜欢用"蓝桥"来代指男女相会的地方。"蓝桥何处觅云英。只有多情流水、伴人行。"（《南歌子》）"遥想蓝桥何日到，暗把心期自祷。"（《念奴娇》）"试觅云英。更就蓝桥借月明。"（《减字木兰花》）

《西安府志》卷一〇记载："蓝桥：在（蓝田）县东南五十里蓝溪水上……即裴航得玉杵臼娶云英，尾生期女子不至，抱柱而死处"[1]，尾生抱柱的故事见于《庄子·盗跖》："尾生与女子期于梁下，女子不来，水至不去，抱梁柱而死。"《史记·苏秦列传》也有相同记载，可见"蓝桥"很早就与爱情有所关联。但在此后，尾生抱柱这个悲剧爱情故事包括蓝桥并未在诗中得到更多的体现，至少在唐诗中出现的"蓝桥"意象基本与爱情无关，更多的只是一个地方代名词，如"云覆蓝桥雪满溪，须臾便与碧峰齐。风回面市连天合，冻压花枝著水低。"（元稹《西归绝句十二首》）"朝经韩公坡，夕次蓝桥水。浔阳近四千，始行七十里。"（白居易《初出蓝田路作》）宋词中"蓝桥"的用典更多取自唐代传奇《裴航》中男女主人公相会于蓝桥的故事。

宋代人编辑的《太平广记》，收录了唐代裴铏所作的小说《传奇·裴航》。大致情节是：唐朝长庆年间，裴航因下第，游于鄂渚，一次与樊夫人同船。樊夫人是位神仙，知道裴航与其妹妹云英有姻缘，因此赠诗一首："一饮琼浆百感生，玄霜捣尽见云英。蓝桥便是神仙窟，何必崎岖上玉京？"后来裴航在赴京路上经过蓝桥驿，忽然觉得口渴，就向路旁茅屋里纺麻的老妪求水喝。老妪呼女子云英捧一瓯水浆，裴航饮之，甘如玉液。裴航想起樊夫人的诗，又见云英姿容绝世，十分喜欢，很想娶她为妻，老妪说："昨有神仙遗灵丹一刀圭，但须玉杵臼捣之百日，方

---

① 严长明纂，舒其绅修：《乾隆西安府志》，见《中国地方志集成：陕西府县志辑》，凤凰出版社，2007年，第128页。

可就吞。当得后天而老,君约娶此女者,得玉杵臼,吾当与之也。"①后裴航费尽周折终于找到玉杵臼,娶得云英。婚后夫妻双双入玉峰,成仙而去。

桥畔虽然是个理想的相会之地,但相会之后随之而来的便是分别,而且分别往往比相聚更为轻易,"去年恰好双星节。鹊桥未渡人离别"(《菩萨蛮》),"飞散后、风流人阻,蓝桥约、怅恨路隔"(《浪淘沙》)。所以曾经的相会更让无数的痴情儿女惦念留恋,并进而发出凄怨之语,"惆怅玉杵无凭,蓝桥人去,空锁神仙宅"(《念奴娇》)。也许"断桥"更容易让人想到割断分离,想到肝肠寸断,所以它往往成为分别后表现哀怨之情最好的景物衬托,"与君别。相思一夜梅花发。梅花发。凄凉南浦,断桥斜月"(《忆秦娥》),"长记断桥外。骤玉骢过处,千娇凝睇"(《惜秋华》)。《武林旧事》载:"断桥"一名段家桥。《西湖游览志》则说,断桥本宝祐桥,自唐时呼为断桥。

三、桥之沧桑

中国古代的造桥技术达到了很高的程度,如果不是人为的或动乱的破损,桥可以经千年而不坏。比如现存最古的石桥——河北省赵州城南的安济桥,即赵州桥,它初建于隋代,至今已有 1 500 年。在漫长的岁月中,桥见证了无数人们的悲欢离合,见证了社会历史的发展变迁以及朝代的兴废更替。作为一个本身无情的建筑物,由于人为的关注,也开始具有了深远的历史情感。

元代散曲家刘庭信曾叹:"人生最苦是别离"(《折桂令·忆别》),《楚辞·九歌·少司命》也说:"悲莫悲兮生别离","别离"可以说是一个自古而今的传统话题。在交通、通讯不发达的时代,别离往往意味着很难再见面。《古诗为焦仲卿妻作》:"生人作死别,会面安可知。"从唐朝时,在京城郊外灞桥上设立驿站,凡送别亲人与好友东去,多在这里分手,灞桥也因此开始成为一个伤别之所的代名词。《西安府志》卷一〇中记载:"灞桥:在县(咸宁县)东北二十里跨灞水上。《水经注》:'灞水有桥谓之灞桥。'……《黄图》:'灞桥跨水作桥,都人送客至此,折柳赠别。'……《开元遗事》:'灞桥来迎去送,至此黯然,故人呼销魂桥。'……《贾志》:'筑堤五里,栽柳万株。'"②

在宋词的作品中,词人们延续了"灞桥送别"这一带有悲凉色彩的意象,"落

① 李昉:《太平广记》,见《笔记小说大观二十七编》,新兴书局,1979 年,第 328 页。

② 严长明纂,舒其绅修:《乾隆西安府志》,见《中国地方志集成:陕西府县志辑》,凤凰出版社,2007 年,第 122 页。

杨海明先生七十华诞纪念集

364

花飞絮濛濛,长忆著、灞桥别后"(《上林春令》),"依依灞桥怨别。正千丝万绪,难禁愁绝。"(《解连环》)灞桥的杨柳也得以用来衬托离别之情,"灞桥杨柳年年恨,鸳浦芙蓉叶叶愁"(《鹧鸪天》),"东风里,有灞桥烟柳,知我归心"(《沁园春》)。柳在古代往往谐音为"留",寄托了人们对亲朋好友的留恋不舍之意,也因此有了折柳送别的习俗,周邦彦《兰陵王·柳》中有句云:"长亭路,年去岁来,应折柔条过千尺。"

在经历战争动乱或朝代更替之时,桥往往会遭到破坏,灞桥就曾几经兴废,"宋时桥圮,韩缜修,元季复修,明成化六年布政使余子俊增修,今桥已断,遗址仅存"。① 带有浓厚历史痕迹的桥梁,在文人的眼中成了反映古今兴衰荣辱、历史沧桑巨变的最好物证。可举姜夔的《扬州慢》:

> 淮左名都,竹西佳处,解鞍少驻初程。过春风十里,尽荠麦青青。
> 自胡马窥江去后,废池乔木,犹厌言兵。渐黄昏,清角吹寒,都在空城。
> 杜郎俊赏。算而今、重到须惊。纵豆蔻词工,青楼梦好,难赋深情。
> 二十四桥仍在,波心荡,冷月无声。念桥边红药,年年知为谁生?

扬州自古为繁华之地,历来文人有所称颂,张祜《纵游淮南》:"十里长街市井连,月明桥上有神仙。人生只合扬州死,禅智山光好墓田。"杜牧《赠别》:"娉娉袅袅十三余,豆蔻梢头二月初。春风十里扬州路,卷上珠帘总不如。"

而二十四桥则是扬州繁华的一个缩影,杜牧诗《寄扬州韩绰判官》云:"青山隐隐水迢迢,秋尽江南草未凋。二十四桥明月夜,玉人何处教吹箫。"《重修扬州府志·津梁》卷一七):"二十四桥:沈括《补笔谈》云:'扬州在唐时最为富盛,旧城南北十五里,一百一十步,东西七里,三十步,可记者有二十四桥'……又传炀帝于月夜同宫女二十四人吹箫桥上,因名,则所谓二十四桥者止一桥矣。"②

北宋之时对于二十四桥的描写,还延续唐人诗意中的繁华,"二十四桥千步柳,春风十里上珠帘"(《维扬好》),"二十四桥游冶处,留连。携手娇饶步步莲"(《南乡子》)。但经过靖康之变、高宗南渡之后,金人的南侵对扬州城造成很大的破坏,昔日的扬州城在词人姜夔眼中是:"入其城,则四顾萧条,寒水自碧,暮色渐起,戍角悲吟。"(《扬州慢序》)"旧时美丽的二十四桥,也只是"波心荡,冷

① 严长明纂,舒其绅修:《乾隆西安府志》,见《中国地方志集成:陕西府县志辑》,凤凰出版社,2007 年,第 123 页。
② 阿克当阿修:《重修扬州府志》,见《中国地方志集成:江苏府县志辑》,凤凰出版社,2008 年,第 292 页。

月无声"。在这里,桥景的描绘融入了浓重的历史沧桑之感。刘永济《唐五代两宋词简析》评此词:"此尧章过扬州感怀之词也……'二十四桥'遗迹虽存,而波心冷月,景象凄凉;吹箫玉人固已不见,而'桥边红药',年年犹生。曰'知为谁生'者,伤'俊赏'无人也。言外更有举国无人、危亡可惧之意,不但感受一地之盛衰也。"①可谓卓论。他人词中也有类似描述:"天涯柳色青青恨,不入东风眼。惆怅二十四桥,任落絮、飞花乱点"(《玲珑四犯》),"十年二十四桥春,转头明月箫声冷"(《踏莎行》)。

瑞士思想家艾米尔曾指出:"一片自然风景就是一个心灵的境界。"②当自然或者某种自然物进入人类的视野并进而成为文学意象的时候,它同时也就承载了人类的某种情感和心理,桥也一样。

---

① 刘永济:《唐五代两宋词简析》,中华书局,2007 年,第 72 页。
② 宗白华:《美学散步》,上海人民出版社,1981 年,第 59 页。

52

词，又称为"曲子词"，是随着隋唐燕乐的兴盛而兴起的一种音乐文艺。隋唐之际，西域燕乐传入中原并普遍流行于民间，杂曲歌词，乘时竞作，词作为一种文学新样式出现并开始繁衍。关于最早的词学作品，我们目前所能见到的无疑是敦煌曲子词。《全唐五代词》正编卷四收录了199首敦煌曲子词，其中《云谣集杂曲子》30首，散见于各卷的有169首。这近200篇曲子词，题材丰富，风格质朴，为我们展现了一幅广阔的唐五代生活风貌图。举凡时政大事、生活疾苦、战争动乱、生活窘迫，甚至日常生活都有所反映和描绘。从风烟浩渺的边塞到华丽的宫城，从碧波荡漾的五湖到辽阔的草原，从荒凉的长城到商贾泱泱的码头，这些曲子词意境跨度可谓宽广辽阔。正如王重民所说："今兹所获，有边客游子之呻吟，忠臣义士之壮语，隐君子之怡情悦志，少年学子之热望与失望，以及佛子之赞烦，医生之歌诀，莫不入调。其言闺情与花柳者，尚不及半，然其善者足以抗衡飞卿，比肩端己。"（《敦煌曲子词集叙录》）可见，这些最初的曲子词作记录社会时事，题材广阔，内容丰富，抒写悲欢哀乐，展现了丰富多姿的世俗生活，具有浓郁的生活气息，充分显示了"感于哀乐，缘事而发"的文学功能意识。

然而随着时代的推移，词的发展却越来越显现出娱乐性的特点，在题材方面，男欢女爱的艳情词、酒席宴会上的宴饮词、文人闲适雅情的休闲词等几类带有强烈娱乐味道的词作几乎垄断了整个词学创作，并且词作风格一扫敦煌曲子词的质朴清新，而逐步透显出香艳绮丽、水烟朦胧的南国风味和奢华绮靡的城市色彩；同时词的创作环境也转而集中于"朋僚亲旧，或当燕集，多运藻思，为乐府新词，俾歌者倚丝竹而歌之"①的休闲享乐氛围；作词的动机也由原来的"感于哀乐"变而为或清幽高雅的"水榭高歌，松轩静唱，盘泊之意，飘渺

---

① 王小盾：《酒令艺术》，知识出版社，1995年，第25页。

之情"。① 舆论方面,《花间集序》公然提出"绮筵公子,绣幌佳人,递叶叶之花笺,文抽丽锦;举纤纤之玉指,拍按香檀,不无清绝之词,用助妖娆之态"的娱乐基调。随后的词人也继续高扬这一娱乐旗帜,如欧阳修《西湖念语》谓"因翻旧阕之词,写以新声之调,敢陈薄伎,聊佐清欢";许巨楫在《樵歌跋》中也称"自来乐府多绮靡,鲜有作世外人语者"②(《竹坡老人词序》),总结到"致其嬉笑之余,溢为乐章,则清丽婉曲"。③《唐宋词集序跋汇编》中,且不管明清以后词论家的观点,单单截取所有晚唐五代和宋代人评价本朝词学论作的观点,就可以明显看出词坛娱乐为主的氛围。从以上分析可以看出,词在产生之初并非就是一种"声出莺吭燕舌间"的文学样式,其文学功能在最初也和诗一样可以"兴观群怨",而并非仅仅突出其"遣兴娱宾"的娱乐功能。那么何以在词的发展历程中,娱乐功能被独独推崇至而主导几乎整个词坛创作呢? 这一现象绝非简单的文学样式使然,因为任何一个文学样式在产生之初就像一颗种子埋进土壤,至于能结出什么样的果实,起影响作用的还在于萌芽的土壤和成长之时的环境。

一、晚唐五代天生风流之出生环境

(一) 娱乐随性的基因——倚声于燕乐

吴熊和先生在其著作《唐宋词通论》中谈到"词,是燕乐发展的副产品"。④词全称"曲子词",其倚声而作的特点就决定了燕乐对词这一文学样式的产生起着重要作用。中国音乐,在隋唐时期为一大变化。曲子词所依之声——燕乐其法原出龟兹国,周武帝时传入中国,至隋唐间大盛,渐渐在民间繁盛,开元之时"歌者杂用胡夷里巷之曲"已经达到 300 余曲之多(崔令钦《教坊记》)。燕乐流行既久,渐渐侵蚀中原风气,最初是民间纷纷"因旧曲创新声",最终燕乐慢慢取代"前世新声"的清商乐,成为风靡一时的流行俗乐。中国文学史上音乐和文学的结合有三次,第一次是先秦时期诗与音乐的第一次合作,产生了《诗经》和《楚辞》等伟大的作品;汉魏六朝时期,音乐和诗第二次合作,产生了乐府诗,推动了以后五言诗和七言诗的出现。回溯这两次诗乐合璧,所产生作品的主流功能依

---

① 王小盾:《酒令艺术》,知识出版社,1995 年,第 12 页。
② 同①,第 63 页。
③ 同①,第 106 页。
④ 吴熊和:《唐宋词通论》,浙江古籍出版社,1989 年,第 5 页。

然是传统"缘事而发"的记叙和抒情功能,情感的焦点依然关注于社会生活,写作时的态度依然是或严肃认真或饱含真情,这样的创作氛围和基调一直持续到诗乐的分离。那么为什么在诗乐的第三次合作时,其产品会突出强调文学的娱乐功能?最表层的原因无疑要从音乐的性质上找区别。前两次的音乐分别是中国的传统古乐——雅乐和清商乐,这两类古乐和平中正,符合儒家典雅敦厚的道德观念,因而诗乐合作之产品也必然会沿着儒家的主张而发展。而燕乐则是对前两种古乐的一大变革,乐器繁多,以琵琶为主,富有极强的新鲜感和感染力,强烈地刺激着当时被中正之音熏染的中原人的感官。广义的燕乐即燕享之乐,多在酒宴歌席上佑歌妓舞女弹奏演唱,其生存氛围是休闲享受的娱乐环境。其次,在音调方面,"凡所谓俗乐者二十有八调,皆从浊至清,迭更其声,下则益浊,上则益清,慢者过节,急者流荡"(《旧唐书·礼乐志》),如此尽情极致、婉转淋漓的尖新旋律,在抒发人类悲欢爱恨的心理感受时,无疑最能发挥到酣畅淋漓的程度,由此受到社会各阶层的欢迎。燕乐作为俗乐,其酒宴歌席的存在环境和抒情的尽致,直接导致倚燕乐而作的曲子词开始感染上俗世的纷扰,沾染上享乐的烟气,开始打破先前的诗文典雅中正的传统范畴,这就为曲子词最终偏向娱乐植入了基因。

(二)奢华绮靡的温室——繁盛于宴席

词倚燕乐而作,只是为词作娱乐功能的产生提供了一个直接的可能性,对词娱乐功能的发展尚不能起决定作用,而事实上我们上文所列敦煌曲子词中大部分还是秉承了传统"缘事而发"的文学功能。那么最初,在词破土之后的成长阶段,真正对词今后功能向娱乐化集中起作用的还在于晚唐五代词作产生的氛围。

词最初产生于民间,随着这一新的文学样式不断普及,文人逐渐涉猎于词的创作,到晚唐五代时期,流传下来的作品几乎全部是文人的词作,民间词所见甚少。这一时间的作品,以《花间集》和《阳春集》为主要代表。《花间集序》直接明言"绮筵公子,绣幌佳人,递叶叶之花笺,文抽丽锦;举纤纤之玉指,拍按香檀,不无清绝之词,用助妖娆之态",指出词作为歌儿舞女富贵生活中休闲娱乐而作的意趣。《花间集》所收词作者18人,其中除张泌身份不详,或疑为南唐词人之外,温庭筠虽仕途坎坷,但在当时影响力很大,仕途不顺也是受宫廷斗争的影响,结交也多为权贵,如当时相国令狐绹等;其余作家中皇甫松为晚唐时工部侍郎皇甫湜之子,宰相牛僧孺之外甥,可谓相门子弟;和凝是北汉宰相,以制曲著名,当时称为"曲子相公";余下的从韦庄到李珣14人,都是蜀中文人,为王氏或孟氏的文学侍从之臣。从这些作者的身份可以看出,《花间词》的作者多过着养尊处优的生活,而他们的主要活动环境也是奢华富贵的宫廷大院,其词作也明显是在宴席之上供歌妓歌唱伴酒之作。同样,《阳春集》的作者冯延巳作为晚唐宰相,其词作环境在陈世修《百家词·阳春词序》中有提及:"公以金陵盛时,内外无事,朋僚亲旧,或当燕集,多运藻思,为乐府新词,俾歌者倚丝竹而歌之,所以娱宾而遣兴也。"①《花间集》和《阳春集》集中而典型地反映了我国早期文人词创作的主体取向、审美情趣、体貌风格和艺术成就,真实地体现了早期词由民间状态向文人创作转换、发展过程的全貌,规范了"词"的文学体裁和美学特征。由此可见,词在经过最初的民间发展之后,经过文人之手进入宫廷,开始了在宴席之上娱宾遣兴的助乐。奢华的宫廷酒宴无疑是促使词之娱乐功能急速形成和发展的温床。在榜样的带动下,词之强烈的娱乐功能开始奠定基调。

二、北宋浅斟低唱之成长环境

艺术的消闲、娱乐活动的格调,在不小的程度上会受到具体的文化历史环境的制约。这是因为,任何艺术接受活动总要在一定时空条件下进行,离不开相关的文化背景和文化传统,而社会风气,特别是审美风尚的影响则尤其大。这种背景既影响同时代的艺术家,也影响同时代的艺术接受者。

词,兴于隋唐而盛于两宋。经过晚唐五代宫廷宴席之上纸醉金迷生活氛围的熏染,到宋代初期,在文人观念中词已经成为"抑扬于尊粗之间,以寻平日美况"的娱乐工具。尽管宋初各词人没有生活在奢华的宫廷之中,甚至有一些生活潦倒,然而在词人的词集序跋中,我们却可以看到所有的词人都怀着一种娱乐的态度去作词。潘阆《逍遥词》清新飘逸,其《逍遥词附记》中却认为诗家之流"当其用意欲深,放情须远,变风雅之道,岂可容易而闻之哉"——作诗要有寄寓,要受到传统风雅精神的约束,实在不容易,于是词人弃诗而作词,将"盘泊之意,飘渺之情"尽借词这一轻松的文体而抒发出来。晏几道《小山词自序》讲到自己"浮沉酒中,病世之歌词,不足以析醒解愠,试续南部诸贤续余,作五七字语,期以自娱,不独叙其所怀,兼写一时杯酒间闻见,所同游者意中事"②,明明白白地指出自己作小山词仅仅就是为了自娱,写的也是宴席杯酒之间的见闻。同样,黄庭坚在《小山词序》中,也坦言自己"余少时间作乐府,以使酒玩世"。③ 其

① 王小盾:《酒令艺术》,知识出版社,1995年,第8页。
② 同①,第25页。
③ 同①,第25页。

中,词已经脱掉儒家传统文学观念的盔甲,可以随性轻松地写我之乐,这一自由无疑使词的娱乐功能更加迅速发展壮大。词的娱乐功能在北宋被更加渲染和推崇,有其深厚的社会文化意蕴。

(一)娱乐环境——全社会娱乐意识的觉醒

宋朝是中国历史上经济较为繁荣、文化比较昌盛、人民生活水平相对富裕的朝代。北宋的统一消除了封建割据造成的分裂和隔阂,在一段时期内社会保持着相对安定的局面,商业手工业迅速发展,城市布局打破了坊和市的严格界限,出现了空前未有的繁荣。南宋虽然偏安江南,但由于物产丰盛的江、浙、湖、广地区都在其境内,大量南迁的北方人和南方人一起共同开发江南,经济、文化都得到了继续发展并超过了北方。宋朝作为中国古代唯一长期不实行"抑商"政策的王朝,自开创以来,即治坑矿、组织茶盐开发。大量从土地中解放出来的农民投入商业手工业中,民间经济受到刺激,突飞猛进,形造了空前的财富与繁荣。发展的城市经济为全社会娱乐氛围的出现提供了可观的经济基础。社会舆论方面,宋朝立国之初,宋太祖赵匡胤就号召臣子"多积金、市田宅以遗子孙,歌儿舞女以终天年",宋太宗也曾下诏"令两制议政丰之术以闻",令官员们研究理财求富之道。下层百姓方面,宋代农业和手工业的发达促使商品流通空前活跃,出现了许多大都市。宋代开始大规模的城市化。随着城市经济的繁荣,大量人口流入城市,使市民阶层逐渐扩大,并形成了社会的中坚力量。宋朝是中国社会市民阶层正式产生的年代,大批的手工业者、商人、小业主构成了宋朝的市民阶层。新兴市民阶层的诞生,富庶安逸的生活使宋人消费意识浓烈,城市文化生活空前活跃,市民文化的产生具有了群众基础。市民富裕闲暇的生活及审美趣味和生活情趣促成了宋朝的文化高度繁荣,人们对俗文学的需求明显增长,为市民文学的发展与繁荣提供了物质条件和群众基础。市民文化偏重于现实生活的快乐、闲适与刺激。在市民文化中,艺术与生活之间没有超然的审美距离,艺术即为生活。市民文化就是艺术地表现了市民主体的现实欲望和态度。"百姓日用即道"、"身为本,心欲乐"的市民欲望和个性解放要求被大大突出出来。

社会上层建筑决定意识形态,产生于唐五代时期的文人雅词扎根于转变的社会环境中,其社会功用和服务对象也逐渐转变与扩大。文人雅词开始走出狭隘的花间闺房,繁荣于民间,由贵族化逐渐趋于平民化。接受群体的改变促使词的形式也产生了变化,为适合市民阶层的品位,词慢慢深入民间生活和社会的各个角落,其俗文学的性质得到了更加明显的彰显,娱乐性越来越得到增强。市民文化的三大特点——娱乐性、享受性和对爱情的追求在词中得以淋漓尽致地表现出来。上层社会的政策导向适逢宋代商业大潮的勃兴和市民文化的兴起,整个社会陡然掀起了一股势不可当的"娱乐大潮"。浸淫在这股"娱乐大潮"里的北宋市民,喜欢随性自由的词这一文体,并根据自己的需要把词轻松娱乐的功能发挥到极致。最能体现宋代社会娱乐精神的无疑是宋代的冶游之风和歌妓制度,而这两种娱乐很多时候彼此结合,或宴集场合招官妓侑酒唱词以佐欢,或携妓游春游景,或直接去烟花柳巷"偎红倚翠",或蓄养家妓以供享乐,每一种都是锦上添花式的热闹欢乐。湖光山色浸润下的闲雅悠情,歌酒宴席上觥筹交错、莺歌燕舞的欢乐,这么美好的时刻赋几首新词,丝竹娇唱才能发心中之情,才能宾主尽欢。对宋代娱乐氛围进行分析可以看出,宋代繁荣的经济促使了市民文化的产生。市民文化对享乐自由的追求直接导致了歌妓制度极度繁荣。一个载歌载舞、有声有色的歌舞升平世界给宋词的娱乐功能创造了一个完美施展的舞台。

(二) 娱乐的主体——追逐享乐的文人

在宋代自上而下的娱乐浪潮中,处在风口浪尖的无疑是生活优越而休闲自适的文人。宋代的一项基本国策是崇文抑武,优待文士,实行"与士大夫同治天下"的文官制度,文人士大夫受到广泛的重用。他们不仅官职高,而且俸禄丰厚,有条件去狎妓去冶游去享受高质量的生活,再加上最高统治者对"歌儿舞女"式享乐别有用心的提倡,更加重了士大夫纵情享乐的意识。士大夫的纵情享乐大致可分为以下几类,即前面说的冶游、狎妓以及宴饮。宋代大多数词人都有关于此类的记载。且不说广为传播的晏殊喜宴客赋词并让家妓立时唱词的例子和众所周知的张镃的奢华家宴,但举张孝祥一例。张孝祥以其词的爱国慷慨之气而名,其词被赞道"似不是人间烟火之语",就是这样一个一身正气超脱的词人,仍然会不免俗。"张于湖(孝祥)知京口,王宣子代之。多景楼落成,请张为书楼匾。公库送润笔银二百两,张却之,但需红罗百匹。于是大宴合乐,酒酣,张援笔辄赋新词,命君妓合唱,悉以红罗百匹犒之。"(周密《癸辛杂识》)士大夫毕竟是受到知识熏染的文人,他们的娱乐不会满足于小市民浅俗的感官追求,他们要求高雅,要求生活和艺术的结合。在宋人的意识里,传统的诗文是言志载道的工具,而词则是用以言情娱乐的,是花间尊前聊佐清欢的工具。此外,词是要二八少女伴着丝竹管弦,清歌而唱,美酒美景,悦耳的词月,动人的歌妓,这样醉生梦死的生活怎不快哉? 顺理成章地,主客观条件都具备的词体,在宋代文人的支持和大力提倡下成为佐欢的工具。王小盾在《唐代酒令艺术》一书中这样描述唐代的词人:"唐代词人并不只是案头吟咏的人,而在更大程度上,是游戏的人、娱乐的人、交际的人,纵歌狂舞于'尊前'、'花间'的人。"①宋代词人比起唐代词人,对享乐的追逐和喜好有过之而无不及。词在娱乐的环境中而作,同时词也为原来纯粹的娱乐增添了一股风雅之情。在唐宋,歌舞佐酒与填词听歌,是司空见惯的社会文化现象。歌妓献艺和词人应歌填词同样是为娱宾遣兴,获取快乐的享受,这两者相辅相成,互相驱动。在这些有金钱有闲致有才情的文人士大夫引导下,词的娱乐功能在浅斟低唱的宴席歌会,在一个个狂欢的节日里,丰富和精致了宋代的生活。

同时,我们还应注意到一个现象,即在社会生活的层面,士大夫文人追逐享乐,这还只是词的娱乐功能增强的外界客观原因。我们考察词在北宋时期自身的发展,可以发现文人在写词时有意识地强调词的娱乐功能的倾向,这主要表现在词的文人化进程中。欧阳修作十二月词,纯为娱乐;向伯恭用满庭芳曲赋木樨,约陈去非、朱希真、苏养直同赋,也是通过作词来增加一份闲雅快乐。苏轼《满庭芳·三十三年》"游南山话旧而作",范开在《稼轩词序》中提到苏东坡对词的态度:"且以为得于谈笑之间而非勉强之所为"——可见苏轼提倡作词要快乐随性,他自己也一贯奉行这一原则,"苟不得之于嬉笑,则得之于行乐;不得之于行乐,则得之于醉墨淋漓之际",从中可以看出苏轼词学创作的环境都是娱乐而轻松的,作词对他本身就是一种消闲,而他的很多词也的确是为了娱己娱人,付之一笑。惠洪《冷斋夜话》记载,东坡守钱塘无日不在西湖。尝携妓谒大通禅师,大通愠形于色。东坡作长短句《南柯子》,令妓歌之:"师唱谁家曲,宗风嗣阿谁。借君拍板与门槌。我也逢场作戏、莫相疑。溪女方偷眼,山僧莫眨眉。却愁弥勒下生迟。不见老婆三五、少年时。"②词是可以娱乐的,是不必板着面孔一本正经的。即使是到了偏安的南宋朝廷,家国危急时刻,"数南渡之才人,无非妍手;吟西湖之丽景,尽是嵩家。薄醉尊前,按红牙之小拍;清歌扇底,度白雪之新声"(柯昱《绝妙好词原序》)。可见,在宋代士大夫的观念中,词一方面可以和诗文一样抒写内心情感,更重要的是词可以作为日常生活中聊佐清欢的工具。词人在作词时一改在诗文中对家国时政的关注,转而将创作的题材集中于艳情、宴情和性情,大量男女爱情词、宴饮词、祝寿词、应制词和自嘲词以及南宋后期戏谑词的创作,都可以看出词人故意让词去承担娱乐这一任务。

① 王小盾:《酒令艺术》,知识出版社,1995 年,第 5 页。
② 卢熊:《苏州府志》,见《江苏省志》,成文出版社,1983 年,第 160 页。

三、突破传统的接受环境

（一）呼唤娱乐之社会环境

一种新的事物在刚刚兴起的时候，接受群体的反应和观念以及接受环境会对其发展方向造成很大影响。诗歌，自最初的《诗经》以来，就严格秉承儒家"兴观群怨"的评判标准，"歌以载道"抒发的是严肃中正的家国时政之感，即使是写爱情的游子思妇之情，也是真情勃发。诗歌这一严正的地位已经稳固，人们不可能打破惯有的模式，用诗文来表达轻松自由的思想和感情。

生活在晚唐五代乱世的人们需要发泄出自己内心对快乐的渴望，以及对这一混乱时局失望乃至绝望后的自我安慰。生活看起来已经没有前途，不如趁着尚存的人生好好享受一番，诗不可能承担这一任务，而词伴着轻歌曼舞、丝竹管弦，恰恰满足了人们安慰自己的需要。我们分析《阳春集》与《花间集》，可以看出此时的词所传达出来的娱乐之情更类似于最后的狂欢，太过奢靡的辞藻和场景只能更加凸显娱乐背后遮不住的哀愁，前者因为时局危机尚早，娱乐背后的哀愁尚是风轻云淡，捉摸不定；而《花间集》中已呈现末世醉生梦死的快乐，一种病态的娱乐。到北宋时代，宋王朝打破腐旧的统治势力，开创了新的统治局面，一切开始处于蓬勃发展的态势，此时的快乐是清风朗月和欢庆热闹的。人是有七情六欲的动物，处于太平盛世的人们在严肃的诗文之后，繁忙谨慎的公务之后，平淡琐碎的日常生活之余，需要去释放饱胀的激情，去寻找别样的刺激。他们这种积于心中亟待释放的感情，这些闲情余绪，诗歌长期以来形成的稳重面貌自然不适合表达。宋代人对人性自由的觉醒需要一种轻松自由的文体去表现，词在五代已基本定位的随性恣肆的特点恰到好处地满足了这种需要。由此也可以看出，词这一轻松文体的出现及其娱乐功能的凸显是社会风尚的需要，是文学自身发展必将出现的结果。

（二）诗贵词卑之舆论环境

同样，对于一个新兴文体，接受群体对于原有旧事物的先入为主的感情，以及对尚且处于萌芽状态的新事物能力的怀疑和期待有时会很大程度地左右新事物的发展。具体到词这一新的文学样式，在其萌芽之时，其前身诗歌无疑经过了几千年的发展沉淀，在中国文学史上已经牢固地站稳了脚跟。而词，虽然是作为诗的变体出现，但倚声填词、丝竹而歌的新范式打破了传统士大夫文人心中对于雅正文学的固有认证,所以宋代的文人普遍有诗贵词卑的轻词意识。苏轼《题张子野诗集后》曰:"子野诗笔老妙。歌词乃其余技耳。"这一看法在南宋更为普遍。王灼《碧鸡漫志》卷二谓:"东坡先生以文章余事作诗,溢而作词曲。"关注《石林词跋》亦云:"右承叶公以经术文章为世宗儒,翰墨之徐,作为歌词。"罗泌《六一词跋》谓欧阳修:"吟咏之徐,溢为歌词,有《平山集》盛传于世。"赵与时《白石道人歌曲跋》:"歌曲特文人徐事耳。"

在传统的儒家思想里,人们在衡量不同的情感时轻重也应有别。儒家一贯尊崇家国思想,宣扬"尊天理,灭人欲",尽管宋代对人性已开始自觉,宋代商业社会促使人们追逐享乐,然而在士大夫最初的心理天平上,这些言情、宴情以及本身偶尔的闲情雅致作为私欲是无法和家国时局相提并论的,这些私欲不便于用雅正的诗歌去表达,而只能通过词这一比诗"卑下"的新文体去宣泄。私欲相对于国家感情是渺小的,倚声而歌的词相对于拍案而作的诗是渺小的,那么用词去书写私欲无疑是最恰当的结合。因此,儒家传统的文学观念导致诗贵词卑的舆论环境,这一舆论环境恰恰成为词充分展示其娱乐功能的契机。在词中,士大夫可以卸下严肃的面具,尽情释放自己的私欲,最初的文人尚处于羞羞答答遮掩的局面,如宋人魏泰《东轩笔录》卷五曰:"王荆公初为参知政事,闲日因阅读晏元献公小词而笑曰:'为宰相而作小词,可乎?'平甫曰:'彼亦偶然自喜而为尔,顾其事业岂只如是耶?'"在王安石看来,晏殊身为台阁重臣,是不应该作小词的;平甫骨子里也是轻词的,故其为晏殊辩解也只是着眼于"偶然自喜而为尔,顾其事业岂只如是耶"。陆游《长短句序》:"予少时汩于世俗,然渔歌菱唱犹不能止,作终不可掩,颇有所为,晚而悔之。"①我们从"汩于世俗"几个字即可以看出当时的风尚所在。随着词的发展和宋人享乐意识的加强,文人们开始光明正大地在宴席上听歌赋词,随地写词,并把此作为展示自己才艺的一个机会或者作为游戏调笑。在文人中盛行的席间唱和之风就是很好的例子,喝酒人就眼前情事景物敷衍渲染,多半即景兴感,以咏歌舞声伎为多,调笑取乐,惰酒佐欢。这样的例子在《全宋词》中俯拾皆是。此类唱和应酬,虽然难见作者性灵,但能造成一种热闹的创作氛围。且追韵奉和,还有竞技性质,是对参与者才思、学问、辞彩和敏顿应对、迟速反应等能力的检阅。参与者在这种游戏快乐中既培养锻炼了文学创作的敏捷才思,又展示了个体才华,深受士大夫文人喜爱。

---

① 金启华等:《唐宋词集序跋汇编》,江苏教育出版社,1990 年,第 5 页。

结　语

　　沈松勤先生在其著作《唐宋词社会文化学研究》中提到："由与雅乐相对立的燕乐的盛行、歌妓的歌舞侑酒、文人与歌妓的交往、日常的生活积习等多种因素综合而成的社会文化形态，是唐宋词赖以形成和繁荣的温床，由这一社会文化形态孕育而成的形而下的实用功能，则又是唐宋词体的生命力得以生生不息的源泉；至南宋后期，由于超越了这一温床，失去了这一源泉，词体逐渐走向封闭的象牙塔而趋于衰落。"①总之，词作为一种文学样式本身，在它产生之日起并没有被规定一定去承担或者凸显哪一个特定的文学功能。文学作为人类社会的反映，它的发展一方面有其自身基因的决定因素，同时也必然受到其产生环境的影响，在文学发展过程中，其所处社会状况、成长环境和群众的接受喜好决定了文学样式的格调和特点。由此，我们可以认定正是词倚燕乐而歌的基因和晚唐五代奢靡的社会环境以及北宋浅斟低唱的社会风尚造就了词对娱乐功能的特别推崇。靖康之难后，宋朝政局岌岌可危，统治阶级朝不保夕，家国重新成为社会风尚的主题，娱乐功能赖以生存的环境消失，主流旋律改造了词的原有面貌，辛弃疾等爱国词人也开始让词承担起书写家国豪情的重任。

---

　　① 吴熊和:《唐宋词通论》,浙江古籍出版社,1989 年,第 7 页。

53

两宋史家词浅论

白帅敏　苏州大学博士生

　　中国历朝历代对于修史都十分重视，宋朝也不例外，宋代官方史学发达，设立起居院、日历所、实录院、国史院、会要所、玉牒所等专门的修史机构，对当代及前代的历史进行编修，以借鉴经验教训，巩固统治。同时，私家著史也随风而起，反映了右文政策下士大夫文人强烈的忧患意识及社会责任感。这种风尚不仅促进了两宋史学的极大发展，而且对其词学创作也有不小影响。

一、两宋史家词人梳理

　　两宋史家词人乃是指具有史学家和词人双重身份的词作家，具体而言，即同时有史学著作及词作流传于世的词人。两宋时期史学与词学都很发达，史家、词家传于后世者，不知凡几。然而史家填词者却十分有限，经梳理，笔者得出两宋史家词人主要有29家，其史学著作及词作列表于下：

	序号	作者	历史著作	历史著作体例	词作（首）
北宋	1	王禹偁	《五代史阙文》	杂史	1
	2	杨亿	《历代铨政要略》	职官	1
	3	范仲淹	《范文正奏议》	诏令奏议	5
	4	石延年	《十六国考镜》	载记	2
	5	宋祁	《新唐书》	正史	7
	6	尹洙	《五代春秋》	编年类	1
	7	欧阳修	《新唐书》、《新五代史》	正史	241
	8	曾巩	《隆平集》	别史	1
	9	司马光	《资治通鉴》	正史	3
	10	苏辙	《古史》	别史	4
	11	范祖禹	《唐鉴》	史评	5

	序号	作者	历史著作	历史著作体例	词作(首)
南宋	12	李纲	《建炎时政记》、《李忠定奏议》	杂史、诏令奏议	54
	13	吕本中	《官箴》	职官	29
	14	陈东	《靖炎两朝见闻录》	杂史	4
	15	洪皓	《松漠记闻》	杂史	21
	16	曹勋	《北狩见闻录》	杂史	183
	17	韩元吉	《桐荫旧话》	杂史	82
	18	洪迈	《史记法语》、《钦宗实录》	史钞、正史	6
	19	陆游	《入蜀记》、《南唐书》	传记、载记	155
	20	周必大	《玉堂杂记》、《起居注稿》	杂史、正史	17
	21	范成大	《骖鸾录》、《吴船录》	传记	113
	22	朱熹	《名臣言行录前集》	传记	19
	23	赵汝愚	《诸臣奏议》	诏令奏议	1
	24	陈亮	《三国纪年》	史评	74
	25	岳珂	《桯史》	杂史	8
	26	叶隆礼	《契丹国志》	别史	1
	27	刘辰翁	《班马异同评》	史评	354
	28	周密	《武林旧事》、《齐东野语》、《癸辛杂识》、《乾淳起居注》	杂史、正史	153
	29	王涣	《两晋南北奇谈》	史钞	1

由上表可以看出,其一,两宋史家词人多数存词不多,这与其史家的身份及对词地位的认识有直接关系。历来"治史"被士大夫认为是非常荣耀的一件事,相比之下,"填词"尤其在北宋则被视为小道、末技,为当时士大夫所不齿。由此致使史学家,尤其是史学大家鲜有词作传世。如北宋《旧五代史》撰者薛居正,《资治通鉴》协修者刘攽、刘恕,南宋《续资治通鉴长编》及《建炎以来系年要录》的撰者李焘、李心传父子,《通志》的撰者郑樵等,皆未有词作传世。其他如《新唐书》协修者宋祁、《资治通鉴》撰者司马光等词作传世者也非常有限,分别为7首、3首。由此可见其对作词的忽视程度。

其二,存词比较多的史家词人多在南宋,而北宋仅欧阳修一人。说明由北宋到南宋,词的地位及士大夫对词的看法逐渐改观。特别是苏轼"以诗为词",用词来表现士大夫文人的情志心态,大大提高了词的表现力,为南宋词创作树立了新的典范。同时,北宋亡国,词长短不齐的句式、抑扬顿挫的节奏,以及与音乐完美结合的表现力,更利于表现士大夫的满腔悲愤与哀伤。而史家特有的忧患意识与忧国忧民的品质则进一步驱使他们选择词这种文体来表现自己的心境。

最后,考其史家身份,存词多的除欧阳修、陆游、周密外,其他史家多不从事大型史书的撰写,只是野史杂评式地各抒己见。这一方面说明南宋私史的发达,另一方面也反映出文学对于史学的影响,史学家开始运用大量文学手法,抒发对历史的看法见解,并寄寓不同情感。

二、两宋史家词的特征及形成原因

与同时代词人相比,史家词人由于其史家身份、史学涵养的影响及史家创作心态的潜在渗透,其创作呈现出一些新特征,具体如下:

首先,就其内容而言,史家词更多也更早地表现其忧患意识、疑古精神及时光流逝所带来的兴亡盛衰之感。如范仲淹在词中就较早地表现了这种忧患意识。范氏现存词仅5首,却首首经典,其渔家傲(塞下秋来风景异)中"长烟落日孤城闭"。"燕然未勒归无计"、"将军白发征夫泪",用词描绘边塞异景,表现保国建功的决心及戍边将士的苦难,是其"先天下之忧而忧,后天下之乐而乐"的忧患意识及强烈的社会责任感的表现。而这种意识"是同史学的本质与功能密切相关的。这是因为,史学家对历史的认识,往往是和对现实的认识联系起来的,故而从史学家对历史和现实的认识来看,常常反映出他们对于社会的前途、命运的忧患意识"。换言之,范仲淹在词中关注人民苦难的现实,有其史家意识的潜在作用。而其《剔银灯·与欧阳公席上分题》则是较早的咏史词作,用词这种文体表现其疑古精神:

> 昨夜因看蜀志。笑曹操、孙权、刘备。用尽机关,徒劳心力,只得三分天地。屈指细寻思,争如共、刘伶一醉。　　人世都无百岁。少痴騃、老成尪悴。只有中间,些子少年,忍把浮名牵系。一品与千金,问白发、如何回避。

"三分天下"何其大的功业,却以"只得"二字修饰,偌大的功业消解在"人世都无百岁"生命短暂的悲哀中,更消解在历史长河无情的流逝中,还不如"共刘伶一醉"。在这里,他颠覆了人们对于历史、功业的看法。词中人的狂态及疑古精神,也开一代之风,欧阳修的咏史《浪淘沙》(五岭麦秋浅)即是继此风后之又一表现,而这与其长期沐浴在历史长河中所形成的历史兴亡盛衰之感密切相关,与其史学修养及史学胆识密切相关。

这种忧患意识、兴亡之感在陆游、陈亮、范成大等词人身上也有表现,不过他们并不是描写战争的残酷,相反主要表现其北伐抗敌之心,老却英雄、功业无成之慨。如陆游的《望梅》:

> 寿非金石。恨天教老向,水程山驿。似梦里、来到南柯,这些子光阴,更堪轻掷。戍火边尘,又过了、一年春色。叹名姬骏马,尽付杜陵,苑路豪客。　　长绳漫劳系日。看人间俯仰,俱是陈迹。纵自倚、英气凌云,奈回尽鹏程,铩残鸾翮。终日凭高,诮不见、江东消息。算沙边、也有断鸿,倩谁问得。

此词作于乾道八年春夏间之南郑军幕,全词笼罩在一篇无奈哀伤之中。“戍火边尘,又过了、一年春色”,英雄已老,而战事不断,功业无成。然时光依旧无情流逝,转眼之间,人间万物,“俱是陈迹”。词人有飞鹏鸾凤之才,却只能铩羽而归,任时光消解掉一切繁华。其报国之心、兴亡之感一一寓于词中。在此,其史学涵养则更增加了词的抑扬顿挫之感,使其在深层的历史长河和无情的时光流逝中,慨叹其暮年英雄之悲。

另外再如遗民词人刘辰翁与周密,更多地表现了对于前朝繁华往事的怀念与对前宋“典雅”艺术的坚持,这也是其作为遗民词人的特殊心态。刘辰翁的春词、节令词都彰显出一种“繁花不再”、“节如无节”的今昔兴亡之叹,这恰恰与周密的历史著作如《武林旧事》侧重追忆前朝繁华景象的心态是相通的。

其次,就其艺术风格而言,与同时期词作相比,史家词境界更加开阔,风格更为豪迈。如欧阳修词作:

> 十年前是尊前客,月白风清,忧患凋零。老去光阴速可惊。　　鬓华虽改心无改,试把金觥。旧曲重听。犹似当年醉里声。(《采桑子》)

> 平山阑槛倚晴空。山色有无中。手种堂前垂柳,别来几度春风。
> 文章太守,挥毫万字,一饮千钟。行乐直须年少,尊前看取衰翁。
> (《朝中措·送刘仲甫出守维扬》)

时光流逝、光阴老去是任何敏感的词人都无法回避的问题,然史学家对此心态则完全可以有所不同。从“老去光阴速可惊”、“尊前看取衰翁”看,欧阳修同样震惊于光阴的流逝,然同时这种震惊也消解在“鬓华虽改心无改”的执着心态中,消解在"挥毫万字，一饮千钟"的豪迈中。这与柳永面对"满目败红衰翠"，时"伤怀念远，新愁旧恨相继"[《卜算子》(江枫渐老)]的哀伤心态不同，也与晏殊"无可奈何花落去"、"小园香径独徘徊"[《浣溪》(一曲新词酒一杯)]的无奈心境亦各异。

其"月白风清"、"山色有无中"的景物描写，也以其疏淡的自然之景、开阔的视觉效果，一改以往词人"槛菊愁烟兰泣露"的狭隘婉约之貌，使词的境界更为开阔。可以说欧阳修在词风与词境的突破上，开了苏轼豪放之先。

再如辛派词人陈亮的《念奴娇·登多景楼》：

> 危楼还望，叹此意、今古几人曾会。鬼设神施，浑认作、天隔南疆北界。一水横陈，连岗三面，做出争雄势。六朝何事，只成门户私计。
> 因笑王谢诸人，登高怀远，也学英雄涕。凭却长江管不到，河洛腥膻无际。正好长驱，不须反顾，寻取中流誓。小儿破贼，势成宁问强对。

此词为淳熙十五年(1188年)陈亮到金陵视察形势时所作。其情，"正好长驱，不须反顾"表现他抗击外侮、乐观放达的精神，其景"一水横陈，连岗三面，做出争雄势"同样蕴含一种抗争的张力。在吊古怀今中，一展其豪迈放达之胸怀，词风豪放，词境开阔。《词林纪事》引周密论陈亮词云："龙川好谈天下大略，以气节自居，而词亦疏宕有致。"韩元吉、陆游、刘辰翁等的词同样有此特点，此不再赘述。

在词境、词风的开拓和继承上，史家词人的史学修养，使其具有与常人非一般的眼界和胸怀，相比之下，个体人生中的不平与苦难，更容易通过对历史的通透认识予以消解，从而影响到他的词境、词风，"一洗绮罗香泽之态"，为"要眇宜修"的词体不断地注入阳刚之气。

最后，就词作功能而言，史家词人更重视词的言志之用及实用之功。

"词为艳科"，词自温韦以来，多"男子做闺音"，以代女子言情为正统。士大夫的理想抱负，则主要通过诗文寄托。然考查史家词作，其言志的篇什增加，同时在一些词家身上，其以词为用的功利目的增强。如上文所言的范仲淹、欧阳修是突破传统的先驱，以欧阳修《圣无忧》为例：

> 世路风波险，十年一别须臾。人生聚散长如此，相见且欢娱。
> 好酒能消光景，春风不染髭须。为公一醉花前倒，红袖莫来扶。

明显是言世事艰险，光阴易逝，散易聚难，因而对待人生也无须过于忧愁，正所谓"相见且欢娱"。他所表达的是士大夫的人生感慨，而非女儿家的伤春悲秋。其所蕴含的人生哲理，也非当时一般词人所能及。

以诗词为用的功利做法,早在北宋词人范祖禹身上就有鲜明体现。范祖禹现存词仅5首,分别为"虞主回京双调"四曲和"虞主祔朝日中吕导引"一曲。从题目看,就不难猜测其词的内容,"虞主",以虞舜喻神宗。此五首曲子,全是为皇家仪仗或皇家祭祀所作的歌功颂德之词。如其《虞主回京双调四曲·导引一曲》:

> 思齐文母,盛烈对皇天。演宝祚千年。卿云复旦治功全。厌人世
> 登仙。龙舆忽掩三川。彩仗属车旋。维清象舞告英宣。入诗颂歌弦。

赞扬神宗与太后及皇后一起,治理天下,英明贤圣。其"龙舆忽掩三川。彩仗属车旋"表现了皇家仪仗的豪华壮阔,其歌颂之情溢于言表。另外如曹勋,其存词183首,其中为皇家所作祝寿、咏物及其他歌功颂德之作,占百分之八十左右,可见其以词为用的实用化目的。宋叶适《书龙川集后》言陈亮"有长短句四卷,每一章就,辄自叹曰:'平生经济之怀,略已陈矣。'",其以词为用之目的彰显无疑。同时,陆游、韩元吉等辛派词人,无论在送别词还是在祝寿词等题材中都不忘表达其北伐抗战的目的,同样是以词为用的一种表现。

以词言志,重视词的实用功能,与史学家"以史为鉴"、为现实服务的"借鉴"目的是一致的。宋代的右文政策及积贫积弱的现状,极大增强了士大夫的忧患意识,史家研究历史,正如司马光是为"鉴于往事,资于治道"。范祖禹《唐鉴》、陆游《南唐书》、洪迈《史记法语》等,都有其服务现实的目的性。故而他们借词表现情志、歌功颂德等,以实现其现实目的做法则是与此相通的。

综上可知,史家词人忧患意识、疑古精神、开阔眼界及史鉴目的都一定程度上影响了其词学创作,为其词注入一股新的活力、一种历史的厚重感与阳刚之气,使其词呈现出不同于同时代词人的共同特征。

三、史家词的地位及影响

以上笔者分析了史家词人的存词情况及创作特征,并由其史家身份及史学涵养挖掘其特征形成的潜在原因。虽然,一个词人或一个群体,其创作特征绝非一个具体因素就能左右,但其史家身份的潜在作用是不可忽视的。同样,史家词在整个词学史甚至文学史上也有其突出的地位及影响。

首先,对词史而言,史家词促进了豪放词的发展,为"柔美"的词作注入了一股阳刚之气,促进了词体"诗化"、"雅化"的进程。

由以上分析可以看出,范仲淹、欧阳修的创作首先打破了词的"言情"界限,

而开始寄托士大夫情志，表达其忧患意识、人生哲理，甚至是其纵酒狂歌的豪迈情怀。其词境、词风也随之改变。这种改变为苏轼所继承，其"以诗为词"，大量创作放达之篇，为词史注入一股新的生机。然苏轼的豪放词却受到同时代词人及后人的猛烈抨击，被李清照称为"句读不葺之诗"。秦观、周邦彦、李清照等都没能沿着苏轼的路子继续开拓，而是返回到了词先前的"正统"题材中去。直到辛弃疾出现，才迎来了豪放词创作的又一高峰。

然从上面列表可以看出，史家词人却连接着苏辛两家，不断壮大着词史上的豪放力量。李纲、陈东、洪皓、曹勋等都是南北宋之交的词人，宋亡的特殊经历使他们继承苏轼，抒发国破家亡的哀伤，洪皓、曹勋更是因其使金的特殊经历，创作"使金词"丰富了词的题材。如洪皓的《木兰花慢》：

> 对金商暮节，此时客、意难忘。正卉木凋零，蛩螀韵切，宾雁南翔。东篱有黄蕊绽，是幽人、最爱折浮觞。须信凌霜可赏，任他落帽清狂。
>
> 茫茫。去国三年，行万里、过重阳。奈眷恋庭闱，矜怜幼稚，堕泪回肠。凭栏处空引领，望江南、不见转凄凉。羁旅登高易感，况于留滞殊方。（《重阳》）

这是高宗时期洪皓出使金国，被金人扣押，滞留异域三年后的重阳思家之作。此时他离家万里，虽有东篱黄菊，但面对"蛩螀韵切，宾雁南翔"，词人心中还是一片凄凉，加之感怀朝廷恩典，思念家中幼童，更是不觉"堕泪回肠"。该词虽然在整体词风上哀多于豪，但依然是其爱国情怀的突出表现。

韩元吉、陆游、陈亮等则是辛派词人的前期代表，刘辰翁为辛派词人的后期代表。他们或用词抒发北伐之志、抗敌之心，或表其亡国之痛，都是对豪放词风的继承与发扬，对词诗化、雅化做出了突出贡献。

其次，史学家之词同样潜在影响了其史学著作及其他文学著作，词人的文学修养渗透入历史著作中，加强了史著的文学色彩，词的音乐性及善于歌诵的特点，也为史评、史话的发展提供了借鉴。

在两位南宋遗民词人刘辰翁、周密身上，这种影响尤为深刻而显著。刘辰翁《班马异同评》是一部史学著作，然在这部书中他很少去辩证史事史料的真伪、考察撰史的体例及品评其史学思想等，而是从文学的角度加以评判。如卷九《魏豹彭越传》，刘辰翁批云："此赞曲折，语意甚奇，能言豪杰中事，取于众人所不取，亦其所遇素意如此。"表现了其对历史著作文学性的重视。周密在创作《武林旧事》等杂史著作中插入了不少诗词，如卷三之西湖游幸就插入词《风入松》一首：

一春长费买花钱，日日醉湖边。玉骢惯识西泠路，骄嘶过，沽酒楼前。红杏香中歌舞，绿杨影里秋千，东风十里丽人天，花压鬓云偏。画船载取春归去，余情在，湖水湖烟。明日再携残酒，来寻陌上花钿。

又言"上笑曰：'此词甚好，但末句未免儒酸。'因为改定云：'明日重扶残醉'，则迥不同矣。即日命解褐云。"在表现帝王雅致的同时，增加这部史著的真实性与表现力，表达了宋亡以后作者对于前朝故国的无限怀念之情。

另外，元代发展起来的讲史平话，其实就是融合史学与说唱文学双重艺术而发展起来的新文体。它与咏史词作有着异曲同工之妙。当然宋元平话中不少也插入宋词，如《宣和遗事》记载了宣和六年元宵盛会的情况，即插入曹元宠《脱银袍》一首，表现当时徽宗赐酒于民的热闹场景。这同样是词对史话影响的重要表现。

当然，任何事物的发展都有两面性，史家词同样对词的发展产生了一些不利影响，如其歌功颂德的功利化，为现实服务的实用化倾向，皆有悖于词含蓄典雅的艺术性。一些词人为战争奔走呼号，为达到其目的性，词作写得质木无文，显得粗豪有余却典雅不足。如陈亮《三步乐》：

小屈穹庐，但二满三平，共劳均佚。人中龙虎，本为明时而出。只合是、端坐王朝，看指挥整办，扫荡飘忽。也持汉节，聊过旧家宫室。

西风又还带暑，把征衫著上，有时披拂。休将看花泪眼，闻弦□骨。对遗民、有如皎日。行万里、依然故物。入奏几策，天下里、终定于一。

（《七月送丘宗卿使虏》）

其"只合是、端坐王朝，看指挥整办，扫荡飘忽"，"行万里、依然故物"，"天下里、终定于一"等文字都是脱口而出，不加修饰。张祥龄评陈亮《水调歌头》（尧之都）、《念奴娇·登多景楼》等篇为"以叫嚣粗犷为雅正，未之闻也"。毫无疑问，过于质朴粗率的风格显然对词典雅含蓄的艺术性是有害的。

总之，史家词作为一个特殊群体的集体创作，无论在词学史还是在文学史上都有着不可磨灭的影响，研究史家词对于词学的整体研究和把握有重要作用。

54

略论宋祁及其词

许菊芳　苏州大学博士生

宋祁(998—1061)是宋初文坛一位才华出众而又颇有建树的文人学士,与其兄宋庠被并誉为文坛"二宋"。他一生著述丰富,可以历数的有 150 卷的《新唐书·列传》及 150 卷的《宋景文集》。①但他生前声名籍籍,死后却凄清寂寞。除了那句历经千载传唱而不衰的"红杏枝头春意闹"词外,后人对他鲜有知悉。直至 20 世纪 80 年代,关于宋祁的研究才出现了一些成果,但大多集中在宋祁《玉楼春》这首词上,90 年代《名作欣赏》上先后发表了两位资深学者的意见彼此冲突的赏析文章,在当时产生了一些反响。②之后,关于宋祁《玉楼春》的赏析文章依然时有出现,有代表性的如发表在《古典文学知识》上的《浅析宋祁〈玉楼春〉:兼说"红杏枝头春意闹"》。另外,宋祁史学成就和文学思想等方面近几年开始受到了研究者的关注,出现了一些有价值的文章,如李一飞的《〈新唐书〉的编撰及参撰人纪考》肯定了宋祁在《新唐书》修撰过程中的特殊贡献,谢思炜《宋祁与宋代文学发展》、段莉萍《试论宋祁的文学思想及其影响》等文论述了宋祁自主一家的文学思想。但关于宋祁本人及其词作的研究却依然很少,其评价也一直沿袭历史成见,对其风流蕴藉的才性和好宴饮的癖性批评指责的多,而结合时代背景正确看待其人格特性和词史地位的却极少。本文试图结合宋初特殊的时代背景和宋祁的才子本性,对其人格特性和词史地位作一探讨,以期对宋祁其人及其词的认识有所帮助。

① 关于《宋景文集》,宋代两本重要的私家目录书记载互殊,晁公武《郡斋读书志》卷一九著录《宋景文集》150 卷,陈振孙《直斋书录解题》卷一七著录《宋景文集》100 卷。本文采用前说。
② 两文分别见王富仁:《色彩与精神感受》上,《名作欣赏》,1992 年第 6 期;靳极苍:《评王富仁同志对宋祁玉楼春词的赏析》,《名作欣赏》,1994 年第 1 期。

一、才子本性的张扬

宋代文人由于相对宽裕的政治和经济条件,大多仕途都较通达,位至翰林宰辅的也不在少数,因此许多文人兼有了文人、学者、官员三位一体的身份,宋祁也不例外。除了为人所习见的词人身份外,他还有着多重的身份。首先,他是一个恪守儒家礼教的官员,敢于提出对军国大事的议论篇章,如《上三冗三费疏》、《上便宜札子》、《御戎论》七篇等,都是十分有见解且问题针对性很强的议论。其次,他是一个博学多识的学者,尤其是史臣。在学术上,他对字学深有研究;作为史臣,他不仅有通观古今的博识,而且熟知历史人物制度,作风严谨踏实。再次,他是一个享誉文坛一时的文人。他不仅具有自己独到的文学见解,力主"自名一家",而且天资聪颖,在具体的创作中非常全能,现存《景文集》62 卷中,诗、赋、疏、状、制、颂、表、议、论、序、记、赞、说、对、述、题词、戒、祝文、书启、碑铭、行状等众体皆备,尤其是律赋、诗歌、词方面成就突出。

在这些身份中,他的史臣身份及词人身份多被后人所关注,而其"才子"文人的身份却常常被忽略了。事实上,宋祁自小天资蕴藉,24 岁就以其"将飞更作回风舞,已落犹成半面妆"一联而得到西昆体诗人夏竦的赏识;天圣二年,与兄宋庠同举进士并为实考状元,但因章献太后"弟不可先兄"之言而位列第十;同年省试采侯诗,宋祁又以其"色映堋云烂,声迎羽月迟"句最擅场,被当时举子目为"宋采侯"(《六一诗话》)。故范镇于《宋景文公祁神道碑》中称其"为文章,天资也",魏泰《东轩笔录》卷三中也称其"博学能文章,天资蕴藉,好宴游,以矜持自喜",对其文学天赋都表示了赞赏与肯定。

宋祁不仅天资卓越,而且个性风流蕴藉,青年时期就表现出对盛唐豪迈士风的追慕与向往。在他 20 岁时,因父亲去世无所依傍而与兄长宋庠随继母朱氏移居安陆外祖家时,他曾多次游历安陆的白兆山,并写下了《游白兆山寺序》、《白兆山值雨呈同坐》、《白兆山桥亭》等多篇诗文篇章。白兆山是因唐代大诗人李白"酒饮安陆,蹉跎十年"而知名的,宋祁对白兆山极为赞赏,其诗文中多处描绘白兆山的胜景,如《景文集》卷一五《白兆山值雨呈同坐》:"飞轩凭望俯丹梯,星雨囊风暝夕曦。"《景文集》卷一七《白兆山桥亭》:"千尺虹泉界道飞,阴虹横绝度云楣。"于此可见他对李白的钦慕。而且现存《宋景文集》中还存有《少年行》这样风格极为类似李白歌行的诗篇。可见早年宋祁即表现出了对风流蕴藉、诗酒风流的认同和向往。入仕后,宋祁生活上改变了拮据的局面,其风流蕴藉、好宴饮的本性更加显露出来。

在宋初，宴饮享乐之风十分盛行。自宋太祖"杯酒释兵权"之时起，宋代开始了崇文抑武的政策，大量重用文人，不但宰相须用读书人，而且主兵的枢密使等职也多由文人担任。因此许多庶族文人由科举考试进入仕途。为渲染升平，统治阶级又大力提倡文臣宴饮享乐，并于宫中举行宴饮群臣之会，具有代表性的就有每年的赏花钓鱼宴。上有所好，下必甚焉。社会上因此形成了宴饮享乐的风气，这种风气到真宗、仁宗时期达到高峰。因此这一时期，像晏殊、张先等都鲜明地表现出这一追求，宋祁也不例外，在这样的环境中，他的文才很快得到了社会的认同，而他风流蕴藉的个性也找到了展现的场所，所以他可谓如鱼得水，大可以适性而为了。因而陆游《老学庵笔记》卷五载"宋景文好客，会饮于广厦中。外设重幕，内列宝炬，歌舞相继，坐客忘疲，但觉漏长，启幕视之，已是二昼。名曰不晓天"，描绘出宋祁与客宴饮达旦的场景。其晚年修《唐书》时期，依然如此，宴饮过后才开始修书。因为好宴饮，钱世昭《钱氏私志》还记载他与俭约持重的宋庠争辩为何当年"吃齑饭"的事，宋祁对来质问他为何宴饮达旦的哥哥宋庠反问道，当年的穷俭不正是为了今天的享乐吗？

宋祁不仅个性风流蕴藉，追求宴饮享乐，而且心思细腻，多情善感。宋祁一生姬妾很多，但他总是与她们平等以待，且体贴入微。魏泰《东轩笔录》卷一五中就记载了宋祁"多内宠，后庭曳绮罗者甚众。尝宴于锦江，偶微寒，命取半臂，诸婢各执一枚，凡十余枚俱至。子京视之茫然，恐有厚薄之嫌，竟不敢服，忍冷而归"的风流佚事，于此可见他的多情善感。晚年在益州，他依然每修书时也是"媵妾夹侍，和墨伸纸"，一生都生活于花团锦簇之中。因为其多情，《花庵词选》还载有他因街上一宫女的呼唤而思念成词的故事。

宋祁的这种风流蕴藉，前人多赞其有神仙气。蔡襄尝云："宋元宪近之和气拂然袭人，景文则英采秀发，久视之，无一点尘气，真神仙中人也。"（范镇《东斋记事》卷三）魏泰的《东轩笔录》也说其是"望之如神仙焉"。所以说宋祁的这种个性，虽然有宋代官僚阶层奢侈享乐的一面，但又不仅是封建官僚的奢侈享乐，而显现出风流蕴藉的才子文人风采，因有文人的天真和率直，所以表现为一种神仙气质。

这样天资卓越，个性风流，多情善感，还常常宴饮宾僚，宋祁应该有机会创作不少词作。但因宋祁并不着力写词，更不注重去保存其词作，故其词作大量佚失。在他晚年即将逝世的时候，他还在叮嘱其子孙不要编撰其文集，更不要出版，"吾生平语言无过人者，慎无妄编缀作集"（《治戒》，《宋景文集》卷四八）。

二、题材内容的拓展

宋祁现今留存下来的词作并不多,近人赵万里辑有《宋景文长短句》一卷,《全宋词》据此辑录的宋祁词作只有 6 首,外加一首断句,两首存目。可能无法从这仅有的几首词中看出宋祁词的全貌,但是结合宋祁风流蕴藉的本性和现存词作内容风格的某种一致性,我们也可作窥一斑而见全豹的工作。宋祁词紧承五代词风而自有开拓,因此在内容上也自有其突出之处。

(一) 写物与写心的结合

晚唐五代词中,单纯抒情的作品很多,但咏物的词却很少,宋祁词作在题材上的突出之处就在于出现了咏物之作,而且咏物词中,把写物与写心紧密结合起来,既体尽了物性,又表达了一己的情思。试看宋祁咏物词《蝶恋花》:

> 雨过葡萄新涨绿。苍玉盘倾,堕碎珠千斛。姬监拥前红簇簇。温泉初试真妃浴。　　驿使南来丹荔熟。故剪轻绡,一色颁时服。娇汗易晞凝醉玉。清凉不用香绵扑。

此词写雨后的荷花,雨后荷叶的绿色像河水般"涨"了起来,雨水从荷叶上洒落下来,像千万颗珍珠堕碎了般,而雨后的荷花清香扑鼻、清新怡人,词人不惜用洗过温泉的杨妃来形容,似写花,又似写人,其实是词人赋予了花人的富贵之态,因而产生了这种效果,于此也可见词人对这雨后荷花的倾心。他不仅在词中写荷花,其诗中写荷花的也很多,如《小荷》:"踏溪分藕养新荷,钿盖斜临瑟瑟波。自是天姿不汗著,水深泥浊奈君何。"写刚长成的小荷天资卓荦;《秋塘败荷》:"去时荷出小如钱,归见荷枯意惘然。秋后渐稀霜后少,白头黄叶两相怜。"写秋天的荷枯萎凋零。

宋祁善于咏物,这不仅可以从他仅存的几首词中体现出来,从其保存较为完整的诗中体现更为明显,陆游《老学庵笔记》中就说他一生数赋"落花诗",其《落花》诗中"将飞更作回风舞,已落犹成半面妆"一联还被称为"象征在人生旅途的艰难困苦中奋斗到底的精神",此诗也成为落花诗中最典型的一首咏物之作。宋祁还善于描摹光景,如其《春晏北园三首》其二:"天意歇余芳,人间日始长。落花风观阁,睡鸭雨池塘。"尤其后两句描摹春天傍晚的园林风光,清新自然、悠远闲雅。《红蓼》诗:"花穗迎秋结晚红,园林清淡更西风。纤条尽日差差影,时落钓璜溪水中。"描写了秋风中的红蓼花随风荡漾、纤影差差的幽美姿态,诗句清新，诗风淡雅。

　　他的另一首词《玉楼春》更体现了其词写物与写心的结合。

　　　　东城渐觉春光好。縠皱波纹迎客棹。绿杨烟外晓寒轻，红杏枝头
　　春意闹。　　浮生长恨欢娱少。肯爱千金轻一笑。为君持酒劝斜阳，
　　且向花间留晚照。

此词上片写景，首句揭示主题"风光好"，在这样的大好春天，春水渐涨渐绿，波光激滟，"绿杨"二句是写春景的主体，对仗秾丽。一则是远景，所以望之杨柳如烟；一则是近景，专为杏花枝头作特写。"晓寒轻"说气候宜人，也正写春意渐浓，自然引出下句来。"春意闹"是指红杏盛开，争奇斗艳，似蒸霞喷火般的热闹景象，是枝头鹊噪莺啼、"蜂围蝶阵乱纷纷"的喧闹状态。一个"闹"字写活了生机盎然、蓬蓬勃勃的春意，所以王国维称此句"著一'闹'字，而境界全出"（《人间词话》）。下片抒情，先说人生飘忽不定，常恨乐少苦多，所以词人劝说要及时行乐，词尾借李义山诗句，化用其意，将斜阳拟人，持酒劝其且留美好的晚照于"花间"，也就是有着众多红巾翠袖的筵席之间，极力抒发了历代文人士大夫对生活的热爱之情。

　　此词风格是五代至宋初的那种在文字上很少修饰、琢刻、使事用典、近乎信笔白描的写法，但其突出之处在于描绘出了春天欢闹的场面，尤其是"红杏枝头春意闹"句，不仅描写了春天的繁闹景象，而且是诗人对红杏掺入主观感情后的客观描画。钱锺书在分析"红杏枝头春意闹"时说："'闹'字把事物无声的姿态说成好像有声音的波动，仿佛在视觉里获得了听觉的感受……用心理学或语言学的术语来说，这是'通感'或'感觉挪移'的例子。""在日常经验里，视觉、听觉、触觉、味觉往往可以彼此打通或交通，眼、耳、舌、鼻、身各个官能的领域可以不分界限。颜色似乎会有温度，声音似乎会有形象，冷暖似乎会有重量，气味似乎会有体质。"这里通感手法的应用，把无声的春意蓬勃的场景写得欢腾雀跃，而这种"闹"实是人心因春天的到来而欢腾雀跃的外现，鲜明地体现了写物与写心结合的特点。宋祁也以此词此句得以声名鹊噪，并得以"红杏枝头春意闹尚书"名世。

（二）闺思与艳情的展露

　　宋祁不仅风流蕴藉，而且多情善感，他妻妾很多，而宋祁待她们也很温柔平等，从上引材料中可以想见。但宋祁论诗，特重雅正，这些题材，他于诗中从不涉及，而只将之展露于词中。如其《蝶恋花·情景》词：

绣幕茫茫罗帐卷。春睡腾腾,困入娇波慢。隐隐枕痕留玉脸。腻云斜溜钗头燕。　　远梦无端欢又散。泪落胭脂,界破蜂黄浅。整了翠鬟匀了脸。芳心一寸情何限。

此词可与温庭筠的《菩萨蛮》参照阅读:

小山重叠金明灭。鬓云欲度香腮雪。懒起画蛾眉。弄妆梳洗迟。　　照花前后镜。花面交相映。新贴绣罗襦。双双金鹧鸪。

这两首词同是描写贵族女性春睡初醒后的神态。从中可以看出宋祁学习花间词的明显痕迹,尤其是这种重在以代言体形式描写女性的住室环境、服饰装束的花间词作特点,但两首词还是有差别。温庭筠词更注重女性居室环境、服饰装束的描写,对其神思情态的画却含蓄隐约;宋祁此词则不同,它重点突出了贵族女性春睡初醒后的慵懒、困倦的神态以及无端欢梦被打断后的惆怅情思,体现出宋初词风由注重细致地描摹外在形态到精心地表现内在情思的转换痕迹。

另一首描写艳情的词《鹧鸪天》:

画毂雕鞍狭路逢。一声肠断绣帘中。身无彩凤双飞翼,心有灵犀一点通。　　金作屋,玉为笼。车如流水马游龙。刘郎已恨蓬山远,更隔蓬山几万重。

关于此词还有一段典故流传。《花庵词选》中记载:"宋子京过繁台街,逢内家车子,有搴帘者曰:'小宋也。'子京归作鹧鸪天一词,曰:'画毂雕鞍狭路逢。一声肠断绣帘中。身无彩凤双飞翼,心有灵犀一点通。　　金作屋,玉为笼。车如流水马游龙。刘郎已恨蓬山远,更隔蓬山几万重。'此词传唱都下,达于禁庭。仁宗知之,问:'内人第几车子何人呼小宋?'有内人自陈:'顷侍御宴,见宣翰林学士,左右内臣曰:小宋也。时在车子偶见之,呼一声耳。'上招子京,从容语及,子京惶惧无地。上笑曰:'蓬山不远。'因以内人赐之。"子京是宋祁的字,时宋祁与其兄宋庠同科举进士,人称"大小宋"。因为在街上听到路过车中宫女的呼唤,多情的宋祁就念念不忘,竟写出了这首词来抒怀。后因此词传唱京城上下,被仁宗听到,最终成就了他的一段美好姻缘。

此词本无多少新鲜之处,但附会上这样的故事之后,便明显增加了它的内涵。它不仅减少了理解这首词的难度,而且还于词中活现了一位多情的词人形象,使词作蕴意更为丰富。

在艺术手法上,此词化用了李商隐无题诗中的四句,"身无彩凤双飞翼,心有灵犀一点通"句直接借用李商隐《无题》诗的句子,"刘郎已恨蓬山远,更隔蓬山几万重"句化用李商隐另一首《无题》诗的"刘郎已恨蓬山远,更隔蓬山一万重"句,只是李诗是直接以万重山的肯定句式强调相隔的遥远,而宋祁此词则是用问句的形式表现出相隔遥遥的无奈。这是宋祁词作有意学习李商隐诗作的结果,宋祁作为后期西昆派代表诗人,对西昆派宗主李商隐是十分熟悉的,因此化用其诗句来十分熟练自然。这种化用诗句入词的现象,晏殊表现得十分明显,对于那些诗人独创的经典诗句,如"梨花院落溶溶月,柳絮池塘淡淡风"、"无可奈何花落去,似曾相识燕归来"等,诗人不仅在词中用,在诗中也用,因此晏殊的某些诗如《寓意》写得似词,体现出以词为诗的追求,宋祁词中也时露这一手法。加之李商隐《无题》诗中这些句子多表现的是朦胧隐约的情思,用在诗中,多被后人附会上各种政治猜测,而用于多媚的词中却更为恰到好处。

从总体上看,宋祁词作虽然在内容上还未完全脱离花间词的窠臼,但已体现出词人与其性情相关的独特之处。

三、"乐"主题的宣扬

宋祁作词,以娱宾遣兴为宗旨,因此在其宴饮欢乐的抒写中,他摈弃了悲情闲愁,宣扬了承平之际"乐"的审美取向。这与传统诗学"以悲为美"的审美观大相径庭,揭示了传统诗学一个新的发展方向。这种审美观的提倡,首先与社会环境密切相关。在宋代,文人大多受到优待。由于扩大了科举的门径,许多庶族文人得以顺利踏上仕途,而且统治阶级为了点缀升平,实行偃武修文的政策,大力提倡宴饮享乐,宋初社会由此形成了宴饮享乐的风气。正如程杰在《北宋诗文革新研究》中所说:"'乐'主题在宋代文学中的焕发,是宋代士大夫相对优越的社会地位在文学创作中的反映。"其次,也与宋祁的文学思想密切相关。在文学主张上,他十分重视"情"的抒发。他在仁宗天圣二年(1024 年)举进士后与给主考官刘筠的《座主侍郎书》中就说:"窃惟吟咏之作,神明攸系。内导性情,旁概谣俗。"(《宋景文集》卷五〇)晚年在《西州猥稿系题》中仍说:"诗者,探所感于中而出之外者也。所以怡性情,娱僚宾,故狭章不为贫,积韵不为广,悼于往弗及于流。"(《宋景文集》卷四五)都强调了文学娱宾遣兴、抒发性情的作用。

在宋祁词里,他抒写的多是宴饮娱乐、流连光景的幽情,主要即是人生之乐,这与其诗歌中的牢骚之情也迥然有别。正如前文提到的《玉楼春》词,宋祁极力描写了春日杏花争放、蜂围蝶舞的欢闹景象,宣扬了一种"乐"的主题,这在词作中是很少的。在晏氏父子与欧秦等集中,咏春之作总不免为离情愁绪所萦绕,而深透着诗人悲惋的意绪。而宋祁词则只见春日之酣乐,令人心醉。程杰也说:

"真宗朝后期至仁宗朝初年的代表作家晏殊、夏竦、宋祁、胡宿等'后西昆体'诗人的作品多夸咏良辰美景、赏心乐事,以清婉典雅的笔调歌咏从容闲雅、娱乐适性的'富贵'生活,并一定程度上沾染了市井娱乐的色调。"但晏殊词中实多歌咏闲愁,宋祁则不同,他更直接地宣扬了那种诗酒欢会之乐,即有歌舞相佐、花团锦簇、诗酒佐欢的宴饮之乐。这是宋初那种歌舞升平气象的显现,更是宋祁自身好宴饮、追求诗酒风流本性的直接显现。

宋祁的这种才性气质与张先极为相似。张先性格疏放,生活浪漫,为人"善戏谑,有风味"(苏轼《东坡题跋》),叶梦得《石林诗话》中尝记载:东坡倅杭时,"先已八十余,视听尚精强,犹有声妓。东坡尝赠诗云:'诗人老去莺莺在,公子归来燕燕忙',盖用张氏故事戏之"。他一生任地方官,入京任都官郎中时大约已72岁,这时入京与宋祁、欧阳修交从甚密。有典故说:"景文过子野家,将命者曰:'尚书欲见云破月来花弄影郎中。'子野内应曰:'得非红杏枝头春意闹尚书耶?'"(《词林纪事》引《古今词话》)这说明他与宋祁的交情匪浅,而且各自对对方的词风甚有知悉。因此他们相见如欢,在张先72岁入京后,他们开始了密切的交往,宋祁因此也寻觅到了其词作中的一大知己。薛砺若在《宋词通论》中就说:"宋祁和张子野同时,两人生平和性格,都很相似,而词风犹与子野为近。他们的词,不啻是他们一个小小的写照。"点明了二人在个性和词风上的相似性。

张先在人格和词格上,也呈现出"乐"的审美倾向,他的擅戏谑、多声伎即是其表现,不过这是"乐"主题的另一种表现形式。他们与后来邵雍的观物之乐,苏轼的寓物任真之乐不同,后者沿袭了宋初晏殊、宋祁等的宴饮风流之乐而有所发展,而张先的戏谑诙谐、风流潇洒却与宋祁有着同一性。因此,结合张先词多写诗酒交欢、男欢女爱以及花香月色,词风以艳冶为主的风格特色,我们可以更好地理解宋祁的词,并且也可以说明,宋初出现宋祁这样的词人,并不是偶然的现象,它是时代精神在文学某一方面的回响。

附录

杨门弟子录

序号	姓名	工作单位	学习期限	毕业论文题目
1	邓红梅	南京师范大学文学院	1991—1994	女性词史
2	钱锡生	苏州大学文学院	2007年毕业	唐宋词传播方式研究
3	赵梅	美国西东大学东亚系	1993—1996	唐宋词意象研究
4	闵定庆	华南师范大学中文系	1994—1997	《花间集》研究
5	曹志平	曲阜师范大学文学院	1996—2000	论苏、柳对峙及其文化整合
6	曹辛华	南京师范大学文学院	1996—1999	20世纪词学批评史
7	王晓骊	华东政法大学人文学院	1998—2001	文化冲突与词的演进——唐宋词与商业文化关系研究
8	张再林	广西师范学院研究生处	1999—2002	中唐—北宋士风与词风研究
9	叶帮义	安徽师范大学文学院	1999—2002	北宋文人词的雅化历程
10	薛玉坤	苏州大学文学院	2000—2003	区域文化视野中的宋词研究——以江南区域为中心
11	孙虹	江南大学文学院	2000—2003	词风嬗变与文学思潮关系研究
12	金振华	苏州大学出版社	2003年毕业	叶昌炽研究
13	张幼良	常熟理工学院	2001—2004	当代视野下的唐宋词研究论纲
14	蒋晓城	湖南理工学院文学院	2001—2004	流变与审美视域中的唐宋艳情词
15	时志明	苏州职大教育与人文科学系	2004毕业	清初山水诗研究
16	辛衍君	中国政法大学外语学院	2002—2005	唐宋词意象的符号学阐释

序号	姓名	工作单位	学习期限	毕业论文题目
17	李熹俊	韩国学者	2005 毕业	《厄林》研究
18	罗燕萍	四川外国语学院	2003—2006	宋词与园林
19	李 青	贵州大学人文学院中文系	2003—2006	唐宋词与楚辞
20	王 平	南京邮电大学传媒与艺术学院	2006 毕业	王文治研究
21	陈国安	苏州大学文学院	2008 毕业	清代诗经学研究
22	周建梅	苏州高等职业技术学校	2004—2008	哲学、历史视野下的两宋词人心灵史
23	王慧敏	苏州建设交通高等职业技术学校	2004—2008	宋词与亭台楼阁考论
24	陈未鹏	福州大学学报(哲社版)编辑部	2005—2008	宋词与地域文化
25	宋秋敏	东莞理工学院城市学院	2005—2008	"流行歌曲"视角下的唐宋词
26	张翠爱	江苏省盐城高等师范学校	2005—2009	两宋休闲词研究
27	张 英	常熟理工学院	2006—2009	唐宋贬谪词研究
28	徐拥军	暨南大学文学院博士后流动站	2007	唐宋词隐逸史论
29	马丽梅	苏州工业园区服务外包职业学院	2007	宋词与宴饮
30	王慧刚	河南师范大学文学院	2008	宋词与陶渊明
31	马俊芬	苏州大学文学院	2008	宋词与苏杭
32	白帅敏	苏州大学文学院	2009	民国以来若干重要唐宋词选本研究
33	许菊芳	苏州大学文学院	2009	聆听——唐宋词"声像"研究
以上为博士				
34	许伯卿	宁波大学文学院		宋词题材构成的文化解读
35	左洪涛	宁波大学文学院		元代道教文学探析
36	李建华	南京人口管理干部学院		唐代江东氏族与文学
37	司马周	江苏技术师范学院		茶陵派与明中期文坛研究
38	张文德	徐州师范大学		元明南戏文本传播研究

序号	姓名	工作单位	学习期限	毕业论文题目
39	张立荣	江西师范大学学报		北宋七律发展流变研究
以上为博士后				
40	薛 蕾	无锡日报社	1994—1997	试论怀古咏史词
41	许金华	浙江树人大学人文学院	1996—1999	借"花间"之身还"南唐之魂"——晏几道词论略
42	陈 娟	上海师范大学继续教育学院	1997—2000	李清照诗词比较研究
43	崔小春	苏州大学凤凰传媒学院	1997—2000	元好问词研究
44	许春燕	苏州工艺美术职业技术学院学报编辑部	1997—2000	南宋余韵嗣响稼轩——《名儒草堂诗余》再探
45	王 鹏	南京三江学院文学院	1997—2000	温柔的叛逆——《花间集》艳风新论
46	季品锋	无锡芬芳语言教育培训有限公司	2000—2003	印刷术与词体演进关系初探
47	石 英	苏州幼儿高等师范学校	2000—2003	诗与梅花一样清——试论姜夔的自恋人格对其词作之美学风貌的潜在影响
48	殷春华	南通大学纺织服装学院	2003—2006	略论唐宋词中的陶渊明意象
49	沈 燕	苏州工业园区友达光电公司	2003—2006	"水满平湖香满路"
50	万志强		2003—2006	南宋隐逸词简论
51	杨雅骞	留学美国	2005—2008	千载风味此山中——辛弃疾词中的山意象:对传统的突破与继承
52	刘宝侠	江苏省启东中学高一语文组	2005—2008	南宋后期寒士词人群研究
53	罗云芳	河南大学附属中学	2005—2008	唐宋词中的桃源意象
54	于咏梅	镇江市京口区教育局	2006—2009	宋代镇江词研究
55	焦佳朝	江苏广播电视大学昆山学院	2006—2009	唐宋湖州词研究
以上为硕士